日本高麗関係史

近藤剛 著

八木書店

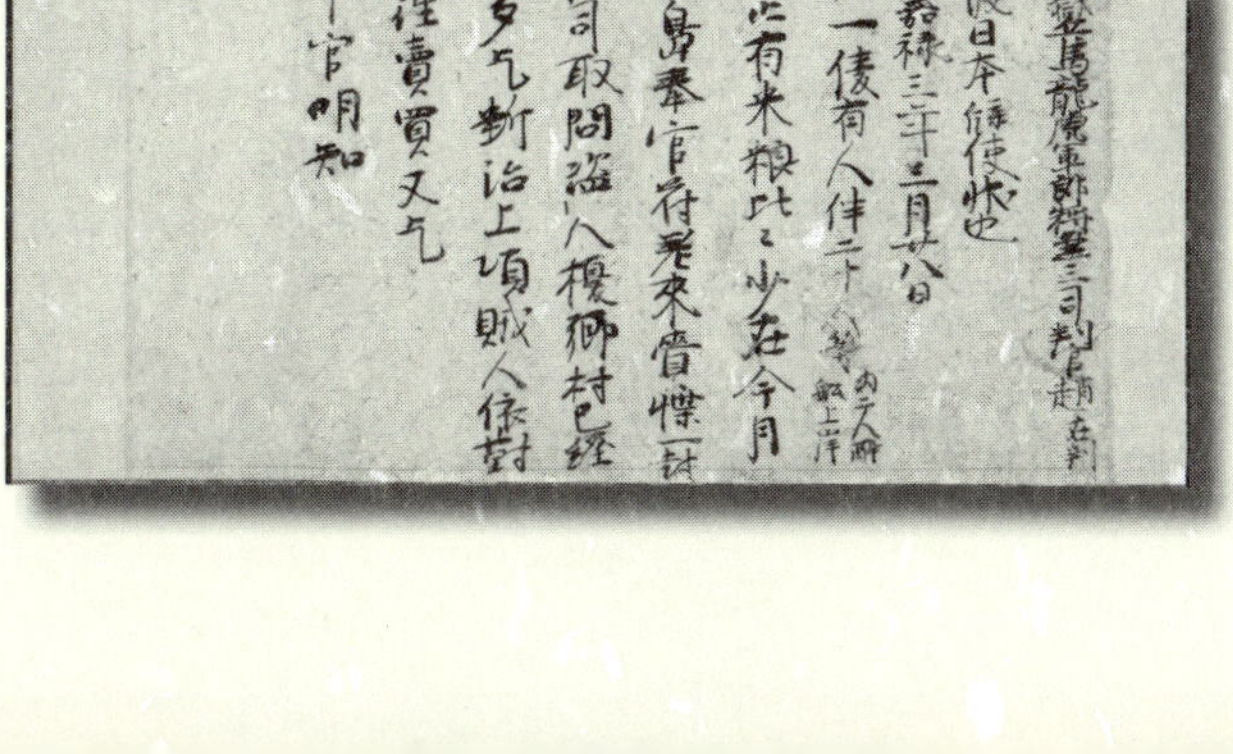
是者自高麗國渡日本牒使状也
大宰府到来嘉禄三年二月廿八日
高麗國全羅州舡一隻有人伴二十人
其舡上別無物貨只有米粮些些少在今月
二十五日収到呼子島奉官府差来當牒
進上大宰府安撫司取問諸人根郷村已經
三年其海舡數多乞斷治上項賊人依對
馬島舡一隻来往賣買又乞
回棹歸高麗中官明知

『日本高麗関係史』目次

凡　例

一、本書は日本・朝鮮半島・中国大陸の各地域を考察対象とし、史料も各国にまたがる。その場合に一つの年号や年代表記法のみを用いることは、妥当でない場合がある。しかし同時に全ての年号・年代表記法を併記するのも非常に煩雑となる。したがって、本書では西暦の表記は行うが（ただし、太陰暦・太陽暦の差による日付のズレは考慮しない）、各国の年号については必要に応じて適宜付すことにするため、必ずしも統一した表記にはなっていない。

二、引用文献については、巻末の「参考文献」に一覧としてまとめた。日本語で発表された文献は、著者をアイウエオ順に、ハングルで発表された文献は가나다라順に並べた。本文中で「参考文献」について言及する場合は、「著者名［発表年］」で表記し、頁も特定する場合は「：」の後で示した（例、近藤剛［二〇一八：一二五頁］）。日本語・ハングル双方の言語で発表されている著者については、その別も注記した。

三、引用史料については、巻末の「参考史料」に一覧としてまとめ、タイトルに従ってアイウエオ順に配列した。中国・朝鮮史料の場合は日本の音読みに準じて並べた。

四、引用史料・文献中の、……は省略、／は改行、〔　〕は著者による注記である。また傍線・傍点なども原則として著者が付した。

序　章　日本高麗関係史研究の現状と本書の目的

はじめに

高麗国は、西暦九一八年に王建（太祖）によって建国され、一三九二年に李成桂によって滅ぼされるまで、三四代、四七四年もの間、朝鮮半島に存在した国家である。日本では延喜・天暦の治にあらわされる律令制の立て直しをはかった平安時代の中ごろから、鎌倉時代を経て、南北朝合一（一三九二年）に至る時期にあたる。

筆者は、日本の歴史がはじめてユーラシア史と一体になって展開していく「モンゴルの日本襲来」（文永・弘安の役、朝鮮史における甲戌・辛巳の役）という出来事において、互いにモンゴルによる圧力を受けていたにもかかわらず、戦火を交えた日本と高麗が、それ以前にどのような歴史的交流を歩んできたのかということに関心を持ち、両国の文献史料の分析を中心とした実証的研究を進めてきた。したがって、本書ではモンゴル襲来の契機となったクビライ・カアンの国書が到来する一二六七年以前の日本と高麗の関係について明らかにすることを目的とする。

以下、当該期におけるこれまでの研究史や問題点を整理し、本書の構成について述べてみたい。

第一節　日本・高麗関係史略述

本節では、先行研究に依りながら、日本・高麗関係史の概要を示すこととする。(1)

1　日本・高麗関係の開始 ―十世紀―

九世紀後半以降の新羅の衰退に伴い、朝鮮半島各地で地方豪族による自立的活動が顕著になると、特に完山（現全羅北道全州）を拠点とした甄萱の後百済と、鉄円（現江原道鉄原）を都とした弓裔の泰封が頭角をあらわし、十世紀初頭には新羅と合わせて後三国時代を形成した。弓裔の武将であった王建（太祖。在位九一八〜九四三）は、人心を失った弓裔を討ち、高麗を建国して首都を開城に定めた。その後九三五年に新羅を降伏させ、翌年（九三六）には後百済を滅ぼして朝鮮半島を統一すると、本格的な国家形成に着手していった。日本では延喜・天暦の治による天皇親政の時期もみられたが、藤原北家が摂政・関白を常任して摂関政治を確立していった時期にあたる。また承平・天慶の乱など武士による地方反乱もみられるなど武士の胎動が見られる時代である。

さて、高麗が日本に対して最初に使節を派遣して牒状をもたらしたのは、半島統一の翌年にあたる九三七年（承平七・太祖二十）であった。(2)詳しい内容はわからず解釈は様々であるが、王朝の交代を告げるとともに通交関係を樹立しようとしたのではないかと考えられている。その後、太祖朝には数度の遣使がなされたが、日本朝廷はこれに応じようとはしなかった。(3)

次に史料にみえる日麗関係に関する記録は、中国唐・宋の制度を参酌して高麗に科挙制度を導入した第四代光宗

（在位九四九～九七五）の治世にあたる九七二年（天禄三・光宗二十三）、高麗南原府使と金海府使とが相次いで対馬島に来着している。[4] 高麗朝廷から派遣されたのではなく、地方官あるいは地方豪族による通交（交易）目的ではなかったかと理解されるが、これに対して日本朝廷は陣定を開催し、返牒を送るかどうか審議した。九七四年（天延二・光宗二十五）には「高麗国交易使」が高麗馬その他の貨物を持って参入しており、[5] 九八四年（永観二・成宗三）や九九六年（長徳二・成宗十五）には、筑前国や石見国に高麗人が来着（漂着か）している。[6]

その後、九九七年（長徳三・成宗十六）に高麗朝廷が日本国・対馬島司・対馬島に宛てて三通の牒状をもたらした出来事があった。そこには日本を辱める句がしたためられていたほか、牒をもたらした人物が大宰府の人（商人）であった。日本朝廷では宋の謀略の疑いもあるなどの意見が出され、無礼により返牒は送らず、要害を警固するなどの対応をした。[7] この頃には日本人の中に高麗へ赴き矢を射るなどの「犯を成す」者もいたようで、高麗が兵船五百艘を日本に向けて発するという「浮言」なども流れており、朝廷は高麗に対する警戒を強めている。[8]

2　日本・高麗間の多様な通交関係 ―十一～十二世紀―

続いての国家間交流としては、一〇一九年（寛仁三・顕宗十）の「刀伊の入寇」事件において、刀伊（女真）によって捕えられた日本人を高麗が送還するという出来事である。高麗の東側沿岸地域を略奪しながら南下した刀伊の賊は、対馬・壱岐・大宰府を襲撃し、多くの人々を殺害・拉致した。[9] その後女真の帰途に待ち構えていた高麗水軍がこれを撃退し、日本人を手厚く保護して送還したのであった。高麗使鄭子良は対馬島宛の安東都護府牒をもたらして友好的に接してきたが、日本では国力を量られるのを嫌い、また高麗兵船の構造に関する情報を得ることを通じて、強力な高麗国軍に対して脅威を感じていた。貴族の中には高麗をできるだけ早く日本から帰国させるべきではないかとの意見も出されており、両国の認識には大きな違いがみられた。[10]またこの時、高麗康州人の末斤達が「逆風」により宋明州から日本に流されてきているが、疑い有りとして大宰府により禁固された事件も起きている。[11]

一〇五一年（永承六・文宗五）には、高麗金州より牒状が到来した。内容については不明であるが、日本では牒状が商船に付してもたらされたことを無礼と非難した返牒を大宰府より送っている。[12]

一〇八〇年（承暦四・文宗三十四）には、第一一代国王文宗（在位一〇四六～一〇八三）の病により、医師の派遣を大宰府に要請する高麗国礼賓省牒状がもたらされた。[13]日本朝廷では審議が重ねられたが、最終的には医師の派遣を拒否する返牒が送られた（本書第1部第一章を参照）。

十一世紀には右のような国家間交流が行われた一方、漂流民や逃亡犯罪人の送還[14]・交易・亡命（来投）[15]といった地域間・民間交流の様子が『高麗史』に散見されるようになる。日本史料においても十一世紀末から十二世紀初頭において、大宰府府官による「専使」の派遣や来着する宋商人を通じて高麗から続蔵経をはじめとする経典の輸入が行われるなどの注目すべき出来事があった。しかし、一〇九三年（寛治七・宣宗十）に高麗の安西都護府管内の延平島巡検軍が、宋人と倭人を乗せた船を海賊であるとして拿捕し、嶺外に配すという事件が起きてからは、[16]『高麗史』における日麗関係史料は大きく減少することになる。この時期の日麗関係については、交流が全くなかったのか、あるいは「史料の残り方からくる見かけという部分があるようで、必ずしも実勢そのものとは言えない」[17]との指摘もある。このような中、一一五一年（仁平元・毅宗五）には肥前国宇野御厨荘の小値賀島地頭清原是包が高麗船を略奪する事件を起こし、[18]一一五九年（平治元・毅宗十三）や翌一一六〇年（永暦元・毅宗十四）にも「高麗商人」に関することや、対馬島民が高麗に拘束されたことなどが伝わる。[19]その一方で、十二世紀末の一一八五年（文治元・明宗十五）には、治承・寿永の内乱により高麗国へ亡命した対馬島司藤原親光が高麗で厚遇を受けている様子もみられる。[20]

3　初発期倭寇・モンゴルの襲来と日本・高麗関係――十三世紀――

一二〇六年（元久三〈建永改元〉・熙宗二）には、高麗国金州防禦使牒状が対馬島に発給され、「進奉」と称して方物をもたらした「貴国使介」の明頼やその前年に高麗へ赴いた恒平らが牒状の無礼により通交を拒否された出来事が起きている。[21]一二二三年（貞応二・高宗十）からは倭寇（初発期倭寇）が高麗南沿岸地域に侵入する事件が頻発し、[22]一二二七年（嘉禄三〈安貞改元〉・高宗十四）に倭寇禁圧を求める高麗国全羅州道按察使牒状が大宰府に到来し、倭寇禁圧に関する交渉が行われた。[23]この交渉により倭寇の活動は「稍息」んだと言われるが、[24]一二三二年（貞永元・高宗十九）には肥前国鏡社の住人が高麗へ渡って夜討を行い、多くの珍宝を盗み取ったことが知られ、[25]高麗側でも一二五一年（建長三・高宗三十八）に倭寇に備えるため、金州に城を築いたことが知られる。[26]一二四〇年（延応二〈仁治改元〉・高宗二十七）には、詳しい内容はうかがい知れないが、「進奉船」に関して高麗から牒状が到来している。[27]さらには一二五九年（正元元・元宗即位）・一二六三年（弘長三・元宗四）には相次いで倭寇（海賊）の禁圧を求めた使節が日本に到来し、特に一二六三年には日本からの毎年の進奉は一度で船は二艘を過ぎてはならないといった「定約」の内容が確認された。[28]

ところで、初発期倭寇が発生していた時期の高麗は、北方のモンゴル（蒙古一二〇六～一三六八。一二七一年以降は元）や東真国（東夏・大真とも。一二一五～一二三三）にも悩まされていた。それまで高麗が臣属していた金国（一一一五～一二三四）は、すでにモンゴルによって著しく衰退しており、高麗は一二一四年（元仁元・高宗十一）に金朝の冊封体制から離脱したが、一二三一年（寛喜三・高宗十八）以降、度重なるモンゴルの侵入を受けた。一二三二年（寛喜四・高宗十九）には、崔忠献の後を継いだ武人執政崔瑀（怡）の主導により江華島への遷都が行われ、モンゴルとの徹底抗戦を続けたが、高麗は全土にわたり多大な損害と犠牲を強いられた。こうした中でモンゴルとの講和論が台頭し、一二五八年（正嘉二・高宗四十五）に崔氏政権が打倒されると、高麗はモンゴルに臣事する道を選んだ。高麗はこの後、クビライ（世祖）によって日本招諭の嚮導役となり、一二六八年（文永五・元宗九）に高麗使潘阜らをモンゴル使節とともに大宰府に派遣し、モンゴルと高麗の国書をもたらした[29]。この文書を受け取った朝廷では、返牒について議論するとともに（結局返牒は送らずに使者を帰国させる）、異国降伏・退散の祈禱を行わせた。一方の鎌倉幕府では、執権北条時宗を中心に、西国に警戒を強めることを命じた。一二六九年（文永六・元宗十）にはモンゴル・高麗国使が対馬に至り島民を略奪して帰国し、彼らを日本国使としてクビライと謁見させた[30]。同年、対馬島民を送還する目的で高麗使金有成らが対馬から大宰府に至り、「蒙古国中書省牒状」と「高麗国慶尚晋安東道按察使牒状」をもたらした[31]。これに対し朝廷では返牒することを決めて草案が作られたが[32]、幕府によって送られることはなかった。

この時期、高麗国内においては、一二七〇年（文永七・元宗十一）に最後の武臣執政である林惟茂が殺害されて武臣政権が崩壊すると、開京への還都が決定された。ところが、武臣政権直属の軍組織であった三別抄はこれに応じず、自らを高麗の正統な政府であることを自任し、珍島からさらには済州島を拠点として、開京政府およびモンゴルと敵対した。三別抄はモンゴルの脅威が迫っていた日本に遣使して共闘を呼び掛ける牒状を発給した。これを受けた日本側は、文永五年の牒状と今回の牒状との趣旨の違いに頭を悩ませ、返牒を送ることはなかった[33]。

一二七三年（文永十・元宗十四）に元と開京朝廷の連合軍により三別抄が鎮圧されると、翌一二七四年（文永十一・忠烈王即位）、モンゴル・漢（旧金朝統治下の華北の住民）混成軍二万五千人、高麗軍八千人、梢工・引海・水手等六千七百人、戦艦九百余艘が日本を襲った（文永の役・甲戌の役）。これまで経験したことのない兵器や戦法により苦戦を強いられた鎌倉御家人であったが、元・高麗軍の軍議が一致せず、また矢が尽きたこと、あるいは大風の影響などにより元・高麗軍は撤退していった。

文永の役の翌年、クビライは杜世忠・何文著らを日本に派遣した。彼らはクビライの使節としてはじめて鎌倉まで到るが、竜ノ口で処刑されてしまった(34)。幕府が呼び寄せたのは交渉のためではなく、不退転の決意を示したものと考えられる。日本側は引き続き西日本の警備を続ける一方で、高麗征討の検討も行うが、実現はしなかった。一二七九年（弘安二・忠烈王五）にモンゴルが南宋を滅ぼすと、宋の降将夏貴・范文虎が派遣した周福らが来日して牒状をもたらした。しかしこれについても、幕府は書状が無礼であるとして返事を送らず、博多で使者を斬首した(35)。このような状況においてモンゴルの再度の来襲は必至であった。一二八一年（弘安四・忠烈王七）、クビライは日本再征を敢行した（弘安の役・辛巳の役）。この時はモンゴルと高麗の他、旧南宋からの兵を合わせた十四万の軍勢が、四千艘の船で日本を襲った。石築地などを作り準備を進めていた日本軍は奮闘し、また暴風雨の影響にも左右され、モンゴル軍は壊滅的な打撃を受け、撤退を余儀なくされた。クビライはその後も日本への遠征をあきらめなかった。一二九二年（正応五・忠烈王十八）には、耽羅（済州島）で捕えた日本商人を護送する名目で日本に使者を送るよう高麗に命令し、金有成が二度目の来日を果たし、第二五代忠烈王（在位一二七四～一二九八・一二九八～一三〇八）の国書をもたらした(36)。しかし、モンゴルでは、国内外の様々な問題が山積してそれらに対処することを余儀なくされ、一二九四年（永仁二・忠烈王二十）のクビライの死によって、ようやく日本遠征計画が中止となった。

4　前期倭寇と日本・高麗関係の終焉　―十四世紀―

十四世紀になり、大陸ではモンゴルの勢力が衰退して中国江南で起こった紅巾軍の反乱が拡大すると、第三一代恭愍王（在位一三五一～一三七四）は反元運動を展開して雙城総管府などを奪い返し、また高麗の官制を高麗の最盛期と目される文宗の旧制へと復した。以後も親元派と反元派との間で激しい対立があり、制度も二度三度と改編がなされるが、一三六八年（貞治七・恭愍王十七）に明（一三六八～一六四四）が建国されると、北元との両面外交が展開された。一方の日本では、鎌倉幕府はモンゴル軍を撃退したものの、恩賞の不払いなど財政的な逼迫が顕在化してきた。また両統迭立の状況において、大覚寺統から出た後醍醐天皇（在位一三一八～一三三九）は鎌倉幕府に不満を持ち、二度の失敗を経て一三三三年に幕府を滅ぼして建武の新政を実施した。しかし、武家政権樹立の声の高まりから、中先代の乱を契機として足利尊氏は後醍醐に反旗を翻し、持明院統の光明天皇を擁立して、一三三八年京都に幕府を創設した。そして京都から吉野に移った後醍醐天皇との間でいわゆる南北朝の内乱が勃発し、半世紀以上継続された。

この間の日本と高麗との関係については、先の一二九二年以降しばらくは交流を示す史料がみられないが、一三二三年（元亨三・忠粛王十）に、倭が会原からの漕船を群山島で掠め、また楸子島などで「老弱男女」を虜にするといった、朝鮮半島西側沿岸において略奪を行っている記事がみえる。(37)そして、一三五〇年（観応元・忠定王二）以降、「倭寇之侵始ㇾ此」(38)として倭寇が猖獗を極めることとなる（前期倭寇）。倭寇の侵攻の件数は、高麗が滅びるまでに約三百件を数え、一三七六～一三八五年の間がピークであった。(39)前期倭寇は前述の十三世紀のものとは異なり、朝鮮半島南沿岸はもとより、首都開京のある京畿道西海岸や内陸の奥深くまで襲撃するなど高麗全土におよび、襲撃の規模もこれまでのものとは比較にならないほど大きなものであった。また、襲撃の対象についても、前述した漕船をはじめとする租税や人畜などの略奪から、京畿道の寺院や陵墓を襲い、王家の肖像画を奪うといった高麗朝への抵抗という政治性がうかがわれるようなものまであった(40)。そこで倭寇の構成員については、従来の日本人とするだけでなく、高麗人との連合や、高麗の賤民である「禾尺・才人」をはじめとする高麗人単独の襲撃などの可能性が提起されており、近年では日本人・高麗人という枠組みではなく、海域に生活する境界地域に生き、民族出自と言語・服装とが一致しない境界領域の人々を想定すべきであるという議論もなされている(41)。

こうした倭寇問題に直面した高麗では、日本に対してしばしば禁圧を求める使節を派遣している。まず、一三六七年（貞治六・恭愍王十六）に金龍・金逸（金凡貴）一行が「征東行中書省咨文」を持って到来した(42)。これに対して朝廷では返牒を送らないことを決定するが(43)、室町幕府将軍足利義詮は、「僧録」の肩書を与えられた天龍寺住持の春屋妙葩名義の返牒を作成し、僧侶梵盪・梵鏐を伴って帰国させた(44)。『高麗史』には「蒙二征夷大将軍禁約一、稍得二寧息一」（巻一三三、辛禑伝三年〈一三七七〉六月条）とあり、高麗側ではこの返牒を征夷大将軍からのものであることを認識していた。なおこの交渉は、幕府が外交権を朝廷から接収する第一歩となったと理解されている。

その後、一三七五年（永和元・辛禑元）に羅興儒が咨文をもたらして幕府との間で交渉を行い、幕府は徳叟周佐の書状を発給して倭寇の禁圧を約束した(45)。しかし、一三七七年（永和三・辛禑三）以降になると、高麗は幕府ではなく九州探題の今川了俊や大内義弘との間で倭寇禁圧交渉を行うようになる。一三七七年六月には安吉詳がやってきて、これに対して今川了俊は翌年僧の信弘を送って倭寇禁圧が容易ではない旨を伝えさせた(46)。また、安吉詳が到来した三ヵ月後の九月には鄭夢周(47)、一三七八年（永和四・辛禑四）には李子庸・韓国柱が来日して被虜人を送還するとともに、大内義弘が軍勢を高麗に送って倭寇を防ごうとするなどの行動を起こしている(48)。一三七九年（康暦元・辛禑五）には尹思忠も報聘のため来日している。[49]

このような高麗側からの度重なる倭寇禁圧要請があった一方、対馬島の宗経茂（高麗側の記録では「対馬島万戸崇宗慶」）が高麗に使者を派遣して土物を献上し、これに対して高麗側も「講究使李夏生」を遣わし、さらに米千石を下賜する出来事があった。[50] 次代における宗氏と朝鮮王朝との関係の嚆矢となるような動きが高麗末期にみられることは注目される。[51]

一方、高麗が軍勢を率いて倭寇の拠点である対馬を直接襲撃するような事件も起きている。一三八九年（康応元・恭譲王元）には、慶尚道元帥の朴葳が、兵船百艘を率いて対馬島を撃ち、倭船三百艘と海岸の人家を焼き尽くし、被虜高麗人の男女一〇四人を探し出して帰国させている。[52] このことを聞いた琉球国中山王の察度は、高麗に遣使して奉表・称臣し、土物の献上や被虜人の送還などを行っている。[53]

高麗国内においては、李成桂が倭寇の頭目の一人である「阿只抜都」を討ち取るなどの戦功を挙げ（一三八〇）、頭角をあらわしてきた。一三八五年（至徳二・辛禑十一）に明からの冊封を受けた高麗であったが、一三八八年（嘉慶二・辛禑十四）に「鉄嶺衛」問題が起こった。明は「鉄嶺」以南を高麗領にすることを通告したが、高麗はこれを明による雙城総管府の接収と解釈し、反明の姿勢を打ち出し、親元派の崔瑩によって明の遼東攻撃が企図された。しかし遠征軍の指揮を任されていた李成桂は、鴨緑江の威化島で突如引き返して開京を制圧すると（威化島回軍）、クーデタを起こして辛禑王（在位一三七四～一三八八）や崔瑩を追放して改革を進めた。そして一三九二年（明徳三・高麗恭譲王四・朝鮮太祖元）、高麗最後の国王である恭譲王（在位一三八九～一三九二）から禅譲を受けるという形で王位に就いて朝鮮王朝を開き、高麗は滅亡したのであった。

第二節　日本・高麗関係史研究の動向と到達点

日麗関係史の研究は日本・韓国それぞれにおいて行われてきた。日本では、青山公亮氏[54]・池内宏氏[55]・中村栄孝氏[56]・稲葉岩吉氏[57]らが大正期より本格的に研究を進め、戦後は森克己氏[58]が中国史料を博捜し、日・宋・麗三国間で展開された歴史的事実を明らかにし、前節で述べたような日本・高麗関係の基本的な枠組みが形成された。その中でも青山氏や森氏は日麗両国の絶縁主義的傾向や、日本の外交姿勢の閉鎖性・消極性を指摘し、その前後の時代と比較して国家間の政治的交流の低調さを強調した。十一世紀にみえる九州と高麗との関係について、青山氏は取るに足らない出来事と解し、森氏は日麗貿易を日宋貿易が活発となる前段階で行われていたに過ぎないという理解を示した。また、高麗の経済が未発達であったために日本との経済格差が広がり、高麗側が貿易を制限したという見方が主流となっていたことから[59]、同時代の日宋関係史研究と比べても研究の蓄積は薄く、日宋に付随するかたちで対高麗関係について論じられていった。したがって、日麗関係そのものの研究は等閑視されてきたのである。そのような中でも、個別具体的な研究としては、太祖朝の遣日使や刀伊の入寇[60]、文宗の請医一件[61]、いわゆる進奉船および一二二〇年代に起きた倭寇問題[62]に関しては検討が進められてきたが、基本的な枠組みは変わらず、研究の停滞を招いたのであった[63]。

この背景としては、日麗関係史料の絶対的な不足が挙げられ、目立った国家間の事件もあまりないことから、注目されることがなかったことがあげられる。日麗関係史研究者の数も非常に少なく、またそのほとんどが日本対外関係史の専攻者によって進められてきたため、日本からみた対高麗関係研究の成果が大部分を占めた。さらに、高麗時代が日本史の時代区分で言うところの古代史と中世史をまたぐ時期であるため、高麗時代全体を見通した関係史研究は困難であった。一方、日本における高麗史研究者の数は極めて少なく、まして対日関係史研究を行う研究者は皆無に等しい状況にあった(64)。したがって対日交流が、高麗社会においてどのような影響を与えたのかという議論も長く行われてこなかったのである。

しかしながら、一九八〇年代以降、石上英一氏が日本の外交姿勢を「積極的孤立主義」と理解すべきと指摘したことや(65)、延喜年間以降の日本朝廷が、積極的に貿易を管理・統制しようと動いている状況を石井正敏氏が示したことにより(66)、これまで通説と考えられてきた絶縁主義的・消極的・閉鎖的と規定されていた日麗関係の見方に修正が迫られるようになった。また、境界領域で活躍する人々の動きに注目し、彼らの動向が両国朝廷にいかなる影響を及ぼしたのかという点について探ることの重要性が村井章介氏(67)や山内晋次氏(68)らによって唱えられ、漂流民の送還記事など、これまでほとんど注目されることのなかった日麗関係史料の再検討が行われるようになった。このような視点はさらに進んで、近年では国家間関係の歴史を、海を介して双方向的に理解する「海域アジア史」としての研究も重視されるようになった(69)。また、貿易面においては、高麗の金属工芸技術の高さや優れた高麗青瓷の生産などを通じて、むしろ日本の方が交易の政治的体制や交易品の技術生産の面で後進性を残していたとする見解も出され(70)、日麗貿易の展開過程についても、あらためて考察しなければならない状況となった。

一方、これまで課題となっていた、高麗史からみた対日関係史研究の動向としては、奥村周司氏が高麗王を中心とする独自の秩序（八関会秩序）を設定し、それを満たすための朝貢分子として日本商人を位置づけていたとする重要な指摘がなされた(71)。この視点については、一義的に外国人当事者の個別的関係とみておくべきで、ただちに王朝対王朝、民族対民族に結びつけるのは拡大解釈とする批判もあるが(72)、高麗が強い自尊意識を持ち、それが朝鮮歴代王朝のなかでも突出していたことを発見された意義は大きかった[73]。この後韓国の盧明鎬氏は、高麗王は独自の天下をおさめる天子として君臨していたが、それは必ずしも中国の天子がおさめる天下を否定するものではなく、複数の天と天下が並存する「多元的天下観」を提唱したのであった[74]。

近年の日本・高麗関係史研究において注目されるのは李領氏である。李領氏は従来の理解に対して批判的検討を加え、いわゆる「進奉船」を通じた日麗両国の交通を、平氏政権によって樹立した公的な関係であったと述べた。そして、それがモンゴルの襲来を経て高麗後期の倭寇問題とどのように連関していたのかという、これまで十分に議論されてこなかった点に注目し、日麗関係史の体系化を試みた[75]。このいわゆる「進奉船」については、その開始から終焉、展開過程等について論争となっており、一致した解釈をみない。本書第2部においても重要なテーマとなるため、先行研究について簡単にまとめておきたい。

まず「進奉船」の開始については、これを十一世紀後半の文宗朝から日本人が高麗に渡航し方物を献上する時期に求める説[76]、一一六九年説[77]、十三世紀前後説[78]などがある[79]。

次に進奉船の性格については、これを日本人による高麗への朝貢とみる説[80]や、それとは異なる「私献貿易」とみる説[81]、大宰府との間で行われたものとみる説[82]、平清盛の意向を受けた大宰大弐平頼盛、あるいは大宰少弐宇佐公通が高麗と締結したものとみる説[83]、鎌倉幕府との間で結ばれたものとみる説[84]、対馬との間で行われたものとみる説[85]、当初は対馬との間で行われていたものが、倭寇禁圧要請を受けて大宰府との間で行われたとみる説[86]などがある。

そしてその終焉については、十三世紀にモンゴルによる圧力や倭寇の侵入を受けた高麗側の事情により廃止されたとする説[87]、モンゴルから日本の入朝を促す詔書が高麗に送られた一二六六年十一月とする説[88]、高麗の金州に設置されていた対日本迎接用の客館が破壊された一二七二年説[89]などがある。展開過程について、十一世紀からいわゆる

「進奉船」が始められたとみる論者は、十二世紀に日本人の渡航記録が見えなくなる理由を、高麗側が日本を拒絶したとするが、その理由として、高麗の経済・商業の未発達が原因であるとする説[90]、日本側諸勢力の競争および倭寇により制限を設けたとする説[91]などがある。

以上、「進奉船」に関しては百家争鳴の様相を帯びている。前述の李領氏は、それ以前の研究を批判的に検討し、「進奉船」について非常に具体的な年次比定および展開過程を提示した。またその他にも、例えば宣宗十年に延平島巡検軍によって宋人と倭人が拿捕された事件を、遼に向かって渡航した船舶であったと位置づけたり、庚寅年以来の倭寇の襲撃地を検討することにより、同一の集団が各地を転々と移動しながら略奪を繰り返した状況を描き出したりするなど、これまでにない重要な指摘をした。

しかしその一方で、史料の読解や論理展開などの点で疑問が提示されており[92]、特に「進奉船」に関する李領氏の説明については、その後の研究をみても日本はもとより、韓国においても必ずしも広く支持されているわけではないようである。しかし李領氏の著書が刊行されたことにより、日韓両国で日麗関係史を再検討しようという雰囲気が作られたことは間違いなく、この点において大きな意義があったとみるべきであろう。

一方の韓国では、一九五九年に金庠基氏が「海商の活動と文物の交流」（[一九八五 a]）を発表して以来、李鉉淙氏・羅鐘宇氏により麗日関係をテーマとした論文が発表された[93]。そこでは、倭寇問題やこれまで日本側において高麗を日本の下位に位置づけるような構図で研究を進めていたことの反発からか、日本の凶暴性や未開性を主張し、これに対して高麗の優秀性を強調する「結論ありき」の議論に終始していた感がある[94]。また、日本中心の対高麗関係史研究が多く、そのため高麗が不利になるような史料操作や歪曲があるのではないかという史料読解の緻密性に対しても疑問を投げかけるなど、研究姿勢そのものに対する批判が提示されてきた。一九九〇年頃からは、石上英一氏の視点を取り入れた研究があらわれ、[95]二〇〇〇年以降は、李領氏をはじめ、南基鶴氏・李炳魯氏・金普漢氏・高銀美氏など、日本で留学をしていた韓国人研究者が帰国し、韓国では閲覧が難しい日本史料を用いた個別具体的な研究が進められている。[96]

さらにこの時期以降には、日麗関係史を遂行する上で非常に有益な年表や史料集の類が日韓両国で続々と刊行され、[97]両国で利用される史料の解題集が、日本語・韓国語それぞれに翻訳されて発表された。[98]また、インターネットの普及をはじめとする通信・情報網が発展・整備されたことに伴い、日韓両国の文献や史料の検索・閲覧が容易となり、研究環境の飛躍的上昇がみられた。こうした状況に後押しされ、日韓ともに数多くの研究成果が残されるようになった。二〇〇〇年以降の石井正敏氏の一連の研究は、活字化された史料集の見直しからはじめ、基本史料の蒐集および徹底的な読解によって得られた成果であった。[99]また、原美和子氏は、日麗貿易に関与する宋商人の動向を、宋の国内外の事情を丹念に追跡した上で論じられており、日麗関係を中国との動向を含めた東アジアの視点から考察する重要な研究と位置づけられる。[100]韓国では朝鮮前近代史全般にわたって「海」が果たした役割を強く意識し、「海」とのかかわりにおいて朝鮮前近代史を捉えなおそうとする分野を「海洋史」と称しており、特に朝鮮半島に興亡した諸国家が積極的に「海」との関係を保っていたとされる古代・中世に研究の主眼が置かれている。逆に前述した日本で注目されている「海域史」的な視角、すなわち、国家対国家の枠組みでは十分に捉えられなかった海域によって媒介される陸域間相互の交流の実態を明らかにしようとする研究は、ほとんど顧みられていないという。それどころか、「地域」を重視する近年の日本史研究者が描く中世から近代にかけての日本史の展開過程を、かつては複数の地域に分かれていた日本列島がしだいに統合されて近代の国家権力が形成されていくという構図として理解し、そこに「膨張主義的な論理」が内在されているという拒否感さえ存在するという。[101]だが、ごく最近、近代国民国家の相対化を目指す「海域史」研究と軌を一にする「グローバル・ヒストリー」とも関連する日本の著書が韓国でも翻訳されているなど、日韓双方の研究交流がより活発に行われつつある。[102]

第三節　これまでの研究の問題点と本書の分析視角

1　日本・高麗関係史研究の問題点

前節で述べたように、新たな日麗関係史像の構築に向けた動きはあらわれているものの、克服すべき課題も少なからずある。近年日韓双方において当該期の問題点について指摘されている[103]内容を踏まえた上で、筆者は次のような課題を指摘する。

①日本高麗関係史の研究成果の大半は「日本からみた対高麗関係史」、すなわち日本史研究者による研究成果が大半であり、高麗の国内外の状況を勘案した上で対日交流の目的や意義を解明するといった「高麗からみた対日本関係史」に関する研究が未だに行われていない。そのためには、高麗と中国諸王朝〈宋・遼〈契丹〉・金〈女真〉・モンゴル〉の関係についても見渡したうえで、高麗の外交チャンネルの一つとしての日本という視点を持つことが重要である。[104]

②当該期の史料の絶対的不足はすでに指摘されている通りだが、その中でも特に十二世紀に関しては、個別具体的研究すら皆無に等しい。それゆえ日麗関係を一連の流れの中で捉えようとする研究が困難な状況にある。しかしその零細な史料を網羅的かつ丹念に読解してきたかといえば、まだ研究の余地は残されているように思われる。

③従来、国家間の政治的関係がなかったことをもって研究がなされてこなかったが、近年注目されている「海域アジア史」の視点から、特に境界領域の人々の交流と、それが国家間の問題にまで波及した背景を追究することは、結果的に両国関係史の深化に結びつく可能性がある。

④日本史研究者の高麗史そのものの理解および韓国の研究に対する目配せ、逆に韓国人研究者の日本史そのものの理解および日本の研究に対する目配せが必ずしも十分ではない。また特に日本史の時期区分において高麗時代史は古代と中世をまたぐことになるため、研究が細分化された今日においては、研究者および研究に少なからず断絶があり、日本・高麗関係史研究を難化させている。

日本人研究者の場合、韓国側の成果を利用していない研究が少なからずみられる。その理由としては、言語の違いや論点が合致しないなどの点が挙げられると思われるが、日韓において各々の問題点や関心などを共有し、より活発な議論を展開するためには積極的に利用し、批判的な検討を加えていく必要があるのではないだろうか。

一方の韓国人研究者の場合、日本への留学を経て、日本の最新の研究について目配せしている論著が増えてきているが[105]、逆に韓国の先行研究を踏まえていない文献が目につく。例えば二〇〇七年～二〇一〇年まで行われた「第二回日韓歴史共同研究委員会」の調査・研究報告書に掲載された、「高麗前期韓日関係史現況」を著した李在範氏は、一九九八年に刊行された『歴史学報』一五九号にある一九九六～一九九七年の「回顧と展望」の研究成果から研究史の整理をはじめ、「それ以前の高麗前期の対日関係史の研究は、すでに一定の成果が出され、その結果が『韓国史』ないしはその他の書籍で通説化されているとみなす」と指摘するにとどまっている[106]。しかしながら、九〇年代後半以前においても参照すべき研究があることは前節で紹介した通りである。筆者はさらなる韓国側の麗日関係史研究論文を捜索したが、先行研究を挙げない論文が少なくなかった[107]。研究の到達点を把握しないことは、事実の誤解・誤認を招く論文の増加につながるであろう。例えば太祖朝の遣日使の派遣回数について、日本側では現在三回とみられているが、韓国においては金成俊氏が三度行われたことを指摘しているにもかかわらず[108]、全基雄氏は三度説を批判することなく、二度の派遣があったことを指摘し[109]、最初の遣使（太祖二十年）が帰国するのに一年八ヵ月を要していることについて考察をしている[110]。このような初歩的な事実確認が不十分なまま発表されている論文が少なからずあることは問題であろう。

2 本書の分析視角

さて、筆者は卒業論文で日本・高麗関係史をテーマに取り上げた二〇〇二年以来、この問題について考察を進めてきた。この間、上記の問題点に留意しながら、次のような分析視角や方法論を用いて研究を行ってきた。

まず、日本・高麗関係史を高麗側の視点、すなわち高麗の国内事情や対外関係全体を理解した上で、日麗関係史の理解に努めようとする立場で考察を試みた。このような分析視角は、前述の問題点①を乗り越えることにつながる。具体的な研究手法として、日本側に残されている史料のうち、特に高麗が日本に向けて発給した外交文書（牒状）の分析を行い、牒状を発給した高麗国内外の事情について理解を深めた。外交文書の研究は近年大きく進展しており、日本においては日本史・中国史（唐～元）・朝鮮史（高麗・朝鮮）それぞれにおいて深化をみせている[111]。韓国においても高麗時代の文書について研究が活況である[112]。日麗間の外交文書としての牒状は、全て活字化されているが、文意不通の箇所も少なからずみられる。そこで本書では牒状をはじめ、行論において核となる史料については可能な限り原本・原石・写本を蒐集して本文校訂を行い、その上で丹念な読解を加えてきた。このような研究手法は、問題点②を乗り越えることにつながるであろう。

次に、元来日本史学専攻の筆者が、高麗側の立場で日麗関係史を研究する際に大きな障壁となるのが問題点④であった。筆者のみならず、これまで主に日麗関係史を主導してきた日本対外関係史の研究者は、高麗時代の史料が漢文であることや、日本語の概説書も刊行されていることから、日本国内の研究成果のみに頼る傾向があった。しかし、高麗時代史そのもののより深い理解や研究史、あるいは『高麗史』や『高麗史節要』といった基本史料以外の文集や高麗墓誌をはじめとする金石文史料の状況を把握するためには、従来の傾向を打破し、韓国における研究成果を学ぶ必要がある。そこで筆者は、二〇〇六年に韓国高麗大学校への交換留学を実施するなどして、韓国における高麗時代史の現状の把握、そして各地の踏査などを通じて、高麗史そのものの理解を深めていった。この経験により、日本帰国後も継続的に韓国の研究状況を把握し、日本・韓国双方の研究成果を利用した日本・高麗関係史の研究を進めてきた。

また、次章以下で詳しく述べるように、本論文では国家間交流だけでなく、いわゆる「進奉船」や初発期倭寇の問題を取り上げ、対馬島民をはじめとする九州北部地域と高麗との関わりについて多くの分量を費やしている。このような境界領域の人々が国家にいかなる影響を与えたのかといった視点は海域史研究とも重なり、問題点③を乗り越える研究方法であると考える。

以上述べた本書の分析視角および研究方法は、現在の日本・高麗関係史研究が抱える問題点の多くを乗り越える可能性を有している。また、本書は日本・高麗関係史を研究対象とするものであるが、その成果は、日本対外関係史・高麗対外関係史の双方に影響を与え、さらには高麗官職史・交通史・古文書学といった、高麗時代史の関連する諸分野にも寄与する成果を挙げている。加えて、日本史の時期区分における古代史・中世史の枠を越えた研究の可能性を有する点などにおいて、大変重要かつ意義のある研究であると考える。

第四節　本書の構成

本書は序章・終章のほか、二部八篇の論文および二本のコラムで構成されている。

第1部「高麗の外交文書および制度と対外関係」では、十一～十三世紀の日本・高麗関係史を検討するために必要な基本史料の再検討を行い、その過程でこれまで研究が立ち遅れていた高麗の外交文書様式や官職史、さらには対日本外交案件に関する文書行政システムについて考察する。また、高麗の対外関係に関する新たな知見も盛り込んでいる。

第一章「「大日本国大宰府宛高麗国礼賓省牒状」にみえる高麗の対日本認識」では、一〇七九年に高麗国王の文宗が病により日本に医師の派遣を要請した一件について検討する。本件は比較的研究の蓄積のあるテーマだが、高麗が発給した外交文書の署名部分に関する言及は皆無であった。そこで国文学研究資料館所蔵の写本から本文を確定した上で検討を行い、高麗と日本の位相について明らかにするとともに、高麗が医師を日本に派遣した理由を、高麗をとりまく国際情勢から考察を試みた。

第二章「「日本国対馬島宛高麗国金州防禦使牒状」の古文書学的検討と「廉察使」」では、一二〇六年に対馬島に発給された高麗牒状を、宮内庁書陵部や国立公文書館をはじめとする機関に所蔵する写本を蒐集して校訂を行った。その上で対日外交に重要な役割を果たしながら『高麗史』百官志に記載がない「廉察使」の実態に迫り、これが「按察使」であることを解明した。

第三章「「李文鐸墓誌」を通じてみた十二世紀半ばの高麗・金関係」では、韓国の国立中央博物館に所蔵されている「李文鐸墓誌」の原石調査を通じて得られた翻刻文を基に、十二世紀半ばの高麗と金の関係を基軸とした北東アジアの状況を明らかにした。

第四章「高麗における対日本外交管理制度」では、高麗から発給された複数の日本宛て外交文書や関連史料を利用して、対日外交案件が高麗国内のどの機関にどのような文書で伝達され、決定事項がどのように日本に伝わったのかという問題について論じた。

第2部「日本・高麗間の「進奉船」」では、第1部を受けて、日本・高麗関係史の中でも特に研究が停滞している十二世紀を含めた十一世紀後半から十三世紀前半における日本と高麗との関係史を取り上げた。当該期は史料的な制約が特に大きいだけでなく、日本史においては古代と中世をまたぐ時期にあたり、研究の断絶がみられる。また、モンゴル襲来以前の日本高麗関係史において重要なテーマでありながら、研究の深化がみられなかったいわゆる「進奉船」の歴史像を解明することを主要な目的とした。

第一章「十二世紀前後における対馬島と日本・高麗関係」では、日本・高麗双方の対外関係史料であることは認知されていながら、これまで十分な検討がなされてこなかった『大槐秘抄』と「李文鐸墓誌」が関連するものであることを明らかにし、一一六〇年に対馬島民が高麗に拘束された事件の真相に迫った。また古代日本の対外管理制度であるいわゆる「渡海制」が、十二世紀には日本からの高麗渡航が対馬島民に一元化されることを受けて、彼らの渡航を制限するものへと変質していった可能性を指摘した。

第二章「十三世紀前後における対馬島と日本・高麗関係」では、中世すなわち武家政権の成立に伴って、対馬島の島政運営に変化が生じたことを明らかにし、その変化が十一世紀末以降行われていた対馬島民による高麗への

「進奉」にも影響を与えたことについて考察した。

第三章「嘉禄三年来日の高麗使について―「嘉禄三年高麗国牒状写断簡及按文」の検討―」では一二二七年に初発期倭寇の禁圧を求めて大宰府に到来した高麗使の来日状況を伝える新史料の紹介・検討を行った。

第四章「嘉禄・安貞期（高麗高宗代）の日本・高麗交渉と「進奉定約」」では、この時の日本高麗外交の交渉過程を検討し、新たな「進奉定約」が高麗と大宰府との間で成立したことを明らかにした。第三章で扱う新史料の発見により、第四章の内容がより充実したことは特筆したい。

終章「モンゴル襲来以前の日本・高麗関係史の意義」については、いわゆる「進奉船」の変遷および本書で明らかにした内容をまとめ、本書の意義や課題を示す。

コラムでは、「国書」や「外交」についての考え方、および比較武人政権論研究に関する現在の到達点を示す。

むすび

以上、日本・高麗関係史の概要を示した上で、日韓両国における研究史や現段階における問題点を述べ、それを克服するために設定した本書の研究視角や構成について述べてきた。本書は「日本高麗関係史」と題してはいるが、扱う時期はモンゴル襲来以前までであり、また考察の対象とした問題はごくわずかな部分に限られている。また、近年研究の進展の著しい考古学の成果を扱うことはほとんどできなかった。本書は現段階における成果をまとめたものであり、本書を基礎としてさらに高麗史そのものの理解を深めつつ、宋や遼・金・元・明といった中国諸王朝を含めた東アジアの視点から、日本と高麗との関係の意義について明らかにする研究を続けていきたいと考えている。

注

（1）石井正敏［一九八七・二〇一七g・二〇一八c］、佐伯弘次［二〇〇三・二〇〇九・二〇一六］、関周一［二〇一〇・二〇一七］、武田幸男［二〇〇〇・二〇〇五a・b］、対外関係史総合年表編修委員会［一九九九］、李領［一九九九 日文］、浜中昇［二〇〇二］、森平雅彦［二〇〇八b・二〇一一・二〇一七a・b］、矢木毅［二〇〇八a］、山崎雅稔［二〇一七 日文］、近藤剛［二〇一八］など。
（2）『日本紀略』承平七年八月五日条。
（3）『貞信公記抄』天慶二年（九三九）二月十五日条・天慶三年（九四〇）六月二十一・二十三・二十四日条。『日本紀略』天慶二年三月十一日条。
（4）『日本紀略』天禄三年（九七二）九月二十三日条。『親信卿記』天禄三年十月七日・十五日条。『百練抄』天禄三年十月二十日条。
（5）『日本紀略』天延二年（九七四）閏十月三十日条。『親信卿記』同日条。
（6）『小記目録』永観二年（九八四）四月三日・二十一日条。『小右記』長徳二年（九九六）五月十九日条。
（7）『小右記』長徳三年（九九七）六月十二日・十三日条。『百練抄』同年六月十三日条。『水左記』承暦四年（一〇八〇）九月四日条。『異国牒状記』。
（8）『権記』長徳三年（九九七）十月一日条。『小右記』同日条。
（9）『朝野群載』巻二〇、異国。
（10）『小右記』寛仁三年（一〇一九）四月二十四日・二十五日・九月十九日・二十二日～二十四日・十二月三十日条。『左経記』寛仁三年九月二十二日・寛仁四年（一〇二〇）四月十一日・八月二十五日条。『日本紀略』寛仁三年九月二十二日・寛仁四年二月十六日・四月十一日条・『百練抄』寛仁四年四月十一日条。『異国牒状記』。
（11）『小右記』寛仁三年（一〇一九）六月二十一日条。

(12)『百練抄』永承六年（一〇五一）七月十日条。『水左記』承暦四年（一〇八〇）九月四日条。『異国牒状記』。
(13)『朝野群載』巻二〇、異国。
(14)『高麗史』巻六、靖宗世家二年（一〇三六）七月条・巻七、文宗世家五年（一〇五一）秋七月己未条など。
(15)『高麗史』巻三、穆宗世家二年（九九九）十月条。『百練抄』長保四年（一〇〇二）六月二十七日条など。
(16)『高麗史』巻一〇、宣宗世家十年（一〇九三）七月癸未条。
(17)森平雅彦［二〇〇八a：一〇三頁］。
(18)『青方文書』安貞二年（一二二八）三月十三日関東下知状。
(19)『百練抄』平治元年（一一五九）八月二日・永暦元年（一一六〇）四月二十八日・十二月十七日条。『山槐記』永暦元年十二月十七日条。
(20)『吾妻鏡』文治元年（一一八五）五月二十三日・文治二年（一一八六）二月二十四日条。『玉葉』文治元年六月十四日条。
(21)『平戸記』延応二年（一二四〇）四月十七日条。
(22)『高麗史』巻二二、高宗世家十年（一二二三）五月甲子条。『明月記』嘉禄二年（一二二六）十月十六日・十七日条。『民経記』嘉禄二年十二月二十七日条など。
(23)『吾妻鏡』安貞元年（一二二七）五月十四日条。『異国牒状記』。
(24)『高麗史』巻二二、高宗世家十四年（一二二七）是歳条。
(25)『吾妻鏡』貞永元年（一二三二）閏九月十七日条。
(26)『高麗史』巻八二、兵志二、城堡、高宗三十八年（一二五一）条。
(27)『百練抄』延応二年四月三日条。『平戸記』延応二年四月十二日・十三日・十四日・十七日条。
(28)『高麗史』巻二五、元宗世家即位年（一二五九）秋七月庚午・元宗四年（一二六三）四月条。
(29)『高麗史』巻二六、元宗世家九年（一二六八）七月丁卯条。「蒙古国牒状」・「高麗国書」（ともに「東大寺尊勝院文書」）。『本朝通鑑』。

(30)『高麗史』巻二六、元宗世家十年（一二六九）三月辛酉条・七月甲子条。
(31)『異国出契』。
(32)『本朝文集』巻六七。
(33)「高麗牒状不審条々」（東京大学史料編纂所所蔵）、石井正敏［二〇一七ｊ・ｋ］。『吉続記』文永八年（一二七一）九月二日～七日条。
(34)『関東評定衆伝』建治元年（一二七五）九月七日条。『帝王編年記』建治元年（一二七五）九月六日条など。
(35)『関東評定衆伝』弘安二年（一二七九）六月二十五日条。
(36)「高麗国王書写」（『金沢文庫文書』）。『高麗史』巻三〇、忠烈王世家十八年（一二九二）冬十月庚寅条など。
(37)『高麗史』巻三五、忠粛王世家十年（一三二三）六月丁亥条。
(38)『高麗史』巻三七、忠定王世家二年（一三五〇）二月条。
(39)田中健夫［一九八二］。
(40)『高麗史』巻四一、恭愍王世家十四年（一三六五）三月条。
(41)近年の倭寇の構成員をめぐる議論については、村井章介［二〇一三ｃ］をはじめ、佐伯弘次［二〇〇九：二六七～二六九頁］、関周一［二〇一〇：九三～九六頁］に整理されている。
(42)『報恩院文書』。『高麗史』巻四一、恭愍王世家十五年（一三六六）十一月壬辰条。
(43)『師守記』貞治六年（一三六七）五月二十三日・二十八日条など。
(44)『高麗史』巻四一、恭愍王世家十七年（一三六八）正月戊子条など。
(45)『高麗史』巻一一四、羅興儒伝。巻一三三、辛禑伝元年（一三七五）二月条・同二年（一三七六）十月条。
(46)『高麗史』巻一三三、辛禑伝三年（一三七七）六月・八月条。
(47)『高麗史』巻一一七、鄭夢周伝・巻一三三、辛禑伝四年（一三七八）七月条。
(48)『高麗史』巻一一四、河乙沚伝・巻一三三、辛禑伝四年（一三七八）十月条・同五年（一三七九）五月・七月条。
(49)『高麗史』巻一三四、辛禑伝五年（一三七九）五月条。

(50)『高麗史』巻四一、恭愍王世家十七年（一三六八）秋七月己卯・閏七月・十一月丙午条。
(51) 佐伯弘次［二〇〇九：二七四頁］。
(52)『高麗史』巻一一六、朴葳伝。巻一三七、辛禑伝附辛昌伝元年（一三八九）二月条。『高麗史節要』巻三四、恭譲王元年（一三八九）二月条。
(53)『高麗史』巻四五、恭譲王世家二年（一三九〇）八月丁亥・巻一三七、辛禑伝附辛昌伝元年（一三八九）八月条。
(54) 戦前からの研究が青山公亮［一九五五］にまとめられている。
(55) 池内宏［一九七九b］。
(56) 中村栄孝［一九六五b］。
(57) 稲葉岩吉［一九三四］。
(58) 森克己［二〇〇八・二〇〇九A・B］。
(59) 田村洋幸［一九六七］、川添昭二［一九七五］。
(60) 中村栄孝［一九六五b］、山﨑雅稔［二〇〇四 ハングル・二〇一七］、石井正敏［二〇一七c］、河内春人［二〇一四］。
(61) 白鳥庫吉［一九七〇b］、池内宏［一九三四・一九七九a］、土田直鎮［一九六五］、石井正敏［一九八七］、森克己［二〇〇九j］、森公章［二〇〇八］、村井章介［二〇一三a］。
(62) 本書第1部第一章を参照。
(63) 本書第2部第四章を参照。
(64) 近年では森平雅彦氏が概説や研究史の整理をしている［二〇〇八a・二〇一〇］。
(65) 石上英一［一九八二］。
(66) 石井正敏［二〇一七e］。
(67) 村井章介［一九九七］など。
(68) 山内晋次［二〇〇三a］。

(69) 海域アジア史の定義等については、桃木至朗［二〇〇八］などを参照。
(70) 三浦圭一［一九九三］。
(71) 奥村周司［一九七九・一九八五］。
(72) 北村秀人［一九八六］、森平雅彦［二〇〇七：一五七頁］。
(73) 森平雅彦［二〇〇七：一五五頁］。
(74) 盧明鎬［一九九七・一九九九］。
(75) 李領［一九九九　日文］。
(76) 青山公亮［一九五五c］、森克己［二〇〇八・二〇〇九j・二〇〇九l］、田中健夫［一九六一・一九七五］、川添昭二［一九八八］、大山喬平［一九八四］、羅鐘宇［一九九六a・二〇〇六・二〇一八］、南基鶴［二〇〇二　ハングル］、溝川晃司［二〇〇三］、李炳魯［二〇〇四］、李宗峯［二〇〇四］。山内晋次［二〇〇三a］は、進奉の制度と十一世紀以来の対馬島・高麗間の貿易とを積極的に結びつけて考えている。李景煥［二〇〇二］は、十一世紀の日本人による方物献上行為のうち、地方官が派遣した「使」によるそれは公的な朝貢貿易であったと述べる。
(77) 李領［一九九九b　日文］。
(78) 中村栄孝［一九六五a］、李鉉淙［一九七七］。
(79) 森平雅彦［二〇一〇］は、本来「進奉」とは〝下〟から〝上〟に対する進献を意味する一般的な用語であり、当時は中国でも通用していたと述べ、『進奉』という語が十二世紀以前の朝貢形式をとる日麗貿易でも広く用いられた一般的な術語であり、主体の範囲や形式内容が時期ごとに変遷していった可能性を想定している。
(80) 青山公亮［一九五五c・d］、南基鶴［二〇〇二　ハングル］、佐伯弘次［二〇〇三］、李宗峯［二〇〇四］。山内晋次［二〇〇三a］は、単なる貿易行為以上の、朝貢に擬された政治的意味合いをも含んだ対馬島と高麗政府の独自な関係として理解する。張東翼［二〇〇四　ハングル］は十一世紀中葉から十二世紀中葉までは日本商人たちが、十二世紀後半から十三世紀後半までの間は大宰府或いはこの管轄下にあった対馬島との間で行われていた朝貢であったと述べる。

(81) 森克己［二〇〇八・二〇〇九j・二〇〇九l］、李炳魯［二〇〇四］。金成俊［一九八九］は十一世紀以来の「私献貿易」に使用した船舶を進奉と呼ぶようになった時期についてはわからないとする。溝川晃司［二〇〇三］は、日本人一般によって行われていた進奉貿易が、鎌倉初期になると対馬と玄界灘地域の人々が競合したことで一度廃絶した。その後武藤資頼の外交交渉によって復活したと述べる。

(82) 中村栄孝［一九六五a：一七〜二一頁］、田村洋幸［一九六七］、川添昭二［一九七五・一九九六］。

(83) 李領［一九九九b 日文］。

(84) 金成俊［一九八九］は、一つの可能性として、鎌倉幕府が成立して武家執権時代になった時に進奉船と呼ばれるようになったとし、鎌倉幕府の上位に高麗が立って締結したものであるとする。

(85) 中村栄孝［一九六九：一〇頁］、田村洋幸［一九九三］、李景煥［二〇〇二］、石井正敏［二〇〇九］。森克己［二〇〇九n］は、十二世紀になると日本人一般から対馬島民によって進奉（私献貿易）が行われたと指摘する。佐伯弘次氏［二〇〇三］は、対馬・壱岐・肥前など北九州の官人から対馬島が担い手になったとする。

(86) 佐伯弘次［一九九〇］、榎本渉［二〇〇七］。

(87) 田中健夫［一九六一・一九七五］。

(88) 李領［一九九九b 日文］。

(89) 溝川晃司［二〇〇三］。

(90) 田村洋幸［一九六七］、川添昭二［一九七五］。羅鐘宇［二〇〇六］は、この意見を批判しており、［二〇一八］では日本側が高麗を恐れ、不審感を持っていたと述べている。

(91) 李鉉淙［一九七七］。

(92) 浜中昇［二〇〇〇］、橋本雄［二〇〇二］、山内晋次［二〇〇三a］。

(93) 金庠基［一九八五a］、李鉉淙［一九七七］、羅鐘宇［一九九六a・二〇〇三a・b・二〇〇六・二〇一八］。

(94) 例えば羅鐘宇［一九九六a］など。

(95) 金成俊［一九八九］、全基雄［一九九七］など。

(96) 南基鶴［二〇〇二 ハングル］、李炳魯［一九九九・二〇〇〇］、李景煥［二〇〇二］、金普漢［二〇一〇］、高銀美［二〇一三 ハングル・二〇一四 ハングル］。
(97) 対外関係史総合年表編集委員会編［一九九九］、張東翼［二〇〇四 ハングル・二〇〇九 ハングル］、金琪燮他［二〇〇五］、武田幸男編［二〇〇五a・b］。
(98) 佐伯弘次・須川英徳・桑野栄治編［二〇一〇］、孫承喆・金剛一・李相薫編［二〇一〇］。
(99) 石井正敏［二〇一七B］所収の諸論文および［二〇一八c］。
(100) 原美和子［二〇〇六］。
(101) 六反田豊［二〇一三］。
(102) 鄭淳一ほか［二〇一八］は羽田正編［二〇一三］を韓国語に翻訳したものであり、今後韓国においても「海域史」研究の進展が予想される。
(103) 森平雅彦［二〇一〇］、李在範［二〇〇九・二〇一〇］、村井章介［二〇一八］。
(104) この点に関連して、近年李鎮漢氏は、貿易関係を中心に高麗と関係を持った諸外国との交流の歴史を韓国だけでなく日本の最新の研究成果を利用しながら論じており、注目される（李鎮漢［二〇一一・二〇一四］）。東北亜歴史財団韓国史編纂委員会編［二〇一八］の主編者も李鎮漢氏である。
(105) 高銀美［二〇一三 ハングル・二〇一四 ハングル］、金賢祐［二〇一五・二〇一七］など。
(106) 李在範［二〇一〇：二二四頁］。
(107) 東北亜歴史財団韓国史編纂委員会編［二〇一八］に収められている宋や契丹・金・モンゴルと高麗との関係史研究には、それぞれの著者が最近の研究動向も押さえているが、日本と高麗との関係史について執筆した羅鐘宇氏［二〇一八］は、研究成果の未参照が甚だしいと言わざるを得ない。
(108) 金成俊［一九八九］。
(109) 全基雄［一九九七］。
(110) 羅鐘宇［二〇一八：三四一～三四三頁］においても先行研究を参照することなく、太祖朝の遣日使について考察している。

(111) 外交文書の近年の研究動向については廣瀬憲雄［二〇一一・二〇一七・二〇一八］を参照されたい。また朝鮮時代の文書については川西裕也［二〇一四］を参照。

(112) 盧明鎬他［二〇〇〇a・b］、朴宰佑［二〇〇五］、姜恩景［二〇〇七］、朴竣鎬［二〇一六 ハングル］など。

第1部　高麗の外交文書および制度と対外関係

第一章　「大日本国大宰府宛高麗国礼賓省牒状」にみえる高麗の対日本認識

はじめに

承暦四年（一〇八〇）二月以前、高麗国より帰国した日本商人の王則貞は、「己未年（一〇七九）十一月」付けの「大日本国大宰府宛高麗国礼賓省牒状」（以下「礼賓省牒状」と称す）をもたらした。そこには、高麗国王文宗（在位一〇四六～一〇八三）の風疾（中風）を治療してくれる医師の派遣を要請する内容が記されていた。この牒状をめぐって朝廷は陣定を開き、医師を派遣すべきかどうか議論を続けた。最終的には、高麗牒状に無礼な点があることを指摘し、医師の派遣を拒否する旨の返牒を大江匡房に作成させ、永保元年（一〇八一）以降に大宰府名義の牒状が高麗に送られた。

この承暦四年の医師派遣要請の問題については、牒状本文の内容や、詳細に残されている日本側の審議経過を検討したものをはじめ、返牒作成の経緯、高麗側の医師派遣要請の背景、さらには日本・高麗の相互認識など、現在に至るまで日韓両国において多くの研究成果が発表されている(1)。しかしながら、高麗は日本に対して医師の派遣を要請する前に、すでに宋から医師および大量の薬材がもたらされていることから、後述のように日本に医師を求めることについて不審とする意見もある。『高麗史』文宗世家には、日本からの渡航者に関する記録が数多く残されており、この問題と関わらせて、あらためて文宗朝の日本に対する外交政策について検討する必要があるのではないかと考える。

そこで本章では、まず請医一件の概要を確認した上で、これまであまり注目されていない「礼賓省牒状」の署名部分の考察を通じて高麗の対日本認識について考える。この考察を行うに当たり、あらためて「礼賓省牒状」を載せる『朝野群載』巻二〇、異国の写本を蒐集し、検討を加えてみたところ、現在もっぱら利用されている『新訂増補国史大系』（以下、「国史大系本」と称す）との間で重要な異同があることが確認された。したがって、本章では諸写本に基づいて作成した校訂本文を示した上で検討を加える。その上で、この時に請医を試みた高麗文宗朝の対日本政策について考えてみたい。[2]

第一節　請医一件の概要

本節では先行研究に依りながら請医一件の概要を把握することとする。[3] 承暦三年（一〇七九・文宗三十三）、貿易のために高麗に赴いていた大宰府商人の王則貞は、帰国に際して高麗の外交担当官府である礼賓省から大宰府宛ての牒状を預かった。次に掲げる「礼賓省牒状」は、筆者が閲覧した『朝野群載』諸本を基にして作成したものである（返り点は筆者）。[4]

【史料1】『朝野群載』巻二〇、異国

高麗国礼賓省牒　大日本国大宰府

当省伏奉二　聖旨一、訪聞、貴国有下能理二療風疾一医人上。今、因二商客王則貞廻帰次〔故イ〕一、仰〔郷イ〕、因レ便通レ牒、及於二王則貞処一、説二示風疾縁由一。請二彼処一、選二択上等医人一、於二来年早春一発送到来、理二療風疾一、若見二功効一、定不二軽酬一者。今、先送二花錦及大綾・中綾各一十段、麝香一十臍一。分二附王則貞一、賫持将二去知大宰府官員処一、且充二信儀一。到可二収領一者。牒具如レ前。当省所レ奉　聖旨、備録在レ前。請　貴府、若有下端的能療二風疾一好医人上、許二容発送・前来一、仍収二領疋段・麝香一者。謹牒。

己未年十一月　日牒

少卿林　既木

生

卿崔

卿鄭

署名部分については下文にて詳しく検討するが、本文においては「次仰」の部分に注目したい。「国史大系本」ではこの部分を含めた一節を、「今、因三商客王則貞廻二帰故郷一、因レ便通レ牒、及二於王則貞処一、説二示風疾縁由一、請二彼処一、選二択上等医人一、於来年早春発送到来」とあり、「故郷」に作る。しかし、この箇所を「故郷」としている写本は伴信友旧蔵本のみであり、伴信友が参照したであろう諸本や、『本朝続文粋』所収の大宰府返牒に引用された礼賓省牒状（後掲）にも「次仰」とある。信友が何を根拠としたかは不明であるが[5]、写本の文字を尊重するのであれば、校訂本文で示したように〈今、商客王則貞廻帰の次でに因り、仰せて、便に因りて牒を通じ、および王則貞の処に於いて、風疾の縁由を説示せしむ。彼処に請いて、上等の医人を選択し、来年早春に発送到来せしめ〉云々として、国王の意思を反映させた一節と理解することができるのではないだろうか。以上の理解から、校訂本文では「次〔故イ〕仰〔郷イ〕」とした。

さて、【史料1】によれば、王則貞は牒状とともに錦・大綾・中綾・麝香を託され、国王文宗が病気であるので、治療のために日本から医師を派遣して欲しいとの旨を伝えるようにと説明を受けたことがわかる。「礼賓省牒状」を帯びて帰国した王則貞から事情を聞いた大宰府は、解状を副えて礼賓省牒状を太政官に送付した。

【史料2】『朝野群載』巻二〇、異国「大宰府解　申請官裁事」(6)

大宰府解　申請官裁事

言上高麗国牒一通状

右商人往反高麗国、古今之例也。因茲〔之イ〕去年当朝商人王則貞、為交関罷向彼州之間、礼賓省牒一通、相副錦・綾・麝香等所送也。是則聞医師経廻鎮西之由、牒送旨、件則貞所申也者。異国之事、為蒙裁定、未検知件錦・綾・麝香等、何況不〔可〕請取。先相副彼〔件イ〕牒状。言上如件。謹解。

承暦四年三〔二〕月五日　正

この解状の末尾にある「承暦四年三月五日」については、田島公氏が指摘しているように、『水左記』自筆本、承暦四年二月十六日条に(7)「又高麗皇帝《国》被献牒之由、自都督之許所示上候也。件牒副大宰府解文、今明可進上之」とあることから、「三月」ではなく、「二月」であると考えられている。(8)その後四月十九日に陣定が行われ、春宮大夫の藤原能長は、高麗国は日本のために忠節を致すので、もし医師を派遣しなければ信義にもとるという意見を出しており、医師派遣を可とする意見が大勢を占めたという。(9)しかしながら、その後しばらくは議論が行われず、本格的な審議が始められたのは閏八月からであった。閏八月五日に陣定が開催され、「可レ遣否、若可レ遣者誰人乎」(10)と派遣の可否が問われ、源俊房は「医人条、須レ差二遣雅忠一□□也。然而道之宗匠、朝之簡要也。遠遣二異郷一、尤有二□（其カ）憚一。忠康朝臣累代名家、門業相伝。又俊通朝臣□□道已為二宿老一、件両人之間、可二差遣一歟」と述べ、丹波雅忠や丹波忠康・惟宗俊通などを候補者として挙げている。源経信は『帥記』の同日条において、「抑高麗之於二本朝一也、歴代之間久結二盟約一、中古以来朝貢雖レ絶、猶無二略心一。是以若有レ可二牒送一者、彼朝申牒、本朝報示。今当二斯時一、為レ療二病痾一申二請医人一之、其由給三盍被二裁許一乎」とあり、そもそも日本と高麗とは、久しく盟約を結び、中古以来（高麗からの）朝貢は絶えているとはいえ、敵対することはなかった。「彼朝」（高麗）から牒状が来れば、「本朝」（日本）は返事をすることがあった。王が病となり医者を申請しているのであるから、許すべきではないか、と述べている。また、高麗の申請からすでに日時が経過しているので、一度大宰府より牒状を送り病状を尋ね、もし再度申請があった場合に医師を派遣するのはどうかとも述べている。この頃までは朝廷において医師派遣に前向きな姿勢が大勢を占めている様子がうかがえる。

ところが、閏八月十四日条の陣定では、派遣する医師を一人にするか二人にするか、また王則貞や別使の派遣の可否や、返牒をどうするのかといったことが話し合われていた中(11)、右兵衛督源俊実から「尤雖レ可レ遣、無二効験一、為レ朝可レ為二其恥一。仍不レ遣何事之有歟(12)」と、医師を派遣して効果がなければ日本の恥となるという意見が出されると、右衛門督源俊明をはじめ、この意見に同調する者があらわれる。閏八月二十二日には、派遣医師の候補者として挙げられていた丹波雅忠が所労（腫物）のために参内できないことが告げられる(13)。

そして、閏八月二十三日に、関白藤原師実の夢中に亡父藤原頼通が現れ、「件医不レ可レ遣(14)」と告げられたことにより、医師派遣の中止が決定される(15)。その後は医師の派遣を拒否する返牒の作成を大江匡房が担当することになり、源経信や俊房らと共に、派遣拒否の理由や文章の表現などについての話し合いがなされるようになる。この返牒作成過程で注目される記事として、次の『水左記』承暦四年九月四日条が挙げられる。

【史料3】『水左記』承暦四年九月四日条

四日癸巳、晴。未時許参二博陸一直衣、此間右大将被レ参、相次皇后宮権大夫・左衛門督・皇太后宮権大夫・右衛門督参入。頃之右相府被レ参。議二定高麗返牒仰詞一也。匡房朝臣注下出牒□〔状カ〕乖二礼度一之事上。

一、牒字下不レ注二上字一事。

一、不二封函一封紙事。

一、不レ注二年号一、注二己未年一事。

一、年月下唯注レ日不レ注二一二一事。

一、称二聖旨一事。聖旨者宋朝所レ称也。如二本朝一□□□□歟。非二蕃国所一レ可レ称。

一、不レ差レ使事。長徳三年符云、「須下専二国信一先達中大府上。何脅二断綆漂流之客一、以為二行李一。啓牒之信、事乖二被〔彼カ〕制一云々。」永承六年金州返牒云、「専行李以瞻〔贍カ〕二信礼一、而便レ附二商船一□数欠云々。」

事了人々退出。

王則貞がもたらした「礼賓省牒状」には六点の違例がみられると指摘している。すなわち、①牒状の書出しに「高麗国礼賓省牒」として「高麗国礼賓省牒上」と「上」の字が記されていないこと、②封函せずに封紙であること、③年号を記さずに「己未年」としていること、④「己未年十一月　日牒」として、日付を記していないこと、⑤「聖旨」と称すること、⑥公使ではなく商人に牒状を託していることである。「礼賓省牒状」（【史料1】）と比較すると、②に以外の点については確認することができる。その後同年十一月まで返牒の推敲が行われ、次のような牒状が作成された。

【史料4】『本朝続文粋』巻十一、牒

日本国太宰府牒　　高麗国礼賓省

却二廻方物等一事

牒、得二彼省牒一偁、当省伏奉二聖旨一訪聞、貴国有下能理二療風疾一医人上。今、因二商客王則貞廻帰次一、仰、因レ便通レ牒、及於二王則貞処一、説二示風疾縁由一。請二彼処一、選二択上等医人一、於二来年早春一発送到来、理二療風疾一、若見二功効一、定不二軽酬一者。今、先送二花錦及大綾・中綾各一十段、麝香一十臍一。分二附王則貞一、賚持将二去知大宰府官員処一、且充二信儀一。到可二収領一者。牒具如レ前。当省所レ奉　聖旨、備録在レ前。請　貴府、若有下端的能療二風疾一好医人上、許二容発送・前来一、仍収二領疋段・麝香一者。如レ牒者、貴国懽盟之後、数逾二千祀一。和親之義、長垂二百王一。方今犯二霧露於燕寝之中一。求二医療於鼇波之外一。望レ風懐想、能不二依々一。抑牒状之詞、頗睽二故事一。改二処分一而曰二聖旨一、非二蕃王可一レ称。宅二遐陬一而跨二上邦一、誠彝倫攸レ斁。況亦託二商人之旅艇一、寄二殊俗之単書一、執圭之使不レ到。封函之礼、既虧。双魚猶難レ達二鳳池之月一、扁鵲何得レ入二鶏林之雲一。凡厥方物、皆従二却廻一。今以レ状牒。牒到准レ状、故牒。

承暦四年　月　日

先の【史料3】で確認した礼賓省牒状の違例箇所のうち、②・⑤・⑥の点を指摘していること[16]がわかる。

この牒状は、翌永保元年（一〇八一）五月二日の陣定において、「大宰府申請遣二高麗返牒一事」[17]とあることから、返牒を高麗へ送り届ける人物の人選などにてまどっていたのではないかと推測されており、その後まもなく高麗へ送られたものと考えられている。

第二節　請医一件に関する問題点

先行研究では高麗の請医をめぐって様々な観点から考察が行われてきたが、その中で、日本・高麗それぞれにおける相手国に対する認識や外交姿勢などについての言及がなされてきた。まず日本側に関しては、かつては高麗に対する差別意識や排外意識が語られていたが[18]、審議の経過をみていくと、当初は医師の派遣に肯定的な意見も出されていたことから、「両国の関係は緩和的であった」[19]、「冷淡というよりも慎重」[20]という意見が出された。また、田島公氏は、返牒や陣定における公卿らの意見から、当時の国際意識は奈良・平安初期よりも後退していると指摘し[21]、渡邊誠氏は、医師派遣を断る理由として列挙された事柄（【史料3】）が、「外交上の口実にすぎない」[22]と断じる。一方、石井正敏氏は、「中華を自任しながら、『治癒できなければ恥』とする論理はいかにも日本的である」とし、「中華日本が試された出来事」と述べている[23]。

他方の高麗側においては、主に対日姿勢に関する問題と、文宗朝の請医の事情に関する問題について議論されている。まず前者について奥村周司氏は、【史料3】にも記載されているように、「礼賓省牒状」の冒頭文言が「牒上」でなかったことや、「聖旨」という僭擬的な語を用いた点、そして年号ではなく「己未年」を使用したことなどから、高麗の強固な自立的姿勢を強調している[24]。石井正敏氏は、前掲『水左記』承暦四年二月十六日条にある「高麗国皇帝」という文言から、これを王則貞が牒状を付託された際に用いられた高麗側の表現と理解し、高麗の中華意識を如実に伝えていると指摘する[25]。これに対して酒寄雅志氏は、冒頭の「高麗国礼賓省牒　大日本国大宰府」については両者の上下関係は認められず、書き止めの「謹牒」は上申文書の体を示していることから、「高麗が文宗の病気を治す名医の派遣を日本に要請するという特殊な事情があったからこそ礼賓省が大宰府をあたかも上級官司のごとくにあつかった」と述べている。(26) 最近では篠崎敦史氏が、宋代の『司馬氏書儀』や唐代の出土文書を用いた赤木崇敏氏の研究成果(27)から、首末がそれぞれ「牒」・「謹牒」となっている「礼賓省牒状」は平行文書であり、高麗は対等な関係で、日本に医師の派遣を求めたと述べている。(28)

次に後者に関しては、すでに指摘されているように、文宗は日本に請医を行う以前の文宗三十二年（一〇七八・承暦二）、宋国信使の安燾・陳睦らの帰国に際し、医師の派遣や薬材を求めている。(29) それに対して宋はすぐに医師に百種の薬材を持たせ、翌年七月に高麗に到り、治療にあたっているのである。(30) この点について森克己氏は、「宋の医官でも治せない病気を日本の医師に治してもらおうというのであるから、日本の医術が大いに信頼されたということになるが、それよりもこうして心安げに医師の派遣を依頼してきたということは、日本に対して友好的な気持ちをもっていたからである」と述べている。(31) これに対して奥村周司氏は、「宋の政府にとっては……高麗へ医師や医薬を送ることは、当時遼の冊封を受けていた高麗に宋皇帝の徳の高さを顕示し、高麗を宋側に引きつける格好の機会になったはずである。その翰林医官の派遣と薬材の量の多さは、宋側の高麗に対する期待の大きさを物語っているように思われる。したがって、このような宋側の積極的な姿勢が高麗政府に通じていなかったとは考えられないし、またこの時宋から齎された医術を超えるものを日本に期待していたとは考えられないのである。……高麗政府が日本へ医師を要請した折には、翰林医官邢慥は帰国して高麗にはいなかったことも考えられ、更に翌文宗三四（一〇八〇）年六月に医官馬世安が派遣されているところをみると、宋医が引続き国王の治療に当ることになっていたことも推測される。また、文宗の病状が急変したため日本へも医師を要請してきたということも考えられるが、そうであれば何故日本政府にとって受け入れがたい―日本政府の姿勢は太祖二〇年、成宗一六年の前例によって理解されていたものと考えられるが―問題の多い牒状を送ってきたのか、何故正式の使節を派遣しなかったのかということが疑問に思われるのである。しかも、牒状の文面にみえる、上等の医者を送れという下りや、治療の効果があったら相当の報酬が与えられるだろうという言辞には、上意下達的な姿勢が感じられるのである」と述べている。[32] さらに森公章氏も、「文宗三十二年七月に宋の国信使帰国に託して医官と薬材を求め、翌年七月には宋からの翰林医官邢慥が派遣され、百種類を超える薬材等が齎されていることが知られるので、十一月になってから日本に医師派遣の要請を行うのは不審であると言わざるを得ない」、「日本からの医師派遣が実現しなかったにもかかわらず、文宗はさらに五年の治世を続けているので、宋の医官と薬材により小康を得たものと思われる」と述べている。[33] 一方、保立道久氏は、「高麗国礼賓省による日本への医師派遣の要請は、宋が遼との対抗関係の中で、おそらく高麗に対しても日本に対しても積極的な国交を求めるという東アジアの国際情勢の規定性をうけた高度に政治的な行動であろう」と指摘している。[34] 篠崎敦史氏は、高麗による日本への医師要請は、契丹によって宋医来麗が不可能になった場合に備え、あらかじめ宋以外から医師を確保しておくための行動であった可能性が高いと指摘している。[35]

以上、問題とする二点はそれぞれに様々な説が提示されており一致した理解に達していない。そこで筆者は、「礼賓省牒状」（【史料1】）の署名部分に関する検討を通じて「礼賓省牒状」にみえる高麗朝廷（政府）の対日姿勢を確認し、その上で、高麗が請医外交を行った事情について考えてみたい。

第三節　「礼賓省牒状」の署名からみた高麗の対日姿勢

1　これまでの理解

それでは、問題とする「礼賓省牒状」の日付および署名部分の検討を行うこととする。まず、これまで多くの研究が依拠していた「国史大系本」に記載された署名を次に掲げる。

己未年十一月　日牒　　少卿林槩
　　　　　　　　　　　生
卿崔
卿鄭

本文書の署名部分に関して田島公氏は、「『朝野群載』は文例集、法令集的性格のある編纂物なので、署名部分の詳細は省略されたと思われるが、卿が二人署名していることは、礼賓省の官制が不明なこともあり、はっきりしないものの……渤海の中台省の牒においても二人の高官が署名していることを兼ね合わせると、当時の外交文書である牒状の書式を考える上で注目される」と述べている。(36) また、盧明鎬他編『韓国古代中世古文書研究　上』では、「林槩」について、「詳しい業績は『高麗史』列伝一〇に記録されている。『高麗史』世家によれば、この文書が作成された二年後にあたる文宗三五年（一〇八二）に、衛尉卿　知御史台事となった」と述べ、「卿鄭」の「卿」については、「『高麗史』百官志によれば、文宗代の礼賓省の卿は一名で、品秩は従三品なので、ここに卿が二名出てくるのは問題となる。一二五九年の「高麗礼賓省対南宋牒」（後掲「大宋国慶元府宛高麗国礼賓省牒状」）と比較すれば、二番目の卿は、判事を誤って記録したものと思われる」とする。また「生」字については、「何を指し示しているのか明白ではない」と述べている。(37)

このように、本文書における署名部分については、本文の内容に関する研究が膨大であるのに比べると、これまであまり注目されてこなかったように思われる。しかし、高麗における文書の署名に関しては、文書発給者と受給者との身分の高下を示す重要な指標となり得るため、当該期の高麗朝廷が礼賓省と大宰府の関係をどのように位置づけていたのかを知る手掛かりとなる可能性がある。前節で掲げた校訂本文と「国史大系本」を比べてみると、署名の位置や文字に異同がみられる。これらはわずかな違いのようにみえるが、この相違が高麗文書の署名を考える上で重要であると考えられるため、さらに検討を進めることにしたい。

2　「卿」の検討

まずは、先行研究でも指摘のある「卿崔」・「卿鄭」に関して検討を加えたい。この「卿」とは、本文書が高麗国礼賓省名義の牒状であることから、礼賓省の卿を指していると考えてよい。礼賓省に関して『高麗史』百官志では次のように記載する。

【史料5】『高麗史』巻七六、百官志一、礼賓寺

礼賓寺、掌二賓客燕享一。太祖四年〔九二一〕置二礼賓省一。成宗十四年〔九九五〕改二客省一、後復改二礼賓省一。文宗定、判事秩正三品、卿一人従三品、少卿一人従四品、丞二人従六品、注簿二人従七品。忠烈王二十四年忠宣〔一二九八〕改二典客寺一、革二判事一、増レ卿為二二人一、減レ丞為二一人一。尋改二礼賓寺一、改レ卿為レ尹、少卿為二少尹一。……恭愍王五年〔一三五六〕復称二礼賓寺一、改レ令為レ卿、副令為二少卿一。……吏属、文宗置、書史八人・令史八

人・記官四人・算士一人・承旨四人・孔目十五人・都衙十五人。

これによれば、文宗官制において「卿一人従三品」とある。それゆえ、前述のように『韓国古代中世古文書研究上』では、「卿」が二人であることに疑問を示し、「大宋国慶元府宛高麗国礼賓省牒状」（後掲）の署名部分を参考に、「卿鄭」を「判事鄭」の誤りであると指摘したのである。

しかし、古文書学的な視点に立ってみた場合、「判事」を「卿」のような全く異なる文字に誤写することは考え難い。特に外交文書などの書写に関しては、原本に忠実に写そうとする姿勢があったことが指摘されており[38]、本文書についても空格や改行などにその一端をうかがい知ることができる。このように考えてみると、「卿鄭」を「判事鄭」の誤りと直ちにみなすことはできないであろう。たしかに『高麗史』百官志には、「卿一人従三品」と記載されているが、この点について矢木毅氏は、「百官志が「文宗定むらく」として挙げている官制は、実際には「文宗の旧制に復した」と称する「恭愍王五年（一三五六）」の官制を無批判に「文宗朝」の官制として貼り付けているだけのことなのであろう」と述べている[39]。矢木氏の指摘は枢密院（中枢院・密直司）や中書門下などの考察から導き出されているが、礼賓省においてもその可能性を示唆する史料がある。

【史料6】『高麗史』巻四、顕宗世家十年（一〇一九）三月甲子条

以二異膺甫一為二右僕射一、姜民瞻為二鷹揚上将軍柱国一、柳参為二礼賓卿一、金宗鉉為二礼部員外郎一。

【史料7】『高麗史』巻四、顕宗世家十年（一〇一九）八月己丑条

遣二礼賓卿崔元信・李守和一如レ宋賀正。

これらの史料から、顕宗十年三月に柳参を「礼賓卿」としたことと、同年八月に「礼賓卿」の崔元信を賀正の使節として李守和と共に宋へ派遣したことがわかる。後者に関しては、これと同一の記事を示す『高麗史節要』巻三、

顕宗十年八月条に「遣二礼部卿崔元信・李守和一如レ宋賀正」とあり、崔元信の官職を「礼部卿」とする。礼部（尚書礼部）との関連が想起されるが、礼部（礼曹）には「卿」なる官職名はない(40)。また、『宋史』巻四八七、列伝二四六、高麗伝、天禧三年（一〇一九）九月には「高麗進奉使礼賓卿崔元信」とみえることからも、崔元信は礼賓卿であったとみなしてよい。すなわち、『高麗史』百官志には記載されていないが、顕宗朝（一〇〇九～一〇三一）には確実に二人の礼賓卿が同時に存在していたのである。したがって「礼賓省牒状」に二人の卿がみえることは、文宗朝においても礼賓卿が同時期に二人存在したことを示しているとみることができ、本文書の「卿鄭」を「判事鄭」とあえてあらためる必要はないと考える。

3　「少卿林　既木」の検討

(1) 署名の位置

続いて「少卿林　既木」の検討に移りたい。まず、この署名の位置についてみてみると、「国史大系本」では日下に記されているが、校訂本文【史料1】で示したように、諸本では日付の次行に記されている。高麗の牒（貼）の場合、日下に記された署名は文書作成者を意味し(41)、これは日本や中国の場合でも同様である(42)。しかし、諸本では日付の次の行に「少卿」以下の記載があるため、「少卿林　既木」を牒状作成者（執筆者）とみることはできず、文書発給責任者の一人とみるべきであろう。高麗が日本に宛てた牒状で連署されているものは、「礼賓省牒状」の他にみられないが、礼賓省が南宋慶元府に宛てた牒状には、礼賓判事から注簿までの姓名が記されており、連署されていたことがうかがえる。そこで次に本文を掲げる。

「大宋国慶元府宛高麗国礼賓省牒状」（一二五九年発給。『開慶四明続志』巻八「収刺麗国送還人」所収。改行や空格については『韓国古代中世古文書研究　下』九四頁に転載されている『開慶四明続志』（宋本）を参照した。また、署名者の傍らに付したA～Hの記号は筆者による）。

高麗国礼賓省牒上
大宋国慶元府当省準　貴国人升甫馬
児智就等三人久被狄人捉拏越前年正
月分逃閃入来勤加館養今於綱首范彦
華俞昶等合綱船放洋還国仍給程糧三
碩付与送還請照悉具如前事須牒
大宋国慶元府照会施行謹牒已未三月
　日謹牒　A注簿文林郎金之用　B注簿
文林郎李孝悌　C丞文林郎金光遠　D丞
文林郎潘吉儒　E試少卿入内侍文林郎
李軾　F卿朝議大夫任柱　G判事入内侍
通議大夫三司使太子右庶子羅国維
H判事正議大夫監門
衛摂上将軍奉君用

本文書は割書の形で記載され[43]、また一部に空格がみられるものの基本的には追い込みで記されているため、文書原本の体裁は失われている。したがって、文書のどの位置に誰の署名があったのかについては明確ではないが、署名者の官職や文散階から、(44) ある程度の推測は可能である。この文書に出てくる八名の署名者に、仮にAからHと番号を付してみると、AからEの人物の文散階である「文林郎」は従九品に相当するが、礼賓省内の官職をみると、下位身分から注簿（AB）、丞（CD）、試少卿（E）の順となる。Fの文散階は「朝議大夫」で正五品下に相当し、官職も礼賓卿であることから、A～Eの人物よりも上位となる。二人の判事のうちGは「通議大夫」（正四品下。ただし三司使は正三品相当）、Hは「正議大夫」（正四品上。ただし監門衛摂上将軍は正三品相当）であることから、八名の序列については上からH→G→F→E→DC→ABとなる。それでは、AからHの順に追い込みで記される署名のあり方としては、どのような配置が考えられるであろうか。まず、牒状本文に近い位置に下位者が署名し、文書の奥に向かうに連れて上位者の署名があったことが推測される。『韓国古代中世古文書研究　上』では、次のように復原されている。(45)

己未　三月　日　謹牒
注簿文林郎金之用　注簿文林郎李孝悌
丞文林郎金光遠　丞文林郎潘吉儒
試少卿入内侍文林郎李軾
卿朝議大夫任柱
判事入内侍通議大夫三司使太子右庶子羅国維
判事正議大夫監門衛摂上将軍奉君用

右の復原案は、注簿や丞を上下に並べ、試少卿から判事までを一行に一名ずつ配している。ただし、日本の養老公式令を参照すると、公文書に関係役人が連署する際には、長官と次官は上段に、判官以下は下段に署名することが定められていた。(46) 高麗の文書行政システムや文書様式に関しても、唐令をはじめとする中国法の影響を受けていたことが指摘されており、(47) 養老令と共通の理解もできるであろう。そうであれば、上記の復原案を首肯することはできない。

そこで別の見方として、八名の署名が一行ずつ順番に記載されていたことが考えられるが、ここで大宰府宛ての「礼賓省牒状」の署名に注目すると、下段に記した少卿の署名の次行上段に卿が署名しているのである。この点を踏まえて考えてみると、南宋慶元府宛ての礼賓省牒状の署名として、以下のような復原案を想定することができる。

己未三月　日謹牒

注簿文林郎金之用

注簿文林郎李孝悌

丞文林郎金光遠

丞文林郎潘吉儒

試少卿入内侍文林郎李軾

卿朝議大夫任柱

判事入内侍通議大夫三司使太子右庶子羅国維

判事正議大夫監門衛摂上将軍奉君用

すなわち、少卿以下の官職は、日付の次行下段から順に署名を付していき、卿以上の高位者は、その次行上段から署名するような形式であったと考えることができるのではないだろうか。(48) このような理解ができるとすれば、大宰府宛ての「礼賓省牒状」の場合は、下位の「少卿林　既木」は下段に、二名の卿はその次行上段に署名を付した。また、二名の卿のうち、奥の「卿鄭」が手前の「卿崔」よりも上位であったことが推測される。筆者は「礼賓省牒状」の署名の位置を以上のように理解する。

(2)「既木」の字形

次に注目すべき点は、「国史大系本」では「槩」となっている箇所が、諸本では全て「既木」と二文字に記されていることである。また、伴信友旧蔵本を除く諸写本では、「林」と「既」の間に一〜数文字分の空格がみられる。さらに「既木」の次行にみえる「生」字については、特に紅葉山文庫旧蔵慶長写本では、「既木」との間隔が近く、「既木」と「生」で一つの文字を形成しているようにもみえるのである。現存する高麗古文書の署名をみると、姓と名の間に空格があるのが一般的であるため、少卿の姓名としてまず「林（姓）既木（名）」という人物の可能性を探る必要がある。しかしながら、このような人物を見出すことはできず、先行研究にあるように「林（姓）槩（名）」と理解するのが妥当であろう。「林槩」については先に指摘したように、同名の人物を『高麗史』の世家や列伝で確認でき[49]、彼の初見記事である文宗三十五年十二月当時は、衛尉卿知御史台事であったことが知られる[50]。『高麗史』百官志によれば、衛尉卿は従三品、知御史台事は従四品の官職である[51]。礼賓少卿は従四品相当であったため、『高麗史』に記される「林槩」と同一人物とみて間違いないであろう。本文書に「槩」ではなく「既木」（あるいは「既木／生」）とあるのは、この人物による自筆の署名（サイン）を写し取ったためではないかと思われる。朴竣鎬氏によれば、高麗・朝鮮時代における署名には「着名」と「着押」とがあり、前者は「本人の名前の字を変形させたもの」、後者は「名前とは別の字を変形させたもの」で花押・署・手決・手例ともいい[52]、高麗時代では特に「草押」と呼ばれていた[53]。すなわち、「既木」（あるいは「既木／生」）は「林桀」の「桀」字を変形させた「着名」であった可能性がある。

高麗の古文書原本は極めて少なく、牒（貼）に関しては録文の形でいくつか残されているが、いわゆる署名部分に関しては明らかではない。朴竣鎬氏は、高麗の古文書にみえる着名と草押に関する資料を一覧表にしており[54]、それらは『韓国古代中世古文書研究 下』に図版として収められている[55]。これらの成果を参照すると、「少卿林　既木」と類似した署名の存在がみられる。例えば、「修禅社乃老宣伝消息」（一二八一年発給）には、

　　左承旨興威衛上将軍判司宰寺典理司事趙　（着名《仁規》）

とある。官職を示す左承宣から姓の趙までは同筆で、そこから二〜三文字分程の空格を経て、名前の「仁規」を合成した形の着名がみられる[56]。また、「慧諶告身」（一二一六年発給）には、

　　金紫光禄大夫門下侍郎同中書門下平章事修文殿大學士監修國史判兵部事臣崔（着名《洪胤》）

　　　　朝散大夫尚書兵部侍郎充史舘修撰官知制誥臣李（着名《得根》）

とある。この二名の官職から姓までは同筆とみられるが、姓から一〜二文字分程の空格を経て、それぞれの名である「洪胤」と「得根」を合成・変形させた着名が記されている[57]。同じ「慧諶告身」には、

　　給事中玄　（着名《君悌》）

として、門下省の職名である「給事中」の官職のみを記しているものもある。姓の「玄」字の下には二〜三文字分程の空格があり、「君」字と「悌」字を合成したような形態の着名が記されている[58]。

一方、上記のような着名だけでなく、草押を記したものや着名と草押の両方を付す文書もある。前者は「張良守及第牒[59]」（一二〇五年発給）に、

門下侍郎同中書門下平章事修文殿太學士監修國史上柱國判吏部事崔　（草押）

とあり、後者の事例は「尹光琠奴婢別給粘連文書」(60)（一三五四年発給）に次のようにみえる。

財主出父直長同正尹　〔光典〕（着名）（草押）
訂〔證〕保奉善大夫神虎衛保乗護軍尹　〔東眞〕（着名）（草押）
筆執　前　伍　衛　金　〔承嗣〕（着名）（草押）

この署名について李基白氏は全てを（手決）とし、(61)『韓国古代中世古文書研究　下』ではそれぞれを「（草押）（手決）」と記すが、(62)各人の最初にみえる記載は、「光琠」・「東眞」・「承嗣」の名を合成させたようにみえるため、着名とすべきであると考える。(63)そして、それぞれの着名からやや右下の位置に草押がなされている。一方、「張戩所志」(64)（一三八五年発給）の冒頭には、

前中正大夫三司右尹張　戩　（草押）

とある。この文書にある名の「戩」字は特に変形していないようにみえる。また、名のやや右下の位置に草押が付されている。(65)

以上のような事例を参照すると、「礼賓省牒状」にある「少卿林　既木」の「既木」は、「槩」を変形させた着名であった蓋然性が高いと考える。「張戩所志」のように着名でなく楷書であった疑いも残るが、諸写本に「既木」とあるのは、「槩」を変形させた痕跡を残しているといえよう。そして、「生」に関しては、「既木」と合わせて着名を形成していたか、あるいは草押の可能性も考えられる。しかし実例をみる限り、草押は着名や名のやや右下に位置しているため、「既木」の左側にある「生」を草押とみるのは難しい。前者についても現時点では憶測の域を出ないため、不明とせざるを得ない。

4 「公牒相通式」にみえる署名様式と「礼賓省牒状」の署名

ところで、『高麗史』巻八四、刑法志一、公式、「公牒相通式」には、中央官府間、あるいは地方官府間における「牒（貼）」の授受において、官府内での身分や品階によって、発給者側の署名に多様な様式があったことを詳細に明示している。この史料は先行研究によれば、[66]およそ顕宗年間の官制を基準としつつ、後の文宗代や睿宗代（在位一一〇五～一一二二）の改革内容を追加したものであり、基本的な枠組みは以後も維持されていたと考えられている。[67]そこで、「公牒相通式」の検討を通じて、「礼賓省牒状」に記載された署名様式について考えてみたい。

まずは、「公牒相通式」京官条の記事から、当時存在した各署名の上下関係をみてみたい。朴竣鎬氏は、京官条にみえる授受者の関係を分析し、身分の高い者は「草押」し、身分の低い者は「着名」する規定のあったことを指摘し、最も高い品階においては「不姓草押」（姓を記さずに草押のみをする）し、その下に「着姓草押」（姓を付して草押する）、「着姓名」（姓を付して着名する）、「具位姓名」・「具銜姓名」（朴竣鎬氏は両者の正確な違いはわからないが、官職と姓名を正確に記載することとしている）[68]の順で使用したとする。[69]朴氏の見解を参照しつつ、京官条の一部を整理した【表】（55頁）をみると、署名の序列として「不姓草押」→「着姓草押」→「着姓名」→「具銜姓名」→「具位姓名」・「具位着姓名」[70]となると思われる（京官条には「着草押」もみえるが、これは「不姓草押」と同じと理解できるか）。朴竣鎬氏は「具銜姓名」と「具位姓名」の違いについて明確でないとしている。「具位」として直ちに想起されるのは位階（品階）であるが、現存する高麗古文書の署名には、品階を記したものはみられない。しかしながら、文散階の有無を見出すことはできる。したがって、おそらく官銜（官職）が自筆であるものを「具銜」といい、官銜（官職）と文散階の両方が自筆であるものを「具位」と理解することができるのではないだろうか。両者の違いについては、七寺の少卿が六官諸曹に牒（貼）を発給する際に「具銜姓名」と署名し、より上級の三省に発給する時には「具位姓名」を付していることから、「具銜姓名」と比べ「具位姓名」がより丁寧であることがわかる（【表】№15および16）。よって、先に述べたように、「具銜姓名」では官職＋姓＋名を自署し、「具位姓名」は文散階＋官職＋姓＋名を備えていたのではないかと考えられる。

次に、「公牒相通式」外官条をみると、京官条にはない「着姓名署」・「具銜着姓名」・「具銜着姓名署」・「着姓」などの署名様式がみられる。これらの具体例として、仮に前掲「慧諶告身」にある「朝散大夫尚書兵部侍郎充史館修撰官知制誥臣李（着名《〔得根〕》）」を事例として、それぞれの署名のあり方を挙げる。

「不姓草押（着草押）」　朝散大夫尚書兵部侍郎充史館修撰官知制誥臣李　**（草押）**

→草押のみ自署（**ゴシック体**の部分を自署とする。以下同じ）。

「着姓」　朝散大夫尚書兵部侍郎充史館修撰官知制誥臣**李**

→姓（李）のみ自署。

「着姓草押」　朝散大夫尚書兵部侍郎充史館修撰官知制誥臣**李**　**（草押）**

→姓と草押が自署。

「着姓名」　朝散大夫尚書兵部侍郎充史館修撰官知制誥臣**李**　**（着名《〔得根〕》）**

→姓と着名（得根）が自署。

「着姓名署」　朝散大夫尚書兵部侍郎充史館修撰官知制誥臣**李**　**（着名《〔得根〕》）（草押）**

→姓・着名・草押が自署。

「具銜姓名」　朝散大夫**尚書兵部侍郎充史館修撰官知制誥臣李　得根**

【表】『高麗史』巻84、刑法志2、公式、公牒相通式、京官条整理表

番号	差　出	宛　所	署名様式
1	内史・門下・尚書都省の門下侍郎以上	六官諸曹	不姓草押
2	内史・門下・尚書都省の門下侍郎以上	七　寺	不姓草押
3	内史・門下・尚書都省の門下侍郎以上	三　監	不姓草押
4	内史・門下・尚書都省の拾遺以上	六官諸曹	着姓草押
5	内史・門下・尚書都省の拾遺以上	七　寺	着姓草押
6	内史・門下・尚書都省の拾遺以上	三　監	着姓草押
7	内史・門下・尚書都省の録事・注書・都事	七　寺	具位着姓名
8	内史・門下・尚書都省の録事・注書・都事	六官諸曹	具位着姓名
9	内史・門下・尚書都省の録事・注書・都事	三　監	具位着姓名
10	六官諸曹の御史（事カ）以上	三　省	着姓草押
11	六官諸曹の侍郎以下	三　省	具位姓名
12	六官諸曹の員外郎以上	七　寺	着姓草押
13	六官諸曹の員外郎以上	三　監	着姓草押
14	七寺の卿以上	三　省	着姓草押
15	七寺の少卿以下	三　省	具位姓名
16	七寺の少卿以下	六官諸曹	具銜姓名
17	七寺の丞・注簿	諸署局	着姓草押
18	三監（の監）以上	三　省	着姓草押
19	三監（の少監）以下	三　省	具位姓名
20	三監（の少監）以下	六官諸曹	具銜姓名
21	三監の丞・注簿	諸署局	着姓草押
22	諸署局の直長以上	三　省	具銜姓名
23	諸署局の直長以上	七　寺	着姓名
24	諸署局の直長以上	三　監	着姓名

↓官銜（尚書兵部侍郎充史舘修撰官知制誥臣）・姓・名（得根）が自署。

「具銜着姓名」　朝散大夫**尚書兵部侍郎充史舘修撰官知制誥臣李**　**（着名〔得根〕）**

↓官銜・姓・着名が自署。

「具銜着姓名署」　朝散大夫**尚書兵部侍郎充史舘修撰官知制誥臣李**　**（着名〔得根〕）（草押）**

↓官銜・姓・着名・草押が自署。

「具位姓名」　**朝散大夫尚書兵部侍郎充史舘修撰官知制誥臣李　得根**

↓位（文散階、朝散大夫）・官銜・姓・名が自署

「具位着姓名」　**朝散大夫尚書兵部侍郎充史舘修撰官知制誥臣李　（着名〔得根〕）**

↓位・官銜・姓・着名が自署。

およそ以上のごとく考えられる。なお、前掲「慧諶告身」にある「給事中玄　（着名〔君悌〕）」のように、文散階などは記されないこともあったようである。

このように、「公牒相通式」には多様な署名の在り方が確認されるのであるが、これらの事例を参照して、録文として残されている日本宛ての高麗牒状にみえる署名について検討を加えてみたい。例えば、「日本国惣官大宰府宛高麗国全羅州道按察使牒状」[71]（一二二七年発給）には、

副使兼監倉使転輪〔輸〕提黙〔點〕刑獄兵馬公事龍虎軍郎将兼三司判官逍〔趙〕判

とある。官職や姓が本文と同筆か異筆かで状況は異なるが、「判」とあることから、「着名」か「草押」のいずれかが存在したことになる。「副使」から「趙」までが本文と同筆であれば、「判」は「草押」となり、「不姓草押（着草押）」の様式となる。姓である「趙」が本文や官職と異筆であれば、「判」は「草押」・「着名」両方の可能性も考

えられ、「着姓草押」か「着姓名」となる。官職・姓が本文と異筆であれば、「具銜着姓名」となるであろう。

次に、「日本国大宰府（あるいは大宰府守護所）宛高麗国慶尚晋安東道按察使牒状」[72]（一二六九年発給）には、

按察使兼監倉使転輸提点刑獄兵馬公事朝散大夫尚書礼部侍郎太子宮門郎位判

とある。これについては「全羅州道按察使牒状」と同様の指摘ができるが、[73] ここでは文散階を示す「朝散大夫」もみえるため、「不姓草押（着草押）」・「着姓草押」・「着姓名」の他に、「具位着姓名」の可能性も考えられよう。

それでは、「礼賓省牒状」にみえる「少卿林　既木」や「卿崔」・「卿鄭」についてはどのように考えることができるであろうか。まず、「卿崔」・「卿鄭」に関しては、官職と姓がみえるのみである。もちろん原本ではないため、どこまでが自筆であるかは判断できないが、「公牒相通式」と照らし合わせてみると、官職と姓を自筆とする署名様式（具銜姓）はみられないため、官職までが本文と同筆で、姓を自筆とする「着姓」の可能性がある。「着姓」は下文に示すように、「公牒相通式」外官条で西京監軍使が中軍兵馬使に牒を送る際の署名様式として挙げられているが、一例のみであるため、上下関係がいま一つ判然としない。そこで、外官条の関連する記事を整理・分析することで、両者の関係を検討してみたい（改行および丸数字は筆者による。また〔　〕は筆者が補った）。

①三軍兵馬使於㆓西京留守官㆒、判官以上「着姓草押」。以下員「着姓名署」。
②東西巡検使於㆓〔西京〕留守官㆒、副使以上「着姓草押」。
③〔西京〕留守官於㆓中軍兵馬使㆒、留守「着草押」。副留守「着姓名」、於㆓左右〔軍兵馬使〕・東西都巡検使㆒、副留守以上「着草押」、判官以下「着姓名」。
④西京監軍使於㆓中軍兵馬使㆒「着姓」、於㆓東西巡検使㆒「着草押」。
⑤西京留守・三軍兵馬使於㆓〔西京〕監軍〔使〕㆒、判官以上「着姓草押」。……

⑥左右軍（兵馬使）・東界都巡検使於二中軍兵馬使一使「着姓草押」、副使以下「着姓名」。

まず、西京留守官が「着姓草押」を付す西京監軍使⑤は、「着草押」を付す中軍兵馬使と左右軍兵馬使③よりも上位であることがわかる。そして、西京副留守官が中軍兵馬使に「着姓名」し、左右軍兵馬使には「着草押」することから③、左右軍兵馬使より中軍兵馬使が上位となる。[74] したがって、これらの官職の序列は、西京監軍使→中軍兵馬使→左右軍兵馬使の順となる。ここで問題となる④部分に注目すると、西京監軍使が中軍兵馬使には「着姓」し、東西巡検使には「着草押」することとなっている。この点について尹景鎮氏は次のように理解している。[75] ①において三軍兵馬使から西京留守官への対応形式が記されているが、③ではその逆のパターンとして三軍兵馬使を「中軍兵馬使」と「左右（軍兵馬使）」とに分離している。そして後者については東西（都）巡検使と同じ範疇で規定されていることから、④にある「東西巡検使」の前に「左右（軍兵馬使）」が脱落されたとみるのが適切ではないかと指摘している。このような理解ができるとすれば、中軍兵馬使に対する「着姓」と東西巡検使（左右軍兵馬使を含む）への「着草押」とを比べると、「着姓」が「着草押」よりも丁寧な形式となる。中軍兵馬使に対して牒（貼）を送る時の署名様式をみてみると、西京監軍使より上位の西京留守官は「着草押」③、西京監軍使は「着姓」④、左右軍兵馬使は「着姓草押」⑥となる。したがって、「着姓」は「着草押」と「着姓草押」の間に入る様式となる。以上の分析を踏まえて外官条の署名の序列をあらわすと、「着草押」→「着姓」→「着姓草押」→「着姓名」→「着姓名署」→「具銜着姓名」・「具銜着姓名署」のようになると考えられる。[76]

これらの検討結果を礼賓省牒状に援用すると、二名の礼賓卿の署名を「着姓」とみた場合、礼賓卿は大宰府に対して上位の立場で署名していたことがわかる。

一方「少卿林　既木」については、「既木」が「着名」である蓋然性が高いことから、「少卿林」を自筆とした場合は「具銜着姓名」となり、「林」を自筆とした場合には「着姓名」となる。確定することはできないが、先の「卿崔」・「卿鄭」を「着姓」として姓のみを自筆と考えるのであれば、「少卿林　既木」は「林　既木」を自筆とする「着姓名」の可能性が考えられる。「着名」は下位者から上位者へ行移する際に用いられる署名様式であるため、大宰府に対して敬意を表していることがわかる。

このような理解ができるとすれば、本牒状の署名者である二名の礼賓卿は「着姓」を採用して、大宰府よりも上位の立場であることを示し、礼賓少卿は、「着姓名」を用いることで大宰府に敬意を表しているとみることができる。すなわち、日本の上位にありたい高麗の自尊意識（卿の「着姓」）と、医師の派遣を要請する立場としての意識（少卿の「着姓名」）とがよくあらわれているものと理解されるのである。しかしながら、先に取り上げた南宋慶元府宛ての礼賓省牒状の署名が、判事より注簿に至るまで文散階・官職・姓・名が記された「具位姓名」の可能性があり、「着姓名」よりも丁寧な署名を用いていることを考えると、やはり高麗側は日本に対して総じて上位の姿勢で臨んでいたと理解することができるのではないかと考える。

以上のような見解を述べた拙論の旧稿に対して、渡邊誠氏は「政治的意識の反映とみるよりむしろ、中央官司（礼賓省）と地方官司（大宰府）との国家機構上の相対的な対応関係の認識として理解すべきではないか」と指摘した[77]。

また篠崎敦史氏は、大江匡房が「礼賓省牒状」の問題点の一つとして末尾の「牒」に「上」字を付しておらず、上申文書の形式になっていないことを指摘していることから、「礼賓省牒状」は平行文書であり、高麗は対等な関係で日本に医師の派遣を求めたと述べている。そして「王の命によって牒の作成実務にあたった礼賓省の卿や少卿が、平行文書として牒を作成しながら、その文書様式を逸脱する意味の署名を行うとは考え難い。近藤氏が指摘するように、高麗では官府内の身分に応じて署名を使い分けるが、それはあくまでも文書様式の範囲内におさまる差異であったと理解すべきであろう」と指摘したが[78]、はたしてそのように理解することができるであろうか。

たしかに首末の文言を書儀に基づいてみれば、「礼賓省牒状」は「平行文書」ということになるであろう。これは高麗側が中央官府である高麗の礼賓省と、地方官府ではあるが大宰府とを対等の関係であると認識して作成したものであるといえる。しかしそのことをもって「高麗の対日外交姿勢が対等関係であった」とは必ずしも言えないのではないだろうか。文書本文の文言や、署名部分にも大いに注意を払う必要があるであろう。牒状本文にある「聖旨」について篠崎氏は、「「聖旨」が命令しているのはあくまでも高麗国内の礼賓省であり、日本は含まれてないと解釈すべきであろう」と述べているが、匡房は高麗王が「聖旨」を称すること自体を問題視している。これについても「高麗の要請拒否が決定するまで、日本側が「聖旨」を一切問題視していなかった」とするが、『師記』承暦四年（一〇八〇）閏八月二十五日条に「仰詞如何。至二于返牒一、被レ仰二匡房一云々。予申云、『陣定之日、不レ可レ遣由定申人々多候。大略以二其趣一、可レ被レ仰歟』」と源経信が述べているように、それ以前の陣定においても、牒状の文言をはじめとする問題に関する議論があったことは十分考えられる。石井正敏氏が述べるように、「礼賓省牒状」は「上意下達の形式であり内容」であり、そこに高麗における対日認識の一端が垣間見えるのではないだろうか。さらに篠崎氏は、牒状に付された署名について、平行文書としての牒の様式を逸脱する署名は考え難いとし、使われる署名は文書様式の範囲におさまる差異であったと理解すべきことを述べているが、この点についても従い難い。

そもそも、「文書様式の範囲におさまる差異」とはどのような意味であろうか。「公牒相通式」では、例えば「内史・門下・尚書都省」が「六官諸曹」に牒を発給する場合、差出の職位が「門下侍郎以上」であれば「不姓草押」、

「拾遺以上」であれば「着姓草押」、「録事・注書・都事」であれば「具位着姓名」と規定しており、そこに上下関係があることは明白であろう。したがって、「公牒相通式」という高麗国内で通用する署名様式を用いることを通じて、高麗の自尊意識や本件に関する高麗の対日本意識が垣間見えるのではないかと思われるのである。高麗側が大宰府に宛てて平行文書である牒状を発給したが、その署名の在り方については、渡邊氏が述べるように、中央と地方の官司の対応関係は当然考慮するであろうが、これまでに例がなかった差出である礼賓省がこの署名を大宰府に対して選択したところに、高麗の対日認識の一端が垣間見えるのではないだろうか。そこに案件の政治的意識が反映されることも全くないとは言えないのではないだろうか。筆者は以上のように理解する。

第四節　請医の事情と文宗の対日政策

最後に、高麗側がこの時日本に対して医師の派遣を要請した事情について検討してみたい。この問題については従来、日本の医学の方が優れていた、あるいは宋の治療に効果がなかったためといった意見が提示されていたが、[79]奥村周司氏は、史料的根拠がないことを理由に否定している。[80]前述のように、最近では森公章氏が疑問を示しており、[81]これに対して篠崎敦史氏は、これを直接裏付ける史料がないことと、宋の医師派遣の全体像をふまえずに解釈している点で疑問が残るとした。さらに当該期における高麗の対外関係を考慮し、高麗による日本への医師要請は、契丹によって宋医来麗が不可能になった場合に備え、あらかじめ宋以外から医師を確保しておくための行動であった可能性が高いと指摘されている。[82]高麗の対外関係に注目する点では筆者も篠崎氏と同じであるが、その結論は異なるので、以下に論じてみたい。

筆者が注目したいのは、請医一件のおよそ十年前に行われた高麗と宋の国交再開に関する記事である。両国の国交再開後最初の使節については、高麗側と宋側の史料に次のように記載されている。

【史料8】『高麗史』巻八、文宗世家二十五年（一〇七一）三月庚寅条

遣二民官侍郎金悌一、奉二表・礼物一如レ宋。初黄慎之還、移二牒福建一、請二備レ礼朝貢一。至レ是遣レ悌由二登州一入貢。

【史料9】『続資治通鑑長編』巻二二三、熙寧四年（一〇七一）五月丙午条

通州言、高麗使民官侍郎金悌等、入貢至二海門県一。詔、集賢校理陸経仮二知制誥一館伴、左蔵庫副使張誠一副レ之。

【史料10】『続資治通鑑長編』巻二二六、熙寧四年（一〇七一）八月癸丑朔条

御二文徳殿一視レ朝。高麗使民官侍郎金悌、至レ自二通州一。

文宗二十五年（一〇七一）に高麗が「民官侍郎金悌」を宋へ派遣して国交が再開されたが、実は文宗はこれより十数年前に、大船を建造して使者を宋へ送ろうとしていたことが次の史料から知られる。

【史料11】『高麗史』巻八、文宗世家十二年（一〇五八）八月乙巳条

宋商黄文景等、来献二土物一。王欲下於耽羅及霊巌伐レ材、造二大船一、将通中於宋上。内史門下省上言、「国家結二好北朝一、辺無二警急一、民楽二其生一。以レ此保レ邦上策也。昔庚戌之歳（一〇一〇）、契丹問レ罪書云、『東結二構於女真一、西往二来於宋国一、是欲二何謀一。』又尚書柳参奉使之日、東京留守、問二南朝通使之事一、似レ有二嫌猜一。若泄二此事一、必生二釁隙一。且耽羅地瘠、民貧、惟以二海産一、乗二木道一、経紀謀生。往年秋伐レ材過海、新創二仏寺一、労弊已多。今又重困、恐レ生二他変一。況我国文物・礼楽、興行已久。商舶絡繹、珍宝日至、其於二中国一、実無レ所レ資。如非三永絶二契丹一、不レ宜レ通二使宋朝一。」従レ之。

この計画は、内侍門下省などの臣寮たちの反対にあって実施はされなかったが、李鎮漢氏が述べるように、文宗

の宋に対する遣使の意思は、この頃に高麗へ来航していた宋商人によって宋側に伝えられていたと考えられる。[83] 近藤一成氏は、両国国交再開の中心的役割を担った人物は、泉州海商である黄慎と当時の福建転運使羅拯であったことを指摘しているが、この発議を誰がしたのかという点について、史料によって北宋神宗と高麗文宗のどちらかで分かれると述べている。[84] 関連史料を挙げると次のごとくである。

【史料12】『高麗史』巻八、文宗世家二十二年（一〇六八）秋七月辛巳条

宋人黄慎来見言、「皇帝召二江淮・両浙・荊湖南北路都大制置発運使羅拯一曰、『高麗古称二君子之国一、自二祖宗之世一輸レ款甚勤、暨レ後阻絶久矣。今聞、其国主賢王也。可二遣レ人諭一レ之。』於レ是、拯奏、遣二慎等一来伝二天子之意一。」王悦館待優厚。

【史料13】『宋史』巻三三一、列伝第九〇、羅拯伝

……拯使レ閩時、泉商黄謹往二高麗一。館二之礼賓省一、其王云、「自二天聖一後、職貢絶。欲二命レ使与レ謹倶来一。」至レ是、拯以聞。神宗許レ之、遂遣二金悌一入貢。高麗、復通二中国一自レ茲始。……

【史料14】『宝慶四明志』巻六、郡志六、叙賦下、市舶

熙寧二年（一〇六九）、前福建路転運使羅拯言、「拠二泉州人黄真本名犯、孝宗廟諱所レ具状一、嘗以レ商至二高麗一。高麗舎二之礼賓省一。見二其情意一、欣二慕聖化一、兼云、『祖弥以来、貢二奉朝廷一、天聖遣使之後、久違二述職一。便欲二遣レ人与レ真同至一、恐レ非二儀例一、未二敢発遣一。』兼得二礼賓省文字一、具在。乞詳酌行。」時拯、已除二発運使一。詔レ拯、諭レ真許レ之。高麗、欲下因レ真由二泉州路一入貢上。詔就二明・潤州一発来。

【史料15】『宋史』巻四八七、列伝二四六、外国三、高麗伝

熙寧二年（一〇六九）、其国礼賓省、移二牒福建転運使羅拯一云、「本朝商人黄真・洪万来称、運使、奉二密旨一、

令㆓招接・通好㆒。奉㆓国王旨意㆒、……今以㆓公状㆒附㆓真・万㆒西還、俟㆑得㆓報音㆒、即備㆑礼朝貢。」……

三年、拯以聞、朝廷議者亦謂㆑可㆔結㆑之、以謀㆓契丹㆒。神宗許㆑焉。命㆑拯諭以㆓供擬腆厚之意㆒。徽遂遣㆓民官侍郎金悌等百十人㆒来、詔待㆑之如㆓夏国使㆒。

【史料16】『高麗史』巻八、文宗世家二十四年（一〇七〇）八月己卯条

宋湖南・荊湖・両浙発運使羅拯、復遣㆓黄慎㆒来。

これらの史料をみると、まず、一〇六八年（文宗二十二・熙寧元）に泉州海商の黄慎（【史料13】では黄謹、【史料14】では黄真）が高麗へ行き礼賓省に滞在した（【史料12】・【史料14】）。黄慎は羅拯から「天子之意」を伝えることを命じられたが、それは高麗が人を派遣し、宋に対してかつてのような信を尽くすことを諭すようにという、神宗が羅拯へ下した密勅（密旨）であった（【史料12】・【史料15】）。黄慎からこのことを聞いた文宗は喜び（【史料12】）、黄慎に宋へ遣使したい旨を述べ（【史料13】・【史料14】）、礼賓省の牒状を羅拯に宛てて黄慎に持たせた（【史料14】・【史料15】）。翌年（一〇六九・文宗二十三・熙寧二）、礼賓省牒状と黄慎の書状を見た羅拯は、高麗にも国交再開の意思のあることを神宗に伝えた。神宗はこれを許し、翌年（一〇七〇・文宗二十四・熙寧三）に羅拯は再び黄慎を遣わして、宋が高麗の遣使を受け入れることを伝える（【史料16】）。そして、一〇七一年（文宗二十五・熙寧四）に高麗から金悌が派遣され、国交が再開された。

この一連の流れで注目すべき点は、次の五点である。

①「礼賓省牒状」発給以前から、宋商人の高麗渡航および方物の献上事例が散見すること。

②「礼賓省牒状」を託されたのが商人（泉州商人）であること。

③宋商黄慎は礼賓省に滞在していたことから、入京していたこと。

④黄慎は羅拯から密命を帯びてはいたが、【史料14】に「商を以て高麗に至る」とあるように、元来の目的は貿易であったこと。

⑤「礼賓省牒状」の宛所は、黄慎の出発地である福建（泉州）転運使の羅拯であったこと（『高麗史』〈【史料12】〉にみえる羅拯の肩書である「江淮・両浙・荊湖南北路都大制置発運使」が誤りであることは近藤一成氏が指摘している(85)）。

以上の点を文宗三十三年の請医一件の場合に当てはめてみると、次のようになる。

（1）「礼賓省牒状」発給以前から、日本人の高麗渡航、方物の献上や漂流民の送還があったこと(86)。

（2）「礼賓省牒状」を託されたのが「大宰府商人」の王則貞であること。

（3）王則貞は文宗二十七年（一〇七三）に入京した蓋然性が高いこと(87)。

（4）王則貞は貿易のために高麗へ渡っていたこと。

（5）「礼賓省牒状」の宛所が、王則貞の出発地である大宰府であること（王則貞は大宰府府老王氏一族の可能性が指摘されている(88)）。

このように、両者には多くの共通点がある。海商が国家間の文書を転送することは、例えば、『宝慶四明志』巻六に、「本府（明州慶元府）、与二其礼賓省一以二文牒一相酬酢、皆賈舶通レ之」とあるように、当該期においては一般的であった(89)。日本においても、例えば長徳三年（九九七）五月に高麗牒状をもたらした使者は、高麗に漂着した大宰府の商人であったことが知られ、王則貞以前にも、商人が高麗の使者として牒状をもたらしたことがあった。これまで日本と高麗との間では、高麗側から使者が来日して国交を求めることがしばしばあったが、日本側は応じることはなかった。しかし、宋との国交を再開させることに成功した文宗は、これと同じ手法を用いることで、日本との国交関係の樹立を志向したのではないだろうか。[90] その端緒が大宰府への医師派遣要請であったと考えられるのである。文宗の治世に対する李斉賢（一二八七～一三六七）の賛には、

……宋朝毎錫二褒賞之命一、遼氏歳講二慶寿之礼一、東倭浮レ海而献レ琛、北貊扣レ関而受レ廛。……（『高麗史』巻九）

とある。李斉賢は文宗朝の高麗における対外関係を高く評価していたと指摘されるように、[91] 冊封国である遼との関係を維持しながら、宋との関係を復活させ、使者の往来を盛んに行った。また、国内では北貊（女真人）の帰化を受け入れるとともに、女真人や宋商人・耽羅人などを八関会に列席させ、彼らを高麗の王化に浴する朝貢使に準じて扱った。[92] 王則貞は入京が許された文宗二十七年（一〇七三）の八関会に列席した可能性があることが指摘されており、[93] 文宗が対外政策に積極的だったことがうかがえる。李斉賢の賛には、「東倭」すなわち「日本」が海を渡って「琛」を献上していたことも記されている。文宗朝では請医を前後して、日本人による方物献上や漂流民の送還が行われていたが、彼らによる方物の献上行為を「献琛」と表記したものとみられる。この「琛」とは、徐兢著『宣和奉使高麗図経』巻五、宮殿一に、「臣仰二惟、神宗皇帝一、誕二敷文教一、覃二被遐方一。貢レ琛面レ内者、梯航沓至」とあり、傍線部は「琛を貢じて〔宋の〕朝廷に至る者は、海から山から続々とやってくる」と解釈できることから、琛は「中華」に対する周辺諸国・地域からの貢物を示すといえる。また、清代康熙四十九年（一七一〇）に編纂された『佩文韻府』巻七三には、

献〔許建切、進也、又姓〕

琛献〔「貢師泰上京大宴詩」蕃国来――、辺陲絶二繹騒一〕

とあり、蕃国が上京して方物を献上する献上品を「琛」と示している。[94] 少なくとも、十四世紀の高麗では、文宗朝における「東倭」（日本）は、高麗王に対して「琛を献上する」存在、すなわち「蕃国」とみる認識があったとみ

ることができるのである。[95]このような姿勢は、「礼賓省牒状」の中にも「聖旨」の語をはじめとした僭擬的な文言が使用されており、前述のように礼賓卿の署名が「着姓」の可能性が高いことからも、大宰府より上位にあろうとしていたものとみられる。

文宗は、このような個々の日本人による方物の献上を通じた交流を、国家間の関係にまで発展させようとしたのではないだろうか。高麗では「礼賓省牒状」を発給する以前から、来航する日本人を通じて日本に関する情報を集めていたとみて間違いない。「礼賓省牒状」には、日本に良医がいることが記されているが、これはその一例であるといえよう。

手島崇裕氏は、遼の暗黙の了解下にあった宋と高麗の通交再開が円滑に行われた背景として、「双方の王権における、相手方に眼を向けた仏教行事の主催が、両国の関係円滑化に一役かっていたようだ」と述べ、仏教を介した文宗の積極的対外姿勢を読み取っている。[96]日本から高麗に渡った人々の中にも、文宗三十年(一〇七六)に霊光郡に到着した「日本国僧俗二十五人」が、国王の長寿を祝うために彫像した仏像を入京して献上したい旨を要請している例[97]や、同三十三年(一〇七九)に「日本商客藤原等」が、国王の長寿を祝って興王寺に法螺や海藻を施入した事例[98]などがある。仏教を介すことで、円滑に交易が行えるということを踏まえた行動であったと思われる。宋との国交を回復させた文宗にとって、日本との関係構築は、決して不可能なことではないと考えていたのではないだろうか。このような雰囲気の中で、入京しておそらく八関会にも参列した王則貞に対して「高麗国皇帝」なる表現を用いたことは(前掲『水左記』承暦四年二月十六日条)、当時の高麗朝廷にとっては、ごく自然なことであったのである。

ところが、結果として日本側は「礼賓省牒状」の内容を拒絶する旨の返牒を送り、文宗の計画は失敗に終わった。

日本側の反応に対して高麗側は当然無礼と感じたであろうし、このことを反映してか、請医に関する日本との交渉について、高麗側史料には全く出てこない[99]。日本との公的な関係を築くことはできなかったが、文宗は以後も日本人による方物献上行為を禁止することなく受け入れた。彼らは国内において高麗の自尊意識を飾る道具として利用されたのであろう。

むすび

以上、承暦四年の請医一件の問題を中心に、当該期の高麗に対する日本の認識や、請医交渉を行った高麗側の事情について検討を加えてきた。これらをまとめてむすびとしたい。

まず「礼賓省牒状」を載せる『朝野群載』巻二〇、異国所収の「高麗国礼賓省牒状」について、複数の写本を用いて校訂本文を作成し、その上で本文末尾の署名について検討を加えた。署名にみえる二名の礼賓卿については、先行研究では一人を「判事」にあらためるべきであることが指摘されていたが、『高麗史』百官志の文宗官制に対する理解を参考に再検討を試みたところ、顕宗朝に礼賓卿が二名いた事例を確認することができ、文宗朝においても「礼賓省牒状」の署名を根拠として、当時に礼賓卿が二名いた可能性が高いことを述べた。また、礼賓少卿の署名については、その位置が「国史大系本」にあるような日下ではなく、その次行にあることから、少卿が文書作成者（執筆者）ではなく、文書発給責任者の一人であることを論じた。三名の署名の位置については、南宋慶元府宛ての礼賓省牒状を参照し、相互を補う形でそれぞれの配置の復原案を提示した。そして、従来は「国史大系本」に従って「林槩」と示されていた箇所を、蒐集した写本の検討を通じて「林　既木」であることを指摘し、これを現存する高麗の古文書と比較を行った結果、「既木」は着名（本人の名を合成・変形させた自署）である蓋然性が高いことを述べた。このような署名を『高麗史』巻八四、刑法志一、公式、「公牒相通式」にみえる署名様式と照らし合わせてみると、「礼賓省牒状」の「卿鄭」・「卿崔」は「着姓」、「少卿林　既木」は「着姓名」である可能性があり、そこから当時の礼賓省と大宰府との関係について、高麗の自尊意識と医師の派遣を要請する立場としての意識という微妙な状況を読み取ることができるのではないかと指摘した。しかし南宋慶元府に発給した高麗牒状の署名に、判事から注簿までが非常に丁寧な署名様式である「具位姓名」を用いていた可能性を考慮すると、日本に対する高麗の大国意識がよくうかがわれるものと理解される。

さらに、文宗は宋との国交再開の実績を挙げていることから、同じような手法を用いて日本との外交関係樹立を企図し、その糸口として行われた政策が請医の牒状ではなかったかと考えた。この当時、個々の日本人が高麗に対して方物の献上を行っていたことから、この関係を国家間の関係にまで発展させようと試み、「礼賓省牒状」を発給した。しかしながら、日本からは医師の派遣を拒絶する返牒が出され、文宗の目論見は外れた。そのためか、『高麗史』をはじめとする高麗側の史料に、請医一件に関する史料は一切みられないが、文宗は以後も個別の日本人を受け入れ、国内において高麗の自尊意識を飾る道具として利用したのではないかと考えられる。

注

（1）青山公亮［一九五五b］、森克己［二〇〇九j］、小峰和明［二〇〇六a］、奥村周司［一九八五］、石井正敏［一九八七・二〇一七g］、田島公［一九九一］、森公章［二〇一三b］、南基鶴［二〇〇二　ハングル］、李炳魯［二〇〇〇］、盧明鎬他［二〇〇〇a：四四五～四四七頁］、張東翼［二〇〇四　ハングル：二六三～二六七頁］、金琪燮他［二〇〇五：五四一～五五五頁］、李在範［二〇〇九］など。

（2）『朝野群載』の写本研究については、高田義人［二〇〇二］を参照。諸写本を利用して『朝野群載』所収史料の翻刻ならびに再検討を行っている研究として、森公章［二〇一三ａ］、朝野群載研究会［二〇〇七］、生島修平・染井千佳・森公章［二〇一〇］、河辺隆宏［二〇一一］がある。
（3）前掲注（1）の諸論文および対外関係史総合年表編集委員会［一九九九］を参照。
（4）国文学研究資料館所蔵『朝野群載』（三条西家旧蔵。請求記号、二三Ａ／一―六／二三八―一～八）を底本とし、宮内庁書陵部所蔵『朝野群載』（葉室家旧蔵。請求記号、葉―一二七一）・宮内庁侍従職保管東山御文庫所蔵『朝野群載』（請求記号、勅一六五―二）・国立公文書館所蔵『朝野群載』（紅葉山文庫旧蔵。請求記号、一四七―〇一五二）・同『朝野群載』（紅葉山文庫旧蔵慶長写本。請求記号、特一〇一―二）・小浜市立図書館所蔵『朝野群載』（伴信友旧蔵。請求記号、伴一九一）を利用して対校を加えた。
（5）伴信友本に関しては、河辺隆宏［二〇一一：一三一～一三二頁］を参照。
（6）筆者が閲覧した『朝野群載』写本（前掲注（4）参照）では、巻二〇異国の中に本文書が二通記されており、相互に若干の異同がみられる。引用した史料は、三条西家旧蔵本「礼賓省牒状」の直後に記載された「大宰府解」を底本とし、その後「大宰府解申請官裁事　言上刀伊国賊徒或撃取或逃却状」の直後にみえる同文書をもって対校した。また、石井正敏［二〇一七ｇ］も参照。
（7）張東翼［二〇〇四　ハングル：一〇〇～一〇一頁。金琪燮他編［二〇〇五：五四二～五四三頁］を参照。
（8）田島公［一九九一：二七九頁］。
（9）『水左記』承暦四年四月十九日条。対外関係史総合年表編集委員会［一九九九：一三二頁］。
（10）『水左記』承暦四年閏八月五日条。
（11）『水左記』承暦四年閏八月十四日条。
（12）『師記』承暦四年閏八月十四日条。
（13）『師記』承暦四年閏八月二十二日条。
（14）『師記』承暦四年閏八月二十五日条。『水左記』承暦四年閏八月二十三日条も参照。

(15)『帥記』承暦四年閏八月二十五日条。
(16)『帥記』永保元年（一〇八一）五月二日条。
(17)石井正敏［一九八七：一七四頁］。
(18)青山公亮［一九五五b：一四頁］、石母田正［一九八九］。
(19)森克己［二〇〇八：二一一〜二一三頁］。
(20)森克己［二〇〇九j：三三頁］。
(21)田島公［一九九一：二八六頁］。
(22)渡邊誠［二〇〇七：七頁］。
(23)石井正敏［二〇一七g：一〇三頁］。
(24)奥村周司［一九八五：一二〇頁］。
(25)石井正敏［二〇一七g：一〇二〜一〇三頁］。
(26)酒寄雅志［二〇〇一：二七一頁］。
(27)赤木崇敏［二〇一三：五五〜五七頁］。
(28)篠崎敦史［二〇一五：七〜八頁］。
(29)『高麗史』巻九、文宗世家三十二年（一〇七八）秋七月乙未条。
(30)『高麗史』巻九、文宗世家三十三年（一〇七九）秋七月辛未条。
(31)森克己［二〇〇九h：三九四頁］。
(32)奥村周司［一九八五：九〇〜九一頁］。
(33)森公章［二〇一三b：二七六・二八四頁］。
(34)保立道久［二〇〇四：一〇〇頁］。
(35)篠崎敦史［二〇一五：一四頁］。
(36)田島公［一九九一：二七八頁］。

(37) 盧明鎬他［二〇〇〇a：四四七頁］。

(38) 石井正敏氏は、貞治六年（一三六七）に高麗が日本に宛てて発給した征東行中書省咨文や箚符（『報恩院文書』所収）について、本文の字句や体裁をはじめ、「署押」に至るまで原本を忠実に写そうとする書写者の姿勢を「知らない文字や花押などの記号こそ丁寧に書き写すものであろう」と述べている（［二〇一七m］）。本書第1部第二章で扱う、元久三年（一二〇六）に高麗国金州防禦使が対馬島に宛てた牒状についても、『平戸記』記主の平経高は、牒状を原本通りに書写しようとしたことがうかがわれる。また、外交文書とは異なるが、川崎保［二〇〇二］では、『吾妻鏡』貞応三年（元仁改元・一二二四）二月二十九日条に「高麗人」が身につけていたという「銀簡」に刻まれた文字が書写されているが、これと酷似した文字の記された銀牌が発見され、女真文字であることが確認された。

(39) 矢木毅［二〇〇八f：三八一頁］。

(40) 『高麗史』巻七六、百官志一、礼曹。

(41) 例えば、元宗三年（一二六二）に発給された「詹〔簽〕書枢密院事柳璥宛尚書都官貼」盧明鎬他［二〇〇〇a：三～一七頁・二〇〇〇b：一～二頁（図版）］には、

　　壬戌六月　日主事禹
尚書　知部事　侍郎　侍郎　侍郎請暇
郎中　郎中　員外郎請暇　試員外郎

とあり、金炯秀氏は、日下に記載された「主事禹」が文書の作成者であることを指摘している（［二〇〇八：一五二頁］）。

なお、高麗の中央行政機関における文書の作成や管理を担当したのは、各官府の主事・録事・令史・書史・史・記事・記官などの「胥吏」であったことが指摘されている（姜恩景［二〇〇七a：一三二頁］）。

(42) これに関しては、元慶元年（八七七）発給の「渤海国中台省宛日本国太政官牒状」（『都氏文集』牒四収録）の日付・署名部分に、

元慶元年六月十八日　　左大史山宿禰徳美牒
左大弁源朝臣舒
とある。日本思想大系『律令』（岩波書店、一九七六年）三七八～三七九頁の移式の日付と署名部分には、
年月日　録位姓名
卿位姓

とあり、頭注によれば、「録位姓名」が文書作成責任者、「卿位姓」はその機関の長官の位署であったことがわかる。日本では移を牒で取り交わす「移式準用の牒」の規定があり、平安時代になると移に変わってもっぱらこの牒が利用されるようになる。したがって右の中台省宛牒状の「左大史山宿禰徳美」は文書作成者にあたるといえる。また、北宋司馬光著『司馬氏書儀』巻一、公文、牒式の細則には「惟於㆓年月日下㆒、書㆓書令史名辞㆒」とあり、日下に書令史の名を書くことを規定している。書令史は「文案・文簿」すなわち文書の執筆を担当する者を意味する。

（43）『宋元地方志叢書』八（中国地志研究会、一九七八年）所収の『開慶四明続志』は割書きではない。また、署名者の間に一文字分の空格がみられるが、宋本にあるような本文中の空格はなく追い込みで記され、日付も「三月□日」となっている。
（44）高麗の文散階については『高麗史』巻七七、百官志二、文散階を参照。
（45）盧明鎬他［二〇〇〇a：四四八～四四九頁］。
（46）日本思想大系『律令』（注（42）前掲書）三七八頁、相田二郎［一九四九：一九三～一九五頁］、佐藤進一［一九九七：九四～九五頁］。
（47）仁井田陞［一九九七］、北村秀人［一九八二］、嶺南大学校民族文化研究所［二〇〇九］など。
（48）牒状ではないが、類似する例として「慧諶告身」（後掲）には、二名の署名のうち、従二品相当の「金紫光禄大夫」を帯びた崔洪胤は、従五品下相当の「朝散大夫」李得根の署名より上段から書き始められている。
（49）林槩に関しては、『高麗史』巻九、文宗世家三十五年（一〇八一）十二月庚辰条・巻一〇、宣宗世家二年

（一〇八五）八月辛未条・同四年（一〇八七）二月庚寅条・八月丁未条・同九年（一〇九二）春正月丁酉条・夏四月乙卯条・同十年（一〇九三）五月戊戌条・献宗即位年（一〇九四）六月甲申条および巻九七、林槩伝を参照。

(50) 盧明鎬他［二〇〇〇a］。

(51) 『高麗史』巻七六、百官志一、衛尉寺および司憲府。

(52) 朴竣鎬［二〇〇九 日文：七頁］。「着押」に分類されている「手例」・「手決」について朴竣鎬氏は別の論文で次のように論じている。「署名の範疇に手決を含めず、同じように手決の範疇にも署名は含まない。……手決という言葉は……上典となる両班が土地や奴隷を売買する時に、一種の委任状（このような委任状を牌旨）を首奴に与えるが、このような委任状に押される押を手決あるいは手例といったのである。公式的な文献に手決と書いたものはほとんど無かったといっても過言ではない。特に官庁の公式的な用語は署名と着押または着名と着押あるいは着名と署押などで、『典律通補』によれば、署名と着押が法典上で公認される用語であった。」［二〇〇二b ハングル：一〇五頁］。

(53) 朴竣鎬［二〇〇二b ハングル：一〇七頁・二〇〇九 日文：一三頁・二〇〇九 ハングル：四一～四二頁］。

(54) 朴竣鎬［二〇〇二a ハングル：一一一頁］。

(55) 盧明鎬他［二〇〇〇b］。

(56) 着名について盧明鎬他［二〇〇〇a：二〇頁］の翻刻では「草押」とし、「仁規」の二文字を合成した形態であることを指摘している。朴竣鎬氏はこれを「着名」としている［二〇〇二a：一一一頁］。本人の名前を変形させていることから、朴氏の見解に従い、「着名」と理解する。

(57) 盧明鎬他［二〇〇〇a：五九・六一頁］では（草押）とするが、名を変形した着名と判断する朴竣鎬氏の見解に従う［二〇〇二a：一一一頁］。李基白［一九八七：六〇頁］や、矢木毅［二〇〇八c：一二〇頁］では、それぞれ「洪胤」・「得根」と翻刻している。

(58) 李基白［一九八七：六〇頁］や、矢木毅［二〇〇八c：一二〇頁］では「君悌」と翻刻している。

(59) 盧明鎬他［二〇〇〇a：五四頁・二〇〇〇b：一一頁］。

(60) 盧明鎬他［二〇〇〇a：一一三～一二〇頁・二〇〇〇b：二八～二九頁］。李基白［一九八七：二〇八～二一一・四〇七～四〇八頁］では「海南尹氏家高麗奴婢文書」、朴竣鎬［二〇〇二a ハングル：一一一頁］では「海南尹氏奴婢贈与文書」と称す。
(61) 李基白［一九八七：二〇九頁］。
(62) 盧明鎬他［二〇〇〇a：一一四頁］。
(63) 本文書の後半部分には、「證保奉善大夫神虎衛保乗護軍尹」と「筆執前伍衛金」の署名がみられるが、姓の下にみえる記載は、先の着名と同じ形で、それぞれ「光琠」・「東眞」と判読できる。盧明鎬他［二〇〇〇a：一一七頁・二〇〇〇b：二八～二九頁］。
(64) 李基白［一九八七：二四三～二四五・四二六頁］。盧明鎬他［二〇〇〇a：一二九～一三三頁・二〇〇〇b：三三頁］。
(65) 李基白［一九八七：二四三頁］、盧明鎬他［二〇〇〇a：一二九頁］では「手決」とし、朴竣鎬［二〇〇二a ハングル：一一一頁］では「着名」とするが、「草押（着押）」とすべきであろう。
(66) 姜恩景［二〇〇七a：四〇～四二頁］、尹景鎮［二〇〇七：八〇～八一頁］、朴宰佑［二〇〇八：一五・二一・二三頁］。
(67) 朴宰佑［二〇〇八：一四頁］。
(68) 朴竣鎬［二〇〇三 ハングル：一二二頁］。各署名の意味については、姜恩景［二〇〇七：三五・三八～三九・二二五・二三五頁］や、蔡雄錫［二〇〇九：一四一～一五八頁］が「公牒相通式」の現代語訳をしている箇所で説明しているが、本来公文書で利用されない「手決」を用いずに説明している朴竣鎬氏の見解に依拠したい。
(69) 朴竣鎬［二〇〇九 ハングル：四二頁］。
(70) 『高麗史』には「内位着姓名」とあるが、この点について朴宰佑氏は、「従来、『録事注書都事内位着姓名』を録事注書都事内位と着姓名とにわけて読み、内位を三省の官職と理解する傾向があった。しかし、三省には内位という官職はなく……〔公牒相通式に〕『具位姓名』という語句があるため、「内」は「具」の誤字と理解するのが適当であろう。そうであれば、内位着姓名は具位着姓名と理解することができる。そして、具位着姓名と具位姓名は同じ内容であると理解される」と述べている［二〇〇八：一五頁］。「内」を「具」の誤りとみる点については、外官条で「具銜着姓名」を「貝銜着姓名」としている箇所もあるため、妥当性があるように思われる。しかし「公牒相通式」には「具銜姓名」・「具銜着姓名」・「具銜着姓名署」などの様式がみえるため、「具位姓名」と「具位着姓名」についても異なる署名様式であったとみるべきではないだろうか。ただし、その上下関係については今後さらに検討を進めていきたい。

(71) 『吾妻鏡』吉川本第二五、嘉禄三年（安貞改元・一二二七）五月十四日条所載。本文については本書第2部第三・四章を参照。

(72) 国立公文書館所蔵『異国出契』（請求記号、一八四―〇二六五）および荒木和憲［二〇〇八：四～五頁］。張東翼［二〇〇四 ハングル：二〇六頁・二〇〇五 日文：六五頁］を参照。

(73) 張東翼［二〇〇五 日文：六五頁］では、『慶尚道営主題名記（道先生案）』の記述からこの時の按察使を「金之卿」とし、牒状にある「位判」を「在判」とする。
しかしながら、牒状本文には「位判」とあることを看過してはならないであろう。『高麗史』巻八、文宗世家十四年（一〇六〇）秋七月癸丑条には「礼成江民位孝男」とあり「位」姓が確認される。したがって「姓＋着名または草押」などの署名の痕跡を残している可能性があることから、これを直ちに「在判」の誤りと解釈するのは躊躇せざるを得ない。

(74) この点に関しては、李基白［一九六八：一三六～一三八頁］、姜恩景［二〇〇七c：二七〇頁］を参照。

(75) 尹景鎮［二〇〇七：五〇頁］。

(76) 「具銜着姓名」は守令（鎮将・県令・監倉・駅巡官）から守令（防禦鎮使以上の官）へ送る際の署名で、「具銜着姓名署」は別名使臣（雖二六・七品使一、奉使事軽、無二人吏・下典一者）が守令（牧・都護）へ送る際に利用されるものであるため、一概に比較することはできない。

(77) 『史学雑誌』一二一―五、二〇一一年の歴史学界―回顧と展望、二〇一二年、六三頁。

（78）篠崎敦史［二〇一五：七～八頁］。
（79）辻善之助［一九三〇］。
（80）奥村周司［一九八五］。
（81）森公章［二〇一三］。
（82）篠崎敦史［二〇一五：一四頁］。
（83）李鎮漢［二〇〇八：二五五頁］。
（84）近藤一成［二〇〇一：一一・一三頁］。この点について毛利英介氏は、「史料上、宋麗通交再開は宋から働きかけたと考えられる」（二七六頁）とし、宋側の意図を契丹に対する牽制と捉えられているが、これとは異なる印象を与える史料として、『東坡志林』巻三にみえる、宋の張誠一が契丹に使者として派遣された際に、その帳幕の中で会った高麗の人物から、その国主が中国（宋）を慕っている旨をひそかに語り、これを契機として羅拯による商人の派遣につながった、という史料を紹介している。毛利氏は「内容が事実かは不確定であり、これを全くの事実とした上で論を展開することは不可能」（［二〇〇九：二八一頁］）と述べている。両国ともに通交再開を希望していたと理解するのが妥当であろう。
（85）近藤一成［二〇〇一：一一頁］。
（86）例えば漂流民送還の事例として、『高麗史』巻九、文宗世家三十二年（一〇七八）九月癸酉朔日条に、「日本国帰二耽羅飄風民高砺等十八人一」とあり、文宗以前の靖宗代からみえる（『高麗史』靖宗世家二年〈一〇三六〉秋七月条など）。方物の献上行為に関しては、『高麗史』巻九、文宗世家二十八年（一〇七四）二月庚午条に「日本国船頭重利等三十九人来献二土物一」などの記事が見られる。
（87）『高麗史』巻九、文宗世家二十七年（一〇七三）秋七月条には、「東南海都部署奏、『日本国人王則貞・松永年等四十二人来、請レ進二螺鈿鞍橋・刀・鏡匣・硯箱・櫛・書案・画屛・香炉・弓箭・水銀・螺・甲等物一。壱岐島勾当官遣二藤井安国等三十三人一、亦請レ献二方物東宮及諸令公府一。』制、『許下由二海道一至上レ京。』」とあり、海路を利用しての上京が許されている。

(88) 門田見啓子［一九八五］。
(89) 山内晋次［二〇〇三e：二〇八頁］、石井正敏［二〇一七g］。
(90) これに関連して金賢祐氏は、高麗の医師派遣要請を、国交再開のための外交的な戦略として利用したことを強調する。おそらく人道的な観点と思われるが、対宋関係においては契丹からの反発を回避することができ、また医師の派遣が実現した際には、回礼使を派遣して外交を行うことができたとしている。対日本の場合においても、医師の派遣に前向きな意見が出たことから貴族たちの認識をある程度変えることができた点で有効だったとしている（金賢祐［二〇一五：八六～八七頁］）。
(91) 李基白・閔賢九［一九八四：一六七頁］。
(92) 奥村周司［一九七九］。
(93) 『高麗史』巻九、文宗世家二十七年（一〇七三）秋七月条（前掲）から王則貞らが上京したことが知られ、その四ヶ月後の十一月辛亥条には、「設二八関会一、御二神鳳楼一観レ楽。翌日大会。大宋・黒水・耽羅・日本等諸国人、各献二礼物・名馬一」とある。
(94) 『本朝文粋』巻一二に収録されている「大宰府答二新羅一返牒」には、「新羅」と書かれているが、実際には延喜二十二年（九二二）に後百済王甄萱が派遣した使者がもたらした牒状に対する返牒である。その中に、「然任土之琛、蕃王所レ貢。朝天之礼、陪臣何専。」という表現がある。すなわち「琛」が蕃王の貢するものであることが記されているのである。中国だけでなくその周辺国でも同じような意味で「琛」が用いられていたことがわかる事例と言えよう。
(95) 李景煥氏も李斉賢の賛にある「献琛」とある表現から、当該期の「使」の派遣を朝貢と意識していたとみていたことは間違いないと指摘する［二〇〇二：九六～九七頁］。
(96) 手島崇裕［二〇一六：五五九～五六〇頁］。
(97) 『高麗史』巻九、文宗世家三十年（一〇七六）冬十月戊戌条。
(98) 『高麗史』巻九、文宗世家三十三年（一〇七九）冬十一月己巳条。

(99)　石井正敏［二〇一七g：一〇三〜一〇四頁］。

第二章　「日本国対馬島宛高麗国金州防禦使牒状」の古文書学的検討と「廉察使」

はじめに

平経高（一一八〇～一二五五）の日記である『平戸記』の延応二年（一二四〇）四月十七日条には、「泰和六年二月付日本国対馬嶋宛高麗国金州防禦使牒状」（以下「金州防禦使牒状」と称す）が書写されている。泰和は金国の年号で、その六年は日本の元久三年、高麗熙宗の二年、西暦一二〇六年にほぼ相当する。高麗はこの頃金国の冊封を受けていたことから、この年号を用いているのである。平経高は延応二年に高麗から牒状がもたらされた際に(1)その先例を調べていたところ、菅原為長から、彼の外孫俊国が父方の祖父である故藤原親経宅から見出した本牒状をみせられ、後鑑のために書写したという。(2)

本牒状は、対馬島と高麗国との具体的な交流を示す数少ない文書として広く知られており、特に日本・高麗間のいわゆる「進奉船」についての重要な史料である。また、印影をはじめとする高麗の外交文書様式の原形情報を有する貴重な史料でもある。したがってこれまで多くの研究があり、(3)史料集にも収められている。(4)ところが既往の研究や多くの史料集が基づいている『平戸記』の流布刊本である『史料大成』本は、調査の結果、写本の利用が必ずしも十分とはいえない状況であることがわかった。例えば書写の過程で誤写・竄入してしまった文字がある点や、文書原本の形態に関する情報を示すと思われる重要な記述が欠落してしまっている点など、問題が少なからずみられる。この状況は『大日本史料』など写本に基づいて本文を作成していると思しい史料集でも同様であり、したがって、内容だけでなく書式の復原までめざすのであれば、『史料大成』本では参照されていない写本も調査した上で、あらためて写本に即した本文研究を行う必要がある。そこで本章では、『平戸記』の諸写本を蒐集し、諸本や先行研究の成果によりながら、「金州防禦使牒状」の校訂本文を作成する。その上で、牒状本文にみえ、高麗の対日本外交に関して重要な役割を担っているとみられる「廉察使」という官職について検討し、当該期における高麗の対日本外交システムの一端を明らかにしてみたい。

第一節　「金州防禦使牒状」の古文書学的検討

1　『平戸記』諸本について

筆者はかねて『平戸記』諸写本を調査し(5)、本牒状の校訂本文を作成することを通じてその内容だけでなく、古文書学的な考察を進めてきた。『平戸記』の古写本は、南北朝の頃に写されたといわれる伏見宮家旧蔵本が唯一(6)である。ところが伏見宮本には、本章で問題とする延応二年四月条は残っていない。そこで諸本の中で注目されるのが、東京大学史料編纂所所蔵の中院本で、伏見宮本を除いた写本の大部分はこの書写系統に属しているという(7)。同本の「金州防禦使牒状」を収めた第三冊の奥書には、「右誂二小弟一令二一校一了。／寛文元六廿一　亜槐水（花押）」とある。亜槐とは中院通茂（一六三一～一七一〇）、小弟とは通茂の弟野宮定輔を指しており、定輔を誂えて一校せしめ、寛文元年（一六六一）六月二十一日に通茂が校合したことがわかる。中院本は『平戸記』流布本の祖本ともいうべき重要な位置をしめているのであるが、現在最も利用されている『史料大成』本では、中院本そのものは参照されていない(8)。さらに中院本の親本については、第十四冊（寛元三年四月）や第十七冊（寛元三年冬）の奥書から「官本」であったことが知られる(9)。この場合の「官本」とは禁裏本のことを指すとみられ(10)、これにあたる可能性を持つ写本が、現在東山御文庫の所蔵となっている。東山御文庫本に押されている「明暦」印は後西天皇の所有を示し、明暦年間に書写された書籍に多くみられ、それ以降の万治や寛文のはじめ頃の書籍にも数点確認できるという(11)。後西天皇は在位中（一六五五～一六六三）から禁裏本の副本作成事業を行っており(12)、それらは万治四年（一六六一）の正月に、都で大規模な火災があった際にも焼失を免れた。寛文六年（一六六六）三月には、後水尾院の勧めにより、後西院が作成した副本を霊元天皇に献上しているが、この際に添えられた目録の中に「一、平戸記　一｜（十九冊）（箱）」がある(13)。これらの書籍は現在の東山御文庫のもとをなしていることから(14)、この『平戸記』十九冊は東山御文庫本とみて間違いない。田島公氏は、『葉室頼業日記』所載の目録にある書籍を、万治四年正月の大火の直前までに後西天皇が作成した禁裏文庫及び一部他家文庫所蔵の書籍の副本と指摘している(15)。よって、中院通茂が書写・校合を行った寛文元年六月時点には、すでに東山御文庫本は存在していたことになる(16)。通茂は万治四年の大火によってみずからの文庫が焼失してしまったため、当時「北御文庫」に所蔵されていた後西天皇所有の御文庫本（官本）を借りて、書写したものと考えられる(17)。

　ところで、後西天皇によって作成された写本の親本に関して、田島氏は「奥書が殆どないため、書写をしたもとの本がどの公家や寺社に伝えられたものか不明だが、後水尾天皇の書写蒐集活動期も含め、天皇家を中心とする近世公家社会では、善本とみなされる写本がある程度判っていて、それを撰んで書写し、禁裏本とした可能性が高い」と述べている。(18) そこで、東山御文庫本の親本を検討する上で、前述の伏見宮本との関わりが注目されるのであるが、実見したところ東山御文庫本と伏見宮本とでは重なる時期の記録が一つもないのである。これは相互補完関係にあるとみなされるが、詳細については不明とせざるを得ない。(19)

以上、「金州防禦使牒状」を収載する『平戸記』諸本について検討を加えた結果、底本として東山御文庫本を採用し、中院本をはじめとする諸本を校合本として校訂本文を掲げ、具体的な内容の検討に入ることにしたい。

2　「金州防禦使牒状」の校訂本文

凡　例

一、改行は底本に従う。各行の上部に付した数字は行数を示す。
二、数文字分を囲んだ墨線や圏点などについては底本のままとし、その意味については下文にて適宜触れる。
三、牒状の復原ではあるが、参考のために細字注や頭書も付す。

【史料1】『平戸記』延応二年（一二四〇）四月十七日条所載「日本国対馬島宛高麗国金州防禦使牒状」

1　高麗国金州防禦使　[牒]是印也　日本国対馬嶋
2　　当使准越今年上月十有四日
3　行闕平出也貴国使介明頼等四十人乗船三艘来泊于州南
4　浦使訳語問其所以来者号称進奉[兼献文]牒

牒(ママ)道其文甚為擾雑其語過乎勿恭非進奉
之礼也大抵両国相通文牒必指於某国其州
例有恒矣往年秋八月恒平等十一人所賫来文
牒徒以譏訣之事直指牒　京朝礼賓省其
可以任意而交受乎具事呻報朝庭朝庭之
議不上於一而使之遺還金(今カ)此(所脱カ)一字消不見賫来此亦失礼
之甚矣当券(ママ)廉察使更伝報于
朝庭朝庭共不許其交接使之解纜発遣
故所賫来文牒及　進奉方物率皆還給以
送其数目録于後想宜知悉右事須牒
泰和六年二月　日　牒
官　○直　○韭　○二
牒後還送
進奉物目
円鮑弐仟帖
黒鮑弐仟果
鹿皮参拾枚
原

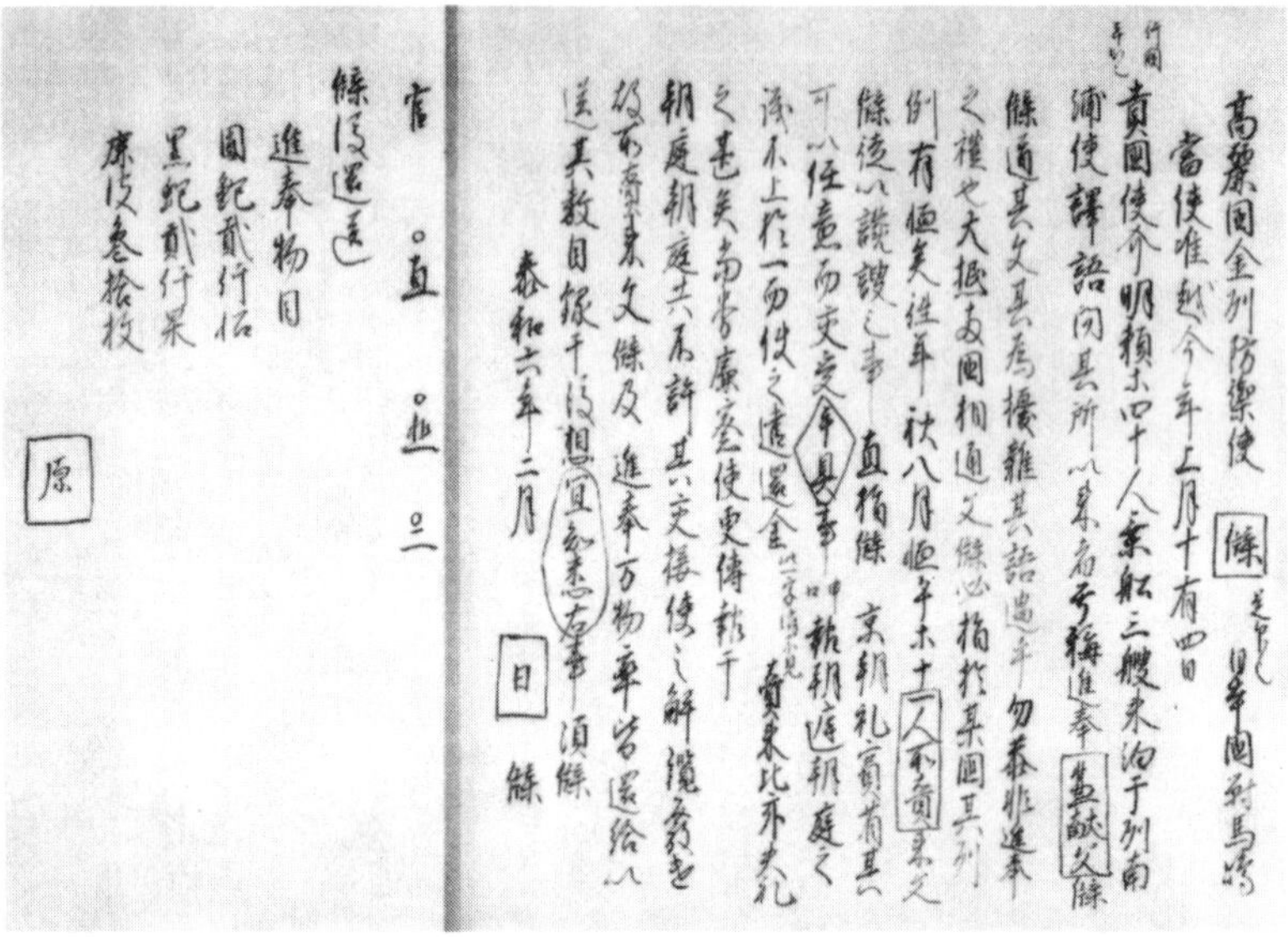

図　「高麗国金州防禦使牒状」
（東山御文庫本『平戸記』延応２年４月17日条所載、宮内庁所蔵）

3　校異および注

第１行

【金州】　現在の慶尚南道金海市。高麗の太祖二十三年（九四〇）に金海府、のち臨海とあらため、成宗十四年（九九五）に金州安東都護府、顕宗三年（一〇一二）に金州防禦使が設置された[20]。また、『高麗史』巻二三、高宗世家三十年（一二四三）九月壬申条に、「金州防禦官報、『日本国献二方物一、又帰二我漂風人一』」とあり、金州防禦官（使）が対日外交に関与していたことがわかる。

【防禦使】　防禦使は軍事的な要地に設置された守令で、北部に多く置かれた[21]。本牒状により、防禦使名義で外交文書を発給した事例が確認される。

【印】　本文書には、文字が線で囲まれている部分が七箇所ある。囲まれている文字数は一～四文字で、形は正方形・ひし形・楕円のものもある。これらについて検討する上で参考となるのが、現存する高麗が外交文書として用いた牒式文書の事例で、次のものがある。

〔史料イ〕『朝野群載』巻二〇、異国所収「大日本国大宰府宛高麗国礼賓省牒状」（己未年〈一〇七九〉発給）(22)。

〔史料ロ〕『吾妻鏡』吉川本第二五、嘉禄三年（十二月安貞改元）五月十四日条所載「日本国惣官大宰府宛高麗国全羅州道按察使牒状」（丁亥年〈一二二七〉発給）(23)。

高麗国全羅州道按察使牒（印）、日本国物（惣）官大宰府(24)。当使准、彼国対馬嶋人、古来貢二進邦物一、歳修二和好一。亦我本朝従二其所一レ便持（特）営二館舎一、按（撫以）次二恩信一。是用、沼辺（海）州県・島嶼居民、恃二前来交好一、無レ所二疑忌一。……今者、国朝取二問一上件事一。固（因カ）当職差二承存等二十人一、晋（齎カ）レ牒前去。且元来進奉礼制、廢絶不レ行。船数結レ多、無レ常二往来一、作二為悪事一、是何因由。如レ此事理、疾速廻報。右具（印）レ前、事須レ牒二日本国惣官一。謹牒。

丁亥二月日（印）　牒

副使兼監倉使転輪（輸）提黙（點）刑獄兵馬公事龍虎軍郎将兼三司判官逍（趙）判

〔史料ハ〕『異国出契』所収「日本国大宰府（もしくは大宰府守護所）宛高麗国慶尚晋安東道按察使牒状」(25)（至元六年己巳〈一二六九〉発給）。

高麗国慶尚晋安東道按察使牒、

日本国太（大）宰府（守護所脱カ）。当使契勘、　本朝与二　貴国一、講レ信修レ睦、世已久矣。頃者、北朝皇帝、欲レ通二好　貴国一、発レ使齎レ書、道従二于我境一、幷告以二郷（嚮）導前去一、方執二牢固一、責以二多端一。……牒具如レ前、事須二謹牒一。

至元六年己巳八月日　牒

按察使兼監倉使転輸提点刑獄兵馬公事朝散大夫尚書礼部侍郎太子宮門郎位判

〔史料ニ〕『開慶四明続志』巻八所収「大宋国慶元府兗高麗国礼賓省牒状」（己未年〈一二五九〉発給）[26]。

本牒状1行目の「牒」と15行目の「日」については〔史料ロ〕と共通し、特に本牒状では、冒頭の「牒」字の下に割書きで「是印也」と注記があるため（底本では細字注のように書かれているが、傍書とみた方が原本に近いかもしれない）、印であることは明らかである。この注記は平経高が本文書をみた際に、捺印のあった部分を方形印の印郭様の墨線で示し、その最初の箇所に記したものとみられる。22行目の「原」についても印と考えられるが、詳細は下文にて触れる。それ以外の四箇所の墨線については、〔史料ロ〕のごとく本文途中に「印」とある箇所もあるため、印影の可能性もあるが[27]、どちらとも判断し難く、今後の研究の成果を俟ちたい。

第2行

【当使准】　前掲〔史料ロ〕・〔史料ニ〕を参考にすると、「当使准」からが文書本文と考えてよい。意味については、「当使（金州防禦使）で考えるところによりますと」と理解するのが適当であろう。ただし、本行が半文字分から一文字分下がっていることについては、原本が残されていない以上、不明とせざるを得ない。

【越】　類似した表現として、『高麗史』巻二五、元宗世家四年（一二六三）夏四月条所載日本国兗牒状に「越今年二月二十二日」とあり、武田幸男氏は「越《こ》えて今年二月二十二日」と読んでいる[28]。このように読む場合、その意味としては「およぶ・いたる」[29]が適当で、「上月十有四日にいたり」と解釈することができる。しかし、「越」には発語の辞として「これ」と読むこともあり、『書経』顧命には「越《こ》れ七日癸酉」とある[30]。どちらの理解も可能であるが、本文書全体から考えると、「越れ今年上月十有四日」と読むべきではないだろうか。

第3行

【行闕平出也】（頭書）底本・中院本・国会本・柳原本・藤波本・鷹司本・小槻本・源本・勧修寺影本には記され

ているが、国立公文書館所蔵の諸本や活字の史料集には全くみられない。[31]研究論文での引用においても、勧修寺影本を参照した李領氏が「(頭書)「行闕平出也」」と記しているのが唯一である。

ここでその意味するところを考えてみると、まず本文書にみられる特徴として、①2・11・17行目で改行がなされていること、②8行目の「京朝」と13行目の「進奉」の上に一文字分程の空格があることが挙げられる。これらは平出や闕字の対象となるとみられる語であり、〔史料イ〕～〔史料ニ〕などにも見出せる。また、「古代の外交文書の体裁を今日に伝える唯一の文書といってよい」[32]と評されている咸和十一年（承和八・八四一）「日本国太政官宛渤海国中台省牒」[33]にも、「渤海王の命令」を意味する「処分」や、日本をあらわす「貴国」の前に空格があり、闕字と判断される。ただし「進奉」については特殊であり、他ではあまり用いられることがない。類例として時代はやや下るが、十六世紀の朝鮮礼曹宛宗義調文引では、「進上」の語が一字擡頭している。これについて米谷均氏は、「この場合は動作対象敬意、すなわち進上品を奉呈される朝鮮国王への敬意表現であった可能性が高い」と述べている。[34]このような事例を参照すれば、「進奉」の語についても高麗王への敬意を表す闕字とみることができるかもしれない。以上の考察により、特徴①で挙げた改行は、それぞれ「貴国」・「朝庭」・「進奉」に敬意をあらわす平出と判断できる。また特徴②についても、「京朝」や「進奉」に対する闕字と判断してよいであろう。しかし、本牒状では、9行目に二例ある「朝庭」や、11行目に平出の対象となっている「朝庭」の直後に出てくる「朝庭」語は平出や闕字にはなっていない。このように平出や闕字が厳密でないようにみえる例の存在は決して珍しいものではなく、高麗時代でも墓誌などに類例を見出すことができる。[35]

以上のように、本文書には原本の体裁を示す闕字や平出が認められる。そこで「行闕／平出也」とは、「行の闕けたるは平出也」として第2行の下が大きく空いているのは平出しているためである」と言った意味に取る見方と、[36]

「行・闕・平出也」として、「行（字）数や闕字や平出を、牒状をみたままに書写した」という理解が可能かと思われる。いずれにしても、経高は高麗牒状を忠実に写そうと心がけていることが知られ、本牒状は高麗の外交文書の原状を示す数少ない貴重な史料といえる。ただし、平経高の自筆本や古写本が残らない今日、署名など書写の過程で失われてしまった情報もあると思われることから、形式や文言などの伝存状況についてはさらに慎重に検討を進めていく必要がある。

【使介】　高麗時代の史料に散見[37]する表現で、外交などに関わる使節を指すと解せられる。

【州南浦】　金州の南にある浦口を指す。『高麗史節要』巻三〇、辛禑三年（一三七七）五月条に「金海府使朴葳、撃㆓倭于黄山江㆒敗㆑之。初、倭船五十艘、先至㆓金海南浦㆒」とある。李炳泰氏は「金海南浦」を現在の花木洞辺りと比定している[38]。森平雅彦氏は、花木洞のほかに金海中心部から南方六㎞ほどの洛東江岸に位置し、金官加耶時代の外港に比定する説もある竹林を紹介する。それぞれ一定の蓋然性はみとめられ、いずれかに相当する可能性は高いとみるが、現時点での特定はむずかしいと述べる[39]。

第４行

【訳語】　通訳を意味する。尊経閣文庫本『小右記』寛仁三年（一〇一九）八月三日条の紙背に記された同年七月十三日付大宰府解には、対馬島判官代長岑諸近が高麗国に向かい、「彼国通事仁礼」と際会したことがみえる。この「仁礼」とは、高麗側で日本語の通事を勤めた人物であろう。この後、遅くとも十一世紀半ば以降には金州に対日本人迎接のための「館舎」が置かれ[40]、交易が行われていたことなどを考慮すれば、この地域に日本語訳語が常駐していた可能性が想定される。

【文牒牒道（ママ）】　底本以下、諸本は「牒牒」とし、『鶏林拾葉』は「牒」字が一字脱落しているが、このままでは意味不通である。「文牒」は牒状の意味でよく使われる用語で、その助数詞は「幾道」が普通である。したがって「文牒牒道」は「文牒一（ないし二）道」の誤写と推測される。つまり、「明頼らが進奉と称し、兼ねて「文牒一（二）道」を献じた」と理解するのが適当ではないだろうか。「一（二）」字が「牒」字となった理由については、本来「文牒／一（二）道」と改行されてあったものが、ある時に「文牒／々道」と誤写が生じ、行頭に「々」字が来るのを避けた結果、その直前の「牒」字が続けて書かれ、諸本にあるような「文牒／牒道」となったとは考えられないであろうか。ひとまずこのような憶測を示すが、その場合、「一」よりもむしろ「二」の可能性が高くなってしまう。だが、この時に明頼らが牒状を二道もたらしたかどうかは全くの不明であるため、後考に俟ちたい。

第5行

【甚】底本は「其」に作り、中院本をはじめとする他本も同じだが、意を以て改める。

第8行

【礼賓省】外国使客の接待を司った(41)。前掲〔史料イ〕・〔史料ニ〕によれば、外交文書の差出となっていることがわかる。

第9行

【交受】『高麗史』・『高麗史節要』などの例(42)より、「交通」すなわち「往来・交際」の意味と解される。

【呻】底本では「申口」と小書割り書きしているようであり、中院本・国会本も同様である。他の諸本では「甲口」(43)・「呷」・「呻」・「伝」に作る。このうち「呻」は「申」に通じ、「申報」は「上官に報告する」などの意味があり、『高麗史』にも用例がある(44)。よって「呻」と採る。

【朝庭之議、不上於一】「不上於一」は解釈が難しく、誤写があるのかもしれない。類似した表現として、李斉賢著『櫟翁稗説』前集一に「録事啓二事于前一、各以二其意一言二其可否一。録事往二返其問一、使其議定二于一一、然後施行。謂二之議合一」とあり、傍線部は「議論を一つに定める（まとめる）」と解される。(45) 高麗における国政会議にはいくつかの類型があり、(46) 本文書の「朝庭議」が具体的にどのような形式の会議だったのかについては明確ではない。だが、国政上の国防や対外問題などの重要案件について話し合われた宰枢による会議（合坐）は、「議合」と呼ばれる全体一致の議決を原則としていた。(47) このような事例から、本節については意見が一つに集約されなかった結果として恒平らを遣還処分にしたという意味にとることができるのではないだろうか。

第10行

【金〔今カ〕此一字消不見】　底本「金此一字消不見」に作り、「消」を「消消」や「通」に作る本もあるが、底本・中院本・国会本に従い「消」とする。本来は「金」字の下に一文字分の空きがあり、その傍らに「此一字消不見」といった注が付されていたのであろう。つまり、「金□」のように「金」字の下が判読不能になっていたことを示すものと推定される。これがどのような文字であったのかについて文脈から推し量ると、「恒平の文牒が無礼であったので進奉を認めずに帰国させることに決したところ、明頼がやってきたが、その明頼の提出した文牒もまた無礼であった。そこで更に明頼の牒状を朝庭に伝えたところ、両者を共に交接することを許さず帰国させることにする」といった意味になるであろう。そこで「金□」については次のように考えられる。

まず文章の区切り方についてはａ「遣還金□。齎来」か、ｂ「遣還。金□齎来」の二つが考えられ、『高麗史』にはどちらの類例もみられる。(48) ａの場合、「金□」を金州または金海とみなし、恒平らの処遇に関わる記述と解せられる。しかしここで切れると続く文章が「齎来此亦失礼之甚矣」となり、不自然の感を否めない。一方、ｂのように解釈すると、文章としては落ち着きがある。つまり「往年八月」から「遣還」までが恒平らに関する事柄で、

「金□」以下が明頼らに関わる記事とみる理解である。このように句節の区切りでみた場合はb説が落ち着くのである。

その上で、「金□」に続く「齎来」をみてみると、この表現は本牒状では他に二例あり、いずれも「所齎来」と記されている。これを参考にすれば、「金□齎来」の□には「所」字がもっとも相応しいように思われる。そうすると文脈から「金」は「今」ではないかと推測される。「金」と「今」については次のような例がある。『元史』巻一五九、趙良弼伝に「舟至二金津島一。其国人、望二見使舟一、欲二挙レ刃来攻一。良弼捨レ舟登レ岸喩旨。金津守、延入二板屋一、以レ兵環レ之。滅レ燭大譟、良弼凝然自若」とある。これは至元八年（一二七一）のことであるが、先行研究では、趙良弼の舟が至った「金津島」とは「今津」であることが指摘されている。(49)「今津」を「金津」としている理由は不明であり、(50)「金津島」を「今津」の誤りと即断するのは慎重を期すべきかもしれないが、誤写・誤伝の可能性は考えてもよいであろう。文脈に加えてこのような例を参考にすると、「金□齎来」は「今所齎来」ではないかと憶測される。すなわちこの一節は「往年秋八月、……遣還。今所齎来、此亦失礼之甚矣」となり、恒平らがもたらした牒状は無礼であったので、帰国させると決したところに、また明頼らがやってきて、その牒状も同様に無礼なものであった、と理解できるのではなかろうか。

【此】　底本は「比」に作り、諸本も同様であるが、意を以て改める。

第11行

【券】　中院本をはじめ諸本は「券」に作り、元老院本は「分」とするが意味不通である。底本は微妙な字形で「春」字を誤写したものである可能性もあるが、(51)それでも文意が通じない。文意からみれば、この文字に続く廉察使（後述）が、半年の任期で中央から各道へ派遣され、「春夏番」・「秋冬番」按察使と呼ばれていたと思しきことから、「当番廉察使」とすることもできるかもしれないが、字形から「番」とみるのはやや難しく、後考に俟ちたい。[52]

【廉察使】　次節にて考察する。

第13行

【方】　底本を含め、諸本「万」に作る。これでも意が通じないことはないが、「方」の方がより理解しやすい。よって意を以て改める。

第16行

【官　○直　○韭　○二】　前掲〔史料イ〕～〔史料二〕によれば、この位置には牒状の差出が記載されているため、金州防禦使を示す官名・人名等が記されているとみてよい。「官」は前述のごとく「金州防禦官」と称する事例もあるため、官名を示しているものと思われる。「官」以下の文字については称号や官人の姓、あるいは官人のサインを意味する着押・着名の痕跡と考えられるが、詳細は不明である。「直」・「韭」・「二」の上に付された「○」についても不明とせざるを得ない。

第22行

【原】　語義不明であるが、この文字の位置と、「原」字を囲むようにある墨線を手掛かりに考えてみたい。現存する日朝間の外交文書に付随された進上品のリストである別幅の末尾には、「整」・「際」・「計」などが記され、その上に朱印が押されている文書原本がある。[53]これらの意味は「右」・「計」・「コレバカリノ」・「以上」で、証明書などの末尾に用いられる常套句である。[54]本牒状にある「原」字にこのような意味があったことは確認できないが、「原」字は本牒状において進奉物の一覧が記された後に付されており、位置的には「整」・「際」・「計」字と共通する。したがって、少なくともその役割としては「整」などと同じような意味があり、「原」字を囲む墨線は、その上に押されていた印と理解できる。ただし、「原」自体に上記「整」・「際」・「計」と同じ意味があったかどうかはわからず、「原」字は誤写の可能性もある。

4　読み下し文と概要

【読み下し文】（行論の都合上、意味ごとに改行し、段落ごとに○数字を加えた。また割注や頭注、印を示す枠等は省略した。なお史料中の傍線や傍点、（　）は筆者による〈以下同じ〉）

高麗国金州防禦使牒す、日本国対馬嶋。

①当使准ずるに、越れ今年上月十有四日、貴国の使介明頼等四十人船三艘に乗り、州の南浦に来泊す。訳語其の来たる所以を問わしまば、進奉と号称し、兼ねて文牒牒（ママ）道を献ず。其の文甚だ擾雑として、其の語勿恭に過ぎ、進奉之礼に非ざるなり。大抵両国の文牒を相通ずるは、必ず某国其州を指す、例恒に有るなり。

②往年秋八月、恒平等十一人、齎し来たる所の文牒、徒らに讒諛之事を以て、直に指して京朝礼賓省に牒す。其れ任意を以て交受すべけんや。事を具して朝庭に申報す。朝庭之議、一に上せずして之を遣還せしむ。

③今齎し来る所も此れ亦失礼之甚しきなり。当券（ママ）廉察使、更に朝庭に伝報す。朝庭共に其の交接を許さず、之を解纜し発遣せしむ。故に齎し来たる所の文牒及び進奉の方物、率皆還給し以て送る。其数目を後に録す。想いて宜しく知悉すべし。右事須からく牒すべし。

泰和六年二月　日　牒

官　○直　○韭　○二

牒の後に還し送る
　進奉物の目
　円鮑弐仟帖
　黒蚫弐仟果
　鹿皮参拾枚

原

【概要】
高麗国金州防禦使が日本国対馬嶋に牒を送る。
①当使（金州防禦使）が考えるところによると、今年上月（正月）十四日に、貴国の使介（使者）の明頼ら四十人の乗った船三艘が、〔金〕州の南浦に来泊した。通訳に来航理由を問わせると、〔明頼らは〕進奉と称し、文牒を献じた。〔しかし〕その文は甚だ擾雑であり、その語は匆恭に過ぎており、進奉之礼ではない。大抵〔日麗〕両国が文牒を相通ずる際には、必ず「某国其州」を指すのが恒例である。
②往年（昨年）秋八月に、恒平ら十一人のもたらした文牒は、徒らに譏訣の事を以て直に指して京朝の礼賓省に牒を送っていた。〔金州防禦使の〕任意で交受（交通・交際）を行うことができるであろうか。〔この〕内容を具して朝庭に申報（申報）したところ、朝庭の議では一つにまとまらず、その結果〔恒平らを〕遣還させることにした。
③今〔明頼らの〕もたらした〔文牒〕も失礼であることが甚しい。〔そこで〕当券《（ママ）》廉察使が更に朝廷に伝報した。

朝庭は〔恒平・明頼〕共に交接することを許さず、彼らを解纜して発遣させることとした。よって〔彼らの〕もたらした文牒および進奉の方物は、みな還給し送る。その数目は後に録す。〔対馬島はこのことを〕想い、宜しく知悉するように。右の事を牒状にしたため〔て送〕る。

泰和六年二月　　日　　牒

官　○直　○韭　○二

牒の後に還し送る進奉物の目、円鮑弐仟帖、黒蚫弐仟果、鹿皮参拾枚。

大略については以上のように解釈されよう。本牒状の内容に関する考察は本書第2部第二章で扱うこととし、次節では「金州防禦使牒状」にみえる「廉察使」について検討したい。

第二節 「金州防禦使牒状」における「廉察使」と先行研究

本節で検討する「廉察使」は、③段落目に〈今齎し来る所も此れ亦失礼之甚しきなり。当券廉察使、更に朝庭に伝報す〉と記されている。「廉察使」は、明頼が金州にもたらした「文牒」を、高麗朝廷に伝える仲介的な役割を果たしており、また、「吏」の語に注目すれば、前年の恒平の文牒についても、金州防禦使から「廉察使」の手に渡って高麗朝廷に上申されたことが推測される。

このように対日本外交に重要な役割を果たしている「廉察使」であるが、そもそも「廉察使」なる官職名は高麗時代の官職を伝える『高麗史』百官志にはみられないのである(55)。先行研究では、例えば「この牒状を検閲した金州廉察使よりその旨中央政府に報告したので(56)」といったように、「金州廉察使」とする理解があるが、果たしてそのようにみてよいのか、検討の余地があると思われる。「金州防禦使牒状」にみえる「廉察使」の実態を把握することは、高麗の対日外交における牒状の伝達・審議過程を解明する上で重要であり、また『高麗史』にみられない官職名の具体的内容を明らかにするという、高麗官職史研究の視点からも意義のある作業ではないかと考える。そこで以下に「廉察使」の実態について検討していきたい。

第三節　高麗時代の「廉察使」史料と按察使

前述のように、「廉察使」は『高麗史』百官志にみえないが、「金州防禦使牒状」の他にもわずかではあるが、高麗時代の史料にその名称を見出すことができる。次の二つの史料である。

【史料２】「李文著墓誌(57)」

……大金大定二十年庚子〔一一八〇〕十一月□十二日薨二于家一。享年六十八。即日移二殯于神厳寺一。十二月十二日、葬二于京城南進奉山之□麓一。公為二人沈厚一、有二大量一自歴□□。再守二郡符一、皆有二政績一。四為二廉察使一所レ至無レ不□□。……

【史料３】『東国李相国集』巻一九、頌「尹司業威安二撫南原一頌并序」

承安五年〔一二〇〇〕、予理二完山一、司業尹公出為二廉察一、一方畏敬。時南原有二群不逞一、嘯二聚党与一、屯レ山自固、図為二叛逆一。守倅懦不レ得レ制、奔報二廉察使一。是日、公以二単騎一入府、喩以二禍福一、賊徒無レ不二感泣一聴レ命。於レ是、誅二首謀者二三人一、余皆赦レ之。便致二安定一、闔境慶抃。予聞レ之嗟嘆不レ足、謹成二短頌一首一、遥献二于行軒一。……

【史料2】には、墓主の李文著（一一一三〜一一八〇）が生前四度「廉察使」となっていたことが記されており、【史料3】には、承安五年（一二〇〇）に国子司業の尹威が「廉察使」となり、赴任先の地域では、皆彼を畏敬したことが記載されている。また、この時に全羅道の南原で叛逆の企てがあったが、それを「廉察使」の尹威が「安撫」したことが記されている。『東国李相国集』には、この他にも「廉察使尹威」関連の史料がみられる。[58]

【史料2】は李文著の没後まもなく作成されたとみられ、[59]〔史料3〕も李奎報（一一六八〜一二四一）著『東国李相国集』に収録されており、その刊行は息子の李涵の手によるものであることから、「廉察使」が高麗時代の地方官として存在していたことは間違いないのである。それでは廉察使とは一体どのような官職であったのだろうか。さらに検討を進めることにしたい。

まず注目したいのは、「廉察使」の職掌に関わるとみられる「廉察」という語で、『高麗史』や高麗時代の墓誌に散見している。

【史料4】『高麗史』巻七五、選挙志三、銓注、選用監司

仁宗五年（一一二七）三月詔曰、「遣二使郡国一、廉二察刺史・県令賢否一、以褒貶之。」

【史料5】「庾資諒墓誌」（一二二九年没）

……其或廉二察東南一、秉二鉞東北一、則威風所レ及、無レ不二股弁一。然済レ以二仁信一、故民便レ之、此公之奉レ使延誉也。

……

【史料6】「琴儀墓誌」（一二三〇年没）

……公凡廉二察春州道一、縄レ吏甚厳、一切皆革二民弊一、百姓頼焉。嘗典二司馬試一及レ三掌二礼闈一。所レ得皆当世聞人、玉筍之盛、近古未レ有也。……

まず、【史料４】には、仁宗五年の詔で、「郡国」[60]へ「使」を派遣し、地方官である刺史・県令の賢否を「廉察」して正しく評価させたとある。金潤坤氏は、この「使」の役割を按察使と同じであるとし、按察使とみて差し支えないと述べているが[61]、詳しく論証されているわけではない。

【史料５】では、庾資諒は生前、東南地域を「廉察」し、「秉鉞」して東北地域に向かったとする対句表現がみられる。このうち「秉鉞東北」は、高麗北方の広域行政地域を示す両界の防衛を主たる任務とした兵馬使[62]に就任する際、国王みずからが「斧鉞」を授けていたことから[63]、兵馬使補任を指すとみられる。庾資諒の兵馬使就任については、『新増東国輿地勝覧』巻四四、襄陽都護府、仏宇、洛山寺の項に、

明宗丁巳、庾資諒為二兵馬使一、至二十月一到二窟前一。

とあり、明宗丁巳年（二十七・一一九七）に兵馬使となっていたことが知られる。一方の「廉察東南」については、庾資諒が兵馬使となっていた時期、すなわち明宗代に、高麗北方の「両界兵馬使」と南方の「五道按察使」に対して制が下され、それぞれの地域住民の利益や損害をはかり、また守令の賛否を黜陟することなどを命じており[64]、兵馬使と按察使が対応関係にあることが参考となる。実際に庾資諒は、文宗三十三年（一〇七九）以降の慶尚道の道責任者の一覧を記した『慶尚道営主題名記（道先生案）』[65]（以下『慶尚道先生案』と称す）、明宗辛亥年（二十一・一一九二）に、

辛亥春夏等按察使鄭得光　秋冬等庾元義後改二資諒一

とあり、慶尚道按察使であったことがわかる。慶尚道は十一世紀以前には、全羅道や楊広道地域と合わせて「東南海道」と称しており、そこには「東南海都部署」が設置されていた。『慶尚道地理志』慶尚道条には、

高麗初合二慶尚・楊広・全羅等三道一、称為二東南海道一、置二一都部署使一。後以二都部署使韓冲所レ報二東南海道

広㆒、分為㆓三道㆒、始置㆓慶尚晋安東道按廉使㆒。

とあり、また、『慶尚道地理志』金海都護府条には、

高麗文宗時、以㆓地理相応㆒、金海為㆓東南海道都部署使本営㆒。厥後署使韓冲、以㆓東南海道広㆒奏報、分為㆓慶尚・全羅・楊広三道㆒。

とある。『慶尚道地理志』には、文宗の後に、東南海都部署使となった韓冲が、管轄区域である東南海道が広いことを奏上し、慶尚・全羅・楊広の三道に分け、はじめて慶尚晋安東道按廉使（按察使）を置いたとある。『慶尚道先生案』には、睿宗壬辰（七年・一一一二）に「春夏等按察使韓仲[66]」とあり、韓仲の欄の頭注に「是年改㆓都部署使㆒為㆓按察使㆒」とある。この点は、後述する【史料7】の按察使沿革記事にある、睿宗八年（一一一三）に都部署が按察使となったという記録と一致する。ところが、『高麗史』をはじめとする諸史料の中には、睿宗八年以降に「東南」と付されている按察使の記録がある。例えば『高麗史』には、明宗二十三年（一一九三）二月の記事に「東南路按察副使金光済[67]」とみえ、また、『東文選』巻六四、記、権適著「智異山水精記」には、「東南海按察副使起居舎人知制誥尹彦頤」とみえる。これらの人物を『慶尚道先生案』で検索してみると、金光済は明宗癸丑年（二十三・一一九三）の春夏等按察使として記録されており、尹彦頤も仁宗己酉年（七・一一二九）の秋冬等按察使であったことがわかる。したがって、【史料5】で庾資諒が「廉察東南」したとあることは、慶尚道按察使に任じられたことを意味している蓋然性が高いと判断される。

【史料6】には、墓主の琴儀は生前春州道を「廉察」し、官吏に対する糾察を厳しく行ったため、民弊がなくなり百姓は琴儀を頼りとしたことが記されている。〈春州道を廉察し〉とあることをみれば、「廉察」としての琴儀の管轄区域は、州府郡県などの行政単位ではなく、南方五道の一つである春州道に及んでいたことがわかり、先の

【史料5】で庾資諒が「東南（慶尚道）」を廉察していたことと共通する。

以上の検討により「廉察」の語は按察使の職掌を表していると考えられる。もしこのように理解してよければ、「廉察」の語から「廉察使」とは按察使の別称ではないかとの推測が導き出されてくる。前掲【史料2】には、墓主である李文著は、生前四度「廉察使」となったとある。『慶尚道先生案』によれば、彼は毅宗辛巳年（一一六一）の「秋冬等按察使」及び同王己丑年（一一六九）の「春夏等按察使」になっており、少なくとも二度、慶尚道按察使になっていたことが認められる。あとの二度については明確ではないが、『高麗史』と『慶尚道先生案』を照らし合わせてみると、複数の道で按察使を務めた者もいることから[68]、李文著についても、慶尚道で二度按察使となり、他道でも按察使になっていた可能性は十分に想定できる。すなわち李文著墓誌銘にみえる「廉察使」とは「按察使」のこととみなされるのである。

また、【史料3】に記されている「廉察使尹威」についてみてみると、彼は一方で、当時、全羅道全州牧の「司録兼掌書記」として当地に赴任していた李奎報と、詩文の交換をはじめとする接触を持ち、その一方で、同じ全羅道の南原府使の報を受けて、賊の鎮圧にみずから赴いているなど、その活動地域は全羅道に及んでいる。したがって、これらも按察使としての活動の一端を表しているものと理解できるのではなかろうか[69]。

以上の考察から、「廉察使」は按察使のことを指しているとみて間違いないと思われる。按察使については、後述する『高麗史』百官志に按廉使の前身としてその名称が記されているが、廉察使のことには触れられていない。しかしながら『高麗史』には「廉察使」の他にも、百官志に記載のない官職があり[70]、高麗時代に存在した全ての官職が『高麗史』百官志に記されているわけではない。「廉察使」が明記されていない理由については不明とせざるを得ないが、「廉察使」は按察使の別称と理解してよいと考える。

なお、【史料3】の「廉察使尹威」について、金晧東氏は特に詳しく論証しているわけではないが、「按察使」とされている。(71) また、朝鮮宣祖二十二年（一五八九）に成立した権文海著『大東韻府群玉』(72)巻二―五・微・〔威〕字の項目には、

人　名

【尹威】坡平人、文粛公瓘之後。初隠居、号二碧松居士一。神宗時、以二国子司業一、出為二按廉一、一方敬畏。

とある（【　】は白抜きである）。この項目に関する引用文献の記載はないが、「神宗時」以下の記述は『東国李相国集』（【史料3】）の記載と酷似しており、おそらくここからの引用とみられる。ところが、『大東韻府群玉』では、【史料3】で「廉察」とあるところを、「按廉」としている。「按廉」とは後述するように按察使の職掌である。すなわち「廉察」を「按廉」としているのは、按察使に任じられたことと解釈しているのであり、(73)少なくとも十六世紀後半当時には「廉察使」を按察使とする認識があったことが知られる。

第四節　按察使と廉察使

さて、按察使については、『高麗史』に次のようにみえる。

【史料7】『高麗史』巻七七、百官志二、外職、按廉使

按廉使、専二制方面一、以行二黜陟一。即国初節度使之任。顕宗三年〔一〇一二〕、罷二節度使一後置二按察使一。文宗十八年〔一〇六四〕改為二都部署一。睿宗八年〔一一一三〕復改為二按察使一。忠烈王二年〔一二七六〕、改二按察使一為二按廉使一。二十四年〔一二九八〕、忠宣即位以二慶尚・全羅・忠清三道地大、事劇一、加二置按廉副使一。交州・西

海両道地小不レ置二副使一、又罷二東界安集使一以二交州按廉一兼レ之。辛昌〔一三八九〕八月、以二按廉秩卑一、改為二都観察黜陟使一、以二両府大臣一為レ之、賜二教書・斧鉞一以遣レ之。恭譲王元年〔一三八九〕、始革二京官口伝一、別用二除授一以専二其任一。二年〔一三九〇〕、置二各道観察使・経歴司一、四年〔一三九二〕罷二諸道観察使一、復二按廉使一。

上記の内容を整理すると以下のごとくとなる。

・国初　　節度使
・顕宗三年（一〇一二）節度使を罷めて按察使とする
・文宗十八年（一〇六四）按察使を改めて都部署とする
・睿宗八年（一一一三）都部署を改めて按察使とする
・忠烈王二年（一二七六）按察使を改めて按廉使とする
・忠烈王二十四年（一二九八）慶尚・全羅・忠清道に按廉副使を置く
　東界安集使を罷めて交州按廉使が兼任する
・辛昌即位年（一三八九）按廉使が秩卑なため都監察黜陟使とし、両府大臣が担当する
・恭譲王二年（一三九〇）各道に観察使・経略司を置く
・恭譲王四年（一三九二）諸道観察使を罷め、按廉使に復す

按察使に関しては、その成立や変遷などについて議論となっているが、[74]①四～六品の官僚一名が任命、[75]②春夏番・秋冬番の半年の任期で中央から高麗の広域行政地域である五道[76]へ派遣、などの点は共通した理解となっている。文宗十八年には按察使が都部署に改称され、睿宗八年に再び按察使に復されたと記されているが、すでに指摘され

ているように、この期間にも西海道按察使の存在が確認できるため[77]、この都部署とは、睿宗八年に慶尚・全羅・楊広の各道にそれぞれ按察使を派遣する以前に、この地域を「東南海道」として管轄していた「東南海都部署」を指していると理解されている[78]。ところが、『高麗史』には文宗十八年以前の文宗三年（一〇四九）から、「東南海船兵都部署」の名称があらわれている[79]。また、『世宗実録地理志』慶尚道条には、

明宗……至二十六年丙午〔一一八六〕一、以二秘書丞李桂長一為二東南海都部署使一、兼二慶尚州道按察使一。

とあることから、少なくとも睿宗八年以降、「東南海都部署使」が慶尚道按察使と兼任する形で存在していたことがわかる[80]。そして、按察使の職務については、【史料7】に「専二制方面一、以行二黜陟一」とあるのみであるが、近年按察使についてまとめた朴鐘進氏は、「守令の糾察及び勤務成績の評価と中央政府への報告」・「百姓の困難についての調査報告、及びその対策の建議」・「地方司法行政の監察」・「軍事指揮」・「租税徴収への関与」・「外国人漂流民の送還」・「戦争中の敵の動静把握及び中央への報告」・「国王行幸の際の警備の調達」などであったと論じている[81]。実際にはこの他にも、日本宛の外交文書の差出になっている例などが挙げられ[82]、「金州防禦使牒状」によって慶尚道按察使の場合は対日外交にも関わっていたことが知られるのである。

第五節　「金州防禦使牒状」にみえる「廉察使」

以上、諸史料にみえる「廉察使」記事や「廉察」という用語の検討から、「廉察使」は按察使であることを論じてきた。本節で問題としている「金州防禦使牒状」における「廉察使」についても、これを慶尚道按察使と理解することができる。「金州防禦使牒状」記載の「廉察使」を按察使と解釈することは、前掲【史料3】の時期（一二

〇〇年）と近接し、また、【史料2・5・6】の時期の間にあった出来事であることから、年代的な問題もないといえる。そして、『慶尚道先生案』から、恒平等が渡航した熙宗元年（一二〇五）の春夏等按察使は「趙晋公」、秋冬等按察使は「孔永弼」で、明頼等が来着した翌熙宗二年（一二〇六）の春夏等按察使は「蔡靖」という人物であったことがわかる。(83)

さて、「廉察使」の実態が明らかになったことにより、元久二・三年（一二〇五・六）の高麗における対馬島民への対応は、次のようであったと考えられる。

（ア）対馬島民が金州管内に来航
（イ）金州防禦使が対応
・訳語を介して来航目的等についての問答
・持参した文牒や「進奉方物」を提出させ、中身の調査を行う
（ウ）金州防禦使から「廉察使」（慶尚道按察使）へ報告
（エ）「廉察使」（慶尚道按察使）から高麗朝廷へ報告
（オ）高麗朝廷で審議が行われたところ、交流を認めず（方物や文牒も受納拒否）帰国処分を下す
（カ）高麗朝廷で審議した内容を返牒に認め、金州防禦使名義で対馬島に宛て発給

一二〇五・六年の高麗と対馬島民との交流は、およそ以上のごとく行われたとみられる。このような、高麗における対日本外交の具体像がわかる事例は、現状では他に「李文鐸墓誌」があるが、これについては次章で取り扱うこととし、さらに第四章ではこれらを利用して高麗における対日本外交管理体制について検討したい。

むすび

以上、本章では元久三年（一二〇六）に高麗国金州防禦使が発給した「金州防禦使牒状」について、諸写本を校合して校訂本文を作成した。署名部分については不明な点が残ったが、細注などを手がかりとして古文書学的な検討を加えた結果、本文書が原本の体裁を忠実に書写したことがうかがえることを明らかにすることができた。

そして、この時の対馬島民と高麗との交渉の具体像を明らかにするために、本章はまず「廉察使」の実態把握を試みた。「廉察使」は、「李文著墓誌」や李奎報著「尹司業威安㆓撫南原㆒頌幷序」（『東国李相国集』巻一九）などの高麗時代の史料に明記されていることから、間違いなく当時に存在した官職である。そこで、まず「廉察使」の職務に関わりが深いと推測される「廉察」の用例について検討し、「廉察」とは毎年春夏番・秋冬番の半年の任期で、中央から高麗の広域行政地域である五道に派遣された按察使の職掌を表しているとみられることを述べた。さらに「廉察使」として史料にみえる李文著らが按察使に任じられていることから、「廉察使」はすなわち按察使で、その別称とみなし得ることを論じた。

「廉察使」を按察使とする理解が認められると、十三世紀を前後する時期の高麗における対日外交管理体制を検討することが可能となってくる。十一世紀までの高麗における対日外交管理体制について、山内晋次氏は、対日外交の最前線は金州官衙であり、さらには東南海船兵都部署が日本との外交を管掌していたと指摘している(84)。また李領氏も対馬島をはじめとする日本からの使節や商人との交渉は東南海都部署が担当し、原則的には金州現地において専決していたが、権限を超えた事柄に関しては中央と連絡を取っていたと論じている(85)。ここに出てくる「東南海

（船兵）都部署」とは、前述のごとく、睿宗八年（一一一三）に慶尚道按察使となったか、あるいは慶尚道按察使と兼任するようになり、後に慶尚道按察使に統合されていったと考えられている。(86) 一方、元の至元六年（文永六・一二六九）には、日本国王宛の元中書省牒状と合わせて、日本国大宰府守護所（あるいは日本国大宰府）宛高麗国慶尚晋安東道（＝慶尚道）按察使牒状が送られている（前述）。したがって、少なくとも、十一世紀中葉から十三世紀の中ごろまでは、日本との外交交渉に慶尚道按察使（廉察使・東南海都部署）が関与していたことがうかがえるのである。

注

（1）『百練抄』仁治元年（延応二、一二四〇）四月三日条など。

（2）『平戸記』延応二年四月十七日条には、

辛亥……晩頭、大府卿入来。……談世事之次、泰和六年高麗国牒状、自故親経卿家文書之中所見出云々彼外孫俊国。選給云々。是進奉事載此状。已為往〔衍カ〕往年之證歟。仍為見合持来也。此子細一日粗記了。……維泰和牒状為後鑑書留之。仍続之。

とあり、これに続けて本牒状が引用されている。

（3）主な研究として、青山公亮［一九五五ｃ：一二三頁］、田村洋幸［一九九三：一八頁］、李領［一九九九ｂ：四四～四五頁］、溝川晃司［二〇〇三年：七七～七八頁］などがある。

（4）『平戸記』は矢野太郎氏の校訂による『史料大成』二四（内外書籍株式会社、一九三七年、一九六五年に臨川書店より『増補史料大成』三二・三三として再版）がもっぱら利用されており、当該箇所に限ってみれば、塙保己一編『鶏林拾葉』巻六（国立公文書館所蔵木版本の二種〈一七八一―〇四九七および一七八一―〇四九八〉と、それを活字化した甫喜山景雄編『我自刊我書』（一八八三年）、『古事類苑』外交部七（神宮司庁、一九〇三年）三三五～三三六頁、東京帝国大学編『大日本史料』第五編之十二（東京帝国大学文学部史料編纂所、一九三八年）八二五～八二六頁、竹内理三編『大宰府・太宰府天満宮史料』巻七（太宰府天満宮、一九七一年）二八九～二九〇頁、竹内理三編『鎌倉遺文』古文書編第三巻（東京堂出版、一九七二年）二七〇～二七一頁の中でも引用されている。また、韓国においても注目されており、羅鐘宇［一九九六ａ：五二頁］、李宗峯［二〇〇四：一七八頁］、張東翼［二〇〇四 ハングル：一三一頁］、金琪燮他［二〇〇五：五六六～五六七頁］に掲載されている。

（5）筆者が調査した『平戸記』写本は以下のごとくである。

・東山御文庫所蔵『平戸記』（勅封九―九、十九冊。筆者は宮内庁書陵部に収められているマイクロフィルムを実見。「東山御文庫本」と略称する。以下の「　」も同じ）。
・東京大学史料編纂所所蔵『平戸記』（中院通茂校合本、貴〇六―七、十七冊。「中院本」）。
・東京大学史料編纂所所蔵『平戸記』（勧修寺末雄原蔵影写本、三〇七三―二四、三冊。「勧修寺影本」）。
・東京大学史料編纂所所蔵『平戸記』（「日野庫」印記がある。四一七三―一一二、一冊。「日野庫本」）。
・国立国会図書館所蔵『平戸記』（わ―二一〇・四―一五、十八冊。「国会本」）。
・宮内庁書陵部所蔵『平戸記』（柳原家旧蔵、柳―二八〇、三冊。「柳原本」）。
・宮内庁書陵部所蔵『平戸記』（藤波家旧蔵、二一七―四四七、五冊。「藤波本」）。
・宮内庁書陵部所蔵『平戸記』（松岡家旧蔵、二〇七―六一二、九冊、「松岡本」）。
・宮内庁書陵部所蔵『平戸記』（鷹司家旧蔵、三五〇―二五六、十七冊。「鷹司本」）。
・宮内庁書陵部所蔵『平戸記』（小槻季連写、Ｆ九―一九八、三冊。「小槻本」）。
・宮内庁書陵部所蔵『平戸記』（正二位源の花押が奥書にある。二五九―二二〇、三冊。「源本」）。
・国立公文書館所蔵『平戸記』（秘閣本、一六二―五六、二十二冊。「秘閣本」）。
・国立公文書館所蔵『平戸記』（昌平坂学問所旧蔵、一六二―五二、一冊。「昌平本」）。
・国立公文書館所蔵『平戸記』（元老院旧蔵、一六二―五四、十八冊。「元老院本」）。
・国立公文書館所蔵『平戸記』（内務省旧蔵、一六二―五五、十八冊。「内務省十八冊本」）。
・国立公文書館所蔵『平戸記』（内務省旧蔵、一六二―五七、五冊。「内務省五冊本」）。

・国立公文書館所蔵『平戸記』（教部省旧蔵、一六二一―五三、九冊、「教部省本」）。

これらのうち、李領［一九九九b 日文］では、秘閣本を底本に、勧修寺影本を用いたことが明記されている。また『史料大成』は、秘閣本を底本として、柳原本・藤波本・松岡本・国会本および国立公文書館所蔵の十八冊本等三種を用いて校訂している（注（4）前掲『増補史料大成』「凡例」）。張東翼［二〇〇四 ハングル］、金琪燮他［二〇〇五］では『史料大成』を掲げているが、張東翼［二〇〇四 ハングル］にある牒状本文は、李領氏の示された校訂本文と類似している箇所がある。それ以外の文献については、底本等が挙げられていない。

（6）宮内庁書陵部所蔵（九巻、伏―四五五）。

（7）宮内庁書陵部［一九五〇：一〇〇～一〇一頁］。中院本には古書肆弘文荘の所有を示す「月明荘」の蔵書印が押されている。この印は弘文荘が取り扱った典籍のうち、特に貴重な書物に対して押されたようである（『日本古典籍書誌学辞典』岩波書店、一九九九年）。反町茂雄［一九三八：八六番］に掲載されている解説によれば、元々は全二十二冊で毎冊末に奥書があり、「伝来正しき上写本」であるという。弘文荘以前の来歴については定かではないが、遅くとも一九三八年には弘文荘の所有となっていたことがわかる。そして「東京帝国大学図書印」が押印されているが、これは一九三八年に東京帝国大学文学部で購入し、その後総合図書館に移管され、さらに戦後になって史料編纂所に移された（石田実洋氏のご教示による）。

（8）前掲注（5）を参照。『史料大成』の編纂・刊行の時期（解題が昭和十年〈一九三五〉に書かれている）は、中院本が弘文荘の所有となる以前であったと考えられ、参照できない状態にあったのではないだろうか。

（9）第十四冊の奥書には、

右以二宮本一令二書写一一校了。御本、傭書之筆、影写、未二校合一、仍書誤等繁多、見及之所々、加改了。猶愚見之次、可二直付一者也。

寛文元年六月廿一日権大納言（花押）

とあり、第十七冊には、

右令㆓少弟定輔朝臣一校㆒了。
寛文元年二〔六カ〕月廿一日権大（花押）。
已上十冊申㆓出官本㆒、所㆑写校合
了。残又十冊斗歟。重而申㆓入之㆒、可㆓
書写㆒者也。

とある。中院本第十七冊の奥書には「二月廿一日」とあり、他の冊が同年六月以降の日付を持つのに比べて突出して早い。ところが日付の後には「已上十冊申㆓出官本㆒、所㆑写校合了」と記されており矛盾が生じる。寛文元年は四月二十五日に万治四年からあらためられたため、「寛文元年二月廿一日」という表記は二月二十一日の時点で記されたものではあり得ない。一方、同本の奥書を書写した国会本・勧修寺影本・小槻本・柳原本には「六月廿一日」と記されている。これらの元本で、中院通茂の筆と考えられている中院本には、「二月」とあるにも関わらず、他本が「六月」と書かれていることは甚だ不審であり、不可解ではある。しかし同年六月には、本牒状が書写された第三冊をはじめ、九冊の写本の校合が終了しているため（うち三冊は六月二十一日の日付を持つ）、第十七冊の日付が他本にあるように「六月」であれば、その後に続く「已上十冊」云々の記載とも矛盾しない。よって、第十七冊の奥書記載年月日は寛文元年六月廿一日と理解し、「二〔六カ〕月」とする。したがって、本牒状所収の中院本第三冊は「官本」を借りて書写したものと考えられる。

（10）「官本」については、江戸幕府刊行の書物や蔵書を指すこともある（長友千代治［一九九九：一三九頁］）が、田島公氏が「近世初期の禁裏本が「官本」、禁裏文庫が「官庫」と呼ばれていた」［二〇〇三：二七頁］と指摘されているように、禁裏本と考えてよいであろう。
（11）平林盛得［一九八二：三五一～三五二頁］。
（12）吉岡眞之［一九九六］、田島公［一九九七・二〇〇三・二〇〇四・二〇〇六］。
（13）『葉室頼業日記』寛文六年三月二十四日条。

(14) 田島公［一九九七：七〇六～七〇七頁・二〇〇三：一八頁］。

(15) 田島公［一九九七：七一〇～七一一頁］。

(16) 平林盛得［一九八二：三四九頁］、田島公［一九九七：七〇一～七〇二頁・二〇〇三：一七頁］。

(17) 田島公［一九九七：七〇一～七〇二・七〇四頁］。

(18) 田島公［二〇〇四：三五一頁］。

(19) 例えば、東山御文庫に所蔵されている『小右記』六十四冊は、後西天皇が自ら校合を加えたものであるが、その一部分は伏見宮本を転写した勧修寺家所蔵本を用いている。このことについて桃裕行氏は「後西天皇が伏見宮本を直接見られる便宜を有せられなかったのかどうか、その事情は分らない」と述べている（桃裕行［一九八八：一三三～一三八頁］）。また、石田実洋氏から「後西院は伏見宮本を書写した（させた）ことがないわけではないが、抜書がほとんどで、大部なものを長期間借用し、まとめて新写本作成の親本とした、といったことはなかったようだ」とのご教示を賜った。これと類似する状況が考えられるとすれば、伏見宮家から某が『平戸記』を借りたが、その部分についてはその後失われてしまった。だが、某が書写しておいたものが、御文庫本の祖本となったという可能性も想定できる。しかしいずれも推測の域を出ず、今後の研究の成果を俟ちたい。

(20) 武田幸男［二〇〇五a：四六頁］。『高麗史』巻五七、地理志二、金州条。『世宗実録地理志』金海都護府条。

(21) 蔡雄錫［二〇〇九：一五四頁］。官品規定については『高麗史』巻七七、百官志二、外職、防禦鎮条に次のようにある。

『高麗史』巻七七、百官志二、外職、防禦鎮

防禦鎮、文宗定、使一人五品以上、副使一人六品以上、判官一人七品、法曹一人八品以上。或加二置文学一人一、以任二講学一、医学一人、以任二療病一。

(22) 本史料については、本書第1部第一章（三五頁）を参照。

(23) 本史料については、本書第2部第三・四章も参照。

(24) 李領氏も指摘しているように、『新訂増補国史大系』本では、「日本国惣官大宰府当使」で改行が施されているが、

吉川本はその後も追込みで記載されている。本牒状の事例などから判断して、宛所は「日本国惣官大宰府」であり、「当使」以下は牒状本文とみてよいであろう〔一九九九b 日文：七三頁〕。

(25) 筆者は国立公文書館所蔵『異国出契』（一八四―二六五）を閲覧した。また、荒木和憲〔二〇〇八：四〜五頁〕や、京都大学図書館所蔵『異国出契』を利用して翻刻された張東翼〔二〇〇四 ハングル：二〇六頁・二〇〇五 日文〕を参照した。本文書の読み下しや翻訳については植松正〔二〇〇七〕がある。このうち宛所について、植松氏は「日本国大宰府守護所宛の牒」（三四・四三頁）とし、また、森平雅彦氏は「日本国太《（ママ）》宰府守護所（もしくは日本国太《（ママ）》宰府）宛て」の文書とされている〔二〇一三b：二三七頁〕。

(26) 本史料については、本書第1部第一章（四七〜四八頁）を参照。

(27) 高麗時代の現存する文書原本を収録した盧明鎬他〔二〇〇〇b〕の図版をみてみると、例えば「高麗末和寧府戸籍断片」（一三九一〜九二年頃作成）は、印文はわからないが、文書内に数十箇所にもわたって押捺されている。その位置に規則性はみられず、中には正面から四十五度傾いて押されているものもある。

(28) 武田幸男〔二〇〇五a：六一頁〕。

(29) 諸橋轍次編『大漢和辞典』一〇（大修館書店、一九五九年）八四六頁。

(30) 渡邉英幸〔二〇一〇：一四八頁〕。

(31) 『史料大成』では、解題に柳原本・藤波本・国会本も参照している旨が記されているが、頭書は欠けている。

(32) 酒寄雅志〔二〇〇一：二五五頁〕。

(33) 宮内庁書陵部〔一九八四：一八〇〜一八一頁〕。

(34) 米谷均〔二〇〇二：五三頁〕。

(35) 「鄭沆墓誌」・「趙仲墓誌」（金龍善〔二〇〇六a：六一〜六三・三三四〜三三七頁〕）。

(36) 石田実洋氏のご教示による。

(37) 『高麗史』巻二三、高宗世家十九年（一二三二）十二月条。「琴儀墓誌」（金龍善〔二〇〇六a：三五九〜三六一頁〕）。

(38)　李炳泰［二〇〇二：一〇二頁］。
(39)　森平雅彦［二〇一三Ｂ：八〜九頁］。
(40)　李領［一九九九ｂ：七一・八二頁］。李宗峯氏はこの「客館（館舎）」は、洛東江沿岸で朝鮮初期の金海府の南側にある仇良村に位置したと比定している（李宗峯［二〇〇四：一八八〜一九〇頁］）。本書第１部第四章を参照。
(41)　『高麗史』巻七六、百官志一、礼賓寺（本書第１部第一章）。武田幸男［二〇〇五ａ：六〇頁］。
(42)　『高麗史』巻一〇一、宋許伝。『高麗史節要』巻一二、明宗十一年（一一八一）閏三月条。
(43)　諸橋轍次編『大漢和辞典』七（大修館書店、一九五九年）一〇七七頁。
(44)　『高麗史』巻七八、食貨志一、田制、踏験損実、成宗七年（九八八）二月条（本書第１部第四章を参照）。
(45)　梅山秀幸［二〇一一：四五頁］では、「議論が一致した後に」と訳されている。
(46)　朴宰佑［二〇〇五ｂ］、矢木毅［二〇〇八ｄ］。
(47)　朴龍雲［二〇〇八：一〇四・一〇八頁］、矢木毅［二〇〇八ｄ：一九〇頁］。
(48)　ａの用例としては、『高麗史』巻九、文宗世家三十五年（一〇八一）夏四月壬午条・巻九四、智蔡文伝がある。ｂの用例については、巻三、成宗世家四年（九八五）夏五月条・同十三年（九九四）六月条・巻二一、神宗世家二年（一一九九）三月条がある。
(49)　松下見林［一九〇一：一三六頁］では、当該部分の「金津島」を『吉続記』文永八年（一二七一）十月二十三日条などから「今津」と考証されている（川添昭二［一九七七：六六頁］）。また『五代帝王物語』文永八年九月十九日条にも、趙良弼一行の今津到着に関する比較的詳しい記事がある。山本光朗氏も「趙良弼は金津島乃ち今津に到着した際に」と述べている［二〇〇一：三〇頁］。
(50)　「金」と「今」について、現代中国語・韓国・朝鮮語ではともに音通であるが、このことが字句の誤写に結びつくかどうかは判然としない。一方、増川宏一氏は、中世の将棋の駒の研究を通じて、「金」と「今」が同じように利用されていたことを論じており、注目される［一九九五：二六〜二八頁］。
(51)　石田実洋氏のご意見による。

(52)「林景軾墓誌」金龍善［二〇〇六a：一九一頁］では、「全羅州道春夏番按察副使」とあり、金龍善氏は、「番」字を補っている。「鄭穆墓誌」金龍善［二〇〇六a：三五頁］では、南方五道に派遣される按察使に対して、北方両界に派遣される兵馬使を「春夏番東北面兵馬判官」と表現しているのをはじめ、『高麗史』にも「春夏番」・「秋冬番」兵馬使の記録は散見される。

(53)伊藤幸司［二〇〇二：三三～三四頁］、田代和生［二〇〇五：二九八頁］。

(54)田中健夫［一九九五：二六二・五九九頁］。

(55)『高麗史』百官志の性格については、矢木毅［二〇〇八f・二〇〇八g］を参照のこと。

(56)森克己［二〇〇九l：七五頁］、羅鐘宇［一九九六：五二頁］。

(57)高麗時代の墓誌については、金龍善編［二〇〇六a・二〇一六］に網羅されている。

(58)『東国李相国集』巻三七、哀詞、「国子司業尹公哀詞」に「……予、掌記全州時、為二同寮所一レ疾、公出為二廉察使一。……」とある。また本文にはみられないが、巻九、古律詩「次韻高先生抗中献二廉察尹司業威一」、巻三一、状、正旦賀状「賀二正廉察使一」とあり、題目に「廉察使」と記されているものがみられる。

(59)金龍善［二〇〇六a：二三四頁］では、墓誌の年代を「金大定二一年、一一八一」としている。

(60)金潤坤氏は「郡国」を「郡県」と述べている［二〇〇一：一四七頁］。

(61)金潤坤［二〇〇一：一四七頁］。

(62)兵馬使については末松保和［一九九六］、邊太燮［一九七一c］、金南奎［一九八九］などに詳しい。

(63)『高麗史』巻七七、百官志二、外職、兵馬使。

(64)『高麗史節要』巻一三、明宗十八年（一一八八）三月条。

(65)本稿で引用した『慶尚道先生案』は、『慶州先生案 五種』（亜細亜文化社、一九八二年）による。

(66)金好鐘氏は「韓冲」と「韓仲」は同一人物として間違いないと指摘している（金好鐘［一九九九：一二〇頁］）。

(67)『高麗史』巻二〇、明宗世家二十三年（一一九三）二月丁卯条。

(68)『高麗史』巻一〇二、金之岱伝には、彼が全羅道按察使になっていたことがわかるが、『慶尚道先生案』によれば、高宗丁未年（一二四七）に慶尚道の春夏等按察使にもなっていることから、複数の道で按察使を歴任していたことがわかる。

(69) 一方で、【史料3】の題目には「安㆓撫南原㆒」とあることから、これを『高麗史』百官志に規定されている「安撫使」とみることもできなくはない。だが、「廉察使尹威」が活躍した十三世紀を前後する時期の安撫使は、賊の叛乱などの事件が起きた際に中央から臨時に派遣されている例が多く（『高麗史』巻二〇、明宗世家十六年（一一八六）秋七月甲申条）、派遣地域も耽羅島や蔚陵島・晋州といった州や島単位から、北界や慶尚道（東南海道）などの広域行政区域に遣わされたものまでみられる（『高麗史』巻一五、仁宗世家六年（一一二八）冬十月壬子朔条・巻二一、神宗世家三年（一二〇〇）五月己巳条、同五年（一二〇二）冬十月条、十二月乙亥条・巻二三、高宗世家三十三年（一二四六）五月甲申条）。また、この当時の安撫使は一度に二名が派遣されている例が多く、その品位は、少府監（正四品）から国学学諭（従九品）までであり、あるいはまだ官職を授与されていない「及第」もいる。「廉察使尹威」の場合、彼は全羅道南原で起きた賊による叛逆の知らせを、南原の「守倅」から直接聞いている。このことから、尹威は事件が発覚する以前から「廉察使」として全羅道に赴任していたと考えられ、当時の安撫使にみられるような臨時官としての任務とは異なるものであったと理解される。また、『高麗史』巻二〇、明宗世家十二年（一一八二）六月甲辰条に、

罷㆓全羅道按察使朴惟甫㆒、以㆓李章甫㆒代ㇾ之。以㆘不ㇾ能ㇾ安㆓撫全州㆒、擅調兵㆖也。

とあり、按察使の職務の一つに「安撫」することもあったと理解できることから、【史料3】にみえる「安㆓撫南原㆒」も、按察使の職務を示していると判断される。

(70) 一例として、『高麗史』巻七、文宗世家十年（一〇五六）九月甲申条や巻八〇、食貨志三、賑恤、災免之制、文宗十年（一〇五六）に、「撫問使」という官職がみられる。研究により「撫問使」は、各道に派遣されて守令の成績や百姓の貧富や苦楽、特に貪官汚吏に苦しめられている百姓の実情を調査する官員であると理解されている（韓国精神文化研究院［一九九六：五三八頁］）。しかし、『高麗史』百官志には記載がない。

(71) 金晧東［一九八九：一一頁］。

(72)　慶尚大学校南冥学研究所・慶尚漢文学研究会編『大東韻府群玉』巻二（소명《ソミョン》출판《出版》、二〇〇三年）三二八頁。解題については巻一、一一～五二頁及び高麗大学校民族文化研究所編『韓国図書解題』（景仁文化社、一九八九年、一二四頁）を参照した。『大東韻府群玉』（全二〇巻）は檀君時代から朝鮮宣祖までの事実を網羅して、類目に分けて韻字の事例ごとに分類した書物であり、朝鮮ではじめて作られた百科事典的書籍といえる。現在では散逸した朝鮮典籍からの引用もあり、史料的価値は高い。

(73)　注（72）前掲『大東韻府群玉』巻二、二二一頁の訳注には「神宗の時に国子司業となって、出でて按察使となり、その土地の人々は尊敬して恐れた」とある。

(74)　按察使については先駆的な研究として、河炫綱［一九七七］、邊太燮［一九七一d］などがあり、日本では周藤吉之［一九八〇b］がある。按察使の論点等については、蔡雄錫［二〇〇九］および崔貞煥［二〇〇六：三八八～三八九頁］で簡潔に整理されているので、参照されたい。

(75)　忠烈王二年（一二七六）に慶尚・全羅・忠清（楊広）の三道に副使が置かれるまでは、長官一名が任命されていた。それ以前にも「按察副使」の呼称がみられるが、邊太燮氏は、按察使のうち、四品の者は「按察使」、五・六品の者は「按察副使」として諸道に派遣されたと指摘している（邊太燮［一九七一d：一七一頁］）。

(76)　按察使が派遣されるいわゆる「五道」の成立について、近年の研究をまとめた朴龍雲氏は、成宗十四年（九九五）に十道を制定したことが道制の始原であるが、いわゆる「五道」の輪郭が形成された時期は睿宗朝（一一〇六～一一二二）であるとする。名称も、『高麗史』地理志に出てくるような楊広道・慶尚道・全羅道・西海道・交州道だけでなく、例えば楊広道は忠清道と併用されており、交州道は、江陵道や春州道などとも呼ばれ、また、五道は時によって六道ないしは七道・八道などに変化していたと指摘している（朴龍雲［二〇〇八：一三八～一三九頁］）。

(77)　『高麗史』巻一〇、宣宗世家十年（一〇九三）秋七月癸未条。

(78)　金南奎［一九八九］。

(79)　『高麗史』巻七、文宗世家三年（一〇四九）十一月戊午条。

(80)　東南海都部署は、睿宗七年（一一一二）ころ廃止されたとする武田幸男氏の説［二〇〇五ａ：四四頁］、睿宗七年に「按察使」の制度に改変されたとする矢木毅氏の説［二〇〇八ａ：一二頁］、元宗代には有名無実の官となり、少なくとも船兵都部署としての機能は喪失したとみて、まもなく改革ないしは廃止されたとみる金南奎氏の説［一九八九］、高麗末までその使命を尽くしたとする金好鐘氏の説［一九九九：一一〇頁］がある。

(81)　朴鐘進［二〇〇三：二二七〜二四〇頁］。

(82)　本書八七頁を参照。

(83)　これら三名のうち、蔡靖については『高麗史』巻一〇三に列伝として立項されているが、他の人物については管見の限り関連史料を見出すことができなかった。

(84)　山内晋次［二〇〇三ａ：八九頁］。

(85)　李領［一九九九　日文：一二一・六七頁］。

(86)　李領氏は、「東南海都部署、後の慶尚道按察使営」と述べている（［一九九九ｂ　日文：六八頁］）。

第三章　「李文鐸墓誌」を通じてみた十二世紀半ばの高麗・金関係

はじめに

高麗時代に飛躍的な増加をみせる墓誌(1)は、文献史料が質・量ともに不足している高麗前期の歴史を解明する上で、非常に有益であることが指摘されている(2)。墓誌は故人を顕彰する目的があることから、その内容については十分な史料批判が必要であることは言うまでもないが、被葬者の死後まもなく作成されているため、筆法や用語などは同時代に利用されていたものと考えられ、また、正史にはみえない人物や、歴史的事実が豊富に残されている(3)。韓国では『高麗墓誌銘集成』(4)をはじめ金石文を蒐集した資料集が複数刊行されており(5)、近年ではインターネットにおいても録文・釈文・拓本などが公開されている(6)。これらにより金石文資料の利用や検索が容易となり、墓誌を用いた研究は今後さらに増加するものと期待される(7)。本章では、十二世紀における高麗の対外関係記事を有する「李文鐸墓誌」を取り上げる。李文鐸については、『高麗史』ではわずかに巻七三、選挙志一、科目一の明宗六年（一一七六）八月条に、

礼部尚書李文鐸知貢挙、大府卿韓文俊同知貢挙、取㆓進士㆒、賜㆓秦幹公等三十人・明経四人及第㆒。

とあるのみで、『高麗史節要』をはじめとする諸史料には記録がない。そのため「李文鐸墓誌」の存在は、正史にはない貴重な情報が残されていることから早くから注目されている。(8) 特に金および日本との関係記事は豊富で、李文鐸の外交への関与の在り方をはじめ、李文鐸の具体的な動向が知られるのである。

本墓誌は、金龍善編『改訂版 訳注高麗墓誌銘集成（上）』(9) で現代語訳されて便利であるが、欠字などについての考証はみられず、訳文はやや直訳的である。また、これまで刊行された複数の資料集を見比べてみると文字の異同がみられる。よって、内容を十分に理解するためには、より正確な本文を示すことが重要であると思われる。そこで本章では、「李文鐸墓誌」の基礎的研究として、原物を調査した知見をふまえた本文研究を行う。その成果は本書第１部第四章や第２部第一章でも存分に利用することになるが、本章では特に李文鐸が尽力した高麗と金との関係記事について注目し、考察を加えることにしたい。

第一節　「李文鐸墓誌」の研究

１　墓誌の形状

筆者は二〇〇八年十月、国立中央博物館（大韓民国ソウル特別市）に所蔵されている「李文鐸墓誌」を実見する機会を得た。本墓誌は出土地は不明だが、(10)「昌慶苑蔵書閣」で存在が確認されており、(11) 一九八一年に国立中央博物館の所蔵となった。(12)

誌石の特徴についてみてみると、両面に縦書きで陰刻されており、字体は楷書体である。大きさは、横五四㎝、縦四二・五㎝、厚さは二・二㎝で、横長の長方形であるが、(13) 誌石の左右両端は欠落しているため墓誌の標題は失わ

図　「李文鐸墓誌銘」（表面）　（韓国）国立中央博物館所蔵

れており、実際の横の長さはわからない。誌石の下部分はところどころ剝落しており、判読不能な文字がある。両面に引きずった跡とみられる横線状の剝離がみられ、裏面左下の銘文部分にはやや大きな剝離がみられる。また、表面左上隅と左下隅にやや大きな剝落がある。内框があり、現存部分では罫線が表裏ともに二十三本引かれている。全二十四行だが、裏面の最後の二行は罫線のみで文字は刻まれていない。一行の字数は、空格を一字分として、表面は二十五～二十七字、裏面は二十五～二十八字。裏面十八行目は九字で改行し、銘がはじまる。銘は四言で、一行に六節が記されており、最後の行は二節で終わっている。

それでは、次に「李文鐸墓誌」の翻刻文を掲げる。

2　墓誌の翻刻文と校異

【翻刻文】

凡　例

一、本文の改行および字体は原物によった。行頭の数字は墓誌の行数を示す。

二、□は字画不明な文字であることを示す。

三、本文傍注の（　）数字は校訂注であることを示す。

四、校異について、各資料集との異同を示す上で、『韓国金石文追補』（李蘭英［一九六八：一六九～一七一頁］）は『追』、『韓国金石全文』中世下（許興植［一九八四b：八五四～八五七頁］）は『全』、『高麗墓誌銘集成』（［金龍善 二〇〇六a：二三八～二四一頁］）は『集』と記す。また、本墓誌を扱った論考のうち、墓誌を校訂して引用されているものとして、李領『倭寇と日麗関係史』（［一九九九 日文：二八～二九、五六～五七頁］）は『李』、山内晋次『奈良平安期の日本とアジア』（［二〇〇三ａ：九三頁］）は『山』とする。

《表面》

（1）大定二十一年正月丙寅朝散大夫刑部尚書翰林學士致仕李□□〔1〕〔公卒〕
（2）于京師慈雲里第殯于南山佛陰寺公諱文鐸字仁聲上黨悅□□〔2〕〔城人〕
（3）也皇考純爲擧子早逝贈都染丞祖周佐曾祖漢佐倶仕爲縣長□〔3〕〔妣・母カ〕
（4）李氏贈悅城郡夫人先皇考而歿繼母李本京師衣冠之子公早□〔4〕〔父〕
（5）母落魄不羈年十七入京師始就學鞠于繼母李氏之家與異母□
（6）虚靜禅師曇曜友愛篤至及尹相彦頤掌成均試公亦預〔5〕選尹公□
（7）見知公〔6〕器局宏深視之如子至己未歳入大學六館諸生皆服公之雅
（8）望凡□論議不敢有〔7〕異以明左氏春秋屢魁多士至丙寅歳以上舎第
（9）二人擢丙第出補寧州掌書記恩威並行吏民畏愛朝野介然稱之
（10）至今州□謂〔8〕前後管記皆所不及逮崔相允儀當國欲選文士該明□
（11）理者爲〔9〕都兵馬録事問諸左右時省閤諸公倶以公爲言崔相喜謂□〔10〕〔諸〕
（12）公曰吾亦嘗聞其爲人矣遂引爲録事凡邊要大議皆所〔11〕總攬時□
（13）日本國對馬島官人以邊事移牒東南海都部署都部署不敢□〔12〕
（14）決馳馹聞諸〔13〕朝兩府議即欲以尚書都省牒回示公聞之謂承制李
（15）公升曰彼對馬島官人邊吏也今以尚書都省牒回示失體之甚宜令〔14〕
（16）都部署却〔15〕回公文承制李公驚曰微子之言幾失國家之體自此服〔16〕

（17）公之達識至正豐間聞金國草賊蜂起藩将等多言金國内亂燕京〔17〕
（18）爲□墟〔18〕□〔不〕如因而取之由是國家不通信使者數歳至壬午歳金國牒
（19）問因□〔19〕□□依違計無所決崔相召與公議公謂大國難測不如遣人
（20）諜其虚〔20〕□□〔実也カ〕崔相領而用其計果使人諜之還報曰草賊已平新皇
（21）帝即位于燕京若便信使不通則彼将興師討之矣於是毅宗〔21〕□□
（22）即遣使入朝至今邊陲寧謐〔22〕與大國講好公之力也遷監察□□〔23〕〔御史〕
（23）□〔24〕□州□□使邊人頼之先是營舍頽毀州境苦無材□□□□
（24）□□□□□□〔25〕〔酋カ〕長通好數遣鷹鶻〔26〕因求材用於境外〔27〕得□□□

《裏面》

〔1〕□□□□□□□□□□□尤頌之還遷兵部員外郎〔28〕□□□〔兼西京留〕
〔2〕守判官　毅宗再幸西都同寮並以饋獻媚上公獨無饋獻〔29〕□□〔庚寅〕
〔3〕之亂西都□此最重公之清徳不敢加害上即位素聞公之譽□
〔4〕拜爲右司諫知制誥累遷中書舍人至癸巳秋出按楊廣州道未幾甫
〔5〕當稱兵於北江南州郡皆應故搢紳出外者皆被害公獨以慎重不
〔6〕預其亂擢爲戸部侍郎右諫議大夫遷國子祭酒公遭時多故居省
〔7〕同五年務掩人過以寛厚謹慎見稱遷禮部尚書翰林學士至丙〔30〕□□〔申歳〕
〔8〕知禮部貢挙牓進士秦獻衣等三十四人爲及第皆一時之選士□□□
〔9〕改爲刑部〔31〕尚書以老致仕居三歳以疾終享年七十三室潭陽郡君□

〔10〕贈尚書右僕射世均之季女生二子長曰沆衛尉注簿同正嘗爲蔚珎縣

〔11〕尉政績有聲次曰秘衛尉注簿同正三女長適尚衣直長同正朴大元次

〔12〕適尚衣直長同正李德鄰季適軍器注簿同正崔弘禮皆良壻也是〔32〕

〔13〕年二月庚寅葬于城南天德山西南麓禮也公起自布衣歷官□

〔14〕顯不營産業魁然有宰相望素患風痺晩節幾不任事以是□□

〔15〕登宰□搢紳識者多恨之然公少時相工朴聰年百餘歳善言□□

〔16〕之禍福見公謂之曰生位登八座但恨壽不過七十三爾今□卒〔33〕也甲□

〔17〕合聰之〔34〕言則爵禄壽命蓋素定也門人外從姪試閤門祇候李東□

〔18〕氏哭而〔35〕□〔銘・誌カ〕其墓其詞曰

〔19〕公起悅城　北學于京　大學八年　屢魁諸生　揚歷中〔36〕□〔外〕　所臨〔37〕□□〔有聲〕

〔20〕規模〔38〕□〔宏〕遠〔39〕　先見未萌　通好入國〔40〕　邊塞以清　備嘗險□　承節不□

〔21〕時命不耦　未至台衡　傳信之辭〔41〕　載在斯□　刻茲□□　賁之幽營〔42〕

〔22〕厝幾德譽　愈久益明

【校異】

〔1〕『追』『全』『集』「□□」。判読できないが、高麗墓誌の一般的な記述として、冒頭部分に「（姓）公卒于（場所）、殯于（場所）」という表現がみられるため、〔14〕「□□〔公卒〕」とする。

〔2〕『追』『全』『集』「□□」。判読できないが、他の墓誌を参照すると「公諱……字……（出身地）人也」とい

う表現が散見される。[15] よって、李文鐸の出身を示す「□□〔城人〕」とする。

〔3〕『追』『全』『集』「□」。判読できないが、亡父を意味する「(皇) 考」に対して亡母を意味する「妣」[17]が最もふさわしいと考える。[16] しかし他の高麗墓誌をみると、「皇考」に対して「母」を用いている場合もあることから、「□〔妣・母カ〕」とする。

〔4〕『追』『全』『集』「□」。判読できないが、文意から「□〔父〕」とする。

〔5〕『追』『全』「□」、『集』「頁」(旁のみ)。残画より「預」に作る。

〔6〕『追』『全』『集』「□」。残画より「公」に作る。

〔7〕『追』『全』『集』「右」。残画より「有」に作る。

〔8〕『追』『全』『集』「請」。残画より「謂」に作る。

〔9〕『追』『全』『集』「□」。残画より「爲」に作る。

〔10〕『追』『全』『集』「□」。文脈より、その直前にある「諸公」を指すと考えられるため、「□〔諸〕」とする。

〔11〕『追』「緫」、『全』「總」、『集』「總」とあるが、『追』にあるように「總」の異体字である「緫」に作る。[18]

〔12〕『追』『全』『集』「□」、『李』『山』「□〔専カ〕」。文意から「専決」とすることもできるが、誌石から判読するのは困難なため、「□」とする。

〔13〕『追』『全』『李』「試」、『山』「試《ママ》」、『集』「諸《?》」。残画より「諸」に作る。

〔14〕『追』『全』『集』『李』『山』「宜/都」。「宜」の下に文字があり、残画より「令」に作る。

〔15〕『追』『全』『集』『李』『山』「□」。残画より「却」に作る。

〔16〕『追』『全』『李』『山』「□」、『集』「明《?》」。残画より「服」に作る。

（17）『追』『全』「□」、『集』「京?」。残画より「京」に作る。

（18）『追』『全』『集』「□」。文脈より「□〔不〕」とする。

（19）『追』『全』『集』「曰□□」。三字目は判読できず、四字目に残画があるが判読困難である。よって「□□□」とする。

（20）『追』『全』『集』「□□」。判読できないが、文意より「虚□□〔実也カ〕」とする[19]。

（21）『追』『全』『集』「殺□」。残画より「毅宗」に作る。

（22）『追』「謚」、『全』『集』「謐」とあるが、『追』にあるように「謚」に作る。

（23）『追』『全』『集』「□□□」。その前の「監察」から、「監察□□□〔御史〕」とする。

（24）『追』『全』「□州□□使」、『集』「□州□察使」。金龍善〔二〇〇六b：三七四頁〕では、「□□州の按察使」とする。誌石の五字目には、脚部分に「示」がみられるが、該当する漢字は「察（按察使）」だけでなく「禦（防禦使）」などの可能性もあり、ただちに「按察使」とするわけにはいかない。よって「□□使」とする。

（25）『追』『全』『集』「曰」。残画より「酉」字の一部にみえるが、欠損が多く文意が取りづらいため「□〔酉カ〕」とする。

（26）『追』『全』「□求」、『集』「□木」。残画より「因求」に作る。

（27）『追』『全』『集』「内」。残画より「外」に作る。

（28）『追』『全』『集』「兵部員外郎□□□守判官」。「□□□□守判官」については、欠字に続く「守判官」に注意したい。この語を含む官職は西京・東京・南京の留守判官のみであることから[20]、李文鐸はいずれかの留守判官であったとみてよい。そこで次に、墓誌の当該箇所に続く文章に注目すると、毅宗の二度目の「西都」行幸に関する記事がみえる。これは毅宗二十三年（一一六九）三月に行われた行幸[21]のことであるが、このとき李文鐸の同僚はみな饋献して王に媚びたが、李文鐸はただ一人饋献しなかったという話を伝えている。さらには、「□□之亂」（下文で検討）でも「西都」に関する話を伝えている。これらの出来事は、それ以前に彼が「西都（西京）」と関わりのある職務に就いていたことが推測される。よって、李文鐸は「西京留守判官」であった蓋然性が高いと考える。以上の考証により、当該部分を「兵部員外郎□□□□〔兼西京留〕守判官」とする。

〔29〕『追』『全』『集』「□□之亂」。この節の前では、前述した毅宗による二度目の西京行幸（一一六九年三月）の話を伝え、後には「上即位」すなわち明宗即位（一一七〇年九月）の事実を伝える。この間に起きた「□□之亂」とは「庚寅之乱」（一一七〇年八月～）と考えてよいであろう。したがって、「□□〔庚寅〕」とする。

〔30〕『追』「□╱」、『全』「申抽」、『集』「申╱」。「丙」字の次は判読できないが、他の行と比較すると「丙」字の後には二文字分の間隔がある。この出来事は『高麗史』に唯一みられる李文鐸関係記事（前掲）と対応しており、その年次である明宗六年（一一七六）の干支は「丙申」に該当するため、「丙□□〔申歳〕」とする。

〔31〕『追』『全』『集』「刑尚書」。実見したところ「刑部尚書」に作る。

〔32〕『追』『全』『集』「□」。残画より「是」に作る。

〔33〕『追』『全』『集』「□」。残画より「卒」に作る。

〔34〕『追』『全』『集』「后」。残画より「言」に作る。

〔35〕『追』『全』『集』「□」。判読できないが、文脈や他の墓誌の表現から「銘」あるいは「誌」であると判断し、「□〔銘・誌カ〕」とする。

〔36〕『追』『全』『集』「□」。判読できないが、『高麗史』や他の墓誌に「揚歴中外」という表現が散見する。[22]李

文鐸の優秀である様が朝廷の内外に及んでいる様子を伝えるものと理解し、「□〔外〕」とする。

〔37〕『追』『全』『集』「□□」。判読できないが、「元沆墓誌」[23]には、「揚歴中外、所臨有聲」という表現がみられることから、「□□〔有聲〕」とする。

〔38〕『追』『全』『集』「□」。判読できないが、『高麗史』に「規模宏遠」という表現が散見する。[24]また、文意からも適当と考え、「□〔宏〕」とする。

〔39〕『追』『全』『集』「□」。残画より「遠」に作る。

〔40〕『追』『全』『集』「□□」。残画より「好入」に作る。

〔41〕『追』『全』『集』「□」。残画より「辭」に作る。

〔42〕『追』『全』『集』「□」。残画より「營」に作る。

3　校訂本文

凡　例

一、旧字体は新字体にあらためた。

二、句読点、返り点を施したが、欠損のため判読不明な箇所が含まれる節については、返り点を振っていないところもある。

三、内容によって改行して小見出しを付け（Ⅰ〜Ⅹ）、文章の段落ごとに区切り番号（ⅰ〜ⅶ）を付す。

Ⅰ　李文鐸の生い立ち・祖先系譜

i大定二十一年正月丙寅、朝散大夫・刑部尚書・翰林学士・致仕李□□〔公卒〕于京師慈雲里第、殯二于南山仏陰寺一。

ii公諱文鐸、字仁声、上党悦□□〔城人〕也。皇考純為二挙子一、早逝贈二都染丞一。祖周佐・曾祖漢佐倶仕為二県長一。□〔妣・母カ〕李氏、贈二悦城郡夫人一、先二皇考一而没。継母李、本京師衣冠之子。

Ⅱ　官僚への道

i公早□〔父〕母落魄、不羇年十七入二京師一始就レ学。鞠二于継母李氏之家一、与二異母□虚静禅師曇曜一友愛篤。

ii至レ及三尹相彦頤掌二成均試一、公亦預レ選。尹公□見三知公器局宏深一、視レ之如レ子。

iii至二己未歳一、入二大学一。六館諸生、皆服二公之雅望一。凡□論議、不二敢有一レ異。以レ明二左氏春秋一、屢魁二多士一。

iv至二丙寅歳一、以二上舎第二人一、擢二丙第一、出補二寧州掌書記一。恩威並行、吏民畏愛、朝野介然称レ之。至レ今州□謂前後管記、皆所レ不二及逮一。

Ⅲ　都兵馬録事時代

i崔相允儀、当レ国欲下選二文士該明・□理者一、為中都兵馬録事上。問二諸左右一時、省閣諸公、倶以レ公為レ言。崔相喜謂二諸公一曰、「吾亦、嘗聞二其為一レ人矣。」遂引為二録事一。凡辺要大議、皆所二総攬一。

ii時□、日本国対馬島官人、以二辺事一移三牒東南海都部署一。都部署不二敢□決一、馳聞二諸朝一。両府議、即欲下以二尚書都省牒一回示上。公聞レ之、謂二承制李公升一曰、「彼対馬島官人辺吏也。今以二尚書都省牒一回示、失レ体之甚。宜レ令三都部署却二回公文一。」承制李公驚曰、「微二子之言一、幾失二国家之体一。」自レ此服二公之達識一。

iii至二正豊間一、聞二金国草賊蜂起一。藩将等多言、「金国内乱、燕京為二□墟一。□〔不〕レ如二因而取一レ之。」由レ是国家不レ通二信使一者数歳。至二壬午歳一、金国牒、問因□□□。依レ違レ計、無レ所レ決。崔相召与レ公議。公謂、「大国難レ測、不レ如レ遣レ人、諜其虚□□〔実也カ〕。」崔相頷而用二其計一。果使人諜レ之、還報曰、「草賊已平、新皇帝即三位于燕

京一。若便信使不レ通、則彼将興レ師討レ之矣。」於レ是、毅宗□□、即遣レ使入朝。至下今辺陲寧謐、与二大国一講上
レ好、公之力也。

Ⅳ　監察御史～□□□州□□使時代

i 遷監察□□〔御史〕、□□□州□□使、辺人頼之。
ii 先レ是、営舎頽毀、州境苦レ無レ材□□□□□□□□□□□長〔酋カ〕通レ好、数遺二鷹鷂一。因求二材用於境外一、得□□□□
□□□□□□□尤頌之。

Ⅴ　兵部員外郎兼西京留守判官時代

i 還遷二兵部員外郎□□□□〔兼西京留〕守判官一。毅宗再幸二西都一。同寮並以二饋献一媚レ上、公独無二饋献一。
ii □□〔庚寅〕之乱、西都□此最、重二公之清徳一、不二敢加一レ害。

Ⅵ　明宗朝における李文鐸

i 上即位。素聞公之誉□、拝為二右司諫・知制誥一、累遷中書舎人。
ii 至二癸巳秋一、出按二楊広州道一。未レ幾、甫當称二兵於北一、江南州郡皆応。故搢紳出レ外者皆被レ害、公独以二慎重一、
不レ預二其乱一。
iii 擢為二戸部侍郎・右諫議大夫一、遷国子祭酒。公遭時多、故居レ省同五年、務二掩人過一、以二寛厚・謹慎一見レ称。
iv 遷礼部尚書・翰林学士。
v 至二丙□□〔申歳〕一、知礼部貢挙、牓二進士秦献衣等三十四人一為二及第一。皆一時之選士□□□。
vi 改為二刑部尚書一、以レ老致仕。
vii 居三歳、以レ疾終。享年七十三。

Ⅶ　李文鐸の家族構成

i 室、潭陽郡君□、贈尚書右僕射世均之季女。生二二子一、長曰レ沆、衛尉注簿同正、嘗為二蔚珍県尉一、政績有レ声。次曰レ秘、衛尉注簿同正。三女、長適二尚衣直長同正朴大元一、次適二尚衣直長同正李徳隣一、季適二軍器注簿同正崔弘礼一。皆良壻也。

Ⅷ　李文鐸の埋葬地

i 是年二月庚寅、葬二于城南天徳山西南麓一礼也。

Ⅸ　李文鐸に対する評判と年少期のエピソード

i 公起レ自二布衣一、歴官□顕。不レ営二産業一。魁然有二宰相望一、素患二風痺一、晩節幾不レ任レ事。以レ是□□登レ宰。□搢紳・識者多恨レ之。

ii 然公少時、相工朴聡、年百余歳、善言□□之禍福。見レ公謂レ之曰、「生、位登二八座一、但恨、寿不レ過二七十三一。」爾今□卒也。甲□合聡之言、則爵・禄・寿命、蓋素定也。

Ⅹ　墓誌の作成者および詞（銘）

i 門人外従姪、試閤門祗候李東□、氏哭而□〔誌・銘カ〕其墓。其詞曰、

ii 公起二悦城一、北学二于京一。大学八年、屢魁二諸生一。揚歴中□〔外〕、所レ臨□□〔有声〕。規模□〔宏〕遠、先見レ未レ萌。通レ好入レ国、辺塞以清。備嘗険□、承節不□。時命不レ耦、未レ至二台衡一、伝信之辞、載在斯□。刻茲□□、寘二之幽営一。厝二幾徳誉一、愈久益明。

4　「李文鐸墓誌」の概要

凡例

一　内容によって改行し、適宜小見出を付け（Ⅰ～Ⅹ）、文章の段落ごとに区切り番号（ⅰ～ⅶ）を付して大意を示す（校訂本文に同じ）。

Ⅰ　李文鐸の生い立ち・祖先系譜

ⅰ大定二十一年（明宗十一・一一八一）正月丙寅に、朝散大夫・刑部尚書・翰林学士で致仕した李文鐸が京師にある慈雲里の邸宅で亡くなり、南山仏陰寺に安置された。

ⅱ公の諱は文鐸で、字は仁声、上党悦城の出身である。父の純は挙子であったが早逝し、都染丞を贈られた。祖父の周佐・曾祖父の漢佐はともに県長であった。母の李氏は悦城郡夫人を贈られたが、父よりも先に没した。継母である李氏は京師の官吏の子であった。

Ⅱ　官僚への道

ⅰ李文鐸は早くに父母を亡くし、十七歳の時に上京して学問を始めた。継母である李氏の家で養われた。異母□の虚静禅師曇曜との友愛は篤かった。

ⅱ宰相尹彦頤が管掌した成均試に李文鐸は及第した。尹彦頤は李文鐸の才能や度量の広さを目の当たりにし、李文鐸を我が子のように視養した。

ⅲ己未歳（仁宗十七・一一三九）に大学に入った。六館の諸生はみな李文鐸の雅望に服した。議論では異を唱える者はいなかった。『春秋左氏伝』に通じており、多くの人才の中でも優れていた。

ⅳ丙寅歳（仁宗二十四・一一四六）に上舎第二人の立場で科挙を受け、丙科及第し、寧州掌書記となった。恩威を兼ね備え、官吏や民衆は彼を敬服して親愛し、世間はたちまち李文鐸をたたえた。今に至るまで、州の前後の管記（州の地方官庁の記録物）(25)を正確に処理することは、みなの及ぶところではなかった。

Ⅲ　都兵馬録事時代

ⅰ宰相崔允儀は博識な文士を都兵馬録事に選抜したいと考えていた。崔允儀が左右の官人に尋ねたところ、省閣の諸公はみな李文鐸が適任であると言った。崔允儀は喜んで、「私もつねに李文鐸の人柄を聞いている。」と諸公に言い、李文鐸を都兵馬録事に抜擢した。およそ辺境地域の重大な議論は、〔李文鐸が〕全てを一手に掌握するところであった。

ⅱ日本国の対馬島の官人が、辺事をもって東南海都部署に牒を移した。東南海都部署では対応することができず、早馬を走らせてこのことを朝廷に奏聞した。両府で議論がなされ、尚書都省から牒を発給して対馬島に返事しようとした。李文鐸はこのことを聞き、承制李公升に、「対馬島の官人は辺吏である。尚書都省牒で返事をすれば、我が国の失体は甚だしい。したがって、東南海都部署を通じて、〔対馬島からの〕公文を却回させるべきである。」と言った。李公升は驚いて、「李文鐸の言葉がなければ、あやうく国家としての体面を失うところであった。」と言った。この出来事により、〔人々は〕李文鐸の達識に服した。

ⅲ（対金関係記事。後述）

Ⅳ　監察御史～□□□州□□使時代

ⅰ李文鐸は累遷して監察御史、さらには□□□州□□使（防禦使か按察使）となり、辺境地域の人々は彼を頼りにした。

ⅱこれより先、営舎が頽毀したが、州境には材が無く苦しんでいた（以下欠損のため不詳）。□〔酋カ〕長は好を通じ、しばしば鷹鶻を送った。よって材用を境外に求め、（以下欠損のため不詳）。

Ⅴ　兵部員外郎兼西京留守判官時代

ⅰ累遷して兵部員外郎兼西京留守判官となった。毅宗が再度西都に行幸した。同僚はみな贈り物を進めて王に媚びたが、李文鐸はひとりだけ饋献をしなかった。

ⅱ庚寅之乱が勃発し、西都は□が最たるものであったが、李文鐸の清徳を重んじ、あえて害を加えなかった。

Ⅵ　明宗朝における李文鐸

ⅰ上（明宗）が即位した。もとより李文鐸の評判を聞いており、[26]〔彼は〕右司諫・知制誥を拝命し、累遷して中書舎人となった。

ⅱ癸巳秋（明宗三・一一七三）になり、楊広州道按察使となった。いくばくもしないうちに金甫當が挙兵し、江南の州郡はみな呼応した。そのため地方に赴いていた高位高官はみな害を被ったが、李文鐸はひとりだけ慎重な姿勢をとり、金甫當の乱とは関わらなかった。

ⅲ戸部侍郎・右諫議大夫に抜擢され、累遷して国子祭酒となった。李文鐸は困難に直面することが多く、そのため省（官府）に勤めていた五年の間、人の過ちを務めてかばい、寛厚・謹慎な姿勢は〔人々から〕称えられた。

ⅳ累遷して礼部尚書・翰林学士となった。

ⅴ丙申歳（明宗六・一一七六）になり、李文鐸は知礼部貢挙として科挙を掌り、進士秦献衣等三四人を及第させた。〔この時の及第者は〕みな当代の優れた者ばかりであった。

ⅵ刑部尚書となったが、老のために致仕した。

vii その後三年が過ぎ、病を得て亡くなった。享年七十三歳であった。

Ⅶ　李文鐸の家族構成

i 室である潭陽郡君□は、贈尚書右僕射世均の末娘である。二子を生み、長男は沆といい、衛尉注簿同正で、かつては蔚珍県尉で政績は評判であった。次男は秘といい、衛尉注簿同正であった。三女あり、長女は尚衣直長同正朴大元に嫁ぎ、次女は尚衣直長同正李徳隣に嫁ぎ、末娘は軍器注簿同正崔弘礼に嫁いだ。みな良壻である。

Ⅷ　李文鐸の埋葬地

i 是年（明宗十一・一一八一）二月庚寅、城南天徳山西南麓に葬る礼に従って行われた。

Ⅸ　李文鐸に対する評判と年少期のエピソード

i 李文鐸は布衣より起ち、官を経て身分が高くなっていったが、財産を集めなかった。非常に堂々としており、宰相への名望もあったが、風痺（中風）を患い、晩年はほとんど業務にたえることができなかった。高官や識者の多くはこのことを残念に思った。

ii 李文鐸が幼少の頃、年齢が百歳をこえた人相見の朴聡が、李文鐸をみて「位は八座に至るが、ただ残念なことは、寿命が七十三を過ぎないことだ。」と言った。今、李文鐸は亡くなり、〔その年齢は〕朴聡の言葉と合っていた。すなわち爵や禄や寿命は、もとより定めであったのである。

Ⅹ　墓誌の作成者および詞（銘）

i 門人で外従姪の試閤門祗候李東□が、氏哭して墓に〔銘を〕記した。その詞は次のようであった。

ii 李文鐸は悦城に生まれ、上京して学問に励んだ。大学に八年おり、しばしば諸生の中で第一となった。中外に彼の事績は知れ渡り、赴任する先々で評判であった。手本となるほどに度量が広く、先のことを始まる前に予見する。〔金〕国と好を通じたことで辺境地域は平安となった。つねに険□に備え、節を承けて□しなかった。時命が合わず、台衡には至らなかったが、伝信の言葉をここに記載する。ここに□□を刻み、これを幽営に示す。ねがわくば徳望と栄誉をおさめ、長きにわたってますます明らかにならんことを。

第二節　「李文鐸墓誌」における都兵馬録事在任記事の評価

前節の校訂作業により、これまで明らかでなかった字句を補い、本墓誌のより詳しい概要を示すことができたと考える。

さて、ここであらためて「李文鐸墓誌」全体をみてみると、彼が都兵馬録事(27)であった時期の記述が総文字数のおよそ四分の一強を占めており、内容も詳細であることがわかる（Ⅲ―i～iii）。そこでは「凡辺要大議、皆所㆓総攬㆒」・「服㆓公之達識㆒」・「公之力也」とあるごとく、称賛の言葉が惜しみなく送られている。おそらく、李文鐸の人生において極めて重要な時期と認識されていたのであろう。

李文鐸の都兵馬録事関連の記事は、「都兵馬録事の就任過程（Ⅲ―i）」・「対日本問題における活躍（Ⅲ―ii）」・「対金問題における活躍（Ⅲ―iii）」にわけられる。このうち日本関係の記事については本書第1部第四章および第2部第一章で取り上げることとして、本章ではこれまでほとんど研究がみられなかった、もう一つの対外関係記事である金国との一件について考察を加えることにしたい。

第三節　「李文鐸墓誌」にみえる対金関係記事の検討

1　『高麗史』・『金史』にみえる高麗・金関係記事の問題点

「李文鐸墓誌」にみえる対金関係記事については、姜恩景氏による言及があるが、(28)論文の主題が別のところにあるため、概略を述べるにとどまっている。姜吉仲氏は、毅宗朝の高麗・金関係を概観する目的で、『高麗史』・『高麗史節要』・『金史』から作成された「高麗毅宗時期与金之使節来往一覧表」に、毎年の金と高麗の使節往来頻度数をそれぞれ掲げ、「毅宗朝は毎年使節が往来している」と述べ、その一例として本墓誌の内容を紹介している〔二〇〇四：二九六～二九八頁〕。ところが、その後に『高麗史』から作成した「高麗毅宗時期与金朝貢一覧表」を用いての考察では、毅宗朝初年より十一年（一一五七）まで、高麗は毎年金に遣使朝貢していたが、毅宗十一年の後、高麗と金の関係は突然断絶すると述べている。(29)このような記述の相違は、一体どのような事情によるのであろうか。

この問題を検討するために、筆者は『高麗史』世家と『金史』本紀および交聘表にみえる、毅宗朝（一一四六～一一七〇）における高麗と金との関係記事を蒐集・整理した。そこから本墓誌の内容と前後する時期に注目してみたところ、『金史』では大定二年（一一六二）を除き、毎年正月に高麗から「賀正旦使」をはじめ、「賀生辰使」や「進奉使」などが金に派遣されている。ところが『高麗史』では、毅宗十年（一一五六）および同十二～十五年（一一五八～六一）に金への使者派遣の記録がみえないのである。【表1】は正隆元～大定三年までに限定しているが、この間『高麗史』では使節の派遣記事がほとんどみえず、逆に『金史』では高麗からの使節は確認できるが、人名や官名といった具体的な情報は記されていない。このように『金史』と『高麗史』とでは記述に矛盾がみられるの

【表1】1156～1163年（毅宗10～17年）までの高麗遣金使一覧表

年号	高麗年号	金年号	月	『高麗史』	『金史』本紀・交聘表上・中
1156	毅宗10	正隆元	1		癸亥朔：高麗賀正旦使 戊午：高麗賀生辰使
			8	甲午：賀上尊号使：尚書韓縚	
1157	毅宗11	正隆2	1		戊辰朔：高麗賀正旦使 癸未：高麗賀生辰使
			3		丙寅朔：高麗賀受尊号使
			11	謝賀生辰使：工部郎中李光縉 謝横賜使：刑部員外郎朴育和 賀正使：刑部員外郎金敦中 進奉使（進方物）：礼賓少卿崔令儀 賀竜興節使：工部員外郎金嘉会	
1158	毅宗12	正隆3	1		壬戌朔：高麗賀正旦使 丁丑：高麗賀生辰使
1159	毅宗13	正隆4	1		丙辰朔：高麗賀正旦使 辛未：高麗賀生辰使
1160	毅宗14	正隆5	1		庚辰朔：高麗賀正旦使 乙未：高麗賀生辰使
1161	毅宗15	正隆6（～10月）	1		甲戌朔：高麗賀正旦使 己丑：高麗賀生辰使
		世宗／大定元（10月～）	11		
1162	毅宗16	大定2	12	是月 賀登極使：金永胤・金淳夫 謝宣諭登極使：金居実	賀正旦使：高麗衛尉少卿丁応起
1163	毅宗17	大定3	2		庚寅 進奉使：高麗守司空金永胤・尚書礼部侍郎金淳夫 賀登宝位使：礼賓少卿許勢脩 謝宣諭使：秘書少監金居実

であるが、どのように理解すればよいのであろうか。

２　「李文鐸墓誌」の内容と金国の情勢

この問題を解く手掛かりが「李文鐸墓誌」に残されている。まず、墓誌にみえる対金関係記事（Ⅲ―ⅲ）の大略を述べると、次のごとくである。

Ａ　金の正豊年間（正隆・一一五六〜一一六一）、金国で草賊が蜂起していることを聞いた。

Ｂ　藩将等多くの者が「金国は内乱状態で、燕京は□墟（廃墟カ）となった。よって之（国）を取るのが良い」と言った。

Ｃ　これにより、高麗では使者を派遣しないことが数年続いた。

Ｄ　壬午歳（一一六二・毅宗十六・大定二）になり、金国の牒が到来した。

Ｅ　計を違えたことにより、どのように対応して良いのかわからなくなってしまった。

Ｆ　宰相崔允儀は李文鐸を召して議論した。李文鐸は「大国は測り難く、人を遣わして状況を探るべきである」と言った。

Ｇ　崔允儀は頷いて李文鐸の計を用いた。

Ｈ　金に遣わした「人」が様子を探って帰国し「草賊は已に平定され、新たな皇帝が燕京で即位した。もしすぐに信使を派遣しなければ、金国の将が軍隊を派遣して高麗を討つであろう」と報告した。

Ｉ　よって毅宗は使者を派遣して金国に入朝させた。

Ｊ　今、辺境地域が安らかで、大国（金国）と好を講じているのは、李文鐸の力である。

【表 2】「李文鐸墓誌」と関連する高麗・金関係年表

西暦	金年号	高麗年号	出来事	出　典
1149	熙宗→海陵王／天徳元	毅宗 3	海陵王が熙宗を殺して皇帝に即位。	『金史』
1153	貞元元	毅宗 7	3 月、金国、燕京（中都）に遷都する。	『金史』
1156	貞元 4 →正隆元	毅宗 10	閏 10 月（或いは 2 月）、金海陵王が正隆の年号を定める。	『高麗史』『金史』『大金国志』『建炎以来繫年要録』
1159	正隆 4	毅宗 13	2 月、金、通州で南宋征伐のための戦船を造る。猛安・謀克の 20 ～ 50 歳までに動員令をかける。	『金史』
			3 月、金、遣使して諸道総管府に至り兵器を造らせる。	『金史』
1160	正隆 5	毅宗 14	3 月、東海県民張旺・徐元等による反乱。	『金史』
			4 月、元西北路招討司譯史撒八、契丹諸部を率いて反乱。	『金史』
			5 ～ 6 月、契丹人の咸平府謀克括里の反乱。韓州・咸平府・信州等を陥落す。後に撒八と合流。	『金史』
			10 月、山東・河東・河北・中都の盗賊が捕えられる。この中から 3 万人が水手として取り立てられる。	『金史』
1161	正隆 6	毅宗 15	2 月、海陵王が南宋征伐のために中都（燕京）から南下をはじめる。	『金史』
			5 月、契丹諸部叛乱。右衛将軍蕭禿剌を派遣して討たせる。5 ～ 7 月にかけて、咸平府・東京・広寧府・錦州・北京路で契丹・奚だけでなく漢軍をも反乱を起こす。	『金史』『三朝北盟会編』
			6 月、枢密使僕散師恭・西京留守蕭懐忠を派遣して、将兵 1 万をもって契丹族を討つことを命じる。	『金史』
			7 月、海陵王、金国内にいる遼耶律氏・宋趙氏の子男 130 余人を殺害させる（反乱軍との結託を恐れてか）。	『金史』
			8 月、単州賊の杜奎が叛乱。都点検耶律湛・右驍騎副都指揮使大磐を派遣して之を討つ。枢密副使白彦恭を北面兵馬都統とするなどして、契丹を討たせる。	『金史』
			9 月、大名府の賊王九が叛乱。叛乱の衆は数万に膨れ上がり、至る所で盗賊が蜂起。	『金史』
	海陵王→世宗／大定元		10 月、遼陽において烏禄が皇帝に即位（世宗）。	『金史』
			11 月、海陵王、瓜洲にて完顔元宜等の反に遭い崩御。同月、世宗遼陽より中都（燕京）に向かう。	『金史』
			12 月、世宗、中都（燕京）に到着。	『金史』
			正豊（正隆）の間、金国で草賊が蜂起した事を受けて、高麗は遣使しないことが数年あった（ただし『金史』には正隆年間も、ほぼ毎年の高麗賀正使の記録がみえる）。	「李文鐸墓誌」
1162	大定 2	毅宗 16	金国から牒状が高麗に到来。	「李文鐸墓誌」
			2 月、世宗、中都（燕京）にて即位。	『金史』
			1 ～ 8 月の間、高麗側の対応を協議するために、宰相崔允儀が李文鐸を召して議す。李文鐸は「大国は測り難いので人を遣わして内情を探るべきこと」を主張。崔允儀は頷いて、「人」を金に派遣する。	「李文鐸墓誌」
			8 月壬辰（28 日）、崔允儀卒。	『高麗史』「崔允儀墓誌」
			9 月、契丹の移剌窩斡を捕え、反乱終息。	『金史』
			金を窺うために遣わした「人」が高麗に帰国し、草賊の叛乱は治まったこと、また燕京にて新皇帝が即位したこと、早く使者を派遣しなければ高麗が征伐の対象となってしまう可能性のあることなどを指摘。	「李文鐸墓誌」
			11 月、金の完顔興が新皇帝の即位を告げる。	『高麗史』
			12 月、金永胤・金淳夫を金に派遣して登極を賀す。金居実を謝宣諭登極使として金に派遣する。	『高麗史』「李文鐸墓誌」
1163	大定 3	毅宗 17	2 月、高麗から、守司空金永胤と尚書礼部侍郎金淳夫が進奉使、礼賓少卿許勢脩が賀登宝位使、秘書少監金居実が謝宣諭使として来朝。	『金史』

まずＡにある「金国草賊」とは、金の正隆年間に海陵王による南宋征伐に伴う過酷な徴兵に耐えかねて、契丹族をはじめとする諸部族が蜂起したことを示していると考えられる。(30)【表２】は当該期における金国の動向をまとめた略年表であるが、史料では正隆五年（一一六〇）を初見として、金国内で「盗賊」・「群盗」の「蜂起」が頻発していた。(31)この中には「中都（燕京）」に被害を与えた盗賊がいたことも確認でき、(32)このような状況を「藩将等」は「金国内乱、燕京為□墟」（Ｂ）と伝えたのであろう。この「藩将」について、『訳注高麗墓誌銘集成（上）』では「辺方を守る将帥」と翻訳している。(33)これは、北界・東界の州県軍などを指す可能性もあるが、高麗末の李穡著『牧隠詩藁』の中に「藩将時来貢」という表現がみられる。(34)ここで「藩将」は、異域（日本）から来貢してくる対象となっていることから、高麗周辺の外国の将を指すとみられる。本墓誌には、金国の将帥を指す表現として「彼将」という語があり、「藩将」との関連が推測される。ところが、「藩」は「蕃」にも通じるため、(35)宗主国である金（女真人）を指すとは考えにくい。高麗では他の時代と比べ自尊意識が高かったとの指摘があるが、少なくとも本墓誌の筆法では、金国を「大国」と称している。むしろ「藩将」は対馬島の官人を指す「辺吏」（Ⅲ―ⅱ）と対応しているように思われる。そこで考えられるのは、南宋征伐以前から金国治下に満足せず、中国北方地域でしばしば反乱を起こしていた契丹人を中心とした勢力である。これについて外山軍治氏は「尚辺境に至った契丹諸部は、正隆末年の金国内部の動揺に乗じ、密かに彼等の独立をも企図していたでもあらう」と論じている。(36)彼らの活動は西北方面が中心であったが、高麗から比較的近い東北地域でも確認される。(37)本墓誌でも、「藩将等」が「之（金国）を取るのがよい」（Ｂ）と述べていることから、「藩将」とは、高麗と金の国境地域やその周辺に存在する契丹人などを中心とした勢力とみることができると思われる。

以上のような「藩将等」の言を受けて、高麗では数年にわたり「信使」を金国に遣わさなかった（Ｃ）。この政策については、金の内乱により使節の安全な往来が難しく、彼らに危害が及ぶことを恐れての判断であったと考えられる。さらには「藩将等」の言から、金国の王朝交替の可能性をも考慮して、情勢を静観する態度をとったとみることもできよう。

したがって、先に掲げた【表1】にみえる使者派遣記事の問題は、「李文鐸墓誌」によれば『高麗史』の記述が適当であろう。少なくとも、南宋征伐と関わる賊の蜂起がみられる毅宗十四年以降、世宗に賀登極使を送る毅宗十六年冬までの間、高麗では使節を派遣しなかったとみてよいと考える。毅宗十二〜十三年については賊の記事がみえる前であるが、墓誌に「数歳」とあることを考慮すれば、この時期についても高麗では使節の派遣を停止していたのではないだろうか(38)。一方、『金史』に高麗使来朝の記事がみられる理由は判然としないが、当該期の高麗使節に関する記事が非常に簡略である点に注目したい。すなわち『金史』の史料的性格として、同時に編まれた『宋史』や『遼史』より優れている点がある一方で、「総裁失検」・「纂修紕繆」・「写刊錯誤」による「顚倒年月」・「一事数見」・「月靄日靄」などが指摘されている(39)。よって、『金史』の誤りの疑いが憶測されるのである。あるいは後述のごとく、高麗と金の境界領域では地方官府間の交流がみられることから、彼らによって高麗の人間が使節に仕立て上げられた可能性もないとはいえない(40)。後者であれば、『高麗史』・『金史』の記載はともに矛盾しないことになるが、次に述べる「金国牒」の内容などから考えると、前者が妥当であるように思われる。

3　壬午歳の「金国牒」

さて、高麗が金に使節を派遣しなかった状況下において、「壬午歳」に金国から牒状が到来した（D）。この「金国牒」とは一体どのようなものだったのであろうか。

まず、この年に金国から高麗へ派遣された使者の記事を探すと、次の史料がある。

『高麗史』巻一八、毅宗世家十六年（一一六二）十一月戊申条

金遣二大府監完顔興一来告二即位一。

姜吉仲氏はこの史料について、「これは高麗が金に対する政策を決定する転換点となった。高麗の君臣が金に対する態度を話し合っていた時に、李文鐸はより慎重な方策を取るべきであると建議し」たと述べ、続けて本墓誌のF部分を挙げている(41)。姜氏は「金国牒」について直接言及されていないが、完顔興の高麗来朝後に、李文鐸の建言があったと理解している。しかしながら、筆者はこのような解釈には疑問である。「李文鐸墓誌」によれば、「金国牒」が到来した後に、崔允儀が李文鐸を召して対策を協議している（F）。ところが崔允儀は、完顔興が高麗に来朝した十一月以前の八月に亡くなっている(42)。すなわち姜氏の主張は、「李文鐸墓誌」や『高麗史』の記述と齟齬をきたすのである。墓誌と『高麗史』の記述を合わせると、その順序は①「金国牒」到来、②崔允儀と李文鐸による協議、③崔允儀没、④完顔興の来朝、となる。したがって、本墓誌にみえる「金国牒」の到来と、完顔興の高麗来朝は別個のものであり、ここに『高麗史』や『金史』には記載のない金国からの牒状の存在が確認されるのである。なお、「金国牒」の到来時期については、毅宗十六年の一～八月までのうち、比較的早い時期であったと考える(43)。

それでは、この「金国牒」とはどのような内容であったのだろうか。金と高麗との間で往来した「牒」の書式について森平雅彦氏は、「牒式文書であった可能性が高いとおもう」と指摘している(44)。内容に関しては、当該部分に欠損があり、わずかに「問因」の語が判読できるのみであるが、ここからは金側が高麗に何かを問うていることが推測される。この牒を受けて高麗では「依違計、無所決」（E）という状況になっている。ここでいう「計」とは、直前にある「信使を数歳にわたって派遣しないこと」を意味するであろう。その政策が裏目に出てしまい、当惑し

ている様子が知られるのである。おそらく牒状には、高麗が数年間遣使しなかった理由を問う内容が記されていたと推測される。墓誌には欠字の間隔から、上記の点についてのみ刻まれていたと考えられる。しかし当時の国際情勢や、「金国牒」により高麗側が動揺している様子などを考慮すると、牒状にこのことだけが書かれていたとは思えない。推測をたくましくすれば、先の「蕃将等」の言葉とは対照的に、金国が安定しつつある状況なども牒状には記されていたのではないだろうか。例えば、前年には西北面兵馬使が海陵王の弑逆を伝えているが[45]、これに関する消息や、前年十月に世宗が遼陽で即位し、燕京に向かっていることなどが書かれていたとしても、時期的には不思議ではない。この点については、後述する金国に遣わされた「人」の「還報」の内容とも関わるため、下文にてさらに論じることとする。

それでは、この「金国牒」の発給者は誰であったのだろうか。やはり詳細は不明であるが、これと前後する状況から、ある程度の推測は可能である。まず、完顔興については、『金史』では知られないが国姓を有しており、また「太府監」[47]という中央の官職を帯びた人物であることからすれば、彼は金の中央官府から派遣されたとみて間違いない[48]。

一方「金国牒」については、牒状到来後の協議により、高麗では「人」を遣わして金国の様子を探ることとした。この状況から考えられることは、「金国牒」は、その内容について高麗側でみずから確認しなければならない程、十分信用するに足る機関からのものではなかったということになるのではなかろうか。あるいは、文書の体裁などが従来のものとは異なり、不審に思った可能性も憶測される。いずれにせよ、中央官府から発給されたものとは考えられず、その名義は地方官府名義[49]か、あるいは単に「金国」のみであったことを想定できるのではないだろうか。

4 「金国牒」到来後の高麗の対金政策

「金国牒」を受けて、李文鐸は金国の内情を探らせるように建言した（F）。崔允儀はこれを支持し、金国に「人」を遣わした（G）。この人物は「藩将等」の言や「金国牒」の内容の真偽を現地で確認することが使命であった[50]。派遣時期は、おそらく崔允儀存命中の八月以前であったであろう。

金から帰国した「人」は、草賊の蜂起はすでに平定されていたということと、新しい皇帝が燕京で即位したことを伝えた（H）。前者については、先述した金国内における草賊の蜂起は、大定二年の九月に移剌窩斡の乱が平定されたことで、一応終結したことが指摘されている[51]。そして後者に関しては、世宗がわざわざ「燕京」で即位したことを伝えている[52]。このことは、先述の「金国牒」に、世宗の遼陽即位の情報が記載されていたことを暗に示しているのではないだろうか。この点について「人」が現地で確認したところ、後に燕京で即位したことが明らかとなり、ここにその旨を報告したとみることができると思われる。

ところで、「人」が伝えた内容からその帰国時期を検討してみると、派遣された下限と考えられる毅宗十六年八月の段階では、すでに世宗は燕京で即位しており、九月には契丹人の反乱が平定されている。墓誌には十一月来朝の完顔興に関する記述はなく、「人」の「還報」によって新皇帝の燕京即位の消息が伝わっている。よって、おそらく「人」は、契丹人の乱が平定された九月乙巳以降、完顔興が高麗へ来朝した十一月戊申以前の間に帰国したものと推測される。

さらに「人」は、「もしすぐに信使を派遣しなければ、彼（金国）の将が軍隊を派遣して高麗を討つであろう」と述べた（H）。世宗が中都で即位した大定二年二月からわずか二ヵ月後の四月には、西夏国が即位祝賀の使節を派遣し、方物を進めている。[53]高麗は世宗即位以前から数年にわたって使節を派遣しておらず、西夏とは対極の反応を示しているといえる。このような態度は被冊封国にあるまじき行為と受け取られかねなかったのであろう。

以上のような「人」の還報を受けて、毅宗は使者を金に派遣して入朝することに決めた（Ⅰ）。『高麗史』にあるように、完顔興も世宗の即位を伝えているが、このような金国朝廷による正式な情報が届く前から、高麗では金への使節派遣へ向けて準備をしていたものと思われる。この時の使節については、姜吉仲氏が指摘しているように[54]次の史料が該当するであろう。

『高麗史』巻一八、毅宗世家十六年（一一六二）十二月是月条

遣二金永胤・金淳夫一如レ金賀二登極一。又遣二金居実一、謝レ宣二諭登極一。

先行研究では、この時の正使を金永胤、副使を金淳夫と理解している。[55]ところが、『金史』には次のように記されている。

『金史』巻六一、表第三、交聘表中、大定三年（一一六三）二月庚寅条

高麗守司空金永胤・尚書礼部侍郎金淳夫進奉使。礼賓少卿許勢脩、賀レ登二宝位一。秘書少監金居実謝二宣諭一。

金居実については両書とも一致しているが、『金史』では、「賀登宝位使」が「礼賓少卿許勢脩」で、金永胤・金淳夫は「進奉使」とある。[56]「許勢脩」については、毅宗十二年に「左正言許勢修」が確認されるが、[57]礼賓少卿就任の事実や、このとき金に派遣されたことは高麗側史料にはみえない。[58]また『金史』では、金永胤が「守司空」、金淳夫が「尚書礼部侍郎」とある。これらについてはどのように考えればよいであろうか。

毅宗朝における『高麗史』や『金史』にみえる高麗遣金使の品階をみてみると、正隆二年（一一五七）以前にみえる「賀正旦使」・「賀生辰使」・「進奉使」は四～六品、正隆二年以降はおおむね四品であった。[59]そして、毅宗三年

（一一四九）の海陵王即位を祝う「賀登極使」は、当時知枢密院事（従二品）の文公裕と、殿中監（従三品）の朴純冲であった[60]。

『金史』にみられる使節の官職が正しいとすれば[61]、上記の検討により、礼賓少卿（従四品）の許勢脩が「賀登宝位使」で、守司空の金永胤[62]や尚書礼部侍郎（正四品）の金淳夫が「進奉使」とあるのは適切ではない。『高麗史』でも確認できる「許勢脩」という人物が、「礼賓少卿」という具体的な官職名まで『金史』に著録されているのは、先の『金史』正隆年間にみえる高麗使節の記述とは異なり、信用しても良いように思う[63]。しかし、もしそうであれば、その使命については『高麗史』にあるように、金永胤・金淳夫が「賀登極使」（正・副使）で、許勢脩が「進奉使」であったとみるべきであろう。

いずれにせよ、この時の金永胤らの入朝は成功し、その後の高麗・金関係は比較的安定的に推移した。そして、李文鐸は金との緊張関係を打開した功労者として「公之力也」と墓誌に刻まれたのであった（J）。

むすび

以上、十二世紀の官僚であった李文鐸の墓誌について、原物調査の成果をふまえて本文研究を行った。その結果、字句をあらためた箇所がいくつかあり、内容についてこれまでにない理解が可能となった。そして全体像を把握したうえで、従来ほとんど研究のなかった、本墓誌にみえる金国との関係について検討を加えた。これらをまとめてむすびとしたい。

墓誌全体をみてみると、李文鐸が都兵馬録事の地位にあった頃の記録が最も多く、彼の人生にとって極めて重要な時期であったことが読み取れる。この時は、高麗の南北に位置する日本や金国との間で問題が発生しているが、李文鐸の活躍によって解決し、称賛されている。特に、本墓誌記載の金国との関係については従来研究がみられなかったが、当該期の金国の動揺と、その様子を注視しながら、状況に応じて柔軟に対処する高麗の様子が、非常に具体的に記録されていた。考察の結果、金正隆年間における『高麗史』と『金史』の使節派遣記事の矛盾を、本墓誌の読解によって解消することができた。また、本墓誌でのみ確認できる金国からの牒状の存在を指摘した。海陵王の南宋征伐については、金と南宋当事者間にとって重大な事件であったことは言うまでもないが、その周辺に位置する高麗にとっても、状況によっては国運が左右されかねず、その動向には神経を尖らせていたのである。

本章で得られた成果を受けて、次章では高麗の対日本外交における対応過程について検討する。そして第2部第一章では、十二世紀の日本と高麗の関係について考察を進めることにする。

注

（1）金龍善［二〇〇六a］では、三二五名の、金龍善［二〇一六］では三八名の墓誌を収録している。高麗以前における朝鮮の墓誌はわずか一〇例前後しか見られない（浜田耕策［二〇〇二］、原田一良［二〇〇六］）。

（2）金龍善［二〇〇四：五～七頁］、矢木毅［二〇〇八e：二〇八～二〇九頁］。

（3）高麗墓誌の基礎的な研究については、朴宗基［二〇〇〇］、原田一良［二〇〇六］などを参照。

（4）金龍善［二〇〇六a］を参照。

（5）高麗墓誌の主な活字資料集については、戦前に刊行された朝鮮総督府［一九一九］をはじめ、李蘭暎［一九六八］、許興植［一九八四a・b］などが知られ、最近では、任世権・李宇泰［二〇〇二］がある。

（6）「韓国金石文総合映像情報システム」（http://gsm.nricp.go.kr/_third/user/main.jsp）。本章で考察する「李文鐸墓誌」は（http://gsm.nricp.go.kr/_third/user/frame.jsp?View=search&No=4&ksmno=3308）。二〇一九年八月一

日確認。

(7) 韓国の国立中央博物館では、二〇〇六年に高麗墓誌をテーマとした特別展が実施され、展示図録『もう一度みる歴史の手紙 高麗墓誌銘』（韓国国立中央博物館［二〇〇六］）では、本章で取り上げる「李文鐸墓誌」をはじめ、多くの墓誌の図版が収録されている。高麗墓誌に関心が高まっている一例と言えよう。

(8) 例えば、官僚の祖先系譜（李樹健［一九八四：二九二頁］）や、家族に関する研究（金龍善［一九九八：九一頁］）。あるいは太学制度や科挙制度（李重孝［一九九九：一九〇～一九七頁］）、流品の構造を扱った研究（矢木毅［二〇〇八e：二三〇～二三一頁］）の中で言及がある。国立中央博物館［二〇〇六：五三頁］では、「婚姻と居住」の項目に本墓誌が挙げられており、解説には「この墓誌銘には家系と修学過程、官職生活に関する情報まで盛込まれている。特に、父母を亡くした後に上京して、継母李氏の家に住み、勉強をしたというのは、配偶者と死別した女性の居住について重要な手掛かりを投げかけてくれており、興味深い」とある。及第後にはじめて任官された寧州掌書記については姜恩景氏の言及がある（姜恩景［二〇〇七b：一六五～一六七頁］）。この他にも、李文鐸没後の埋葬過程に関する比較的詳しい記事（金龍善［二〇〇四：一八〇頁］）や、幼い時に、百余歳の相工朴聡により、将来が予言されていたことなど、説話的な記述もみられ興味深い。

(9) 金龍善［二〇〇六b：三七二～三七六頁］。

(10) 前掲注（6）参照。

(11) 李蘭暎［一九六八：一六九頁］、許興植［一九八四b：八五四頁］。

(12) 国立中央博物館歴史部学芸研究士のク・ムンギョン氏のご教示によれば、「李文鐸墓誌」は一九八一年九月三十日に移管されてきたとのことである。

(13) 韓国国立中央博物館［二〇〇六：五二～五三頁］には、本墓誌表面の図版と、大きさなどが記されているが、そこには、五四×四三×一・二cm、一一kgとある。

(14) 「崔婁伯墓誌」・「張允文墓誌」（金龍善［二〇〇六a：二九二・三〇六頁］。なお、高麗では死に際して「薨」・「卒」などの区別があるが、墓誌をみる限りでは、王族や宰相には「薨」を、それ以外の百官には「卒」を用いている（『高麗史』では王族には「薨」、百官には「卒」を用いている）。
(15)「崔惟清墓誌」・「咸有一墓誌」（金龍善［二〇〇六a：二二一・二四九頁］）。
(16)「安稷崇墓誌」・「李尊庇墓誌」（金龍善［二〇〇六a：五九・三九七頁］）。
(17)「崔時允墓誌」・「皇甫讓妻金氏墓誌」（金龍善［二〇〇六a：八四・一〇五頁］）。
(18)李圭甲［二〇〇〇：七八一頁］。
(19)『高麗史』には「其虚実」という表現が散見する。『高麗史』巻一六、仁宗世家九年（一一三一）八月丙子条・巻二四、高宗世家四十年（一二五三）九月戊寅条・巻二八、忠烈王世家即位年（一二七四）十二月乙巳条など。
(20)『高麗史』巻七七、百官志二、外職、西京留守官・東京留守官・南京留守官条。
(21)『高麗史』巻一九、毅宗世家二十三年（一一六九）三月条の記事を参照。
(22)「元沆墓誌」・「□東輔墓誌」（金龍善［二〇〇六a：一〇九・二九一頁］）。『高麗史』巻九五、李子淵伝附光縉伝・巻一〇一、柳光植伝・巻一〇七、権呾伝。
(23)前掲注（22）参照。
(24)『高麗史』巻二、太祖世家二十六年（九四三）五月丁酉条・巻五九、礼志一、序文・巻一一五、李穡伝。
(25)姜恩景［二〇〇七b：一六七頁］。
(26)長井丈夫氏は、庚寅の乱を生き延びた李文鐸は、明宗即位時より明宗との人格的関係があったことを指摘し、この後高級官僚となっていったと述べている（長井丈夫［一九九四：二六五～二六六頁］）。
(27)都兵馬使は両界兵馬使を統領し、辺境地域の軍事的問題を議論するために中央に設置された機構である。判事以下、使・副使・判官は兼職であり、実質的な事務は都兵馬録事が管掌した。都兵馬使については、邊太燮［一九七一b：八五～八六頁］、金甲童［一九九四］、朴龍雲［二〇〇九：五〇三～五〇八頁］を参照。
(28)姜恩景［二〇〇七c：二四五頁］。
(29)姜吉仲［二〇〇四：三一五～三一六頁］。
(30)外山軍治・三上次男［一九三九a・b］、田村実造［一九七一］。

(31)『金史』巻五、本紀五、海陵、正隆五年三月辛巳条・十月庚午条。正隆六年（一一六一）六月癸卯条・八月壬寅条・九月庚寅条。巻八一、伯徳特离補伝。巻八三、張玄素伝。巻八六、夾谷胡剌伝。巻一〇五、楊伯淵伝。巻一二八、李瞻伝。巻一二九、李通伝など。

(32)『金史』巻五、本紀五、正隆五年十月庚午条では、中都などで起きた盗賊が督捕されている。

(33)金龍善［二〇〇六b：三七二頁］。

(34)『牧隠詩藁』巻一二、詩「東国礼俗近於春秋戦国録之所以進之也」。

(35)諸橋轍次編『大漢和辞典』巻九（大修館書店、一九五八年）九九七頁。

(36)外山軍治・三上次男［一九三九a：七八頁］。

(37)外山軍治・三上次男［一九三九a：六九～七三頁］。

(38)貞元元年（一一五三）の燕京（中都）遷都は、金国社会に多大な動揺を与えた（外山軍治・三上次男［一九三九a：七三頁］）。また、正隆四年（一一五九）二月、金ではすでに南宋征伐のための戦船を建造しはじめており、これと前後する時期に何らかの混乱があった可能性はある。

(39)三上次男［一九七〇］。

(40)モンゴルによる日本招諭の時期になるが、元宗九年（一二六八）十二月に対馬島に向けて出発した黒的・申思佺一行が、対馬島の倭人を捕え、日本国の使節に仕立てて大都に向かわせたことがあった。類似したような状況が考えられるかもしれない。

(41)姜吉仲［二〇〇四：二九八頁］。

(42)『高麗史』巻一八、毅宗世家十六年八月壬辰条。

(43)この点について張東翼氏［二〇〇九　ハングル：一四二頁］では、「五月以後八月以前、金が牒を送ってきて、使臣を派遣しない理由を尋ねてきたが、対策を用意することができなかった。門下侍郎平章事崔允儀が都兵馬録事李文鐸の建議を受け入れて、使臣を送り事情を探らせたところ」云々と述べている。年表という編著の性格上、詳しい考証はないが、おそらく張氏の主張は、「崔允儀墓誌」（金龍善［二〇〇六a：一九八頁］）に「仲夏」すなわち五月から病であったことが記載されていることによるのではないかと思われる。病となった崔允儀が病床に李文鐸を呼んで相談したような状況を想定しているものと思われるが、筆者には疑問である。李文鐸を都兵馬録事に抜擢したのは崔允儀であり、また彼が「凡辺要大議、皆所二総攬一」であった程の知識を有する実務官人であるのだから、病を得る以前から公式・非公式に関わらず、宰相崔允儀が李文鐸を召して協議するようなことは何ら不自然ではないであろう。また、「崔允儀墓誌」では、病となった崔允儀のために、担当の有司のみならず、文武百官から軍卒に至るまで回復を祈祷したが、その甲斐もなく亡くなってしまったことが記されている。この記述をみれば、崔允儀の病は重かったのではないかと思われ、果たして病を得た後に「金国牒」について話し合うことのできる状況であったのか疑わしい。したがって筆者は、「金国牒」の到来から、李文鐸の建議により「人」を派遣した時期は、一一六二年（壬午歳）の一月から崔允儀の没する八月の間のうち、比較的早い時期と考え、特に牒状の到来は五月以前のこととみてよいと理解している。

(44)　森平雅彦［二〇一三b：一〇七〜一〇九頁］。

(45)　『高麗史』巻一八、毅宗世家十五年十一月条に「西北面馳報二金主被一レ弑」とある。本条は十一月甲戌（六日）と戊寅（十日）の間に配置されている。ところが、海陵王は同年十一月乙未（二十七日）に崩御している（『金史』巻五、本紀五、海陵、正隆六年十一月乙未条）。したがって、『高麗史』の当該箇所にこの記事が入っているのは誤りである。おそらく十二月以降に伝えられたのであろう。

(46)　『金史』巻六、本紀六、世宗上、正隆六年十一月己丑条。十二月丁巳・戊午・己未条。大定二年二月癸卯条。

(47)　『金史』巻五六、百官二、太府監。

(48)　世宗は契丹人の反乱を鎮圧すると、「中外」に詔を発している（『金史』巻六、本紀六、世宗上、大定二年九月乙巳条）。完顔興が詔を持参していたかどうかは明らかではないが、あるいはこれと関連する使節であったかもしれない。

(49)　金と高麗の地方官府間で文書を取り交わした事例としては、明宗四年（一一七四）に趙位寵の乱が勃発した際、彼が三次九六人にのぼる使節を独自に金国へ派遣している（『高麗史』巻一〇〇、趙位寵伝。邊太燮［一九七八：

六一～六二頁〕）。いずれも不調に終わったが、第三次派遣の徐彦等は上表文を奉ったものの、「金主」は彼らを捕らえて送り返す処置を取り、東京路都摠管府から寧徳城に宛てて牒状が発給されている。また、十三世紀前半には、金国の来遠軍（来遠城）が寧徳城に宛てて牒状を発給している例もみられる（『高麗史』巻二二、高宗世家三年〈一二一六〉九月戊午条、同四年〈一二一七〉正月甲申条）。これらも牒状の首尾は省略されているため、金皇帝の「聖旨」を奉じての牒状発給であった可能性は十分に考えられるが、契丹との戦時中のことであり、来遠城が独自で行ったと推測することも否定はできないのではなかろうか。

(50) 張東翼〔二〇〇九 ハングル：一四二頁〕記載の一一六二年条には、この「人」（年表では「使臣」としている）について、「崔祐甫墓誌」の記事から「この時、吏部郎中崔祐甫が金に使臣として派遣されたものと推定される」と述べている。「崔祐甫墓誌」には、「時東按二春州道一、北使二大金国一、皆称レ旨。壬午、拝二太府少卿・宝文閣待制一、復出按二西海道一」〔金龍善 二〇〇六a：二一四～二一五頁〕と記載があり、張氏は「北使大金国」の記述から、一一六二年に崔祐甫が金国へ使者として派遣されたと述べているものと理解される。ところが、「北使大金国」の記述は、「壬午（一一六二年）」の前にみえることから、崔祐甫が金国へ派遣されたのは、一一六二年以前とみるべきであろう。「崔祐甫墓誌」にみえる「壬午」年以前の記載としては、金貞元元年（一一五三）に権知監察御史となり、「明年」（一一五四）には右正言知制誥となっている。その後も「北使大金国」までに「明年」語が二度出てくるため、彼の金への派遣は、一一五六年～壬午年の前年である一一六一年の間とみなければならない。この期間のうち、高麗が確実に使節を金に派遣したのは、【表1】にあるように、一一五七年であるため、ひとまずこの時の遣金使の一員であった可能性が推測される。

(51) 『金史』巻六、本紀六、大定二年九月庚子条。

(52) 外山軍治・三上次男〔一九三九b：五六～五八頁〕。

(53) 『金史』巻六、本紀六、世宗上、大定二年四月乙亥条。

(54) 姜吉仲〔二〇〇四：三一六頁〕。

(55) 東亜大学校石堂学術院〔二〇〇六：八六頁注（35）〕。

(56) さらに『金史』巻六一、表第三、交聘表中では、大定二年十二月に、「賀正旦使」として「高麗衛尉少卿(従四品)丁応起」が派遣されている。この人物は翌大定三年の元日朝賀に参加する正旦使であったと思われることから、金永胤らと同じ時期に派遣された使節かもしれないが、高麗側史料では確認ができず、詳細は不明とせざるを得ない。
(57) 『高麗史』巻九九、申淑伝。
(58) 東亜大学校石堂学術院[二〇〇六:二一一頁注(12)]には、許勢修について、「生没年不詳。許勢脩ともいい、仁宗五年(一一二七)尹誧が主管した国子試に合格したのち、毅宗代まで左正言を歴任した文臣官僚である」と紹介がある。
(59) 『高麗史』巻一七・一八や、『金史』巻六〇、表二、交聘表上・中にみえる高麗遣金使の記事による。
(60) 『金史』巻六〇、表第二、交聘表上、海陵天徳二年。「文公裕墓誌」(金龍善[二〇〇六a:一七四頁])では、この時の文公裕の官職は「金紫光禄大夫・尚書左僕射・知枢密院事」であったことがわかる。
(61) 毅宗朝後半の史料では、『高麗史』・『金史』に出てくる同一の高麗使節の官職はほぼ一致する。
(62) 彼については派遣直前に枢密院副使(正三品)となっている(『高麗史』巻一八、毅宗世家十六年十二月己丑条)。
(63) 前掲注(60)で取り上げた文公裕が海陵王の賀登極使であったことは『高麗史』や『高麗史節要』ではみられず、『金史』や彼の墓誌から確認することができる。「許勢脩」についても、人物そのものは『高麗史』で確認できるので『金史』に具体的な官職まで記されていることを考慮すれば、遣金使であったことは認めてよいのではなかろうか。

第四章　高麗における対日本外交管理制度

はじめに

これまでの章では、高麗が日本に発給した外交文書である牒状の研究や、対日外交に関わったとみられる「廉察使」の実態についての検討、さらには「李文鐸墓誌」を校訂し、特に対金関係に関する考察を加えた。本章では、高麗朝廷が来航する日本人とどのように向き合い、対応したのかといった、高麗における対日本外交管理制度について考えてみたい。日本においては、外交窓口である大宰府や博多における対外管理システムに関する研究は相当に蓄積されている(1)。ところが、高麗のそれについては、例えば日本人の渡航先や、高麗の最前線における対日本外交担当官に関しては、山内晋次氏や李領氏、森平雅彦氏による指摘があるものの(2)、それらの情報が王都開京の朝廷にどのように伝達され、どのような審議を経て処分が下されたのかといった研究はほとんど行われていない。

その理由としては史料上の制約によるところが大きいが、日本・高麗関係史はもとより、高麗の対外関係史全体を考える上でも非常に重要な問題であると考える。筆者は『高麗史』などにみえる対日関係記事をはじめ、これまで検討を行ってきた金石文史料や日本史料に残されている高麗牒状などの分析を通じて、その一端を明らかにすることができるのではないかと考えるに至った。したがって本章では、特に高麗における対日本外交案件の処理過程を中心に論じることにしたい。

第一節　高麗渡航日本人の滞在地

十一～十三世紀前半の日麗関係史料は『高麗史』に数多くみられるが、その中で交流・交渉の様子が比較的具体的にうかがえるものとしては、次のごとくである。

【史料1】『高麗史』巻七、文宗世家三年（一〇四九）十一月戊午条

東南海船兵都部署司奏、「日本対馬島官、遣二首領明任等一、押二送我国飄風人金孝等二十人一、到二金州一。」賜二明任等例物一有レ差。

【史料2】『高麗史』巻七、文宗世家十年（一〇五六）冬十月己酉朔条

日本国使正上位権隷滕原朝臣頼忠等三十人、来二館于金州一。

【史料3】『高麗史』巻八、文宗世家十四年（一〇六〇）秋七月癸丑条

東南海船兵都部署奏、「対馬島帰二我飄風人礼成江民位孝男一。」王賜二使者礼物一優厚。

【史料4】『高麗史』巻九、文宗世家二十七年（一〇七三）秋七月条

東南海都部署奏、「日本国人王則貞・松永年等四十二人来、請レ進二螺鈿鞍橋・刀・鏡匣・硯箱・櫛・書案・画屛・香炉・弓箭・水銀・螺・甲等物一。壱岐島勾当官遣二藤井安国等三十三人一、亦請レ献二方物東宮及諸令公府一。」制、「許下由二海道一至上レ京。」

【史料5】『高麗史』巻九、文宗世家三十年（一〇七六）冬十月戊戌条

有司奏、「日本国僧俗二十五人、到二霊光郡一告曰、『為レ祝二国王寿一、雕二成仏像一。請二赴レ京以献一。』」制、「許レ之。」

【史料6】『高麗史』巻一〇、宣宗世家四年（一〇八七）秋七月庚午条

東南道都部署奏、「日本国対馬島元平等四十人来、献二真珠・水銀・宝刀・牛馬一。」

【史料7】「李文鐸墓誌(3)」

……時□、日本国対馬島官人、以二辺事一移二牒東南海都部署一。都部署不二敢□決一、馳駬聞二諸朝一。両府議、即欲下以二尚書都省牒一回示上。公聞レ之、謂二承制李公升一曰、「彼対馬島官人辺吏也。今以二尚書都省牒一回示、失レ体之甚。宜レ令三都部署却二回公文一。」承制李公驚曰、「微二子之言一、幾失二国家之体一。」自レ此服二公之達識一。

……

【史料8】「泰和六年（一二〇六）二月付日本国対馬嶋宛高麗国金州防禦使牒状」（『平戸記』延応二年〈一二四〇〉四月十七日条所載(4)）

高麗国金州防禦使　牒　日本国対馬嶋

当使准、越今年上月十有四日、貴国使介明頼等四十人乗二船三艘一、来二泊于州南浦一。使四訳語問三其所二以来一者、号二称進奉一、兼献二文牒牒道（ママ）一。其文甚為二擾雑一、其語過二乎勿恭一、非二進奉之礼一也。大抵両国相二通文牒一、必指二於某国其州一。例有レ恒矣。往年秋八月、恒平等十一人、所二齎来一文牒、徒以二讒諛之事一、直指牒二京朝礼賓省一。其可下以二任意一而交受上乎。具レ事申二報朝庭一。朝庭之議、不レ上二於一一而使二之遣還一。金□〔今所カ〕二齎来一此亦失礼之甚矣。当券（ママ）廉察使、更伝二報于朝庭一。朝庭共不レ許二其交接一、使二之解纜発遣一。故所二齎来一文牒及　進奉方物、率

皆還給以送。其数目録二于後一。想宜二知悉一。右事須レ牒。……

【史料９】『高麗史』巻二三、高宗世家三十年（一二四三）九月壬申条

金州防禦官報、「日本国献二方物一、又帰二我漂風人一。」

【史料10】「丁亥年（一二二七）二月付日本国惣官大宰府宛高麗国全羅州道按察使牒状」（『吾妻鏡』吉川本第二五、嘉禄三年五月十四日条所載）(5)

高麗国全羅州道按察使牒　日本国物〔惣〕官大宰府

当使准、彼国対馬嶋人、古来貢二進邦物一、歳修二和好一。亦我本朝従二其所一レ便持〔特〕営二館舎一、按次〔撫以〕二恩信一。是用、沼〔海〕辺州県・島嶼居民、恃二前来交好一、無レ所二疑忌一。彼告下金海府、対馬人等旧所二住依一之処上。……

これら【史料１】〜【史料10】（本章では【史料１】〜【史料10】を以後「日麗関係史料」と称す）のうち、【史料１】・【史料２】・【史料８】・【史料９】・【史料10】には「金州」や「金海府」の地名がみえ、十一世紀半ばから十三世紀半ばまで、高麗に渡航した日本人の多くが金州（金海府）に到着していたことがわかる。周知のように、金州には対日本人迎接用の館舎が存在しており、その場所について李宗峯氏は、『新増東国輿地勝覧』巻三二、金海都護府、山川、明月山条の記事や、(6)昌原都護府、山川にある主勿淵津条の記事の検討から、(7)現在の釜山広域市江西区菉山洞の九郎洞周辺と比定されている。(8)設置時期に関しては明確ではないが、【史料２】を根拠として文宗十年（一〇五六）以前には存在していたとひとまず考えられる。(9)そして終焉の時期については、文永四年（一二六七・元宗八）に蒙古世祖クビライの書をもって来日した高麗使潘阜がもたらした書状の中に、〈我が金州の貴国〔日本〕人を接待するの館を毀すに至り〉(10)云々とあることから、この頃までは存続していた。したがって、日本を出発した対馬島民をはじめとする日本人は、まず金州を目指し、館舎に安置されていたと考えられる。彼らの主な目的は、漂

流民の送還や方物献上を通じての交流であった。【史料10】では、対馬島民たちが「邦物」を貢進して好を通じていた様子が記されているが、「邦物」は【史料8】では「進奉方物」とも表現されている。元宗八年（一二六七・文永四）に、モンゴルによる第一回目の日本招諭の使者が巨済島松辺浦から引き返した際、元宗がクビライに送った上奏文の中に、「且日本素与二小邦一未二嘗通好一。但対馬島人、時因二貿易一往二来金州一耳」(11)とあり、日本と高麗との間には正式な通交関係はなく、ただ対馬島民が貿易のために金州を往来していたことを告げている。また、十八世紀の考証ではあるが、安鼎福（一七一二～一七九一）著『順菴集』巻九、書、答李仲命別紙「問倭館始末」(12)の中にも「高麗時、対馬島人常往二来金州今金海一、開レ市貿易。有二館接之所一」とあり、対馬島民は常に金州を往来し、そこで市を開いて貿易を行っていたと論じている。前掲【史料10】にある〈海辺の州県・島嶼の居民、前来の交好を恃み、疑忌する所無し〉とは、対馬島民と金州やその周辺の人々との間で行われていた貿易の様子を示しているのかもしれない。また、対馬島民が金海府を彼らのかつての居所と告げて襲撃におよんだことについても、彼らにとってなじみ深い地域であったことをよく示しているように思われる。(13)このように、金州にやってきた対馬島民をはじめとする日本人は、当地に設けられた館舎を拠点として、貿易などを通じた交流を行っていた。

さて、このような外国との国境付近に館舎が設置されていたことは、対日本を意識した金州だけでなく、北方地域においても女真人や遼（契丹）・金を意識して対外施設を備えていたことと対応する。例えば、『高麗史』には次のごとくある。

【史料11】『高麗史』巻五八、地理志三、定州条

定州古称二巴只一一云二宣威一。靖宗七年（一〇四一）、為二定州防禦使一置二関門一。……

【史料12】『高麗史』巻四、顕宗世家元年（一〇一〇）五月甲申条

流㆓尚書左司郎中河拱辰・和州防禦郎中柳宗于遠島㆒。拱辰嘗撃㆓東女真㆒見㆑敗。宗恨㆑之、会女真九十五人来朝、至㆓和州館㆒、宗尽殺㆑之、故並坐流。……

【史料13】『高麗史』巻六、靖宗世家九年（一〇四三）夏四月戊戌条

東北路兵馬使奏、「女真柔遠将軍沙伊羅、誘㆓致水・陸賊首羅弗等四百九十四人㆒、詣㆓和州館㆒請㆑朝。」……

これらの記事から、東界の定州には「関門」が置かれ、和州には「和州館」という施設が存在し、そこでは高麗朝廷の公務遂行や、北方の女真人（主に東女真）[14]が高麗へ赴く際の目的地となっている。[15]また北方地域には、東側の定州や和州だけでなく、西側の義州にも関門が設置されていた。

【史料14】『高麗史』巻一〇一、宋許伝

……旧制、以㆓義州㆒為㆓両国関門㆒。使价往来、文牒出入、皆由㆑之、必択㆓文臣㆒調㆑之。其分道官亦、以㆘常参官有㆓名望㆒者㆖遣㆑之。自㆓武臣用㆑事、戍辺将軍、皆帯㆓兵馬之任㆒為㆓分道㆒。故昌・朔二城、皆以㆓将軍㆒委㆑之。義州則以㆓文牒㆒交通、須㆘有㆓儒士㆒、兼㆗置文武二人㆖。由㆑是州人困㆑於㆓供費㆒。……

【史料15】『高麗史』巻一〇〇、趙位寵伝

……今年六月、位寵与㆓北界四十余城㆒、欲㆑属㆓大朝㆒、遣㆓義州都領崔敬若等㆒、齎㆓牒婆速路物管府㆒。公文至㆓義州関門㆒、為㆓鄭白臣等所㆑殺、又筠等軍馬遮㆑路。以㆑此、遣㆓大使金存心・趙規等各三十余人㆒、泛㆑海来奏、不㆑知㆓消息節次㆒。……

これらの史料は十二世紀のものであるが、義州には関門が置かれ、金国の地方官などと文牒の往来があるために、守令（地方官）や分道官として「文臣・儒士」が派遣されていた。

以上のように、高麗と境を接する北方の女真や遼・金に対しては、定州・和州および義州に拠点をもち、南方の

日本に対しては金州に館舎を設置していたことがわかる。なお、【史料5】では全羅道の霊光郡に日本人の僧俗が到来している。彼らは金州を目指していたところを漂着してしまったのか、あるいは霊光郡への意図的な渡航であったのかは容易に判断できない。しかし、この時期における霊光郡への到着事例は【史料5】のみであり、例外的であったとみてよいであろう。

ところで、【史料4】や【史料5】をみると、日本国人の王則貞・松永年ら四二人や、壱岐島勾当官が派遣した藤井安国ら三三人、さらには日本国の僧俗らが開京へ行くことを請願し、国王は許可を下している。特に【史料4】では「海道（海路）」を利用して上京するように指示が出されている。彼らは「螺鈿鞍橋・刀・鏡匣」以下の方物（【史料4】）や「仏像」（【史料5】）を、国王やその周辺の人々に献上することを目的とした。高麗へ渡航した日本人は、金州で邦物の貢進（貿易）を行うだけでなく、開京を目的地とする人々もいたのである[16]。奥村周司氏は、王則貞らはこの年の十一月に行われた八関会に列席した可能性が高いと述べているが[17]、彼は後に礼賓省牒状を大宰府に伝達する使者の役目を担った（本書第1部第一章参照）。

開京に赴いた日本人は、そこで一定の期間滞在する必要が生じる。王都開京における外国人館舎としては、『高麗史』巻四、顕宗世家二年（一〇一一）夏四月丁卯条に、「置二迎賓・会仙二館一、以待二諸国使一」とあり、同書巻七、文宗世家九年（一〇五五）春二月戊申条には、「寒食、饗下宋商葉徳寵等八十七人於二娯賓館一、黄拯等一百五人於二迎賓館一、黄助等四十八人於二清河館一、耽羅国首領高漢等一百五十八人於中朝宗館上」とある。そして、徐兢著『宣和奉使高麗図経』によれば、宋使節は順天館、契丹使や金国使[18]は仁恩館（旧、仙賓館）、女真人は霊隠館[19]などを客館としたことがわかる[20]。日本人の館舎を明示する史料はみられないが、諸国使を歓待したという迎賓館や会仙館、そして、『宣和奉使高麗図経』巻二七、館舎、客館条に「順天之後、有二小館十数間一、以待二遣使・報信之人一」とあることから、順天館の後方に位置した「小館」などに滞在していたのではなかろうか。

第二節　対日本外交担当官府

1　東南海都部署と慶尚道按察使

前掲【史料1】・【史料3】・【史料4】・【史料6】・【史料7】には、「東南海船兵都部署司」・「東南海船兵都部署」・「東南海都部署」・「東南道都部署」とみえる。これらの呼称には若干の差異があるが、同一の官府であることはすでに指摘されている通りであり[21]（以下、「東南海都部署」と称す）、十一世紀から十二世紀半ばまでの間、対日外交に携わっていたことが知られる[22]。東南海都部署とは使・副使・判官などで構成されており、半年の任期で中央から南方の東南海道（後の慶尚・全羅・楊広の各道を合わせた領域）の慶州（後に金州）に派遣された。東南海都部署本来の任務は、海上警備と往来する外国船舶の取り締まりであったが、その他にも守令の監察や州県の巡察、刑獄などの民事的機能も有しており、軍事的機能が強固な北方地域の都部署とは異なり、品階も他の都部署よりも高かった[23]。

睿宗七年（一一一二）に東南海都部署使に任じられた韓冲は、東南海道が広域に過ぎることを上奏し、これを慶尚・全羅・楊広の三道に分け、初めて慶尚晋安東道按廉使（按察使）を置いたという。この東南海都部署から慶尚道按察使への改編については、都部署が廃止されて按察使に変更したという説や、二つの職務が兼任されたなど諸説あり[24]その過程を明確に論じることはできない。しかし、少なくとも東南海都部署使と慶尚道按察使を兼務している例があり[25]、また睿宗七年より後の史料である【史料7】にも「東南海都部署」の名称がみえている。したがって、十二世紀前半以降の五道制の成立と共に、各道の監察官としての按察使が整備され、東南海都部署の職務も時に兼任という形で慶尚道按察使が担うようになったのではないかと推測される。なお、本書第1部第二章で検討したように、【史料8】にみえる「廉察使」も按察使の別称であるとみなされる。

按察使については、『高麗史』百官志[26]に職掌や沿革に関する記載があるが、先行研究によれば、広域行政区域である五道に半年の任期で派遣された監察官で、管轄区域を巡察するなどの民事的機能や、有事の際の軍事指揮権を有し[27]、また【史料10】にみえるように、日本宛ての外交文書の差出にもなっている[28]。

東南海都部署が、来航した日本人とどのように関わっていたのかについては不明な点が多いが、例えば【史料4】をみると、渡航してきた日本人の人数や携行品を確認し、彼らが上京を望んでいることなどを朝廷に伝え、国王からの指示を仰ぐことが任務であったといえる。また【史料7】では、東南海都部署が対馬島の牒状を開示して内容を確認したところ「都部署不㆓敢□決㆒」という状況になったとある。一文字欠けているため解釈が難しいが、李領氏は欠字に「専」字を補い、「都部署は専決せず、牒を中央に届け」たと読まれている[29]。このような理解ができるとすれば、東南海都部署は対日関係において専決できる事項があったことを意味する。前述のように、対馬島民らが金州で貿易を行っていたと考えられることから、特に中央からの指揮を仰ぐ必要が無いと判断された場合には、東南海都部署の指示で対日交流が行われていたのではないだろうか。

2　金州防禦使

東南海都部署（慶尚道按察使）の他にも、【史料8】や【史料9】では、金州防禦使（官）が対日外交に携わっていたことがわかる。防禦使については、『高麗史』百官志に次のようにある。

【史料16】『高麗史』巻七七、百官志二、外職、防禦鎮

防禦鎮、文宗定、使一人五品以上、副使一人六品以上、判官一人七品、法曹一人八品以上。或加二置文学一人一、以任二講学一、医学一人、以任二療病一。

防禦使は地方の軍事的要衝地に設置された地方官（守令）で、[30] 北方の国境地帯には早くも太祖代から存在し、[31] 南方五道では蔚州・礼州・金州・梁州・豊州などに派遣された。[32] 金州は海を隔てて日本と境を接していたため、防禦使が置かれていたものと理解される。金州防禦使の対日外交における具体的な任務に関しては、【史料8】に比較的詳しく記されている。そこには、日本（対馬）からの使者が金州に来航すると、

① 訳語（通訳）を派遣して来航理由を尋ねる。
② 対馬島民からもたらされた「文牒」を開示して内容を確認。
③ 金州防禦使の判断で「交受」（対応・交通）することが難しいと判断された場合には、内容を具備して「朝庭」に「呻報」する。
④ 朝庭の議論の結果を受けて、
⑤ 金州防禦使名義で対馬島に牒状を発給する。

といった職務の内容が知られる。③に関しては、逆に金州防禦使の判断で対応することもあったことを意味する。前述のように貿易を目的として金州に来た日本人に対しては、特に問題が無ければ防禦使の判断で交渉を許可することがあったのではないだろうか。そして⑤については、【史料8】が文書そのものであるが、防禦使が外交文書の差出となっている。この事例は後述のごとく「朝庭」に指示を仰いでいるため、中央政府で作成された牒状を金州防禦使の名義で発給したものと考えられるが、前掲【史料14】の記事を参照すれば、中には金州防禦使自身で牒

状を作成するようなこともあったかもしれない。[33]現存する牒状は【史料8】のみであるが、いずれにせよ対外文書の差出となっている守令として、金州防禦使の特殊性をうかがい知ることができる。

第三節　対日本外交案件の伝達過程

1　文書伝達の表現

現地の担当官である東南海都部署や金州防禦使は、金州にやってきた日本人への対応をめぐって中央政府に指示を仰いだり、交流が行われたことを報告したりした。このような意思の伝達については、主に口頭によるものと、文書を介して行われるものとがあり、史料上の表記も様々である。前掲の「日麗関係史料」には、「奏」・「馳聞諸朝」・「呻報朝庭」（「呻報」は「申報」、「朝庭」は「朝廷」と通用する）[34]・「伝報朝庭」・「報」などの表現がみえるが、どのような形で中央政府へ伝えられたのであろうか。

例えば日本の場合をみてみると、大宰府は「解状」に高麗牒状を添えて太政官に伝達したことが知られる。[35]しかし、大宰府が文書（解状）を送った場合でも「言上」（目上の人に申し上げる）[36]という表現が用いられることもある。[37]また、「言」・「曰」・「馳駅奏」・「馳駅奏言」などの表現[38]もみられるが、これらも「解状」による上申を意味するのである。このような点を踏まえて、金州にもたらされた日本からの牒状をはじめとする各種情報が、どのように高麗朝廷へ伝達されたのか検討してみたい。

『高麗史』巻三、成宗世家六年（九八七）秋八月乙卯条には、「命二李夢游一、詳二定中外奏状及行移公文式一」とあり、高麗では十世紀後半においてすでに文書行政体制が確立されており、特に唐宋代の影響を受けていたと言われる。[39] したがって、高麗に来着した日本人の状況は、文書によって中央へ報告されたと考えられる。

それでは、上記のような中央への報告に関わる表現の違いは何を意味するであろうか。朴宰佑氏は、地方官の上申に関わる表現を「申報（報）」と「奏」とに分け、「申報（報）」は中央の担当官府へ宛てた文書を指し、「奏」はその地方官が直接国王へ意見を申し上げる上奏文であると指摘している。[40] しかしながら、一地方官の意見が尚書都省や六部を経ずに直に国王のもとに届けられるとは思えない。唐では九品以上の官府・官人が奏状を起草し、それを直接皇帝に上呈するのを原則としたというが、実際には、百官の奏事は所属官司の長官に申告し、さらにそれを宰相が審査した上で皇帝に上奏されたようである。[41] 宋代においては、政治案件はみな一般官僚から文書にしたためて提出されたが、元来それには、通進使を経て上奏する方法と、閤門にそのむねを伝えたのち、御前に進んで箚子を上呈し、口頭で開陳するてだての二途があり、いずれも中書か枢密院に諮問してから、皇帝の面前で親裁されるしきたりだったという。[42] 一方、日本の養老公式令に定められた奏事式や便奏式は、官人がまず太政官へ意見具申を行い、太政官がそれを上奏し、天皇の裁可を得る形式となっており、官人は直接天皇に意見具申を行うことができず、必ず太政官を経由し、上奏する主体は太政官であった。[43] したがって高麗における地方官の「奏」と表現された記事についても、まずは中央の担当官府へ上申がなされ、そこからさらに国王への上奏が行われたとみるべきではないかと考える。このことがうかがえる史料を次に掲げる。

【史料17】『高麗史』巻一〇、宣宗世家七年（一〇九〇）春正月己丑条

礼賓省、拠㆓乇羅勾当使申状㆒奏、「星主游撃将軍加良仍死、母弟陪戎副尉高福令継㆑之。賵賻之物、宜㆘準㆓旧例㆒支送㆖」。制可。

礼賓省が、乇羅（耽羅）勾当使のもたらした「申状」の内容に基づいて国王に上奏し、裁可を得たことが記され

ている。[44] この史料に関しても、乇羅勾当使[45]が直接高麗朝廷へ「申状」を発給したわけではなく、間に省略のある可能性もあるが、いずれにせよ、地方官はまず中央の担当官府（この場合は礼賓省）に「申状」により上申し、そこからさらに国王へ上奏し、判断を仰いだことがわかるのである。矢木毅氏は、中央政府から国王への上奏文は、枢密院（中枢院）の承宣房に提出され、承宣房から宮中の宦官（辞）を通して国王のもとに届けられたと指摘している。[46] すなわち、前掲「日麗関係史料」にみえる東南海都部署や有司による「奏」とは、直接国王に上奏したのではなく、彼らの上申文書を確認した担当官府が国王へ上奏したことを省略したものと考えるべきであろう。このような理解ができるとすれば、地方官からの「奏」と表現された内容は、確実に国王のもとへ達したといえるのではなかろうか。前掲の「日麗関係史料」をはじめ、『高麗史』に所収されている「（官府・官人）＋『奏』＋（内容）」とある記事の多くに国王の裁可や命令に関する記述があることも、そのことを裏付けていよう。

それでは次に、朴宰佑氏が地方官府から中央官府への文書による上申を示す表現を「申報」や「報」と指摘している点[47]について考えてみたい。まずはこれと類似する表現を持つ史料を掲げる。

【史料18】『高麗史』巻七八、食貨志一、田制、踏験損実

成宗七年〔九八八〕二月判、禾穀不レ実州県、近道限二八月一、中道限二九月十日一、遠道限二九月十五日一、申二報戸部一、以為二恒式一。

【史料19】『高麗史』巻七、文宗世家元年（一〇四七）秋七月条

長淵県民文漢、仮言託レ神顚狂、弑二其父母一、又殺二親妹・小児等四人一弃レ市。尚書刑部奏、「県令崔徳元・尉崔崇望等、不レ能二善政化レ民、致レ有二不祥之変一、且申報稽遅。宜レ罷二其職。一」従レ之。

まず、【史料18】には、禾穀の実らない州や県は、期限を設けて「戸部（尚書戸部）」に「申報」することになっ

ていたことが記されている。[48] 尚書戸部は「戸口・貢賦・銭粮之政」すなわち、戸籍や田地・租税関係を管掌する官府であった。[49] 次に【史料19】は、長淵県（令）からの「申報」が滞っていたことなどを尚書刑部が国王へ上奏している。長淵県令が「申報」した内容は、この問題に関して意見を述べている尚書刑部に伝えられたとみられるが、尚書刑部は「法律・詞訟・詳讞」、すなわち裁判や処罰に関する業務を管掌する官府であった。[50] これらの史料から、「申報」と表現された場合、戸部や刑部といった中央の関連する官府に文書が伝達されたことを意味すると理解できる。一方、具体的な官府名ではなく、「申㆓報朝廷[51]㆒」と記される史料もみられるが、これについても、「朝廷」とあることから、中央政府であることは明らかであり、それぞれの案件に対応できるしかるべき担当官府を指しているとみてよいであろう。また、「許載墓誌」には、豊州防禦使であった許載が、「申㆓報朝廷㆒」に続いて「又報㆓朝廷㆒」じることがあった。[52] この「報」に関しても、「申報」と同じ理解ができるものと思われる。

以上の事例を参考に、【史料8】にみえる「呻報朝廷」について検討してみたい。これは、対馬島民と思われる恒平らがもたらした「文牒」の内容に問題があったため、これを受け取った金州防禦使は独自の判断で対応することができず、「朝廷」すなわち中央政府のしかるべき担当官府に対して上申文書を発給したことを意味するのではないかと考える。金州防禦使から「申報」された案件は、おそらく外交を管掌した礼賓省が預かり、審議がなされたのではないだろうか。[53] 恒平らの「文牒」は、直に礼賓省に宛てていたことから、対馬島民たちも高麗朝廷の外交担当部署が礼賓省であったことを理解していたものと思われる。そして、翌熙宗二年（一二〇六）に対馬島使介明頼ら四〇人が金州にやってきた際には、金州防禦使が「廉察使」すなわち「慶尚道按察使」を経て「朝廷」に「伝報」している。「伝報」も「申報」と同じように、中央政府に対する文書での上申を意味するものと理解される。

2　文書の転送過程

一方、【史料7】には「馳馹聞二諸朝一」という表現がみえる。これは「馹」すなわち「はやうま」をはしらせて朝廷に意見を申し上げることを意味する。『高麗史』にはこれと類似した表現として「（地方官）＋（『馳奏』または『馳報』）＋（内容）」という記事がみられるが、(54)これは転送過程と関わるのではないかと思われる。中央と地方とを往来する文書は、陸上交通制度である站駅制を利用して伝達されたが、(55)これと関連して次の史料を掲げる。

【史料20】『高麗史』巻八二、兵志二、站駅（傍注は金龍善［二〇〇五：三〇〇頁］による）

顕宗二十三〔二〕年〔一〇三二〕判、「京所司於二外方州府一公貼行移時、須下報二尚書省一、商二確可否一、而後付二青郊駅館使一転送上。若諸所司及宮衙典、有下不二遵行一者上、館駅使将二文貼及事由一申レ省、随即科レ罪。」

【史料21】『高麗史』巻八二、兵志二、站駅

懸鈴伝送懸鈴、謂下皮帒盛二文貼一伝送上三急三懸鈴、二急二懸鈴、一急一懸鈴、随レ事緩急行之。

【史料22】『高麗史』巻八二、兵志二、站駅

津駅皮角伝送、自二二月一至二七月一、三急六駅、二急五駅、一急四駅。八月至二正月一、三急五駅、二急四駅、一急三駅。

姜恩景氏は、顕宗代には発送経路が整えられ、【史料20】にあるように、中央から地方に発送する公文書は必ず青郊駅を経由しただけでなく、地方から中央へ伝達される文書も青郊駅を経由したであろうことを述べている。(56)また、【史料21】や【史料22】では、「文貼」を皮の袋に入れ、鈴を懸けて伝送したが、重要度（緩急）によって付ける鈴の数や進む駅の数が異なっていたことがわかる。このような理解ができるとすれば、【史料7】にみえる「馳

馳聞二諸朝一」とは、平時とは異なる「二級」や「三級」のような緊急時の伝達であったことを意味するのではないだろうか。

3　地方から中央への上申文書

それでは、東南海都部署や金州防禦使などの地方官が朝廷（中央政府）に対して「申報・伝報・報」を行った際に使用した文書様式とは、どのようなものであったのであろうか。ここで参考にしたいのは、北村秀人氏が「中外奏状及行移公文式」にあたると指摘している[57]『高麗史』所収の「公牒相通式」である。

【史料23】『高麗史』巻八四、刑法志一、公式、公牒相通式、外官条

外官

別命使臣於二牧・都護一、当レ云二「某使貼某牧・都護。」一……西京留守於二申レ省状一「着姓草押」、副留守以下監軍使・東西都巡検使等別命使臣及諸道外官、雖二三品以上一「着姓名」。……

本書第1部第一章で取り上げた「公牒相通式」は、京官条と外官条からなり、中央官府間、あるいは地方官府間における「貼」の授受において、官府内での身分や品階によって、発給者側の署押のあり方を異にしなければならないことを詳細に明示している。本史料については、近年韓国で盛んに研究が進められており[58]、官文書の行移体系[59]や署名様式に関する成果[60]が発表されている。先行研究によれば、「公牒相通式」はおよそ顕宗年間（一〇一〇～一〇三一）の官制を基準としつつ、後の文宗代（一〇四六～一〇八三）や睿宗代（一一〇五～一一二二）の改革内容を追加したものであるという[61]。したがって、「公牒相通式」は高麗一代を通じて変化しなかったわけではないが、官府から官府へ文書を直接伝達するように作られた原則は維持されたのではないかと理解されている[62]。

さて、「公牒相通式」外官条には「申省状」とあり、地方から中央への伝達文書としての「状（申状）」の存在がうかがえる。前掲【史料17】でも毛羅勾当使が「申状（状）」を発給していたことをみた。朴宰佑氏は、地方官府から中央官府への「申報」は「状」によって行われたことを指摘し、「公牒相通式」において「申省状」と表現される「状」がそれに該当すると述べている。[63] 川西裕也氏も「長城監務官貼」において、「長城郡の監務官宋某や戸長徐純仁等が上級官府に上申した文書として「状」が引用されており、当時、上行の官文書として「状」という形式が使用されていたことが知られる」と述べている。[64] 一方金炯秀氏は、「申省状は朝鮮時代の牒呈や牒報に該当する文書として一定の様式を備えていた文書とみることができる。このような申省状は場合によって国王に報告される文書であった」[65]と述べ、「申省状」という文書様式の存在を想定している。「申省」については、「報告すること」[66]・「事実を明らかにしてあらわすこと」[67]とあり、「申省状」は「申省した内容を記した文書」[68]などの説明があるが、姜恩景氏や尹景鎮氏が「本来申省は『尚書省に対する報告』を意味する」と述べるように、[69]「（尚書）省に申す状」と読み、地方から朝廷（中央政府）へ報告される「状」と理解すべきではないだろうか。地方官から上申される「状」の宛先については、尚書都省とする見解[70]と、中央の担当官府とする見解[71]があるが、筆者は、中央を代表する行政統括機関であった尚書（都）省[72]を経由し、文書の内容と関連するしかるべき官府に転送されたと考える。

第四節　対日本外交案件の審議過程

次に、金州から高麗朝廷に上申された対日案件は、どのように審議・処理されたのであろうか。ここでは具体的な内容が残されている【史料7】と【史料8】の事例を取り上げて検討してみたい。

まず、【史料7】についてみてみると、東南海都部署は、対馬島から送られてきた「牒」の内容をみて、〈馳駟してこれを朝に聞〉し、その後、高麗朝廷で「両府議」が行われた。この「両府議」とは、両府（中書門下省と枢密院）の大臣（宰枢）による合坐（会議）を指す。合坐について矢木毅氏は、「王命によって不定期に開催される諮問会議」であると指摘している。(73)したがって、「両府議」が開催されたということは、その前に国王に対する上奏がなされ、それを受けて王が合坐の開催を命じ、会議がなされたとみなければならない。「両府議」では尚書都省牒で対馬島に回示しようとしたが、会議の事務局官である都兵馬録事(74)の李文鐸が、承制（承宣）李公升に東南海都部署名義で返牒することを主張し、採用された。

続いて【史料8】をみると、まず煕宗元年（一二〇五）に高麗へ渡航した恒平ら一行について、金州防禦使は「状」による「呻報」を行った。案件を受け取った「朝庭（礼賓省か）」では「朝庭之議」すなわち審議を行ったが、担当官府のみで行われた会議なのか、ここからさらに国王へ上奏がなされたのかどうかについては判然としない。そして、翌煕宗二年（一二〇六）に対馬島使介明頼ら四〇人が金州にやってきた際には、金州防禦使から慶尚道按察使（廉察使）を経て朝庭に「状」を上申した（伝報）。結局高麗朝廷としては、恒平・明頼共に交接を許さずに遣還処分とし、彼らがもたらした文牒および「進奉方物」も還給し、対馬島に対して牒状（【史料8】）を発給したのである。

第五節　対日本外交文書の作成過程　―返牒の場合―

1　返牒の作成

さて、【史料7】・【史料8】をみると、高麗の朝廷では審議結果を反映した返牒が日本（対馬島）に送られることとなった。この返牒はどのような機関や人物によって作成されたのであろうか。

日本の場合、延長七年（九二九）の後百済使の事例をみてみると、張彦澄ら二〇人は対馬島に来着し、「送二大宰府司一書状」と「送二嶋守坂上経国一書」をもたらした(75)。対馬守坂上経国は使節を対馬に拘留し、その内容を解にしたためて大宰府を経て太政官に送った。太政官で審議された結果を反映した返書は、「文章博士」によって作成された。しかしそれらは「大宰（府）牒」・「対馬牒」・「（大宰）大弐書」・「対馬守書」とあり、差出は大宰府や対馬名義であった(76)。次に、承暦四年（一〇八〇）に高麗礼賓省が大宰府に発給した請医の牒状に対しては、陣定で審議が行われ、最終的に医師の派遣を拒否することに決し、その意向を伝える返牒が作成された。その起草には大江匡房（当時権左中弁(77)）が担当したが、名義は大宰府であった。また、天福二年（一二三四）に異国返牒を起草したのは、散位正三位大蔵卿・式部大輔の菅原為長で(78)、文章博士を経験していた。さらに文永六年（一二六九）の「高麗国慶尚晋安東道按察使宛日本国大宰府守護所牒(79)」の起草者は為長の子の長成で、当時は散位従二位にあり、文章博士・式部大輔を歴任していた(80)。以上のように、日本における外交文書の作成に関しては、文章博士やそれに準じる式部大輔などの漢文学に長じた「才人」が関与していたのである(81)。

それでは、高麗の場合はどうだったのであろうか。まず、返牒することに決まると、枢密院承宣房からの宣旨によって担当官府・官人に指示がなされる(82)。周藤吉之氏は、宋・遼・金に対する表すなわち国書は、翰林学士承旨・翰林学士をはじめ、宰相や知制誥が起草していたことを指摘している(83)。朝鮮時代には、「承文院」が事大文書をはじめ、日本宛ての交隣文書をも管掌していたが、承文院の沿革について桑野栄治氏は、高麗時代の「文書監進色」から「文書応奉司」を経て成立したものであるという。だが、高麗の「文書監進色」は史料の制約上、ほとんど不明といわざるを得ないと述べている。[84]「文書監進色」に関しては、李穡著『牧隠詩藁』巻三一、詩、有感に「久忝二文書監進一」とあり、金九容著『惕若齋学吟集』巻之上、「寄枢斎李先生」にも「遙想二文書監進局一」とみえることから、少なくとも十四世紀には「文書監進色（局）」の存在がうかがえる。十四世紀以前の「文書監進色（局）」については明らかではないが、李穡や金九容らが当代を代表する文人であったことを勘案すれば、外国宛牒の起草も彼らのような文人が起用されたのではないだろうか。このことがうかがえるのが【史料14】で、そこには、高麗北方の関門であった義州では「使价往来」や「文牒出入」・「文牒交通」があるため、義州の守令には必ず「文臣」を択ぶことや、義州分道にも「儒士」をあてることなどが記されている。【史料7】や【史料8】の場合は、案件が朝廷に上申されて審議されていることから、おそらくは朝廷内で返牒が作成されたものと推測されるが、高麗でも翰林学士承旨や翰林学士などをはじめとする漢文学に長じた、しかるべき「文臣・儒士」が外交文書を作成したのではないだろうか。しかし差出の名義は、東南海都部署や金州防禦使など、日本側の文書の差出と対応する機関であった。

2　高麗朝廷から地方への下行文書

【史料7】や【史料8】の場合には、おそらく朝廷で返牒が作成されたものと推測されるが、もしそうであれば、返牒を金州へ転送する必要が生じる。また【史料8】をみれば、金州防禦使は、対馬島民がもたらした「文牒」や「進奉方物」を受け取らず、「金州防禦使牒状」を付与して帰国させるといった、朝廷からの命令を執行しなければならない。このような高麗朝廷から発せられた命令は、どのように金州防禦使に伝えられたのであろうか。例えば、日本の場合、前述の後百済使の事例をみてみると、太政官で作成された後百済返牒や返書に添えて、太政官が

「符」を大宰府に下しているが、そこには使節に食料を与えて帰国させることや、返牒・返書を付すことなどを指示した内容が明記されていた。[85] 高麗では、中央からの命令を地方に伝える際にどのような文書が用いられていたのであろうか。

姜恩景氏[86]や朴宰佑氏[87]は、現存する高麗の古文書を検討し、下行文書として「貼」を挙げている。そして金炯秀氏は、「貼」が朝鮮時代の「関」と「帖」を含んだ書式であると述べている。[88] 十二世紀末の文書である「長城郡司宛長城監務官貼」[89]には、「監務官貼 長城郡司」とあり、長城郡に派遣された外官である長城監務官が、管轄下にある長城郡司（郷吏）に宛てて「貼」を発給している。前掲【史料23】の「公牒相通式」にも、京官あるいは地方官相互間における文書の書式について「貼」が使用されていることがうかがえ、平行・下行文書としての「貼」の可能性が考えられる。前掲【史料20】の前半部には、「開京の官衙から地方の州や府に『公貼』を移す時、その内容を尚書省に報じて可否をはかり定めた後に、青郊駅の館駅使に付して（公貼）を転送すべき」とあり、「公貼」の存在も確認される。姜恩景氏によれば、「貼」は、中央の行政機関においては胥吏である主事・録事・令史・書史・書令史・史・記事・記官などが文書の作成・管理を担当しており、地方行政機関では郷吏などが担当していたと指摘している。[90]

しかし、次の史料では「牒」の存在をみることもできる。

【史料24】『高麗史』巻六八、礼志一〇、嘉礼、老人賜設儀

……州府郡県賜設、前レ期、尚書礼部奏、奉二指揮一、牒二尚書都省一。都省伝二牒三京・諸都護・州牧一、設二給酒食一、賜二布穀一、皆準二前例一。

これは、尚書礼部が主管した「養老宴」の挙行手続きに関する史料である。ここには、尚書礼部が挙行の可否を

国王に上奏してうかがい、国王からの裁可（指揮）を得た案件を、尚書礼部が尚書都省に「牒」で送り、さらに尚書都省から「三京・諸都護・州牧」に「牒」が伝えられたことがわかる。矢木毅氏は、「尚書礼部が三京・諸都護・州牧に直接移牒するのではなく、一旦、都省を経由して移牒しているのは、当該の王命文書の施行が単に礼部だけの問題ではなく、関連する部局の様々な協力を必要としたこと……に鑑みて、そうした関連部局間の調整を、行政統括機関である尚書都省が担当していたことを意味するであろう。ともあれ、地方の「三京・諸都護・州牧」に命令を伝達する主体は都省（尚書都省）であ」ったと述べている。[91] このように「貼」と「牒」の違いがみられるが、矢木毅氏は、『経国大典』巻三、礼典、用文字式の記述から、「「貼」は「牒・帖」と通用の字。「牒」（牒呈）は官庁の発給する平行または上行文書、「帖」は官庁の発給する下行文書である」と述べている。[92] また、朴宰佑氏は「貼」と「帖」が通用する可能性は排除できないとしているが、「牒」については外交文書としてのみ使用され、国内では「貼」が実際の文書の名称であった可能性が高いことを指摘している。[93] 金炯秀氏は、高麗時代に発給された「帖」は「都評省帖」が唯一であることから、成宗代に「貼」様式が定められて以後は「帖」は用いられなくなり、「貼」は昌王・恭譲王代まで利用された高麗時代固有の公文様式であったと理解している。[94] 森平雅彦氏は「牒」について「広く公文書一般を意味する場合もあるが、元における特定の文書形式をさす術語でもあるので、注意を要する」と述べている。[95]

このように、高麗において朝廷から地方官府に宛てて発給された文書については、「牒・貼（帖）」などの可能性が提示されており、議論が続いている。前掲【史料20】や【史料24】から、地方に文書を伝達する主体が尚書都省であることは認められるが、尚書都省が諸官府からの「牒」や「公貼」を「転送」（あるいは「伝」）する際には、この他にも、例えば告身文書にみられる「符」を利用した可能性も充分に考えられるであろう。[96] 現段階ではこのような下達文書の種類について明言することはできないが、朝廷で作成された対馬島宛の返牒は、尚書都省による「貼（牒）」あるいは「符」などに添えて金州に転送された。そして、金州防禦使は朝廷からの命令を執行するとともに、「金州防禦使牒」に署名を付して当事者に交付したものと憶測される。

第六節　対日本外交担当官府の推移

以上、文書の種類や伝達過程を中心に、十一世紀半ばから十三世紀前半までの高麗における対日外交の在り方について検討を進めてきた。ここであらためて基本史料である「日麗関係史料」をみてみると、十三世紀を境として、対日担当の官府に相違があることに気づく。それは、十二世紀半ばの出来事を記す【史料7】までの時期は、東南海都部署が朝廷に上申していたのに対し、十三世紀の【史料8】や【史料9】では、金州防禦使（官）が朝廷に申報しているのである。このことは十二世紀後半から十三世紀初頭までの間に、対日外交に関する高麗朝廷の政策に変化があったことを思わせる。本節ではこの点について検討してみたい。

先行研究によれば、東南海都部署（後の慶尚道按察使）は、太祖二十二年（九三九）に本営が慶州に置かれて以来、金州と慶州との間で設置と廃置を繰り返している。[97] その時期をみると次のようにⅠ期～Ⅵ期に分けることができる。

【東南海都部署使営（後の慶尚道按察使営）の位置】

Ⅰ期　　九三九～一〇七八年―慶州（【史料1】～【史料4】）

Ⅱ期　一〇七八～一一九〇年―金州（【史料6】・【史料7】）

Ⅲ期　一一九〇～一二〇二年―慶州

Ⅳ期　一二〇二～一二九三年―金州（【史料8】・【史料9】）
Ⅴ期　一二九三～一三六八年―慶州
Ⅵ期　一三六八～一三七八年―金州

東南海都部署使営（Ⅱ期に慶尚道按察使営となる）は慶州と金州との間を以上のように移置している。Ⅵ期の後については、

【史料25】『高麗史』巻五七、地理志二、東京留守官条

辛禑二年〔一三七六〕府与二金州一争二使営一。都評議使奏、金州賊殺二按廉一、且置レ営歳月不レ及二鶏林一。況近海浜、倭賊可レ畏。乞レ移二置鶏林一。禑従レ之。

とあり、辛禑王二年（一三七六）に使営の移置問題が起こり、辛禑王四年（一三七八）に慶州に使営が移されたものとみられる[98]。このような使営の位置に注目すると、対日外交の案件について「東南海都部署」が朝廷に上申していた時期はⅠ・Ⅱ期であり、Ⅲ期は記録が無いため定かではないが、その後「金州防禦使（官）」が申報を行ったのはⅣ期のことであった。したがって、Ⅲ期とそれを前後する時期に東南海都部署から金州防禦使への変化があったことが推測されるのである。そこで、その原因を探る手掛かりとして、東南海都部署使営（慶尚道按察使営）が慶州や金州に交互に置かれた理由について考えてみたい。

金好鐘氏によれば、Ⅰ期からⅡ期（慶州から金州）への移行については、日本との関係を重視して、天然の良港を擁している金州に使営を移したのではないかと述べている[99]。前掲【史料25】では、海浜に近い金州では倭寇に襲撃される恐れがあるため、使営を鶏林（慶州）に移置することがはかられており、慶尚道按察使営の位置は、対日関係の状況を考慮して設置されていたものと推察される。Ⅰ期では、都部署は慶州に本営が置かれていたため、こ

の時期に金州へやってきた日本人は、当地の守令である金州防禦使がまず接触し、防禦使から東南海都部署に日本人の来着が伝えられ、その報告を受けた都部署使が朝廷に上申するという行程を経ていたのではないかと推測される。しかし、文宗代に日本人が続々と金州に来航してきたことを受けて、東南海都部署使営を金州に移置し、都部署使自らが直接日本人との折衝を行うようになったのではないかとみられる。

ところが、金州に東南海都部署使営を設置してから一一二年後の明宗二十年（一一九〇）に、慶尚道按察使（東南海都部署使）営は慶州に還置している。この理由については、慶州を中心とした地域の政情が不安定になったことが挙げられる。(100)それ以前の十二世紀後半から、過酷な税の徴収に堪えかねた百姓などによる流亡が社会問題となっていたが、明宗二十年に大規模な盗賊が東京（慶州）で発生し、慶尚道按察副使の周惟氏がこれを抑えようとしたが敵わず、混乱が広がった。明宗二十三年（一一九三）には、東南路按察副使（慶尚道按察使を指す）金光済が賊を抑えられず京兵を要請している。そして同年七月からはいわゆる雲門・草田民の蜂起がおこり、当時の武人執政李義旼による新羅復興計画と同調しながら、神宗三年（一二〇〇）頃まで慶尚道地域で南賊と政府軍の抗争記事がみられる。(101)金好鐘氏は、慶州がこのような状況であり、また当時の日本との関係が比較的閑散としていたため、この時期に本営を慶州（東京）に移したとされる。(102)日本との関係が閑散としていた云々についてはあらためて考えてみる必要があると思われるが、(103)当時の慶州を中心とした地域の治安が悪化していたことは、本営移置の大きな要因となったであろう。

しかし、慶州に再設置された慶尚道按察使営は、わずか一二年後の神宗五年（一二〇二）に、再び金州に移置されることになった。この理由については、慶州を中心とする慶尚道における南賊の反乱が拡大していったため、(104)もはや事態を収拾することができない状況に追い込まれ、その結果慶州から離れた金州に慶尚道按察使営を移動せざるを得なかったものと理解されている。[105] 慶尚道按察使営が慶州から金州に再び移置した神宗五年には、先の雲門の賊や慶州の吏民・僧徒らが連合して、新羅復興を目指した大規模な謀反が起きている。そして慶尚道按察使営は、その後忠烈王十九年（一二九三）まで九一年間金州に置かれていた。

以上のような状況を踏まえると、十二世紀後半から十三世紀初頭までの間に対日本担当官に変化がみられる時期と、政情不安のために慶尚道按察使（東南海都部署使）営が金州から慶州へ移置した時期（Ⅱ期からⅢ期、明宗二十年）とが重なるのである。筆者は、十二世紀末期に立て続けに発生した南賊の反乱などにより、慶尚道按察使（東南海都部署）の任務がこれまでになく多忙かつ危急な状況となったことから、使営が慶州に移された明宗二十年（一一九〇）を契機として、対日本外交の担当官が東南海都部署（慶尚道按察使）から金州防禦使に変更された可能性があることを指摘したい。そしてこの変更は、その後神宗五年（一二〇二）に使営が再び金州に復置された後も維持されたと推測する。

当時の状況をこのように理解すると、【史料８】の明頼ら四〇人と高麗との交渉の際に「廉察使（慶尚道按察使）」が関与している事実は、一見矛盾するように感じられる。しかしこの点については、その前年に恒平ら十一人が高麗に来航している状況を考慮することにより、無理なく理解できるものと思われる。この時期対馬島からは、一二〇五、六年と続けて島民が高麗へ渡航しているが、どちらも高麗側の満足するような牒状を携行しておらず、金州防禦使は対応に苦慮している。最初にやってきた恒平らに関しては、金州防禦使が朝廷に対して対応するかどうかの旨を申報したが、その後幾ばくもせずして来航してきた明頼らも、やはり高麗側が無礼と感じるような牒状を携行していたのである。文書の表現や形式を巡るトラブルは時代を問わずしばしばみられることであるが、[106] このような使者に対しては、不審感を抱くと同時に国家に仇をなす警戒すべき存在であると感じるであろう。慶尚道地域は、恒平や明頼がやってくる直前まで南賊による反乱が続き、疲弊した状況であったことを考慮すると、二度にわたる不審な文牒をもたらした対馬島民に対し、金州防禦使の警戒心は先鋭化していたのではあるまいか。そのため、文書の伝達から処分が下されるまで一定の時間がかかる開京への申報をせず、緊急の措置として、当該地域の軍事的機能も有していた廉察使（慶尚道按察使）に報告し、明頼らの処遇について指示を仰いだのではないだろうか。しかし、廉察使はこれを朝廷に伝報し、最終的には恒平・明頼共に遣還する処分が下されるに至った。すなわち、この時の廉察使の関与は、一般的な対日外交の業務とは異なるものであったと解されるのである。

むすび

以上、十一世紀半ばから十三世紀半ばまでの「日麗関係史料」から、高麗における対日本外交のあり方について検討を加えてきた。高麗へ渡航した日本人は通常金州を目指し、そこに設置された館舎において、東南海都部署や金州防禦使の指揮の下、邦物（方物）の貢進（貿易）や漂流民の送還を通じた交流が行われていた。また、開京へ赴くことを希望する者もおり、高麗側から許可が下りれば、海路を利用して上京した。金州と開京とを結ぶ情報伝達に関しては、地方官からの上申文書としての「状」の存在や伝達過程について確認した。さらに高麗朝廷における審議処理過程や、返牒作成・返牒の伝達などに関しても検討を加えた。

そして、当該期における高麗の対日本外交管理で注目すべきことは、十三世紀を境にして、対日外交窓口に変化がみられることである。これについては、十二世紀末に、主に慶州を中心とした地域での治安悪化が顕著となり、それまで対日本外交を担当していた東南海都部署（慶尚道按察使）は、賊の鎮圧や民の安撫などに専念することを余儀なくされた。そのため対日本関係の業務は、日本人が来着する金州に置かれた金州防禦使が担当したのではないかと考え、その画期は金州から慶州に使営が移置した明宗二十年（一一九〇）にあるのではないかと述べた。したがって、【史料8】にみられる金州防禦使から廉察使（慶尚道按察使）への情報伝達は、本来的な手続きとは異なり、明頼らの来航を不審に思った防禦使が、緊急の措置として廉察使に状況を報告したものであると理解した。このような対日担当官府の変更が、日本・高麗間のいわゆる「進奉船」の推移を考える上でも重要であると考えているが、その点については本書第2部で検討する。

注

（1）近年活発となっている当該分野の到達点や課題・文献については、ひとまず中村翼［二〇一五］を参照されたい。

（2）山内晋次氏は、日本から高麗への漂流民送還に関して、高麗側における対日本外交の最前線は金州官衙で、金州からさらにさきの処理ルートについては東南海都部署という官庁が中央への報告を担当していたと指摘し、〈日本各地→大宰府→対馬島→金州→東南海都部署〉という官庁間のルートの存在を明らかにした［二〇〇三a：八九頁］。また、李領氏も日本からの使節・商人や対馬島に関する諸般事務は、原則的に高麗側の対日窓口であった東南海都部署の管轄下にあり、その権限を超えた事柄については中央と連絡をとり、指示を受けるものの、原則的には都ではなく、金州の現地において専決していたと述べている［一九九九　日文：二二・六七頁］。森平雅彦氏は、東南海船兵都部署や金州防禦使の管区が広範囲に及ぶことから、窓口機関の所在地と船舶入港地が必ずしも同一とは限らないことを指摘している［二〇一三B：七頁］。

（3）本墓誌については、本書第1部第三章および第2部第一章を参照。

（4）本文書については、本書第1部第二章を参照。

（5）本文書については、本書第2部第三章・第四章を参照。

（6）『新増東国輿地勝覧』巻三二、金海都護府、山川、明月山条
　明月山、在㆓府南四十里㆒。山下仇良村、有㆓見助巌水站㆒、以接㆓倭使㆒。山頂石罅有㆑穴成㆑門、高広皆五尺計、深七尺計。……
（7）『新増東国輿地勝覧』巻三二、昌原都護府、山川、主勿淵津条
　主勿淵津、在㆓府北四十里㆒、漆原県買浦下流。岸上設㆓小公館㆒、以待㆓倭使㆒之、乗㆑船往来。
（8）李宗峯［二〇〇四：一八七〜一八九頁］。
（9）【史料2】の「館」について森平雅彦氏は、「直接には施設での宿泊を意味するだけであり、それが日本専用の客館だったという絶対の保証はない」と指摘する［二〇一三B：三九頁］。
（10）「高麗国牒状案」（大和尊勝院文書。竹内理三編『鎌倉遺文』古文書編第一三巻、東京堂出版、一九七七年、三二三〜三二四頁）。［李領 一九九九b 日文：七一頁］。
（11）『高麗史』巻二六、元宗世家八年（一二六七）春正月条。
（12）『韓国文集叢刊』一二九、五三〇頁。
（13）本書第2部第四章を参照。
（14）【史料13】にみえる「女真柔遠将軍沙伊羅」は、『高麗史』巻六、靖宗世家八年（一〇四二）八月庚辰条に「東女真柔遠将軍沙伊羅等六十八人来献㆓土物㆒」とあることから、東女真であった。
（15）『高麗史』巻四、顕宗世家三年（一〇一二）閏十月条にも、「女真毛逸羅・鈕乙豆率㆓部落三十姓㆒、詣㆓和州㆒、乞㆑盟許㆑之」とあり、（東）女真の高麗来朝に際し、和州が拠点となっていたといえる。なお、東亜大学校石堂学術院［二〇〇八：二六一頁］にある「和州館」の注釈も参照。
（16）『高麗史』巻九、文宗世家三十三年（一〇七九）冬十一月己巳条には、「日本商客藤原等来、以㆓法螺三十枚・海藻三百束㆒、施㆓興王寺㆒、為㆓王祝㆑寿」とあり、文宗十年（一〇五六）に開城府徳水県に創建された興王寺に施行した事実が知られる。彼らも入京した事例と考えてよいであろう。
（17）奥村周司［一九七九：九一頁］。

(18)『高麗史』巻一九、毅宗世家二十三年（一一六九）十一月庚辰条。
(19)『宣和奉使高麗図経』巻二七、館舎、順天館および客館条。
(20)丸亀金作［一九六一：六二～六三頁］、山内晋次［二〇〇三e：二〇〇頁］。
(21)金南奎［一九八九：六二頁］。
(22)山内晋次［二〇〇三a：八九頁］、李領［一九九九a　日文：二二頁］。
(23)金南奎［一九八九］、邊太燮［一九七一d］、周藤吉之［一九八〇b］、金好鐘［一九九九］を参照。
(24)この点については、本書第1部第二章を参照。
(25)『世宗実録地理志』慶尚道条には、明宗十六年（一一八六）に秘書丞の李桂長が東南海都部署使と慶尚道按察使を兼任した記録が残されている。
(26)『高麗史』巻七七、百官志二、外職、按廉使（本書第1部第二章参照）。
(27)按察使の先駆的な研究としては、邊太燮［一九七一d］があり、最近では朴鐘進［二〇〇三］がある。
(28)他にも『異国出契』所載、至元六年（一二六九）付「大宰府（あるいは大宰府守護所）宛高麗国慶尚晋安東道按察使牒状」がある。
(29)李領［一九九九a　日文：二八～二九頁］。山内晋次氏も欠字を「専」字に補っている［二〇〇三a：九三頁］。
(30)崔貞煥［二〇〇六：四〇五～四〇六頁］。
(31)朴龍雲［二〇〇九：七二五～七二六頁］。
(32)蔡雄錫［二〇〇九：一五四頁］。
(33)『異国牒状記』には「永承六年（一〇五一）七月、高麗国牒到来」とあり、『水左記』承暦四年（一〇八〇）九月四日条には「永承六年金州返牒云、専行李以瞻〔膽カ〕二信礼一、而便レ附二商船一□数欠云々」とある。さらに『百練抄』永承六年七月十日条には、「高麗国牒状定。返二上日向国女一事」と記されている。すなわち、高麗が日向国の女性を送還してきた際に金州名義の牒状を発給し、これに対して返牒を送ったことが知られるのである（山内晋次［二〇〇三a：八九・九九頁］、渡邊誠［二〇〇七：四頁］）。この時の「金州牒状」は、金州の守令が顕宗三年（一〇一二）以来「金州防禦使」であった（『世宗実録地理志』、慶尚道、晋州牧、金海都護府条）ことから「金州防禦使」名義の牒状であった可能性があるが、詳細は不明である。なお『異国牒状記』に関しては、石井正敏［二〇一七ｌ］を参照。

(34) 本書第1部第二章を参照。

(35) 例えば、『貞信公記抄』天慶三年（九四〇）六月二十一日条、『小右記』長徳三年（九九七）六月十三日条、『朝野群載』巻二〇異国所収「大宰府解申請官裁事」など。

(36) 諸橋轍次編『大漢和辞典』一〇（大修館書店、一九五九年）三八二頁。

(37) 例えば、『百練抄』天禄三年（九七二）十月二十日条など。

(38) 『日本三代実録』貞観五年（八六三）四月二十一日条、貞観七年（八六五）七月二十七日条、貞観八年（八六六）七月十五日条、貞観十五年（八七三）七月八日条など。「馳駅奏言」あるいは「馳駅奏」などの表現は、飛駅使によるものと考える。

(39) 高麗では、国家の基本法典としての律令格式を独自に編纂しておらず、「中国の法律の中から随時必要に応じて高麗社会に適用可能なものを摘出し、それを社会の実情に適した形に改めながら用いている」という指摘が北村秀人氏によってなされている［一九八二：二一五頁］（最近、高麗でも独自に律令が存在したことを指摘する研究もみられる〈嶺南大学校民族文化研究所［二〇〇九：三頁］〉）。中国の法とは、唐律令はもちろん、宋刑統（律）や宋令および各種の勅令格式、あるいは遼金の法なども参照している（北村秀人［一九八二：二〇一～二〇二頁］）。仁井田陞氏は、顕宗二十年（一〇二九）頃までの令は、「大體唐令と同様といって差支えなかろうし、その後のものには、唐令とは異なったものが大分ふくまれていた可能性がある」と述べている（［一九九七：二七七頁］）。これらの意見を参照すると、高麗の文書行政システムや文書様式に関しても、唐宋の影響を受けていたことが想定される。細部をみれば、例えば高麗の上奏文や行政文書は一般に吏文（吏読文）で書かれているなど、中国とは異なる高麗の独自性も見出せる（矢木毅［二〇〇八ｈ：四八〇～四八一頁］）。しかし、文書様式については中国の制度を参酌していたことは間違いないであろう。なお、宋代における官司間の授受文書については、平田茂樹

〔二〇一二c〕を参照。特に二二五頁にはその関係を図示している。

(40) 朴宰佑〔二〇〇五a：一二三〜一三一・一三五頁〕。

(41) 中村裕一〔一九九一b：四一七〜四一八頁〕。

(42) 徳永洋介〔一九九八：四〇八頁〕、平田茂樹〔二〇一二b：二七四頁〕。

(43) 『日本思想大系 律令』（岩波書店、一九七六年）六四二頁。中村裕一〔一九九一b：四一一頁〕。

(44) 「申状」は北宋司馬光編『司馬氏書儀』巻一、公文に「申状式」が収録されており、地方の路や州が中央官府である「省・臺・寺・監」に文書を上申する時に利用されることが記されている。しかし、『高麗史』で「申状」とある事例は【史料17】のみであるため、〈状を申すに拠りて奏す〉と読み、「状」である可能性もある。南宋の『慶元條法事類』巻一六には「状式」がある。これについて伊藤一馬氏は「『司馬氏書儀』の申状式と『慶元條法事類』の状式とは、これまで同一視されてきたように思われるが、厳密には本文の結句に差違が認められる。……両者を完全に同一と考えることには慎重になるべきであろう」と述べている（〔二〇一八：五頁〕）。「地方から中央への上申文書」が「状」形式であったことは間違いないと思われるが、「申状」の事例が皆無に等しい現状において、両者の関連についてこれ以上言及するのは困難である。今後さらに検討することとしたい。

(45) 勾当使は、『高麗史』巻七七、百官志二、外職、勾当に、「勾当、成宗十三年〔九九四〕置二鴨緑渡勾当使一、後諸津渡皆有二勾当一」と規定があり、「高麗時代各地方の渡し場（津渡）を管理して警備するために派遣された官吏」であった（崔貞煥〔二〇〇六：四〇八頁〕）。乇羅（耽羅）勾当使については、【史料17】の他、『高麗史』巻九、文宗世家三十三年（一〇七九）冬十一月壬申条に、「耽羅勾当使尹応均、献二大真珠二枚一、光曜如レ星。時人謂二夜明珠一」とあり、遅くとも文宗代には設置されていたことがわかる。耽羅勾当使について李領氏は「高麗の中央政府が郡設置以前に耽羅に派遣していた官吏であった」（〔一九九九b 日文：七四頁〕）と述べている。しかし、『高麗史』巻五七、地理志二、耽羅県には「粛宗十年改二乇羅一為二耽羅郡一、毅宗時為二県令官一」とあり、粛宗十年（一一〇五）以前は、耽羅は形式的には独立国家で、高麗に服属、朝貢していたことが確認される（高橋公明〔二〇〇九〕、山内晋次〔二〇〇三a：九六頁〕、〔森公章：一九九八〕など）。最初に勾当使として鴨緑江に派遣された河拱辰に関する史料としては、『高麗史』巻一〇、宣宗世家五年（一〇八八）九月条に、「遣河拱辰於鴈門為勾当使於鴨緑。昼則出監於東湙、夜則入宿於内城」とある。河拱辰が派遣された「鴈門」とは、高麗の具体的な地名ではなく、中国山西省の北部に位置した関所で、北方辺境の地域を意味する（東亜大学校石堂学術院［二〇〇六：三二五頁］）。この事例を参照すれば、乇羅（耽羅）勾当使とは、高麗から耽羅島（済州島）へ行く際の、高麗側の津、すなわち全羅道南西部に派遣された地方官とみるべきではなかろうか。例えば、『高麗史』巻五七、地理志二、耽羅県条によれば、高麗から耽羅（済州）島へ行く際には、全羅道の羅州・海南・耽津の三所から出発したことが知られる。また、『新増東国輿地勝覧』巻三七、海南県、山川条には、「古於蘭浦在県南二十五里。済州来往船泊此」、「笠巌浦在県南五十里。亦済州船泊処」とあるため、この辺りの地域に設置されたのではないだろうか。あるいは、三別抄が珍島から済州島へ向かった事実を考慮すれば、珍島に設置された可能性もあるが、正確な位置については不明とせざるを得ない。

(46)　矢木毅［二〇〇八b：八一頁］。

(47)　朴宰佑［二〇〇五a：一三二～一三五頁・二〇〇八：一頁］。

(48)　「判」や「戸部」の語が成宗年間に用いられていたとは考えられず、後代の筆削が疑われている（矢木毅［二〇〇八g：五一二頁］）。

(49)　『高麗史』巻七六、百官志一、戸曹。

(50)　『高麗史』巻七六、百官志一、刑曹。

(51)　「許載墓誌」・「閔瑛墓誌」（金龍善［二〇〇六a：八一・一二二頁］）。

(52)　前掲注（51）を参照。

(53)　礼賓省が対外案件に関わっている事例としては、『高麗史』巻六、靖宗世家八年（一〇四二）二月丙申条、巻七、文宗世家九年（一〇五五）九月辛未条。巻九、文宗世家三十五年（一〇八一）夏四月壬午条・八月己未条。巻一二、睿宗世家元年（一一〇六）二月辛卯条。また、礼賓省が外交文書の差出となっている例としては、本書第1部第一章で検討した『朝野群載』巻二〇、異国所収「大日本国大宰府宛高麗国礼賓省牒状」および「大宋国慶元府宛高麗国礼賓省牒状」（『開慶四明続志』巻八、「収刺麗国送還人」所収）がある。
(54)『高麗史』巻一四、睿宗世家十年（一一一五）十一月庚寅条や同書巻二四、高宗世家三十九年（一二五二）五月癸巳条などを参照。
(55) 北村秀人氏は、站駅制によって「王朝中央の命令の地方への伝達」が行われていたことを指摘している（［一九九六：九一九頁］）。また、朴宰佑［二〇〇五ａ：一三六頁］も参照。
(56) 姜恩景［二〇〇七ｃ：二五一〜二五四頁］。
(57) 北村秀人［一九八二：二〇〇頁］。
(58) 姜恩景［二〇〇七］、尹景鎮［二〇〇七］、蔡雄錫［二〇〇九］。
(59) 朴宰佑［二〇〇五ａ］、金炯秀［二〇〇八］。
(60) 朴竣鎬［二〇〇二ａ・ｂ ハングル・二〇〇三・二〇〇九 日文・ハングル］。
(61) 姜恩景［二〇〇七ａ：四〇〜四二頁］、尹景鎮［二〇〇七：八〇〜八一頁］、朴宰佑［二〇〇八：一五・二一・二三頁］。
(62) 朴宰佑［二〇〇八：一四頁］。
(63) 朴宰佑［二〇〇八：一一・五頁］。
(64) 川西裕也［二〇一五：二三八］。
(65) 金炯秀［二〇〇八：一六五頁］。
(66) 盧明鎬他［二〇〇〇ａ：三六九頁］、金炯秀［二〇〇八：一六〇頁］。
(67) 檀国大学校東洋学研究所編『韓国漢字語辞典』巻三（檀国大学校出版部、一九九五年）四四四頁。
(68) 矢木毅［二〇〇八ｇ：四四四頁］。
(69) 姜恩景［二〇〇七ｃ：二四四頁］、尹景鎮［二〇〇六：三八頁］。また、中国の事例であるが、中村裕一氏は、『唐会要』巻七五、選部下、南選、開元八年（七二〇）条にある、「其年九月、勅、応二南選一人、嶺南毎レ府同一解、嶺北州及黔府管内州、毎レ州同一解、各令下所管勘二責出身由歴一、選二数考課優労等級一、作中簿書上、先申レ省」とある

「申省」を「尚書省に申告せよとある」と理解している（中村裕一［一九九一a：一六頁］）。
(70) 邊太燮［一九七一a：二三頁］、朴龍雲［二〇〇〇：五八頁］、許興植［二〇〇四：四八頁］、金龍善［二〇〇五：三〇〇頁］、朴宰佑［二〇〇五a：一三六頁］、金雲泰［二〇〇五：四七頁］、尹景鎮［二〇〇六：二九頁］、姜恩景［二〇〇七c：二四四頁］。
(71) 金炯秀［二〇〇八：一六一頁］、蔡雄錫［二〇〇九：一五七頁］。
(72) 邊太燮［一九七一a：二三頁］、朴龍雲［二〇〇〇：四七頁］、姜恩景［二〇〇七c：二四九頁］。
(73) 矢木毅［二〇〇八d：一七六頁］。
(74) 矢木毅［二〇〇八d：一八六頁］。
(75) 『扶桑略記』延長七年（九二九）五月十七日条。
(76) 『扶桑略記』延長七年（九二九）五月二十一日条。
(77) 『公卿補任』巻一（新訂増補国史大系五三）三五〇～三五一頁。
(78) 『異国牒状記』（石井正敏［二〇一七l：一三頁］）。
(79) 『本朝文集』巻六七所収、文永七年二月日付、大宰府守護所牒。
(80) 荒木和憲氏は、「文章博士（漢学者）の菅原長成が返牒を起草」と述べている［二〇〇八：一頁］。
(81) 石井正敏［二〇一七l：三三四頁］。
(82) 矢木毅［二〇〇八b：八三～八六頁］。
(83) 周藤吉之［一九八〇c：三一〇頁］。翰林学士承旨などについては、『高麗史』巻七六、百官志一、芸文館を参照。
(84) 桑野栄治［一九九四：二四頁］。
(85) 『扶桑略記』延長七年（九二九）五月二十一日条。
(86) 姜恩景［二〇〇七c：二六四頁］。
(87) 朴宰佑［二〇〇八：一四頁］。
(88) 金炯秀［二〇〇八：一五三～一五四頁］。「関」や「帖」に関しては、『経国大典』巻三、礼典、用文字式に記載。

また、崔承熙［一九八九：一八〇～一八六頁・一九三～一九九頁］などを参照。

(89) 盧明鎬他［二〇〇〇a：三六三～三七二頁］。盧明鎬他［二〇〇〇b：八一頁］。

(90) 姜恩景［二〇〇七a：一三一頁］。

(91) 矢木毅［二〇〇八d：一七八頁］。

(92) 矢木毅［二〇〇八h：四七〇頁］。

(93) 朴宰佑［二〇〇八：四・九頁］。

(94) 金炯秀［二〇〇八：一四五～一五九頁］。

(95) 森平雅彦［二〇一三a：二二四頁］。

(96) 「金傅告身」・「慧諶告身」（盧明鎬他［二〇〇〇a：四九～五二・五六～六二頁］、盧明鎬他［二〇〇〇b：一〇・一三～一六頁］。川西裕也氏は官文書として「貼」と「状」のみが使用されたという先行研究の見解に再検討の余地があると述べ、「牒」や「符」が官府・官僚間の文書形式として存在していたことを指摘している［二〇一五：二二三八頁］。また、本書第2部第三章で取り上げる「嘉禄三年高麗国牒状写断簡及按文」には、嘉禄三年（一二二七）に来日した高麗使承存等と大宰府とのやり取りの中で「奉二官符一差来、齎二牒一封一、進二上大宰府一」とある。この「官符」は、日本への牒状の発給や使者の選任などを、高麗朝廷が全羅州道按察使に命じた下行文書を指しているのではないかと考えている。

(97) 邊太燮［一九七一d：一七八頁］、李領［一九九九c　ハングル：一一六頁］、金好鐘［一九九九：九九頁］。

(98) 『慶尚道地理志』金海都護府条。

(99) 金好鐘［一九九九：九九～一〇九頁］。

(100) 旗田巍［一九三四］。

(101) 旗田巍［一九七九：四八三～四八九頁］。

(102) 金好鐘［一九九九：九九～一〇九頁］。

(103) この点については、本書第2部で考察を加えている。

(104) 旗田巍［一九七九：四八九～四九二頁］。武田幸男［二〇〇〇：一四三頁］。浜中昇［二〇〇二：一二一～一二四頁］、森平雅彦［二〇〇八b：一四八～一四九頁］を参照。

(105) 金好鐘［一九九九：九九～一〇九頁］。

(106) 例えば、『日本三代実録』仁和元年（八八五）六月二十日条など。

〔コラム〕「国書」および「外交」との向き合い方

はじめに

筆者は二〇〇九年に『対外関係史辞典』（田中健夫・石井正敏編、吉川弘文館）に「国書」の項目の執筆を担当し、また二〇一〇年に『日本の対外関係3 通交・通商圏の拡大』（荒野泰典・石井正敏・村井章介編、吉川弘文館）に「古代の対外関係と文書」という小文を執筆した。そこでは、古代の日本と中国・朝鮮半島諸国との間で用いられた外交文書研究の概要を整理した上で、筆者が関心を持って取り組んでいる日本と高麗との間で取り交わされた外交文書（牒状）について、具体例を挙げながら論じた。二〇一〇年以降も外交文書に関する研究は進展し、多くの成果が出された（広瀬憲雄［二〇一一・二〇一七・二〇一八］、平田茂樹・遠藤隆俊編［二〇一三］、鈴木靖民・金子修一・石見清裕・浜田久美子編［二〇一四］、河内春人［二〇一五］、金子修一［二〇一九］など）。

このようなかで、古代の東アジアにおける外交交渉の種類について河内春人氏は、「国君交流」・「私覿」・「大臣外交」・「牒式外交」の四種類に分類し、外交交渉のために発給される文書を「外交文書」（イ「国書」・ロ「国家牒」・ロ「大臣外交・私覿書状」・ハ「贈進物リスト」・ニ「その他」）とし、外交上の礼遇を受ける前段階としての入朝手続きや、外交を進めるために発せられた文書を「外交関連文書」と区分した。このうち「国書」については「東アジアにおいては外交使節を介して国君どうしが交流することが外交の基本的スタイルであり、その形式として文書が用いられた。そして、その外交文書を一般的に国書と称する」と定義した。筆者も『対外関係史辞典』の「国書」項において「国家の最高権力者の名をもって取り交わされた外交文書」と述べており、河内氏の見解と基本的に同じである。

一方、本書でも取り上げた「牒」（河内氏は「国家牒」と称す）は、「国家機構が事務的な交渉のための連絡手段として用いられる文書」であるとした。日本は新羅や渤海に対して慰労詔書（国書）や太政官牒を送っていたのだが、十世紀以降になると、天皇や太政官は外交の表舞台から姿を消し、かわりに大宰府が外交を執行する機関としてあらわれ、差出として宋や高麗に対して牒状を発給した。高麗も牒の宛所を太政官ではなく大宰府や対馬島としているのは本書第1部でも見てきたとおりである。

　しかし、差出は大宰府となっているものの、牒状本文は太政官で作成されており、少なくとも十三世紀以前までは、大宰府独自の判断で外交をしていたわけではない（対馬島発給の文書については本書第2部第二章等で検討）。高橋公明氏は、十世紀から十三世紀の時代を、それ以前の「慰労詔書の時代」から「牒の時代」に変化したことを指摘し、このような状況が、牒以外の外交文書をも「牒」と呼ぶようになったと理解している。さらに、この時期は「外交の中心が潜在化し、おそらく華夷観念が外交のなかでは希薄化した時代」であるとも考えられている（高橋公明［二〇〇五］）。

「国書」とは

　ところで、「国書」の文言は、明代の一五七三年に徐師曽によって編まれた『文体明弁』国書の項にある、「国書は隣国に相い遣はすの書なり」（国書者隣国相遣之書）の理解に基づいている。ここでは、春秋戦国時代においては列国間で、また、漢・唐などの統一政権成立後には、中国の王朝と夷狄（周辺諸国）との間で用いられた文書を国書であると位置づけている（高橋公明［一九八二］・近藤剛［二〇一〇］・木村可奈子［二〇一九］）。

　しかし松方冬子氏は、これまで「国書」について扱った研究として前掲の拙論を挙げつつ、「国書」とは何か、学問的に検証してはいないと指摘し、前近代における「国」・「書」・「外交」の語義を、漢語や大和言葉・現代日本語、さらには英語をはじめとするヨーロッパの言語などとの比較検討を通じて分析した（松方冬子［二〇一九］）。

この研究によれば、「国」は大和言葉の「くに」ではなく、漢語の「国」、すなわち「偉い人たち」であるといい、「書」は「書簡、手紙」のみならず「詔」・「勅」・「表」・「奏」なども含むとする。

「外交」とは

次に「外交」については、現代語の「diplomacy」〈初出は一七九六年。フランス語源であり、権力〈英語のPower、「国」〉と権力の間で利益を調整するための手法、技法〉の訳語だと思われているが、『日本国語大辞典』では「外国との交際。国際間の交渉。国家間の関係の処理」として一八七二年の太政官職制と、紀元前の中国で書かれた『国語』「晋語八」も出典として挙げている。このことから、江戸時代以前から慣れ親しんできた中国古典の「外交」という言葉の系譜も引いており、「外交という言葉を、戦争を除く「政権同士の関係」の意味」とひとまず定義する。

その上で、「現段階の見通し」と断ってはいるが、政権が相手国に直接働きかけることとは、戦争や「偉い人たち」同士の結婚、国書の往来以外の局面以外にはほとんどなく、双方の「国」に「またがって活動する」人々を統制、管理、支援することによって間接的に働きかけるとし、その連鎖が結果としてあたかも政権同士の外交があったかのようにみえるのだという。

さらに、二つの政権間に構築された安定的な関係が維持されている国書外交における最大の受益者は、二つの領域に「またがって活動する」商人や宗教者であり、彼らが王に手紙を書くことを願い、あるいは勧め、手紙を携行し、ときに偽造、改竄し、意図的な翻訳をして別の王に届けたという。この時の王と王との関係は仮想的なものであり、外交における緊張は、政権同士ではなく、政権の支配する領域を「またがって活動する」商人、宗教者と政権との間に存在したのではないかとし、対外関係を実際に担う者（の一部）が権力を利用して対外関係を独占しようとした、と理解する方がしっかりくると述べている。

またがって活動する人々

松方氏の論を長く引用したが、外交において政権が相手国に直接働きかけることはほとんどなく、双方の「国」に「またがって活動する」人々を統制、管理、支援することによって間接的に働きかけていること、また、対外関係を担う「またがって活動する」人々が政権に働きかけて交流を円滑に行おうとしたという視点は非常に重要である。特に史料的な制約が大きい日本・高麗間の交流を考える上では、この視角は有効であると考える。モンゴル襲来以前の日本と高麗との間では、政権同士（松方氏の述べる「偉い人たち」）の関係は成立することはなく、したがって「国書」が発行されることもなかった。

しかし、両国を「またがって活動する」人々がいたことは本書でも論じているように明らかであり、特に十一世紀後半の時期にみられる日本から高麗へと「またがって活動する」九州地域の人々は、高麗朝廷によって管理・統制され、「方物」の献上や国家儀礼である八関会に参加した。対日本迎接施設のある金州だけでなく、首都開城まで赴く際には、その振る舞いに細心の注意を払ったことであろう。

一方、このような日本人の高麗渡航に関して、日本朝廷が管理・統制したことを示す史料は、いわゆる「渡海制」の存在が確認されるが、本書第2部第一章で指摘するように、どの程度効力を有していたかという点については再検討の余地があるように思われる。換言すれば「またがって活動する」人々も、政権への働きかけをせずとも、円滑に交流ができていたことを示唆する。

また、十一世紀後半の文宗の時代に、日本人の方物献上記事が『高麗史』に多くあらわれるのは、第1部第一章で述べたように、国王の文宗が積極的に外交に乗り出したことを反映しているように思われる。

松方氏の見解を援用すれば、それ以前の時期においても、「またがって活動する」人々の交流は存在したが、日本朝廷と同じように高麗朝廷も彼らに対する必要以上の管理・統制を行わずとも、秩序を持った交流がある程度成立していたものと想定される（もちろん現場の最前線に位置する金州〈東南海都部署〉や対馬・大宰府の官庁は、交流の窓口としての機能を果たしていたであろう）。このような交流の状況を、文宗は政策として積極的に利用したとみると合点がいく。ただ、本書第1部で扱った十一世紀後半における文宗の請医や、第2部で扱う十二世紀半ばに対馬島民が高麗によって拘束された一件、そして十三世紀前半の初発期倭寇をめぐる交渉など、「またがって活動する」人々の手に負えない案件や、不利益を被りそうな場合には、双方の政権に事態の収拾・解決を働きかける。それが牒状のやり取り、すなわち外交として現出されたとみられるのである。

本書で扱う時期の日本と高麗との関係は、序章で述べたように、国家間の関係が成立していないことから史料的制約が大きく、研究が停滞していたことを指摘した。しかしこれは両国が没交渉であったことを意味するのではなく、逆に両国の境界領域をまたぐ人々の交流が比較的うまくいっていたことを示しているとみることができるのではないだろうか。松方氏の「外交」に関する視座に、筆者は新たな可能性を見出している。

第2部　日本・高麗間の「進奉船」

第一章　十二世紀前後における対馬島と日本・高麗関係

はじめに

第1部では、高麗の対日本外交文書としての「牒状」の検討をはじめ、対日外交に関わった機関や外交管理体制、さらには「李文鐸墓誌」の校訂を通じて、高麗と金との関係に対して新たな視点を提示した。第2部では十三世紀前半までの日本と高麗との関係について、両国の結節点に位置する対馬島の役割に注目しながら考察を進めたい。

『高麗史』では十一世紀後半の文宗（在位一〇四六～一〇八三）と宣宗（在位一〇八四～一〇九五）の時代に、対馬島・壱岐島・大宰府・筑前・薩摩などの九州諸地域から、様々な肩書きを帯びた日本人が高麗へ渡航し、方物を献上する記事が散見する。彼らの存在については、地方官の使者を名乗っている場合と、明らかに商人である場合とがあり、前者については本当に地方官が派遣したものか、あるいは後世顕著になる偽使も含まれている可能性もあるが(1)、現状では九州地域の官衙に所属する官人やそれと関わりを持つ有力者・商人による貿易であると概ね理解されている(2)。また、十一世紀末から奄美諸島南方の徳之島で生産されたカムィ焼およびカムィ窯は、高麗無釉陶器に類似する特徴を備えており、高麗陶工の参入が確かと考えられている。彼ら陶工は、この時期に高麗へ渡った人々

（通商使）の王府への献上品に対する「回賜」との推定もされている。(3) 後代の学者である李斉賢（一二八七～一三六七）は、文宗代の治世について「宋朝毎錫二褒賞之命一、遼氏歳講二慶寿之礼一、東倭浮レ海而献レ琛、北貊扣レ関而受レ廛」（『高麗史』巻九）と述べており、「東倭」すなわち「日本」は海を渡って「琛」（蕃国が上京して献上する品物〈『佩文韻府』巻七三「献」〉）を献上する存在として位置づけている。

しかし、十二世紀になると日麗交流を示す記事はほとんど見られなくなり、十三世紀になると、いわゆる「進奉船」をめぐる議論が日本の朝廷で行われるようになる。(4) すなわち、十二世紀の日本と高麗の関係については「関連史料の決定的な不足という状況(5)」により、現状ではほとんど明らかにされていないのである。

このような状況の中で筆者が注目する史料として、藤原伊通（一〇九三～一一六五）が応保二年（一一六二）頃に二条天皇に提出した意見書『大槐秘抄』がある。(6) この史料には、対外関係、とりわけ高麗との関係について記された箇所がある。そしてその中にみえる「制」について、いわゆる「渡海制」を指すとするのが通説となっている。(7) しかし「渡海制」に関しては、後述のようにその法源について議論となっている他、「渡海制」を示すと考えられている史料も十世紀から十二世紀にまで及んでおり、これらを同じ「渡海制」と理解できるのかどうかについて、これまで十分な検討がなされてきたとは言い難い。

そこで本稿では、『大槐秘抄』の「制」の意味するところについて検討するとともに、十二世紀を前後する時期の日本と高麗との関係について考えてみたい。

第一節　『大槐秘抄』対外関係記事の校訂

1　『大槐秘抄』の諸写本

『大槐秘抄』の活字本は、①『群書類従』巻四八九・雑部四十四（一八一九年完成。一九三三年続群書類従完成会刊行）、②『日本教育文庫家訓編』（同文館編輯局編、一九一〇年）、③『新校群書類従』第二十一巻（巻四八九・雑部四十四。内外書籍株式会社、一九三〇年）に収録されており、もっぱら①や③が流布・利用されてきた。これらの活字本の奥書には、「右之一冊以二芝山勘解由次官広豊本一令二書写一且遂二校合一畢／元禄五年二月　日　左中将公韶／右四辻宰相公韶卿以二自筆奥書之本一令二書写一訖／元禄八年仲冬廿七日」とある。すなわち、左中将四辻季輔《すえすけ》次男で、権中納言芝山定豊の養子となった芝山広豊（一六七四～一七二三）の所蔵本を、元禄五年（一六九二）二月に広豊の実兄である四辻公韶《きんつぐ》（一六七〇～一七〇〇）[8]が書写し、それを元禄八年（一六九五）十一月に何者かが転写した写本に依っているのである。[9]『群書解題』によれば、「他に写本として神宮文庫蔵本（天明元年〈一七八一〉写）などがある」という。[10]

しかし、久保常晴氏はこれらとは異系統の『大槐秘抄』の存在を紹介した。久保氏の蔵書中の『大槐秘抄』（享和本）には、活字本にはみられない系図、すなわち藤原道長の三男右大臣頼宗から始まり、伊通の男権中納言伊実に至る図を示し、それに続いて、「一覧書写加二朱墨一／享和二孟冬白也、正四位右少将藤（花押）」とある。[11]また、久保氏作成の『新校群書類従』本と享和本の対校表を見ると、相当数の異同があることがわかる。そのため筆者は他の写本と比較する必要があると考え『大槐秘抄』の写本調査を行った[12]ところ、閲覧した限りにおいて、近世を遡る写本を見出すことはできず、最も古い年代は寛文六年（一六六六）の奥書を持つ【内閣文庫寛文六年本】（後述。以下【　】は写本の略称を示す。所蔵機関との対応関係については注（12）を参照）で、その次は延宝八年（一六八〇）の年代のある【尊経閣本】[13]であった。そして奥書や本文の字句の異同などを検討したところ、大別して三ないしは四種類の系統に分かれることがわかった。その整理したものを次に掲げる（書写年代がわかるものについては〈　〉で表記した）。

(A)　芝山広豊系統

ア　活字本が参照した系統の写本

【多和文庫弘化四年本】〈一八四七〉・【広瀬本】〈一八五九〉・【八洲文藻】〈書写年代は明らかではないが、『八洲文藻』そのものは一八四五に完成〉

イ　活字本と同じ奥書があるものの、アの系統と比べると少なからず異同のある写本

【国会図書館本】

ウ　活字本にある奥書のうち、「元禄五年二月日」までの記載しかないもの

【松岡本】〈一七八五〉・【本居本】〈一八三三以前〉・【穂久邇本】〈一八六四〉

(B)　壺井義知系統の写本（久保氏所蔵享和本もここに含まれるであろう）

【多和文庫享保三年本】〈一七一八〉・【池田本】〈一七三四〉・【名古屋大本】〈一七三八〉・【山内本】〈一七五六〉・【内閣文庫寛政五年本】〈一七九三〉・【狩野文庫本】・【蓬左文庫本】・【紅葉山本】

この系統は、本文の後に伊通の曽祖父頼宗から子の伊実までの系図があり、それに続いて「再三校合且加㆓一系図㆒畢。壺井義知」の跋文が見える。[14] 壺井義知（一六五七〜一七三五）は官職・装束に通じた江戸時代中期の故実家である。[15]

(C)（A）・（B）の両系統の写本を見たことが示されている写本

【柳原本】〈一八六五〉[16]。

(D)禁裏本系統の写本

【内閣文庫寛文六年本】〈一六六六〉・【東山本（書陵）】〈一七三二以前〉・【尊経閣本】〈一六八〇〉・【狩野文庫明和八年本】〈一七七一〉・【徳大寺本】〈徳大寺公迪の没年である一八一一以前〉・【昌平坂本】〈一八六四〉・【清和院本】・【東山本（勅封）】・【東山本（史料）】

およそ以上のように分類することができる。[17] 本文全体をみると、活字本と同じ（A）アの系統は、本文の脱落や明らかな誤字が含まれているため、[18] 本史料を扱う際には他系統の写本による校訂が必要である。次項では調査を通じて蒐集した写本を利用して校勘した釈文を示すことにしたい。

2　『大槐秘抄』対外関係部分の翻刻および釈文

本項では、『大槐秘抄』対外関係部分の翻刻および釈文を掲げる。底本については、【内閣文庫寛文六年本】を用いる。奥書には「於二番衆所一遂二書写一者也。尤可レ為二秘蔵一者也／寛文六年三月十八日／権中納言藤原（花押）／再三令二校合一了」とあり、寛文六年（一六六六）三月十八日に書写を遂げ、「秘蔵」とすべきとある。書写者について、『公卿補任』で寛文六年当時の「権中納言藤原」を検索すると、池尻共孝・清閑寺熙房・四辻季賢・東園基賢・万里小路雅房・中御門資熙・小倉実起の七名がいる。[19] 次に「番衆所」とは「禁裏小番」の詰所のことで、江戸時代の禁裏小番は、内々番・外様番・近習番の三番から成り、摂家を除く全ての公家がそれぞれ五番あるいは六番に結番して宮中に参勤・宿直をする制度であった[20]。田中暁龍氏は、菊亭文庫の「万治四年・寛文二年等日次記録」の分析から、寛文三年（一六六三）正月時点での内々・外様・近習それぞれの小番衆の一覧表を作成し、近習小番の編成については不明であるが、内々・外様小番については、五番編成であったことを明らかにした[21]。五番編成について本田慧子氏は、「五番というのは番衆を五組にわけ一番の人々は一、六、十一、十六、二十一、二十六日に参番し、以下二番は二、七、……、三番は三、八、……四番は四、九、……五番は五、十、……に参番する形態を言う[22]」と述べる。また本田氏は、「禁裏小番の職務の中で屢々目につくのは書物の書写と校合である……江戸時代においても書籍の書写はさかんに行われているが、なかでも寛文年間には大規模に行われた模様である。万治四年正月の火災に内裏が炎上し、新院御所の文庫が炎上を免れたため、その書籍の書写が行われたためである。まず、寛文三年十二月に『御湯殿上日記』弘治三年より天正十三年に至る四十三冊を公家衆に分配し書写を申付けた」とし、「御ゆとの丶うへの日記一番二番三番四番五番へ取分校合之事申付也、一番五冊　二番五冊　三番五冊　四番七冊　五番六冊、以上廿八冊也」とある『葉室頼業記』寛文四年（一六六四）三月七日条を掲げ、「各番毎に分配、校合が行われた」と述べている[23]。

このように理解することができれば、【内閣文庫寛文六年本】の奥書には三月十八日とあるため、三番の禁裏小番衆が書写を行ったと考えることができる。田中氏が作成された「寛文期の禁裏小番衆[24]」の表によれば、内々衆の三番には松木宗条・山科言行・清水谷公栄・甘露寺方長がおり、外様衆の三番には、東坊城知長・五条為庸・樋口信康・四条隆音・久世通音が配されているが、「寛文六年三月」当時に「権中納言藤原」に該当する者はいない。一方、先の七名のうち、寛文三年正月当時に禁裏小番衆として名が記されている者は、小倉実起（内々衆二番）、万里小路雅房（内々衆四番番頭）、東園基賢・中御門資煕（近習小番）、の四名である。寛文六年当時には、寛文三年正月に内々衆の三番であった山科言行が前年に亡くなっているため、変更がなされた可能性も十分に考えられるが、近習小番衆であった東園基賢か中御門資熙が書写者であったと推定したい。

以上の考察により、【内閣文庫寛文六年本】は番衆所において禁裏本を書写していた可能性が高く、実際に他の写本と比較してみると、外題が霊元天皇（一六五四～一七三二、在位一六六三～一六八七）の宸筆である【東山本（書陵）】[25]すなわち御所本（後水尾・後西・霊元天皇など数代にわたって書写収集した旧禁裏文庫本）[26]と体裁が非常によく似ているのである。この点について田島公氏は、近世以前の古写本の体裁を色濃く残している可能性があると指摘している。[27]よって両者は親子あるいは兄弟関係にあるのではないかと考えられるのであるが、それに加えて【東山本（書陵）】よりも書写が正確であると思しきことも、【内閣文庫寛文六年本】を底本として採用する理由である。[28]したがって、【内閣文庫寛文六年本】を底本として翻刻し、『大槐秘抄』の活字本として最も流布している『群書類従』本と底本との異同の主たるものを〔1〕～〔27〕の校異として示した。校異の〔3〕・〔9〕・〔11〕・〔12〕・〔17〕・〔18〕・〔20〕・〔21〕・〔23〕・〔25〕・〔27〕については補注を付し、さらに校異〔21〕・〔27〕については別に検討する。

〔翻刻凡例〕

一、【内閣文庫寛文六年本】を底本とする。ただし変体仮名は通用の仮名に改めて用いる。

二、底本の行末は／で表すが、余白を残しての改行は、翻刻でも改行する。

三、底本と『群書類従』本との異同の主たるものを校異（〔1〕～〔27〕）として示し（「群書」と略称す）、必要に応じて補注を付した。

〔翻刻〕

帥大弐に武勇の人なりぬれハかならす異国おこる／と申候けり
小野好古か大弐のとき〔1〕隆家の帥のとき〔2〕ともに〔3〕／異国の人おこりて候也〔4〕かれらはたゝわか心ともの／武をこのみ候〔5〕け
るに候今平清盛大弐にまかり成〔6〕／て候いかゝと〔7〕思たまふるに高麗に事ありと聞候／高麗ハ神功皇后のみつからゆき
むかひて〔8〕こそ〔9〕／とらせたまひたる〔10〕国に候千よ年にやなりけむ〔11〕
東国ハむかし日本武尊と申人ひうちたひら〔12〕け給て／候なりそれ〔13〕ハ日本のうちの事に〔14〕候
高麗ハ大国をうちとらせ給て〔15〕候をいかに会稽を／きよめまほしく候らむしかれとも日本をハ〔16〕神国と／申て高麗のみ
ち《に歟》あらす〔17〕隣国のみ《も歟》な〔18〕おちて思よら〔19〕／す候也
鎮西ハ敵国の人けふまて〔20〕あつまる国なり日本の／人ハ《対馬国人》〔21〕高麗にこそわたり〔22〕候なれ其も宋人の日本／に渡躰にハ候はぬ〔23〕
かたにて希有の商人のたゝわ／つかに小物〔24〕もちてわたるにこそ候めれいかて〔25〕あなつら／はしく候らんしかれハ制は
候事なり異国の法は／政乱ぬる国をハうちとる事と存て候〔26〕歟。
鎮西ハ隣国をゝそるへきやうに格に神事〔27〕ならぬ／時ハ（以下略）

〔校異〕

〔1〕とき　群書「時」。〔2〕とき　群書「時」。〔3〕ともに　群書「とり分と」。〔4〕也　群書「なり」。〔5〕候　群書なし。〔6〕成て　群書「なりて」。〔7〕思たまふる　群書「思ひ給ふる」〔8〕ゆきむかひて　群書「行むかひて」。〔9〕こそ　群書「うち」。〔10〕たまひたる　群書「給たる」。〔11〕なりけむ　群書「成候ぬらむ」。

〔12〕ひ　群書「の」。〔13〕たひらけ給て候なり　群書「たいらげ給ひて候也」。〔14〕うちの事　群書「内事」。〔15〕給て　群書「給ひて」。〔16〕しかれとも　群書「然れども」。〔17〕高麗のみち《に歟》あらす　群書「高麗のみにあらず」。〔18〕隣国の《も歟》みな　群書「隣国のみな」。〔19〕思よらす　群書「思ひよらず」。〔20〕まて　群書「いまに」。〔21〕対馬国人（傍書）群書「対馬の国人」（本文）。〔22〕わたり　群書「渡」。〔23〕候はぬ　群書「にぬ」。〔24〕小群書なし。〔25〕いかて　群書「いかに」。〔26〕候　群書「さぶらふ」。〔27〕格に神事　群書「格に。《此間脱文》神事」。

〔校異補注〕

〔3〕「ともに」（【池田本】・【狩野文庫本】・【狩野文庫明和八年本】・【清和院本】・【多和文庫享保三年本】・【名古屋大本】・【東山本（書陵）】・【蓬左文庫本】・【紅葉山本】・【山内本】。【谷村本】・【内閣文庫寛政五年本】「ともにと」とあり四文字目の「と」をミセケチして「ともに」）。「ともにと」（【昌平坂本】・【尊経閣本】・【東山本（史料）】・【東山本（勅封）】・【林家本】。【徳大寺本】「ともにと」とし「イ无」と傍注。【柳原本】「ともに」の右下に「と」と朱字）。「とり分て」（【国会図書館本】・【八洲文藻】・【松岡本】。【多和文庫弘化四年本】「と」をミセケチして「て」）。「とり分と」（【広瀬本】・【本居本】・『新校群書類従』・『日本教育文庫家訓編』。【穂久邇本】右傍に「ともにイ」と朱字）。

「とり分と」は「て」の誤りであろう。「とり分て」の場合は「帥・大弐に武勇の人が就任した例はいくつかあるけれど、小野好古や隆家の時にはとりわけ異国との間で事が起きた」となる。一方、「ともにと」も文意不通である。「ともに」の場合は、「小野好古の時も、隆家の時もともに異国との間で事が起きた」という意味になるであろう。両者とも意味が通るが、後の文から考えると、「ともに」の方が理解しやすいため、底本を尊重する。

〔9〕「こそとらせ」（【池田本】・【昌平坂本】・【清和院本】・【東山本（書陵）】・【東山本（史料）】・【東山本（勅封）】。【内

閣文庫寛政五年本】「こそ」の右傍に「イうち」と朱字)。「こそうちとらせ」(【狩野文庫本】・【紅葉山本】・【山内本】。【狩野文庫明和八年本】・【蓬左文庫本】「こそ」の下に挿入符(・)を付し右傍に「うち」。【名古屋大本】「こそ」の下に挿入符(・)を付し右傍に「うち」と朱字。【谷村本】「こそ」の下に挿入符(・)を付し右傍に「討」)。「うちとらせ」(【国会図書館本】・【多和文庫亨保三年本】・【多和文庫弘化四年本】・【徳大寺本】・【八洲文藻】・【広瀬本】・【穂久邇本】・【松岡本】・【本居本】・【柳原本】・【林家本】・『新校群書類従』・『日本教育文庫家訓編』。【尊経閣本】「官本」には「うち」とあるが、「別本」には「こそ」とあることを示す。[29])

「とる(取る)」そのものにも「うちとる」の意味があることから[30]、底本のようにして「神功皇后が自ら出向いたからこそ平らげられた国」としても文意は通じるであろう。本稿では底本を尊重して「こそとらせ」に作り、傍注に「うち(討ち)」を付す。

(11)「なりけむ」(【狩野文庫本】・【清和院本】・【谷村本】・【多和文庫亨保三年本】・【名古屋大本】・【東山本(書陵)】・【東山本(史料)】・【東山本(勅封)】・【蓬左文庫本】・【紅葉山本】・【山内本】。【狩野文庫明和八年本】「けむ」の右傍に「候らん」と朱字。【内閣文庫寛政五年本】「けむ」の右傍に「候らむ」と朱字。【昌平坂本】「けむ」の右傍に「候らんイ」と注)。「なりけん」(【池田本】)。「成候ぬらむ」(【多和文庫弘化四年本】・【八洲文藻】)。「成候ぬらん」(【国会図書館本】・【広瀬本】・【松岡本】・【林家本】・『新校群書類従』・『日本教育文庫家訓編』。【徳大寺本】「ぬらん」の右傍に「けんイ」と朱字)。「なり候らん」(【本居本】。【尊経閣本】「官本」には「候らん」とあるが、「別本」には「けむ」とあることを示す。【柳原本】右傍に「けむィ」と注。【穂久邇本】「候」の下に挿入符を付し右傍に「ぬイ」と朱字)。

「ぬらむ(ん)」の場合は現在推量となり「千余年になりますでしょうか」となり、「けむ(ん)」の場合は過去推量となり「千余年になりましたでしょうか」と理解できる。どちらも意味の上で大きく異なるものではないが、底本を尊重して「けむ」に作り、傍注に「候ぬらむ」を付す。

〔12〕「中人の」（【池田本】・【狩野文庫本】・【狩野文庫明和八年本】・【国会図書館本】・【昌平坂本】・【清和院本】・【尊経閣本】・【谷村本】・【多和文庫享保三年本】・【多和文庫弘化四年本】・【徳大寺本】・【内閣文庫寛政五年本】・【名古屋大本】・【八洲文藻】・【東山本（書陵）】・【東山本（史料）】・【東山本（勅封）】・【広瀬本】・【蓬左文庫本】・【穂久邇本】・【松岡本】・【本居本】・【紅葉山本】・【柳原本】・【山内本】・【林家本】・『新校群書類従』・『日本教育文庫家訓編』）。

底本の他に「中人ひ」とある写本はなく、底本と同系統とみられる【東山本（書陵）】も「中人の」とある。したがって、諸本により「中人の」と補う。

〔17〕「高麗のみち」（【東山本（書陵）】。【昌平坂本】右傍に「にイ」と朱字）。「高麗のみに」（【池田本】・【狩野文庫本】・【狩野文庫明和八年本】・【国会図書館本】・【清和院本】・【谷村本】・【多和文庫享保三年本】・【多和文庫弘化四年本】・【徳大寺本】・【内閣文庫寛政五年本】・【名古屋大本】・【八洲文藻】・【東山本（史料）】・【東山本（勅封）】・【広瀬本】・【蓬左文庫本】・【穂久邇本】・【松岡本】・【本居本】・【紅葉山本】・【柳原本】・【林家本】・『新校群書類従』・『日本教育文庫家訓編』。【尊経閣本】「官本」には「に」とあるが、「別本」には「ち」とあることを示す）。「高麗のみならす」（【山内本】）。

底本や同系統と思しき【東山本（書陵）】は「のみち」とするが文意が通じない。傍注や【池田本】以下の諸本により「のみに」と補う。

〔18〕「隣国のみな」（【池田本】・【狩野文庫本】・【狩野文庫明和八年本】・【国会図書館本】・【昌平坂本】・【清和院本】・【尊経閣本】・【谷村本】・【多和文庫享保三年本】・【多和文庫弘化四年本】・【内閣文庫寛政五年本】・【名古屋大本】・【八洲文藻】・【東山本（書陵）】・【東山本（史料）】・【東山本（勅封）】・【広瀬本】・【蓬左文庫本】・【穂久邇本】・【松岡本】・【本居本】・【紅葉山本】・【柳原本】・【山内本】・【林家本】・『新校群書類従』。『日本教育文庫家訓編』は「みな」の右傍に「皆」と記す）。

「隣国みな」（【徳大寺本】）。

「隣国も」とする写本はなく、底本の傍注は校合者による考察であることがわかる。格助詞の「の」で文意は十分通じるので、底本の文字を尊重する。

〔20〕「まて」（【東山本（書陵）】）。「今に」（【徳大寺本】・【東山本（史料）】・【東山本（勅封）】）。「いまに」（【池田本】・【狩野文庫本】・【狩野文庫明和八年本】・【国会図書館本】・【昌平坂本】・【清和院本】・【尊経閣本】・【谷村本】・【多和文庫享保三年本】・【多和文庫弘化四年本】・【内閣文庫寛政五年本】・【名古屋大本】・【八洲文藻】・【広瀬本】・【蓬左文庫本】・【穂久邇本】・【松岡本】・【本居本】・【紅葉山本】・【柳原本】・【山内本】・【林家本】・『新校群書類従』・『日本教育文庫家訓編』）。
「けふ（今日）まで」としているのは底本及び【東山本（書陵）】のみで、他は「けふ（今日）いま（今）に」と作る。どちらの表記でも「鎮西は敵国の人が現在集まっている地域」という意味になるであろう。本稿では底本を尊重して「まて（まで）」に作り、傍注に「今に」を付す。

〔21〕「対馬国人（傍書）」（【清和院本】・【谷村本】・【東山本（書陵）】・【東山本（史料）】・【東山本（勅封）】。【狩野文庫明和八年本】「対馬国人イ」。【内閣文庫寛政五年本】「イ対馬国人」〈「イ」は朱字〉）。「対馬の国人（傍書）」（【昌平坂本】・【尊経閣本】・【柳原本】・【林家本】）。「対馬の国人（本文）」（【国会図書館本】・【多和文庫弘化四年本】・【広瀬本】・【穂久邇本】・【松岡本】・【本居本】・『新校群書類従』・『日本教育文庫家訓編』。【徳大寺本】「イ无」と朱字）。「対馬の国」（【八洲文藻】）。なし（【池田本】・【狩野文庫本】・【多和文庫享保三年本】・【名古屋大本】・【蓬左文庫本】・【紅葉山本】・【山内本】）。
下文にて検討を加える。

〔23〕「渡躰にハ候はぬかた」（【東山本（書陵）】。【東山本（史料）】・【東山本（勅封）】「候」と「は」の間から線を右傍に向かって引き「本無」と記す）。「渡躰には候ぬかた」（【狩野文庫明和八年本】・【昌平坂本】・【清和院本】・【尊経閣本】・

【徳大寺本】)。「渡躰にはにぬかた」(【池田本】・【狩野文庫本】・【国会図書館本】・【多和文庫享保三年本】・【多和文庫弘化四年本】・【名古屋大本】・【八洲文藻】・【広瀬本】・【蓬左文庫本】・【穂久邇本】・【本居本】・【紅葉山本】・【柳原本】・【山内本】・『新校群書類従』。【谷村本】「候」にミセケチして「に」。【内閣文庫寛政五年本】・【林家本】「候」に朱でミセケチして右傍に「に」と朱字。『日本教育文庫家訓編』は「にぬ」の右傍に「似」と記す)。「渡躰に候てにぬかた」(【松岡本】)。「候ぬかた」と「にぬかた」は「候」と「に」の崩し字が似ているため、書写の過程で混同してしまった可能性がある。底本は「渡躰にハ候はぬかた」、【東山本(書陵)】には「渡躰にハ候ハぬかた」と小文字でやや右側にずれている。文意としては、「其(高麗に渡る対馬島民)は、宋商人が日本に渡る姿ではない様子で」云々となり、「に(似)ぬかた」とそれほど文意がかわることはないであろう。本稿では底本を尊重して「候はぬかた」に作り、傍注に「にぬ(似ぬ)」を付す。

(25)「いかて」(【池田本】・【狩野文庫本】・【昌平坂本】・【清和院本】・【谷村本】・【多和文庫享保三年本】・【名古屋大本】・【東山本(書陵)】・【東山本(史料)】・【東山本(勅封)】・【広瀬本】・【蓬左文庫本】・【紅葉山本】・【山内本】。【狩野文庫明和八年本】は「で」の右傍に「にイ」と注)。「いかに」(【国会図書館本】・【多和文庫弘化四年本】・【徳大寺本】・【松岡本】・【本居本】・【柳原本】・【林家本】・『新校群書類従』・『日本教育文庫家訓編』。【尊経閣本】「官本」には「に」とあるが「別本」には「て」とあることを示す。【内閣文庫寛政五年本】・【八洲文藻】・【穂久邇本】は朱で「て」をミセケチして右傍に「に」)。

底本以下「いかで」とある写本も少なくないが、文脈から考えると、「いかに会稽をきよめまほしく候らん」(高麗はどれほど会稽の恥を雪ぎたいと思っているだろう)と同じで、「どれほど(高麗が日本を)侮るだろう」と理解できる。よって【国会図書館本】以下の諸本により「いかに」と補う。

〔27〕「格に神事」（【国会図書館本】・【清和院本】・【東山本（書陵）】・【東山本（史料）】・【東山本（勅封）】・【松岡本】）。「格に『此間脱文（本文）』」（『新校群書類従』・『日本教育文庫家訓編』は細字。【林家本】は朱字）。「格に『此間脱文』（傍書）」（【多和文庫弘化四年本】・【広瀬本】）。「格に」の下に「□□□□」（【八洲文藻】）。「格に」で改行（【尊経閣本】・【穂久邇本】・【本居本】）。「格に見へたり」（【池田本】・【紅葉山本】）。【谷村本】は傍書。【狩野文庫明和八年本】は「格に」の下から線を右方向に引き「見へたり」と記す）。「格にみへたり」（【狩野文庫本】・【多和文庫享保三年本】・【柳原本】。【名古屋大本】・【山内本】「みへたり歟」朱字。【蓬左文庫本】墨で「みへたり歟」）。「格にのせて候」（【徳大寺本】。【昌平坂本】「のせて候イ」）。「のせたりイ／見へたりイ」朱字傍書（【内閣文庫寛政五年本】）。下文にて検討を加える。

〔対馬国人〕について

校異〔21〕の「対馬（の）国人」については、活字本では本文に記されているのであるが、諸本を検討したところ、前述のごとく傍書されているものや記載自体がないものがある。これらはどのように理解すれば良いであろうか。

まず、この語が本文に記載されている写本のうち、【国会図書館本】・【松岡本】・【本居本】には「高麗」の記載がない。また【穂久邇本】は「対馬の国人に」の「に」をミセケチし、右傍に「高麗に」と朱書きされている。したがって、書写年代が比較的新しい芝山広豊系統の写本（A）には、転写の際に混乱があったことがうかがえる。一方、壺井義知系統の写本（B）には「対馬国人」の記載がない。壺井義知がどのような写本を用いたのかについては現段階では明らかでないが、可能性として底本に元々記載されていない、転写の際の脱漏、傍書を意図的に転写しなかった、などが考えられるであろう。

次に、底本をはじめとする禁裏本の系統（D）を中心とした写本には、「高麗」の右傍に「対馬（の）国人」とある。この系統の写本は中世以前の古写本に遡る可能性があるため、原本に近い体裁を残しているものと思われる。このような写本に傍書されているということは、この記載は元来傍注・補注として記されていたと考えられる。また、「高麗」の右傍に記されているが、その直前にある「日本の人」に対する注記と理解しなければならないであろう。すなわち、「日本の人（とりわけ対馬国人）は高麗にだけ渡っているのです」と解釈するのが妥当である。

それでは、この傍注はいつの時点で付けられたのであろうか。『大槐秘抄』が二条天皇に奉呈された意見書という性格であることからすれば、元々傍書が存在したとは考えられないため、後の追記とみるべきであろう。その時期を断定することはもちろんできないが、いくつか可能性は考えられる。一つは、『大槐秘抄』本文に、「すこしの事のはしばしをきとおぼえ候らふ程をやはらげかき出して候也。……まなにうるはしくかきて叡覧にそなへて、すなはちやがて火にやきたまふべし。又此造紙は自筆いよいよ見ぐるし。かきうつされなば、とくとくかへし給ふべし」とある。すなわち、「政治等に関するあれこれをさっと覚えている程度にわかりやすく書きました。……〔二条天皇はこれを〕真名で美しく書いて叡覧に備え、すぐに火にくべるのが良いでしょう。また〔奉呈した〕紙は自筆で実に見苦しいので書き写した後はすぐに返して下さるのが良い」と述べている。自身の文書に対する謙遜の表現とみるべきであるが、仮に本文の通りに二条天皇によって返却されたのであれば、それについて伊通自身が注を加えた可能性がある。問題とする箇所に続く、「其も宋人の日本に渡躰には候はぬかたにて、希有の商人のただわづかに小物もちて渡るにこそ候めれ」という表現からも、「日本の人」全体を指すというよりは、対馬島民に限定した記述とみた方が自然に解釈できよう。そこで、「日本の人は高麗にこそわたり候なれ」とあるうちの「日本の人」の注記として「対馬国人」と傍注を付したと理解することができる。

もう一つの可能性としては、転写の過程で校訂者によって追記されたというものである。『大槐秘抄』の最後には、「此本《御本云》すこぶる世にまれなるにや。又とみへざらんか。御ふしん也。ゆめゆめ披露すべからず。／九条太相国伊通公。意見。／進㆓二條院㆒云々。」という記述がある。[31] これは伊通自身の自筆とは考えられず、ある時点における校訂者による注記であろう。「対馬国人」の追記がこの時か、その前後であるかといった時期について、あるいは校訂者が典拠としたものなどはもちろん不明だが、わざわざ補注までするということは、当時の状況を鑑みて、「日本の人」で高麗へ渡る人々といえば対馬島民であるとの確かな根拠・認識があったのであろう。

以上の検討から、「対馬国人」の語については底本を尊重して傍注とする。

〔格に〕について

校異〔27〕の「格に神事」については、前述のごとく、「格に」の下に「見へたり・のせたり・のせて候」などの文字を、校合の際に補っている写本がある。活字本をはじめ多くの写本には、ある程度のまとまりごとに合点を付しており、「格に」と「神事」の間にも合点が記されているものが多いことから、これらの写本では、ここで話の内容が変わることを示していると理解できる。『大槐秘抄』について荒木尚氏が「天皇は積極的に政治に関与すべきであること、また政治に対する天皇の心構えや、臣下に接する場合の態度、その他信仰生活や年中恒例・臨時の行事、詩賦のことなど天皇の日常生活の全般にわたって、天皇が留意すべき二十数ヵ条の心得を、宇多天皇（在位八八七〜八九七）の「寛平御遺誡」や、藤原師輔（九〇八〜九六〇）の「九条殿遺誡」などを援用しながら、具体的な先例を豊富にあげて、平易な仮名文で説いている」[32]と述べているように、その話題は多岐にわたり、全体を通じて一貫した内容とはなっていない。一方、いくつかの写本には、当該箇所に校合者による注記がみられる。【昌平坂本】頭注には「神事ヨリ下又一章ナリ。神事ノ上ニ脱文アルベシ」[33]とある。【国会図書館本】頭注には、「按格にと云下ニ必闕文アルベシ」とあり、次行の「神事」に傍線を引き「按別章ニテ上文闕ルカ」と記す。これらは「格に」で終わることが不審であることを述べており、それゆえ前述のように「見へたり」などを補っている写本があることがわかる。[34]しかし、【狩野文庫明和八年本】には、これらとは異なる注記が存在する。この写本では、「格に……あしく候なむ」までの八行を墨で囲っている。この「あしく候なむ」とは、活字本では「神事ならぬ」を冒頭とする内容の末尾にあたる文言なのであるが、その次の丁の中央に、「〇格に以下八行下の明くれ候べき也ノ下ニスベシ」との注記がある。「明くれ候べき也」とは、活字本では「神事ならぬ……あしく候なむ（ん）」の次の内容で、「又御持僧には」云々から始まる文章の末尾の文言である。そして、この写本の「明くれ候べき也」の下には挿入符を意味する「〇」が記されており、おそらく「格に神事ならぬ……あしく候なん」の部分は、本来「又御持僧には……明くれ候べき也」の次に来るべき内容であることを示しているのである。実際にこの部分を読んでみると、必ずしも前後が逆にならなければ意味が通らないということはなさそうであるが、注目すべきことは、これまで「鎮西は隣国をおそるべきやうに格に」と理解されていた部分が、「鎮西は隣国をおそるべきやうに」で切れ、「格に」は「神事」の内容に含まれ、すなわち「格に神事ならぬ時は日々にまいりてぞ候し」云々と続く可能性があるということである。このように理解できるとすれば、「異国の法は政乱ぬる国をばうちとる事と存て候歟。鎮西は隣国をおそるべきやうに」の文章が浮いてしまうようにみえるのだが、これはあるいは別の箇所から混入されてしまったと考えられるかもしれない。『大槐秘抄』は前述のごとく数十文字単位の脱落も写本によってはみられる。[35]ここでは『大槐秘抄』を読む際には、上記のような錯簡や脱落・脱文の可能性を考慮しなければならないことを指摘するにとどめる。

〔釈文凡例〕

一、活字本や諸写本を参照して読みやすいように仮名を漢字に改め、句読点を付した。

二、助詞についてもカタカナを仮名に改めた。

三、内容ごとに改行し、〔　〕で段落番号を付した。

四、「鎮西は隣国をおそるべきやうに格に」については、前述のように「格に」が次の「神事ならぬ」云々に接続されることも考えられるが、本稿では便宜上〔4〕にいれた。

〔釈文〕

〔1〕

帥大弐に武勇の人なりぬれば、必ず異国おこると申候けり。小野好古が大弐の時、隆家の帥の時、ともに異国の人おこりて候也。彼らはただ我が心どもの武を好み候けるに候。今平清盛大弐に罷り成て候。いかがと思ひ給ふるに、高麗に事ありと聞候。

〔2〕

高麗は神功皇后のみづから行きむかひてこそとら〔討ち／こそ討ちイ〕せ給ひたる国に候。千余年にやなりけむ〔候ぬらむイ〕。東国は昔日本武尊と申人ひ〔のカ〕うちたひらげ給ひて候なり。それは日本の内の事に候。高麗は大国をうちとらせ給ひて[36]候を、いかに会稽をきよめまほしく候らむ。然れども日本をば神国と申て、高麗のみち〔にカ〕あらず、隣国の皆怖ぢて思ひよらず候也。

〔3〕

鎮西は敵国の人今日まで《〔今にイ〕》集まる国也。日本の人は高麗《対馬国人》にこそ渡り候なれ。其も宋人の日本に渡躰には候《〔似イ〕》はぬかたにて、希有の商人のただわづかに小物もちて渡るにこそ候めれ。いかで《〔にカ〕》侮らはしく候らん。然れば制は候事也。

〔4〕

異国の法は、政乱ぬる国をばうちとる事と存て候歟。鎮西は隣国をおそるべきやうに格に《〔見へたり／のせたり／のせて候イ〕》・神事ならぬ。時は

第二節　『大槐秘抄』にみえる「制」に関する先行研究

『大槐秘抄』の「制」に関する記述は前掲釈文の〔3〕にあるが、その前の対外関係の箇所から見ていくと、〔1〕では、大宰帥や大弐に武勇に優れた者が就任した際に、異国との間で「事」が生じるということで、大弐の小野好古や帥の藤原隆家、[37]そして平清盛が大弐の時に、高麗との間で問題が起きたことを聞いたとする。〔2〕では、〔1〕の最後に記された「高麗」に関して、神功皇后の三韓征伐によって討ち取られた国であり、以来恨みを雪ぐことを願っているが、日本は神国なので、高麗だけでなく、隣国がみな神国の威力を恐れて思いをかけず近寄ってこないという、従来から日本が抱いている「神国」観を説明する。〔3〕では当代の鎮西（九州）と高麗との関係について述べている（詳細は後述）。〔4〕の「異国の法」について石井正敏氏は、『長秋記』紙背文書「高麗渤海関係某書状」にある「漢家之法」との関連で「政治が乱れれば討ち滅ぼされる」のが〈異国の法〉であると述べているので、〈異国の法〉とは「異国の習い」もしくは「異国の例」であるといった意味に解釈している。具体例としては、悪政を行い、人望を失って滅ぼされた夏の桀王や殷の紂王の伝説の時代から、隋の煬帝あたりが思い浮かぶとし、「『大槐秘抄』における異国は中国だけでなく広く高麗・渤海・刀伊までを含めて用いられているが、

『将門記』に、「于レ時新皇（将門）勅云、……今世之人、必以二撃勝一為レ君。縦非二我朝一、僉在二人国一。如二去延長年中大赦契王〔大契赧王カ〕一、以二正月一日一、打二取渤海国一、改二東丹国一領掌也。盍二以レ力虜領一哉。」……という記述があるので、九条伊通の念頭にはあるいは契丹による渤海滅亡の事実もあったかも知れない」と考えられている。[38]ただし、それに続く「鎮西は」以下の記述は、前述のように本文の錯簡・脱落等の可能性も考慮する必要がある。

ここで、筆者が注目する〔3〕について、校訂した結果および先行研究に依りながら概要を述べると次のごとくである。[39]

「鎮西（九州）は、敵国[40]（高麗）の人が今日まで集まっている国（地域）です。日本の人（対馬島民）は高麗にだけ渡っているのです。それも、宋〔商〕人が日本に渡る姿とは異なっており（似ておらず）、とんでもない〔身なりの〕商人が、僅かな取るに足らないつまらない小物を持って渡っているようです。どれほど〔日本が高麗から〕侮られていることでしょう。ですから『制』があるのです。」となるであろう。

さて、〔3〕の「制」については、いわゆる「渡海制」との関連で引用されている。「渡海制」については、村井章介氏や河辺隆宏氏によって研究史が整理されているので[41]詳細はそちらに譲るとして、本章では『大槐秘抄』にみえる「制」に関して言及している先行研究をみてみたい。稲川やよい氏は、「日本の商人が高麗と往来していることを示し、敵国へ渡る彼らを「あなづらはし」と軽蔑し[42]、何らかの「制」を設けている。これは「鎮西」とあることからしてもf（『渡宋記』永保二年〈一〇八二〉九月五日条―近藤）の「府制」かまたはそれに近い制であり、その内容は海外出国の制限であろう。『大槐秘抄』は、九条伊通が二条天皇に提出した政治意見書である。よってその中に見られる「制」とは、政府の公式見解として考えて良い。……この「制」はいわゆる「渡海制」である可能性が高く、どれほどの実行力はあったかは別として理念的には一二世紀半ば過ぎまでこの禁制が生きている指標となる」と述べている。[43] 稲川氏は「渡海制」のモデルを山内晋次氏が主張される唐衛禁律越度縁辺関塞条にあるという立場を取る。[44] そこから、渡海制を示す可能性のある史料の検討を通じて、「いわゆる「渡海制」と呼ばれる禁制は、個人の私的渡海を禁止するものであり、私人身分の者、例えば商人等が渡海する場合は、大宰府の発給する牒の類を携帯していればこの禁制には触れないらしいことが推定できた。……一二世紀半ばすぎまで理念的存在と化しつつも……連動して生きてきたらしいことも窺えるのである」[45] と述べる。

次に石井正敏氏は、森克己氏が指摘する延喜十一年（九一一）制定のいわゆる年期（年紀）制と対になる存在の「渡海の制」とを「いわば出入国管理令のようなもの」と述べ、延喜十一年とは時期は隔たっているが、『大槐秘抄』の「制」が貿易と深く関わっていることを推測している。[46]

また、村井章介氏は『国境を超えて』の中で、この「制」について九世紀から十世紀のあたりにできた「渡海の制」で、日本から外へでることを制限する国法と捉えている。そしてその存在理由としては、日本を神国ととらえ、日本の周りの国々、とくに高麗を敵国とするような見方、世界観が存在する中において、「神国と敵国とを遮断するための方法としてあったといえると思う」と述べる。[47]『日本史史料〔2〕中世』でも『大槐秘抄』の「制」を「渡海禁制」であると示し、【解説】の中で、「高麗へ小規模な交易のために渡航する対馬人への蔑視観もみてとれ、一一世紀以前に成立していた渡海禁制が、一般庶民をも対象としていたことがわかる」と指摘している。[48]

ごく最近、荒木和憲氏は、本章のもとになった旧稿における結論にも触れながら「これ（制—近藤）については、既存の「渡海の制」（渡海禁制）とみる見解〔稲川一九九一〕のほか、対馬で新たに実施された渡航制限策とみる見解〔近藤二〇一五〕がある。どちらの見解が妥当であるのか判断は難しいが、「しかれハ制は候事なり」（それならば制はあることである）とのニュアンスを尊重すれば、既存の「制」を適用しようとしたものと考えられる」と述べる。[49]

いずれの説についても、『大槐秘抄』の「制」は「渡海制」で、それは十一世紀以前には存在し、律あるいは十世紀初頭の延喜年間に制定され、十二世紀の半ばにおいてもどれほどの効力があったかはわからないが生き続けていた、と解釈されているのである。

第三節　これまでの『大槐秘抄』にみえる「制」の理解に対する疑問

本節では、上記の先行研究に対する筆者の疑問を述べてみたい。まず、稲川やよい氏の説から見てみると、前述のように、稲川氏は「渡海制」の法源を唐衛禁律越度縁辺関塞条が日本律にもあったとする山内晋次氏の説に拠っている。しかし、これについては榎本淳一氏が、養老律越度縁辺関塞条の存在を否定し、主に寛仁三年（一〇一九）の刀伊の入寇について記述した『小右記』の検討から、これを賊盗律謀叛条に法源があると指摘した。また、稲川氏が渡海制を示す可能性のある史料として挙げる寛徳二年（一〇四五）の「清原守武の「入唐」事件」および寛治六年（一〇九二）の「僧明範の契丹密航・兵具交易事件」についても、違反者は賊盗律謀叛条により処罰されたとし、成尋や戒覚らの僧侶が、密航により宋に渡る際に大宰府の監視の目を逃れたのも、「渡海制（賊盗律謀叛条）」を恐れてのものと考えている。[50]村井章介氏は『小右記』の記事に見られる「渡海制」の法源を律に求めるのであれば、榎本氏の賊盗律謀叛条説に分がありそうにも思えると指摘している。[51]さらに石井正敏氏は越度縁辺関塞条存在説の根拠の一つとなる縁辺城戍条を検討し、関塞条存在の根拠とはなり得ず、日本律に同条はないとする説を支持している。[52]

　また、『大槐秘抄』にみえる「制」について、稲川氏はこれを『渡宋記』永保二年（一〇八二）九月五日条に「於二筑前国博多津一、師弟三人乗二於唐船一。是大商客劉琨蒙二廻却宣旨一之便也。依レ恐二府制一、隠如レ盛レ橐、臥二舟底一、敢不レ出レ嗟。……」とある中の「府制」かまたはそれに近い制であり、その内容は海外出国の制限であろうとする。この「府制」については、「渡海制」なのか、大宰府独自の取り締まり制度を示すのかはわからないとし、注に森克己氏の「戒覚の渡宋記について」を掲げる。当該論文には、「遣唐使廃止後、日本政府の対外方針は消極的となり、唐船の頻繁な来航に制限を加えるとともに、日本人の海外渡航や、海外との私的な交際をも厳禁し、犯すものは厳罰に処した。唯中国の天台山・五台山等の仏界聖跡巡礼を目的とする僧侶は例外として渡航を許したが、それも朝廷より勅許を得たものだけに限った。ところが実際には勅許は簡単には得られない。そこで勅許を得られないものは密航という非常手段をとらざるを得なかった。この密航に対してはまた大宰府が厳重に取締っていた。「府制」というのはつまりこの大宰府の取締りを指したものである」[53]とある。森克己氏は延喜年間に渡海制が制定されたと考えられていることから、この「府制」は渡海制違反者を取り締まるために大宰府で設けられたより具体的な「制」と理解することができる。しかし、稲川氏はこの頃（十一世紀後半）に「「渡海制」は作用していたようであるから、さらに大宰府独自の取り締まり制度は不必要に思える。とすればこの「府制」は「渡海制」の可能性がある」と述べる。意味が取りづらいのであるが、結論としては「渡海制」と「府制」を同じものと理解しているとみられる[54]。

　ところで、山内氏も榎本氏も「渡海制」を明らかにする上で検討の中心に挙げている史料は、『小右記』寛仁三年（一〇一九）八月三日条所収の同年七月十三日付大宰府解文である。これは、刀伊の襲撃により拉致された家族の安否を尋ねて高麗へ渡った対馬島判官代の長岑諸近が、被害者数名を連れて帰国してきた際のことなどを記したもので、「渡海制重」・「(向二異)国一之制已重」・「投二若《(ママ)》異国一、朝制已重。何況近日其制弥重」・「越二渡異域一、禁制素重」・「以二先行者一為下与二異国一者上。而始破二制法一而渡海、無二書牒一而還」・「愚民偏思二法緩一輙渡海」など多様な表現がある。榎本氏は、「越渡異域」について「国家の許可なく不法に異国へ行くこと」と解釈し、「先行者」すなわち「不法に異国に渡った者」を、日本を裏切って異国側についた者とみなしている。それにもかかわらず「制法」を破って渡海し、高麗側からの文書もなく帰国していることを咎めている。また、賊徒来攻直後ということもあり、「禁制」がますます重みをもつとされているなど、敵国襲来による緊迫した状況を示していると論じている。(55)

筆者には、以上のような文脈で語られている「渡海制」と、「小物」を持って高麗へ渡る「日本の人(対馬国人)」が、高麗側に侮られてしまうので設けられている「制」とを、果たして同じものと理解してよいかどうか、疑問が抱かれるのである。

一方、石井正敏氏は年期制が同一宋商人の来航間隔について定めたものであることから、(56)『大槐秘抄』の「制」についても、貿易と深く関わっているとの指摘は説得力がある。ただ、「延喜十一年とは時期は隔たっているが」(57)と述べており、実行力があったのかどうかというところまでは論じられていない。また、村井章介氏も「渡海の制」が聖なる領域としての日本を外部世界の影響から遮断するためのものとして、平安貴族の意識のなかではとらえられていたと述べる一方で、「そのことだけをみるのでは、もうこの時期、不十分」として、高麗へ渡る対馬島民の姿について「十二世紀の変化をみてとることができる」としている。(58)『大槐秘抄』にみえる「制」とは、こうした変化を受けて設けられたものとは考えられないであろうか。そして荒木氏に関しては、「しかれハ制は候事なり」(それならば制はあることである)とのニュアンスを尊重すれば、既存の「制」を適用しようとしたものと考えられると指摘しているが、筆者は逆にこのニュアンスから、従来の「渡海制」と同一とみることに疑問を抱いてしまうのである。

このように、先行研究では『大槐秘抄』の「制」を、十一世紀以前には成立していた「渡海制」と同じもので、理念的には生きていたが、その効力の有無はわからないという文脈で理解されてきた。しかし、筆者はそれとは異なる考え方もできるのではないかと思われるのである。すなわち、十二世紀の実情に合わせた「制」の存在を追求できるのではないかと考えているのだが、このことについて下文で検討したい。

第四節　十一世紀末〜十二世紀における日本・高麗間通交について

1　平清盛大宰大弐在任時の対馬島民の動向と日本・高麗

『大槐秘抄』では、神功皇后の三韓征伐の話など古典に基づく記載もあるが、例えば〔1〕段落には「今平清盛大弐に罷り成て候。いかがと思ひ給ふるに、高麗に事ありと聞候」とあるように、平清盛の大宰大弐在任時（保元三年〈一一五八〉八月十日〜永暦元年〈一一六〇〉十二月三十日）[59]という、『大槐秘抄』執筆時に極めて近い時期の出来事についても記されている。この点について石井正敏氏は、「永暦元年四月以前に対馬の貢銀採掘夫（あるいは商人）が高麗の金海府に禁固されたという事件があり、あるいはこのことをさしているのかも知れない」[60]と指摘する（後掲【史料1】〜【史料3】）。筆者はこれと関連する史料を検討した結果、この「事」とは対馬島と高麗の東南海都部署との間で牒状を取り交わすような外交問題に発展した可能性が高いと考えるに至った。まずはこの点について述べてみたい。関連史料は次のごとくである。

【史料1】『百練抄』永暦元年（一一六〇）四月二十八日条

対馬嶋司言下上、高麗国金海府禁二銅採進房幷貢銀採丁一事上、令二諸道勘申一。

【史料2】『百練抄』永暦元年十二月十七日条

諸卿定下申高麗国搦二留対馬嶋商人一事上。

【史料3】『山槐記』永暦元年十二月十七日条

今夜有下高麗国搦二留商人一之定上云々。可レ尋二諸道勘文・定文等一。

【史料1】では、高麗国金海府による対馬島の「銅採進房」や「貢銀採丁」の拘束を、対馬島司が（大宰府を経て）朝廷に言上している。[61]【史料2】・【史料3】では、【史料1】と同年の十二月十七日に、それ以前に対馬島の商人が高麗国によって拘留されたことについて、陣定で議論している。同年に続けて対馬島民拘束の記事があるため、【史料1】と【史料2】・【史料3】は関連した出来事であるとみることもできる。[62]一方、同じ『百練抄』の記事のうち、【史料1】で特に詳しく「銅採進房」・「貢銀採丁」と記されていることには違和感がある。【史料1】では採掘夫たちが拘束されたことについて諸道に勘申させ、さらに【史料3】でも「商人」が搦留されたことについて勘文や定文などを諸道に尋ねさせていることから、これらが別個の事件であったとみることも十分可能である。しかし次章で検討するように、「貢銀採丁」は、「源光経解状」において「採銀之勤」や「交易進上」などを行う「採丁」と考えられるため、採掘夫と交易者（商人）双方の立場を持っていたとも考えられる。このように【史料1】と【史料2】・【史料3】については、両者が関連するのか否かで考え方がわかれ、結論を出すことは難しいが、いずれにせよこの時期に対馬島民が高麗によって拘束されたことは間違いない。

そして、この事件に関連すると思われる史料が「李文鐸墓誌」である。本書第1部第三章では本墓誌の校訂等を行ったが、本章ではこの事件に関係する箇所を中心に掲げる。

【史料4】「李文鐸墓誌」（日本関係記事については内容によりア〜エの段落を付した）

至二丙寅歳一、以二上舎第二人一、擢二丙第一。出補二寧州掌書記一。……崔相允儀、当レ国欲下選二文士該明□理者一、為中都兵馬録事上。問二諸左右一時、省閤諸公、倶以レ公為レ言。崔相喜謂二諸公一曰、「吾亦、嘗聞二其為レ人矣。」遂引為二録事一。凡辺要大議、皆所二総攬一。

ア　時□、日本国対馬島官人、以二辺事一移二牒東南海都部署一。

イ　都部署不二敢□決一、馳駟聞二諸朝一。

ウ　両府議、即欲下以二尚書都省牒一回示上。

エ　公聞レ之、謂二承制李公升一曰、「彼対馬島官人辺吏也。今以二尚書都省牒一回示、失レ体之甚。宜レ令三都部署却二回公文一。」承制李公驚曰、「微二子之言一、幾失二国家之体一。」自レ此服二公之達識一。

至二正豊間一、聞二金国草賊蜂起一。……至二壬午歳一、金国牒、問因□□□……

本史料における、対日関係記事（ア〜エ）の内容については、次のように理解できる。

ア　日本国対馬島の官人が、辺事をもって東南海都部署に牒を発給。

イ　東南海都部署では判断（□決）ができなかったので朝廷に報告。

ウ　両府で議論が行われ、尚書都省牒で返事をしようとした。

エ　李文鐸はこのことを聞き、承制李公升に対して、対馬島の官人は辺吏であるため尚書都省牒をもって返事をすれば国家の体面を失う。したがって、都部署から公文を却回するべきであると建議した。李公升は驚き、李文鐸の建言がなければ国家の体面を失うところであったと言い、李文鐸の達識に感服した。

「李文鐸墓誌」のこの一節はすでによく知られており[63]、例えば、対日外交に関わる東南海都部署の役割[64]や、中央の尚書都省名義で返牒する例があった可能性についての指摘[65]、そして日本（対馬島）との名分関係などについて論じる際に参照されている[66]。さらに、現存する史料において日本側が主体的に高麗へ牒状を発給した最初の事例であることも注目されるところである。ところが、対馬島が高麗へ牒状を送った時期やその具体的内容、そして対馬島の牒状をめぐる高麗側の対応等については明確ではない。そこでまず「李文鐸墓誌」の対日関係記事の年代について検討してみたい。

さて、年代については本文中には明記されていないが、その前後に「丙寅歳」（一一四六年）、「正豊間」（金国の正隆年間。西暦一一五六年二月一日～一一六一年十月八日）、「壬午歳」（一一六二年）とあるのが参考となる。田島公氏や金雲泰氏は一一四七～一一七〇年[67]、すなわち高麗毅宗朝の出来事とし、周藤吉之氏は毅宗朝の初めころとしている[68]。李領氏は一一四八～一一六〇年の間の出来事とされているが、その根拠として、上限は李文鐸が都兵馬録事となった時期を一一四八年と推測し、下限については「李文鐸墓誌」の対日関係記事に続く「正豊間」の記載による[69]。これらの見解は、李文鐸が都兵馬録事となった時期に焦点を当てて比定を行なっているが、その年代には幅がみられる。また、一一五一年頃の出来事とする研究もあるが[70]、その根拠は『青方文書』安貞二年（一二二八）三月十三日関東下知状にある、仁平元年（一一五一）に肥前国小値賀島地頭清原是包が高麗船を「移取（略奪）」した事件と関連させたものと推測される。

一方、韓国の李在範氏や張東翼氏は、「李文鐸墓誌」の対日関係記事の年代を一一五六～六五年の間と比定された[71]。特に張東翼氏は「李文鐸が答書の発給官府を議論した李公升が承制すなわち承宣および知奏事に在職していた毅宗一〇年一二月から一九年二月以前の間である」と述べている[72]。李在範氏は特に根拠は示されていないが、おそらく張氏と同じく李公升に注目したのではないかと思われ、記述からは一一五六年のことと考えられているようである。

筆者も李公升の承制在任記事に着目して検討を進めるべきであると考えているが、結論は異なるため、以下に関連史料を挙げて考察を加えてみたい。

【史料5】『高麗史』巻一八、毅宗世家十年（一一五六）十二月乙丑条

以二東北面兵馬副使李公升一為二枢密院左副承宣一。

【史料6】『高麗史』巻七三、選挙志一、科目一

毅宗……十二年（一一五八）五月、枢密院使李陽升知貢挙・右承宣李公升同知貢挙、取二進士一、賜二金正明等二十七人及第一。

【史料7】『高麗史』巻一八、毅宗世家十二年（一一五八）冬十月丁酉条

曲二宴于安平斎一、召二左承宣李公升一献レ寿。公升賦レ詩以進。

【史料8】「李公升墓誌[73]」

進為二枢密院右承宣・礼賓卿一、兼二太子左庶子一。正豊四年（一一五九）、升為二知奏事一、凡四方章奏無レ不レ総焉。

【史料9】『高麗史』巻一八、毅宗世家十五年（一一六一）十二月乙丑条

以二金永夫一知門下省事……李公升知尚書吏部事。

【史料10】『高麗史節要』巻一一、毅宗十八年（一一六四）夏四月条

以二枢密院知奏事李公升一、為二刑部尚書一。公升於二禘日一、遽奏二祀事已辦一。王入二廟庭一、執礼奏、「未レ辦」。王大怒、欲レ加二重責一、頼二右承宣李聃営救一。但罷二知奏一。

【史料11】『高麗史』巻一八、毅宗世家十九年（一一六五）十二月乙巳条

……李公升為二枢密院副使・太子賓客一。……

李公升は毅宗十年十二月に枢密院左副承宣となって以来（【史料5】）、左右承宣を経て（【史料6】・【史料7】）、毅宗十三年に知奏事となった（【史料8】）。その後、毅宗十八年までは、知尚書吏部事などを兼務しながら（【史料9】）、知奏事職を続けていたとみられる（【史料10】[74]）。【史料10】によれば、毅宗十八年（一一六四）に李公升は禘祭における不手際の責任を取り知奏事を罷免され（傍線部）、翌毅宗十九年に枢密院の上部組織である「枢密院副使」に就任している（【史料11】）。よって彼が「承制」であった時期は一一五六～一一六四年までとなる[75]。

ここであらためて「李文鐸墓誌」をみると、対日関係記事の後には、対金関係の記事が続いており、その冒頭には「至二正豊間一」とある。李領氏はこの記述から「李文鐸墓誌」の対日関係記事の下限を一一六〇年とされているのであるが、この記載は後にみえる「壬午歳」に、宰相崔允儀が金国への対応をめぐって李文鐸を召して議し、最終的に李文鐸の言に従ったために金国との良好な関係が維持されたことを伝える前提の話となる[76]。よって、「李文鐸墓誌」の対金関係記事における李文鐸の事績を示す確かな年代は「壬午歳」となるため、その前に記載されている対日関係記事の下限は、「壬午歳」すなわち一一六二年の対金関係記事の直前までとすべきである。

以上の考察により、「李文鐸墓誌」記載の日本関係記事の年代は、一一五六～一一六二年の間であると判断される。このような理解ができるとすれば、「李文鐸墓誌」の日本関係記事は、永暦元年の事件（【史料1】～【史料3】）と関連する蓋然性が高いと考えられる。「李文鐸墓誌」にある「東南海都部署」の当時の所在地は、対馬島の「銅採進房」や「貢銀採丁」を拘束した「金海府」（金州）に位置していた[77]。また「辺事」とは「辺防のしごと」[78]の意味があり、『高麗史』にも国境地域関連の記事の中で散見されるが[79]、これはまさに対馬島民が高麗によって拘束されたことに対する日本（対馬島）側の牒状の内容を「辺事」と示しているのではないだろうか[80]。そしてこのような内容を、『大槐秘抄』では「今平清盛大貳に罷り成て候。いかがと思ひ給ふるに、高麗に事ありと聞候」と記したのではないかと考える。

すなわち、『大槐秘抄』は、執筆時とごく近い時期の出来事について、簡潔ながら正確に記している。(81) さらに、〔3〕段落にある「鎮西は敵国の人今日《〔今にイ〕》まで集まる国也」についても、『百練抄』平治元年（一一五九）八月二日条にある「陣定。竈門宮焼亡并高麗商人□□。播磨国伊和社焼亡事」との関連が推測される。『百練抄』の記事には欠損があるため多様な解釈が可能であるが、陣定で高麗商人に関することが取り上げられている。張東翼氏は、十二世紀半ばには日本から高麗に渡航するだけでなく、高麗からも商人が日本にやって来ていた可能性を示す重要な史料であると述べている。(82) 高麗産の出土物は宋のそれと比べはるかに少ないようであるが、(83) 村井章介氏や石井正敏氏も述べるように、十二世紀半ばの時点で宋人のみならず高麗の人々も鎮西にいたことがこの記述からうかがえるのである。(84)

2　「日本の人は高麗《対馬国人》にこそ渡り候なれ」について

次に『大槐秘抄』の「制」と関連して筆者が注目したいのが、「日本の人は高麗《対馬国人》にこそ渡り候なれ」という記述である。

【表】にあるように、十一世紀半ば（一〇五六年）から末（一〇八九年）にかけては、対馬島のみならず、壱岐島・大宰府・筑前・薩摩など九州各地の人々が高麗に渡航していた。承暦四年（一〇八〇）に商人の王則貞が高麗からもたらした請医の礼賓省牒状を、大宰府は解状を副えて太政官に送付したが、その中には「右商人往二反高麗国一古今之例也」とある。[85] また、この牒状に対する議論の中で、『師記』承暦四年九月四日条には、関白藤原師実が、「若遣二王則貞一者、子細語二示彼朝一歟。有二如レ此往反之輩一乎」と尋ねた際に、皇太后宮権大夫藤原師成は、「甚多候者也」と答えており、多くの日本人が高麗へ渡航していたことがわかる。[86]

しかし十二世紀に入ると、日麗間の通交記録は大きく減少し、『高麗史』では次の四件のみとなる。

【史料12】『高麗史』巻一四、睿宗世家十一年（一一一六）二月丙寅条

日本国進二柑子一。

【史料13】『高麗史』巻一七、毅宗世家元年（一一四七）八月甲辰条

日本都綱黄仲文等二十一人来。

【史料14】『高麗史』巻一九、毅宗世家二十三年（一一六九）正月丁亥条

幸二奉香里離宮一宴二群臣一、仍賜二宋商及日本国所レ進玩物一。

【史料15】『高麗史』巻一九、毅宗世家二十四年（一一七〇）春正月壬午朔条

王受二賀於大観殿一、親製二臣僚賀表一、宣二示群臣一。表曰、「三陽応レ序、万物惟新。玉殿春回、竜顔慶洽。……北使上レ寿而致レ辞、日域献レ宝而称レ帝。……」百官表賀。是日御二奉元殿一、講二書益稷一。

これらのうち、【史料14】は、正月に催された宴において、群臣らに「宋商」と「日本国」が進めた「玩物」を下賜したことが記されていることから、これ以前に日本から高麗へ渡航した人々がいたことがわかる。また、【史料15】は、正月元日の朝賀に際し、国王毅宗が自ら臣僚の賀表を起草し、「日域が宝を献じて帝を称う」（傍線部）と作文している。すなわち、直接の高麗渡航が確認される記事は【史料12】と【史料13】のみで、地名についても「日本国」の表記に限られる。このうち【史料12】の「日本国」は、山内晋次氏によって対馬島である可能性が高

【表】11 世紀～13 世紀前半における日本人による高麗渡航・方物献上記事一覧表

No.	年　月	出発地	到着地	内　容	出　典	備　考
1	1056・10	日本国	金州	「日本国使正上位権隷藤原朝臣頼忠等」30 人が金州に来て滞在・宿泊する。	『高麗史』	
2	1073・7	日本国（大宰府？）	金州？→開京	東南海都部署の奏によれば、「日本国人」の王則貞・松永年等 42 人が来航し、螺鈿鞍橋・刀・鏡匣・硯箱・櫛・書案・画屛・香炉・弓箭・水銀・螺・甲などの物を献上することを請願する。海道からの入京が許される。	『高麗史』	同年 11 月に開催された八関会大会において、大宋・黒水・耽羅・日本等諸国人が礼物・名馬を献上。彼らによるものか。
3	1073・7	壱岐島	金州？→開京	東南海都部署の奏によれば、「壱岐島勾当官」が藤井安国等 33 人を派遣し、方物を東宮及び諸令公府に献上することを請願する。海道からの入京が許される。	『高麗史』	
4	1074・2	日本国		「日本国船頭」の重利等 39 人が土物を献上する。	『高麗史』	
5	1075・閏4	日本		「日本商人」の大江等 18 人が土物を献上する。	『高麗史』	
6	1075・6	日本		「日本人」の朝元・時経等 12 人が土物を献上する。	『高麗史』	
7	1075・7	日本		「日本商」59 人が来る。	『高麗史』	
8	1076・10	日本国	霊光郡→開京	有司（担当官）の奏によれば、霊光郡に到着した「日本国僧俗」25 人が、国王の長寿を祝うために彫像した仏像を入京して献上したいと請願する。制により入京が許される。	『高麗史』	
9	1079・11	日本	開京？	「日本商客」の藤原等が来て、法螺 30 枚・海藻 300 束を興王寺に施し、王の長寿を祝う。	『高麗史』	
10	1080前後	日本（大宰府？）		請医一件の礼賓省牒状を報告する解において、（王則貞のような）商人（牒状では「商客」）が高麗国に往反するのは「古今之例」であると述べる。また、高麗に往反する輩が「甚多候也」と記されている。	『朝野群載』『帥記』	
11	1080・閏9	薩摩州		「日本国薩摩州」が使者を派遣して方物を献上する。	『高麗史』	
12	1082・11	対馬島		「日本国対馬島」が使者を派遣して方物を献上する。	『高麗史』	
13	1084・6	筑前州		「日本国筑前州商客」の信通等が、水銀 250 斤を献上する。	『高麗史』	
14	1085・2	対馬島		「対馬島勾当官」が使者を派遣して柑橘を進上する。	『高麗史』	
15	1086・3	対馬島		「対馬島勾当官」が使者を派遣し方物を献上する。	『高麗史』	
16	1087・3	日本		「日本商」の重元・親宗等 32 人が来て方物を献上する。	『高麗史』	
17	1087・7	対馬島	金州？	東南道都部署の奏によれば、「日本国対馬島」の元平等 40 人が来て、真珠・水銀・宝刀・牛馬を献上するという。	『高麗史』	
18	1089・8	大宰府		「日本国大宰府商客」が来て、水銀・真珠・弓箭・刀剣を献上する。	『高麗史』	
19	1116・2	日本国（対馬島？）		「日本国」が柑子を進上する。	『高麗史』	
20	1147・8	日本		「日本都綱」の黄仲文等 21 人が来る。	『高麗史』	宋商人か（本文参照）
21	1160	対馬島	金州？	4 月に対馬島の採掘夫が、12 月に対馬島商人が高麗によって拘束されたことが朝廷に報告される。	『百練抄』『山槐記』	
22	12c半ば	対馬島		高麗に渡る対馬島民は、日本に来る宋商人とは異なる（似ていない）姿で、わずかな小物を持って渡っていると記される。	『大槐秘抄』	
23	1169・1	日本国		毅宗が宋商および「日本国」が進上した玩物を群臣に下賜する。（※翌年正月に毅宗が作成した賀表に、「日域」が宝を献じて毅宗を「帝」と称うとある）。	『高麗史』	
24	1205・8	対馬島	金州	恒平等 11 人が文牒をもたらすが、無礼により交流を拒否される。	『平戸記』	
25	1206・1	対馬島	金州	「貴国使介」の明頼等 40 名が船 3 艘に乗って金州南浦に来着。「進奉」と号称し文牒を献上するが、「進奉之礼」に非ずとして遣還される。	『平戸記』	
26	1227・2	対馬島	金州	1227 年作成の高麗牒状に、高麗が「館舎」を設け、海辺の州県や島嶼の人々と対馬島民が好を交えていたことを記す。	『吾妻鏡』	

いことが指摘されている。[87]【史料13】については、「日本都綱黄仲文」とあるが、後述のごとく彼は宋商人だったのではないかと推測している。

このように考えると、十一世紀末から十二世紀になると、高麗へ渡航する日本人が対馬島民に一元化されていった可能性がある。それでは逆に、十一世紀半ばまで高麗に渡っていた九州の他の地域の人々が渡航しなくなったとすれば、それはなぜなのであろうか。この点に関連して三浦圭一氏は、「日麗貿易は、一一世紀末、高麗からの日本医師派遣要請を断ってから、急速に衰退にむかうが、これは日本が孤立政策をとったからではなく、日宋貿易が本格的に展開しはじめてきた理由によるものである」[88]と述べている。筆者も十二世紀前後の日麗交通の変化の理由の一つに、日宋貿易が関係していると考えている。しかし、論の展開過程は異なるので、以下に述べてみたい。

まず当該期における日宋貿易の実態が、近年文献・考古の両面から相当な発展を遂げている。[89]その概要を簡略に示すと次の通りである。

〈1〉貿易陶磁器の出土状況から、日宋貿易をはじめ日本外交の拠点であった大宰府鴻臚館は、十一世紀後半には利用されなくなり、かわりに博多が中心となっていく。

〈2〉十一世紀後半以前には宋商人が貿易品を積載して来日し、大宰府鴻臚館で貿易を行う「人・物一体型貿易」（波打際貿易）であったのに対し、十一世紀後半以降は博多に形成された唐房（唐坊）に長期滞在・定住する宋商人（博多綱首）があらわれ、部下に日中間を往来させて取引を行う「人・物分離型貿易」（住蕃貿易）の形態が展開され始めていく（貿易形態の多様化）。この動きにともなって、これまでの「年期制」の枠組みでは捉えきれない宋商人が出現する。

〈3〉一方、朝廷から派遣されていた「唐物使」が十一世紀後半頃を最後に派遣されなくなると、貴族層が天皇から唐物を頒布される機会が減るため、博多に滞在する宋商人との間で貿易品入手に関して一定の契約関係が結ばれていた可能性が高い。また、有力寺社などの権門とも関係を持って貿易活動に従事していた宋海商の存在が考えられる。

以上のような日宋貿易の転換期とほぼ同時期に、次のような史料がみられる。

【史料16】『阿弥陀経通賛疏』巻下奥書（『大日本史料』第三編之六、七六三〜七六四頁を参照。異同は『平安遺文』題跋編六七五号による）

件書等、予以二嘉保二年〔一〇九五〕孟冬下旬一、西府郎会〔即イ〕二宋人柳裕一、伝二語高麗王子義天一、誂二求極楽要書・弥陀行願相応経典章疏等一。其後柳折〔裕カ〕守レ約、以二永長二年丁丑〔一〇九七〕三月二十三日丁丑一、送レ自二義天一、所二伝得一弥陀極楽書等十三部二十巻、則〔別イ〕以二同五月二十三日家時〔亥カ〕一、興福寺浄名院到来。懇誠相臻、清素自偕。仍以二彼本一已重新写、善種不レ朽、宿心爰成。欲レ為二自他法界・往生極楽之因縁一矣。

康和四年〔一一〇二〕壬午四月二十二〔三イ〕日、未剋薬師寺西室大房書写畢。

【史料17】『釈摩訶衍論通玄鈔』巻第四奥書（『大日本史料』第三編之八、一四六頁。『平安遺文』題跋編二五八六〜二五八八号を参照）

寿昌五年己卯歳〔一〇九九〕、高麗国大興王寺奉宣雕造。正二位行権中納言兼太宰帥藤原朝臣季仲、依二仁和寺禅定二品親王仰一、遣二使高麗国一請来。即長治二年乙酉〔一一〇五〕五月中旬、従二太宰一差二専使一奉二請之一。

【史料18】『弘賛法華伝』巻上・奥書（『平安遺文』題跋編一〇四三号を参照）

弘賛法華伝者、宋人庄永・蘇景、依二予之勧一、且自二高麗国一、所レ奉レ渡聖教百余巻内也。依二一本書一為レ恐二散失一、勧二俊源法師一、先令レ書二写一本一矣。就レ中、蘇景等帰朝之間、於二壱岐嶋一、遇二海賊乱起一、此伝上五巻入二海中一少湿損。雖レ然海賊等、或為二宋人一被二殺害一、或為二嶋引一被二搦取一、敢无二散失物一云々。宋人等云、偏依二聖教之威力一也云々。

保安元年七月五日於二大宰府一記レ之、大法師覚樹

此書本奥有二此日記一。

（巻下・奥書）

大日本国保安元年七月八日於二大宰府一勧二俊源法師一書写畢。宋人蘇景自二高麗国一奉レ渡聖教之中、有二此法花伝。仍為レ留二多本一、所レ令二書写一也。

羊僧覚樹記レ之。

此書本奥在二此日記一。

【史料16】には興福寺の僧と思われる某が、嘉保二年（一〇九五）十月に大宰府で宋人柳裕に会い、高麗王子義天から『極楽要書』・『弥陀願相応経典章疏』等を求めるように依頼し、二年後の永長二年（一〇九七）に伝えたことが知られる。【史料17】は長治二年（一一〇五）に大宰権帥藤原季仲が、仁和寺覚行法親王の仰せによって、高麗に「専使」を派遣し、『釈摩訶衍論通玄鈔』を輸入している。さらに【史料18】では、保安元年（一一二〇）に東大寺の覚樹の勧めにより、宋人の庄永・蘇景が高麗から聖教百余巻を輸入させたことが伝えられている。[90] これらの史料についてはすでに様々な指摘がなされているが、本章では、【史料17】の「専使」と【史料18】の「蘇景等帰朝之間、於二壱岐嶋一、遇二海賊乱起一」に注目したい。

まず、「専使」について堀池春峰氏は、仁和寺禅定二品親王覚念の依託により藤原季仲が大宰府より高麗に使者

を派遣して求めたものであると述べている。[91] ついで横内裕人氏は、大宰府の専使がどのような性格のものか不明だが、高麗宣宗六年（一〇八九）に方物を献じたという「大宰府商客」のような商人であったろうと思われると指摘する。[92] さらに原美和子氏は、「この時に《宋商人》が関与したものかは明らかにできないが、続蔵経の輸入が宋経由ではなく大宰府・高麗間で直接行われていることを確認しておきたい」と述べ、注で「義天版の輸入を依頼された大宰権帥藤原季仲は、覚行法親王の母の従兄弟にあたり、その家系の人々は大宰府と関わりが深い（『尊卑文脈』一・実頼公孫）。季仲の叔父の経平は、大宰大弐の時に《宋商人》孫忠と僧仲廻と謀って明州に使者を派遣したことがある」[93] と指摘する（後掲【史料21】〜【史料23】参照）。

以上のように専使の具体的内容について明らかに言及したものはないが、筆者は【史料16】・【史料18】で、高麗からの経典の輸入に宋人（宋商人）が関与していること、また、次の史料にみられるように、かつて大宰府が宋商人を使者として宋に派遣したことがある事実から、この時の「専使」も宋商人ではなかったかと推測する。

【史料19】『小右記』万寿三年（一〇二六）六月二十六日条

六月二十六日、庚子、中将云、宋人良史欲レ及二解纜一、而献二名籍于関白一（民部卿所レ伝献）、懇望二栄爵一、贖三労桑糸三百疋一。若無二朝納一、帰二本朝一。戊辰年〔長元元・一〇二八〕明後年帰参、可レ献二錦・綾・香薬等類一。件良史母本朝人也。関白返二贖労一解文、給二以黄金三十両一云々。彼門客云、徳化覃二異域一、尤足二感歎一。愚所レ案者、当朝国用二位記一、深所レ恥也。何況異朝商客献芹乎。遙聞二貪欲一有二計略一歟。不レ可レ謂二徳化一、祇可レ取レ辱歟。

【史料20】『宋会要輯稿』補編、職官市舶、宋天聖四年（一〇二六）十月条

四年十月、明州言、「市舶司牒、『日本国大宰府進奉使周良史状、奉二本府都督之命一、将三土産物色進二奉本府一。看レ詳、即無二本処章表一、未二敢発遣上京一。欲レ令三明州只作二本州意度一。諭二周良史一、縁レ無二本国表章一、難三以

申二奏朝廷一。所二進奉一物色、如肯留下、即約二度價例一廻答、如不二肯留下一、即却二給付一、曉示令レ廻。』」従レ之。

【史料21】『宋史』巻四九一、日本伝

元豊元年〔一〇七八〕、使通事僧仲回来、賜二号慕化懐徳大師一。明州又言レ得二其国太宰府牒一、「因二使人孫忠還一、遣二仲回等一貢二絁二百匹・水銀五千両一。」以二孫忠乃海商一、而貢礼与二諸国一異。請自移牒報、而答二其物直一、付二仲回東帰一。従レ之。

【史料22】『続資治通鑑長編』巻二八八、元豊元年（一〇七八）二月辛亥条

辛亥……明州言、得二日本国太宰府牒一称、「附二使人孫忠一遣二僧仲回等一、進二絁二百匹・水銀五千両一。」本州勘会、「孫忠非二所レ遣使臣一、乃泛レ海商客而貢奉之礼不レ循二諸国例一。乞以二此牒報一、仍乞以下所二回賜一銭物上付二仲回一。」従レ之。

【史料23】『善隣国宝記』

承暦二年〔一〇七八〕、宋人孫吉所レ献之牒曰、「賜二日本国大宰府令藤原経平一。」

【史料19】・【史料20】は、関白藤原頼通に名籍を進め、母が「本朝人」であることを理由に位を得ようとした宋商人の周良史が、大宰大弐藤原惟憲と結び「大宰府進奉使」と称して宋に渡ったことが記されている。榎本渉氏は「彼の朝貢は退けられたが、それは彼が「本処章表」を持っていなかったためである。宋人であることは、太宰府進奉使であることにとって何の問題にもなっていない[94]」と指摘する。そして【史料21】～【史料23】は、前述の原氏も言及されているように、延久五年（一〇七三）に入宋した僧成尋の弟子が、北宋皇帝神宗（在位一〇六七～八五）の天皇宛ての親書と品物をもたらして帰国したことを受け、日本の朝廷は審議を重ね、ようやく承暦元年（一〇七七）に絹・水銀などを返礼の品として送ったのであるが、これを宋に届けた人物が宋商人の孫忠であった。史

料には「使人孫忠」とあるが、宋側では彼らは海商で正式な使節ではないと認識している[95]。日本の朝廷も公使とは認めていなかったとみられ、石井正敏氏は「明州の宋朝廷への報告のなかに、「日本国大宰府の牒を得るに称く」(【史料22】—近藤)とあり、また孫忠が帰国に際してもたらした文書の宛先が「日本国大宰府令藤原経平」(『善隣国宝記』〈【史料23】—近藤〉)となっていたことからすると、孫忠は大宰大弐藤原経平と結び、進奉使を称して宋に向かったものと推測される」と述べている[96]。すなわち、これも大宰府が独自に宋商人を使者として海外に遣使した事例と言えるであろう。

このように、京の朝廷とは距離があり、宋海商とつながりのある大宰府が、彼らに使者の肩書を与えて海外に派遣することがあったのであれば、【史料17】にみえる「専使」も大宰府(博多)に滞在していた宋海商と理解することができるのではないだろうか。より確実に聖経を入手する手段として、海商に使節としての肩書を与えて派遣することがあったのではなかろうか。

次に【史料18】にある「蘇景等帰朝之間、於二壱岐嶋一、遇二海賊乱起一」について検討したい。宋商人の蘇景等が帰国の際に壱岐島で海賊に遭遇していることが知られるので、彼らは日本と高麗との間を往来していたと判断される[97]。これと関連して、前掲【史料13】には、「日本都綱の黄仲文等二十一人が(高麗に)来」たと記されている。この人物に関しては、大宰府の府官(府老)となって活躍した王氏の一族と考えられている前述の王則貞と同様に、日本を拠点にして日麗貿易を行った海商との理解がある[98]。しかし、筆者は王則貞とは異なり、むしろ彼は【史料18】に出てくる「宋人庄永・蘇景」のような博多に来日・長期滞在の宋商人で、そこから高麗へ渡った人物とみるべきであると考える。黄仲文の肩書である「都綱」を『高麗史』で検索したところ、黄仲文の事例以外は全て宋商人に付されており、一方王則貞は「日本国人」と記載されている[99]。「都綱」すなわち「綱首」とは、「中国宋代の商船における乗員の最上位にあたる階層」で、「綱は輸送のために組織された貨物の組を現わす語であり、綱首はそれを管理・統括する責任者」のことである[100]。したがって、日宋間を往来した海商が、日本側の要望などを受けて高麗に渡った事例と理解することができると考える。

以上のように十一世紀末より十二世紀にかけて、宋海商が日本側の要請を受けて、高麗に渡航して聖経を入手するような状況が形成されていたと推測される。この時期の宋商人の活動について原美和子氏は、「日常生活物資等容易に手に入るものであれば、日本人・高麗人同士の交易で事足りても、特別な文物や情報は《宋商人》の力を借りなければ容易には入手できなかったという状況が読み取れるのではないだろうか。つまり、《宋商人》は宋麗間・宋日間交流の主要な担い手であったばかりでなく、日麗間においても、他の勢力の優位に立つ文物・情報の収集・伝達能力を有していたと考えられる[101]」と述べている。さらに石井正敏氏は、これ以前の承和九年（八四二）に筑前守の文屋宮田麻呂が新羅人張宝高にあらかじめ絁を渡して唐物の入手をはかっていたことや[102]、藤原頼長が宋海商に「要書目録」を渡して書籍の入手を図っている例なども挙げながら、原氏の述べる経典類のみならず、陶磁器や香料といった一般の唐物についても、日本側があらかじめ欲しい品・希望する品の船載を宋商人に依頼し、次回来航の際に優先的に購入しようとする動きは当然あったと推測している[103]。来着する海商などと懇意になった場合にしばしばこのような行為があったことが考えられるが、十一世紀末には博多に拠点を置く宋海商の活動がみられることから、大宰府（博多）を中心とした九州本土では、いわゆる日本人（【史料19】でいう「本朝人」）の使節や商人を直接高麗に派遣せずとも、博多に居住する宋商人や彼らの持つネットワークを介して、宋や高麗の文物が入手できる状況になっていったものと理解される。これこそが、十二世紀を前後して、対馬島以外の地域の人々が高麗に渡航をしなくなった理由の一つだったのではないだろうか[104]。

第五節　『大槐秘抄』にみえる「制」の実態に関する私見

これまでの検討により、『大槐秘抄』にみえる十二世紀の対外関係記事は、記録は簡潔ながらも正確に当時の状況を反映・記述していること。また、十一世紀末以降、権門と結びついた宋海商が日本と高麗との間も往来するようになったことがうかがえ、九州本土の人々が貿易のために高麗へ渡航することはなくなり、『大槐秘抄』に注記されているように、日本の人のなかでもとりわけ対馬島民が高麗に渡るという状況が推測されることを述べてきた。以上の理解に基づいて、『大槐秘抄』の「制」に関して検討してみたい。

『大槐秘抄』では、高麗へ渡る日本（対馬島）の商人について、a「宋商人が日本に渡って来る姿とは異なっており（似ておらず）、とんでもない（みっともない）姿である」・b「わずかなつまらない小物を持って高麗に渡っている」とあり、このような行動によって、c「どれほど（日本が高麗から）侮られていることでしょう」と続く。[105]そして、a・bのような様子の対馬島民の行動がcのようにならないために「制」があるのである、と解釈することができる。このように理解することができるのであれば、『大槐秘抄』にみられる「制」とは、高麗への渡航が対馬島民に一元化されていったことを受けて制定あるいは再整備されたものとみることができるのではないだろうか。そうであるとすれば、この「制」はこれまで言われてきたように、「どれほどの実行力はあったかは別として理念的には十二世紀半ば過ぎまでこの禁制が生きてい[106]」たというものではなく、それなりの実行力を伴っていたものではないかと考えられるのである。

このような「制」が十一世紀以前から存在したいわゆる「渡海制」を再整備したものなのか、あるいは新たに設けられたものなのかを断定することはできないが、これまでの検討を踏まえれば、少なくとも十二世紀の初頭には存在していたとみられる。また、この「制」とは、対馬島民の渡航を「禁止」するのではなく、「制限」するものと考えなければならないであろう[107]。そうでなければ、『大槐秘抄』執筆からおよそ二十年後の治承・寿永の乱の最中の文治元年（一一八五）に、対馬守藤原親光が、平氏方の追捕を避けて高麗に渡り厚遇を受けたことも[108]説明ができない[109]。また、高麗側が「対馬嶋人」のために「館舎」を営み、彼らと高麗の「海辺の州・県」や「島嶼」の「居民」が好を交え、疑い忌むことがなかったとあることも[110]、対馬島民と高麗との定期的・安定的な交通の存在が前提となっている。

以上のような対馬と高麗（朝鮮半島）との特殊な関係については、古くは『扶桑略記』延長七年（九二九）五月十七日条の記事がある。対馬島に来着した後百済使張彦澄の語るところによれば、去る正月十三日に新羅人が貪羅嶋へ向かったところ、対馬島に漂着した。史料には「初経国帰二飄蕩人一之時、牒送二全州一。全州後寄二彦澄一送二返牒一」とあり、対馬島司坂上経国が漂流民を保護した際、牒状を全州に発給したことが知られ、それに対して張彦澄は返牒をもたらしているのである。この時経国が送った牒状は、対馬島司が独自に発給したものとみなしてよいであろう[111]。次に、『小右記』長元四年（一〇三一）二月十九日条には、日本に来着した耽羅人についての解文を発給した大宰府に対し、「異国人無二事疑一者、不レ経二言上一、給レ粮可二還却一之由」とある。これについて山内晋次氏は「さしたる疑いのない漂流民の来着や送還については、中央に言上する必要はないとする中央貴族の法文解釈がみえる」と述べる[112]。さらに、文宗五年（一〇五一）七月に対馬島に逃げ込んだ高麗の犯罪人三人を高麗に送還した記事[113]からは、高麗の官司から捜索願が対馬島に伝えられていたと考えられ、大宰府や対馬島などの官衙と高麗の官庁との間で、比較的頻繁にコンタクトがとられていたことが推測される[114]。すなわち、対馬島が一定の裁量権をもって高麗と関係を持っていたことがうかがえるのである。

先に僧戒覚が入宋する際に「府制」を恐れて船底に身を隠していたことを見たが、これはいわゆる「渡海制」違反者を取り締まるためのより具体的な大宰府で設けられた「制」と解することができる。対馬島が持っていた高麗に対する一定の裁量権も、朝廷からの指針を受けて設けられた、まさに「島制」とでも称すべきものではなかっただろうか。高麗へ渡航する日本人が対馬島民に一元化されていったことを受けて、日本国が高麗に侮られないように朝廷では「制」を設け、その具体的な制限（管理）については、対馬島司をはじめとする在地の裁量に委ねられたのではないかと憶測されるのである。[115] 十二世紀の日麗通交に関して森平雅彦氏が「通交記録は大きく減少するが、史料の残り方からくる見かけという部分があるようで、必ずしも実勢そのものとは言えない」[116]と述べているように、渡航を直接示す記事は無くとも、対馬島民による高麗への渡航・交易は対馬島司や在庁官人等の管理下においてむしろ安定的に行われていたのではあるまいか。[117]

そして、『大槐秘抄』の「制」と対応するのではないかと筆者が憶測するのが、十三世紀の日本宛ての高麗牒状[118]にみられる、対馬島民による高麗渡航・方物献上行為に対して、高麗側が「進奉之礼」・「進奉礼制」を設定していたことである。いわゆる「進奉船」については、多くの先行研究があるが[119]、森平雅彦氏は、「本来「進奉」とは〝下〟から〝上〟に対する進献を意味する一般的な用語であり、当時は中国でも通用していた。日麗関係に関する用語としては、13世紀にのみ確認されるので、一見、この時期に特有な現象であるかにおもえる。しかし、これらの用語はいずれも高麗の外交文書中にみられるのに対し、12世紀以前の日本からの物品〝献上〟に関する史料は、二次的な編纂記録にかぎられ、同時代の一次史料ないしこれに准ずる史料が残されていない。そこで現時点では、「進奉」という語が12世紀以前の朝貢形式をとる日麗貿易でも広く用いられた一般的な述語であり、主体の範囲や形式内容が時期ごとに変遷していった可能性を想定しておく必要もあるだろう[120]」と述べている。また山内晋次氏は「この「進奉」という行為は、日本列島と朝鮮半島の結節点としての位置にある対馬島の官衙およびそれと関わる在地の有力者たちが、12世紀頃までの日麗貿易の展開のなかで高麗朝廷と取り結んだ約定であり、対馬から高麗国王への疑似的な朝貢という政治的な行為とその恩恵としての貿易という営利行為が一体となった特殊な関係ではないかと」述べている[121]。「進奉船」の展開に関する筆者の見解は次章以降で述べるが、森平氏が述べるように下から上への献上を「進奉」というのであれば、【表】にあるような十一世紀半ば以降の日本人による高麗に対する方物献上行為も「進奉」となるであろう。それが十二世紀を前後するある時期に、『大槐秘抄』にある「制」が設けられたことにより、「宋商人が日本に渡って来る姿とは異なっており（似ておらず）、とんでもない（みっともない）姿」で、「わずかなつまらない小物を持って高麗に渡っている」対馬島民が、対馬島司等によって管理されたことを受け、高麗側はこれを「対馬島（日本）による定期的な進奉」とみなしたのではないだろうか。後述する嘉禄三年の日麗交渉時に発給された高麗牒状には、「元来進奉礼制、廢絶不㆑行。船数結㆑多、無㆑常㆓往来㆒」という記述がある。対馬島からの船が無秩序にひっきりなしに高麗との間を往来しているという状況を「進奉礼制」が「廢絶」したと表現しているのである。逆に言えば、一定の間隔・秩序を持った往来は「進奉礼制」が守られているということになるが、その秩序こそ『大槐秘抄』にみえる「制」の効力によって維持されていたのではないだろうか。高麗ではそれに加えて、文書の形式や内容に関する取り決めである「進奉之礼」を設定し、対馬島民との間で交流（貿易）を行なっていったのではないかと考えられるのである。

むすび

以上、『大槐秘抄』にみえる「制」の意味するところについて検討した。その結果をまとめてむすびとしたい。

『大槐秘抄』はこれまで活字本として『群書類従』本などが利用されてきたが、異系統の写本が複数存在するために校訂を行った。その結果、活字本やそれが基にした写本では本文に記されていた〔3〕の「対馬国人」は、その前の「日本の人」に関する傍注であった可能性が高いことが明らかとなった。いつの時点で追記されたかについては不明であるが、藤原伊通かあるいは転写の過程で校訂者がわざわざ補注までするということは、当時の状況を鑑みて、「日本の人」で高麗へ渡る人々といえば対馬島民であるとの確かな根拠・認識があったのであろうことを述べた。また〔4〕の内容についてはあらためて検討する必要があることを指摘した。

次にこのような成果を反映させた釈文に基づいて検討を進めたところ、『大槐秘抄』が作成された直前の出来事である「今平清盛大弐に罷り成て候。いかがと思ひ給ふるに、高麗に事ありと聞候」の内容とは、永暦元年に対馬島の銅採進房や貢銀採丁、さらには対馬島の商人が、高麗の金海に設置されていた東南海都部署によって拘束されたことについて、対馬島が牒状を発給して外交問題になったことを述べている可能性があることを指摘した。

ついで、十二世紀を前後して、それまで九州の各地域から高麗へ渡航し、貿易を行っていた日本人（本朝人）にかわり、博多唐房に居住・滞在する宋商人が、日本・高麗間を往来し、聖教の輸入をしていたことを確認し、高麗へ渡る日本人（本朝人）が対馬島民に一元化されていったと考えた。

このような状況を受けて、みすぼらしい姿の日本の商人（対馬島民）が高麗から侮られないように、朝廷の指針を受けた対馬島司を中心とした在地の勢力によって、彼らの渡航を管理・制限したものこそが、『大槐秘抄』にみえる「制」なのではないかと推測した。そしてこの「制」によって安定的・定期的に対馬島民が往来する状況を受けて、高麗側ではこれを「定期的な進奉」と考え、いわゆる「進奉之礼」・「進奉礼制」を対馬島民に課し、友好的な交流が行われていたと考えた。

もし、このような理解が認められるとすれば、次の問題として、十三世紀になぜこのような交流が破綻してしまったのかについて考える必要があるが、この点については次章で検討することとしたい。

注

(1) 石井正敏［二〇一七g：一〇五頁］。
(2) 山内晋次［二〇一五：四七頁］。
(3) 吉岡康暢［二〇一〇：三二三～三二九頁］、田中史生［二〇一二：二四一頁］、中村翼［二〇一四：三頁］。
(4) いわゆる「進奉船」に関する研究および研究史については、序章を参照。また李領［一九九九b 日文］、森平雅彦［二〇一〇］所収論文も参照。
(5) 山内晋次［二〇一五：五一頁］。
(6) 『大槐秘抄』の成立事情については、飯田久雄［一九五五］。
(7) 稲川やよい［一九九一］、石井正敏［二〇一七h］、村井章介［二〇一三a］、河辺隆宏［二〇一〇b］。
(8) 以上『公卿補任』第四篇（新訂増補国史大系五六、吉川弘文館）一一三・一八四頁。
(9) ③の『新校群書類従』本には、奥書に続いて「イ右大槐秘抄、九條侯爵家所蔵古写本を以て校勘す／（昭和五年六月）」と記載があり、「九條侯爵家所蔵古写本」の存在が知られるが、筆者が行った写本調査では当該写本の所蔵場所を確認することができず、実見していない。
(10) 『群書解題』第一九（続群書類従完成会編、一九六一年）一一八～一一九頁。荒木尚氏執筆。神宮文庫蔵本についても、筆者は実見できていない。

（11）久保常晴［一九六二：四七頁］。

（12）筆者は『国書総目録』第五巻（岩波書店、一九六七年）や『古典籍総合目録—国書総目録続編』第二巻（国文学研究資料館編、岩波書店、一九九〇年）を参照し、さらに国文学研究所・東京大学史料編纂所・宮内庁書陵部図書寮文庫所蔵資料目録・画像公開システムなどのインターネットの検索サイトなどを利用して写本の所蔵場所を調べ、調査を行った。筆者が閲覧・蒐集した写本は次のごとくである（【　】は略称を示す）。

【池田本】岡山大学池田家文庫本（請求記号Ｐ一—一二二）。

【狩野文庫本】東北大学所蔵狩野文庫本（請求記号一七八六九—一）。

【狩野文庫明和八年本】東北大学所蔵狩野文庫本（請求記号三〇四二五—一）。

【国会図書館本】国立国会図書館所蔵本（請求記号　八四八—一九）。

【昌平坂本】国立公文書館所蔵昌平坂学問所旧蔵本（請求記号二一一—〇一七〇）。

【清和院本】宮内庁書陵部所蔵本（請求記号一七〇—三三二）。

【尊経閣本】尊経閣文庫所蔵本（請求記号七／五九／大）。

【谷村本】京都大学附属図書館所蔵谷村本（請求記号一—八四／タ一）。

【多和文庫享保三年本】東京大学史料編纂所所蔵多和文庫本（請求記号六一七〇・八二／五／六七）。

【多和文庫弘化四年本】東京大学史料編纂所所蔵多和文庫本（請求記号六一七〇・八二／五／七〇）。

【徳大寺本】東京大学史料編纂所所蔵徳大寺本（請求記号　徳大寺本〇五—四五）。

【内閣文庫寛文六年本】国立公文書館所蔵内閣文庫本（請求記号　和五三〇一六／一（一）／二一一—一七二）。

【内閣文庫寛政五年本】国立公文書館所蔵内閣文庫本（請求記号　二一一—〇一七一）。

【名古屋大本】名古屋大学附属図書館所蔵本（請求記号　神皇二一〇・〇九Ｋｕ）。

【八洲文藻】宮内庁書陵部所蔵八洲文藻（請求記号四三八二／八九／四五二／七）。

【東山本（書陵）】宮内庁書陵部所蔵東山御文庫本（請求記号　八七五／一／五〇六　五七）。

【東山本（史料）】東京大学史料編纂所所蔵東山御文庫本（請求記号二〇〇一／一／二六二）。

【東山本（勅封）】宮内庁侍従職保管東山御文庫所蔵史料（勅封一一三―五―六―一八）。筆者は東京大学史料編纂所所蔵の写真帳を閲覧（請求記号六一七〇・六七―一）。

【広瀬本】九州大学附属図書館所蔵広瀬文庫本（請求記号六二二／キ／四）。

【蓬左文庫本】蓬左文庫所蔵本（請求記号一五二二四／四／一〇八）。

【穂久邇本】愛知県蒲郡市竹本油脂所蔵穂久邇文庫本（請求記号六―四―五七）。

【松岡本】宮内庁書陵部所蔵松岡本（請求記号八三三九／一／二〇八／一三九一）。

【本居本】東京大学文学部図書室所蔵本居文庫本（請求記号本居記六八〇）。

【紅葉山本】国立公文書館所蔵紅葉山文庫旧蔵本（請求記号特〇二五―〇〇〇四）。

【柳原本】宮内庁書陵部所蔵柳原本（請求記号四四六六七／一／柳五〇四）。

【山内家本】土佐山内家宝物資料館所蔵本（国文学研究資料館所蔵ホームページで公開されているデジタル画像を閲覧、請求記号、ヤ三二七―五五）。

【林家本】国立公文書館所蔵林家（大学頭）旧蔵本（請求記号一九〇―〇一六五）。表題は『九条諫草』となっている。

（13）前田綱紀が巻末に記した跋文によれば、去歳秋冬に「一本」を「京師」で得て「謄録」し、さらに「久我通矩」（この人物については、國學院大學久我家文書編集委員会編『久我家文書』〈続群書類従完成会、一九八七年〉一一二一〜一一三三頁にある「久我家系圖」に記載がなく、詳細は不明である）所蔵の『大槐秘抄』を借りて「校考」したところ、転写の誤りと思われる他は「千條万句」異なる所なく、侍史に命じて校讎させたとある。表紙には「以官本又校合之趣、凡例幷異本□□□□□」とあり、「官本」と「異本」とがあるが、「官本」とは京師にて得た一本で、「異本」とは久我通矩所蔵の『大槐秘抄』を指すと考えられる。また、本文の前には五箇条の「校正凡例」が朱書きされている。

（14）【蓬左文庫本】・【狩野文庫本】には系図は記されていないが、本文の体裁等から壺井義知系統に属すると判断される。

(15) 壺井義知については、林森太郎［一九一六］、浅野三平［一九八三・一九八五］などを参照。

(16) 本文からは禁裏本系統の写本（D）も参照したことがうかがえる。

(17) 【林家本】については、（A）と（D）両方の特徴を持っており、また【谷村本】については、本文の体裁は（D）の特徴を多く持つが、（B）にみえる系図も記されており、にわかに判断することはできない。

(18) 久保常晴氏も指摘されているが、例えば『新校群書類従』本四一四頁上段十八〜十九行目には、「昨日けふになりてこそいとみだりがはしきふるまひきこえ候めれ。長谷雄。善宰相清行などが」とあるが、他の写本を見てみると、「昨日けふになりてこそいとみだりがはしきふるまひきこえ候めれ。なまよろしき人もすちなき事に候めり。昔紀中納言長谷雄。善宰相清行などが。」（傍点は近藤、以下同じ）と、傍点部の文が見られる。

(19) 『公卿補任』第四篇（注（8）前掲書）一〇〜一四頁。

(20) 本田慧子［一九八九：五三頁］。禁裏小番に関する近年の研究成果については、田中暁龍［二〇一三］に詳しい。

(21) 田中暁龍［二〇一一：二六〜二七頁］。

(22) 本田慧子［一九八九：七七頁］。

(23) 本田慧子［一九八九：七一頁］。

(24) 田中暁龍［二〇一一：二六〜二七頁］の表2「寛文期の禁裏小番衆」。

(25) 宮内庁書陵部図書寮文庫所蔵資料目録・画像公開システム。サイトURLは、https://shoryobu.kunaicho.go.jp/Toshoryo/Detail/1000008750000?searchIndex=2。二〇一九年八月二日確認。

(26) 小池一行［一九九九：二二〇頁］。

(27) 田島公［二〇〇四：三五一頁］。

(28) 例えば、【内閣文庫寛文六年本】七丁裏に「窠の紋のさしぬきはき候はず。蔵人の此御さしぬきをおろしてきるは」とあるが、【東山本（書陵）】八丁裏には、「窠の紋の・さしぬきをおろしてきるは」とあり、挿入符（・）の右傍に「さしぬきはき候はず蔵人の」と記す。同じく【内閣文庫寛文六年本】八丁裏には「一代に年号の多つもり候と当代の蔵人五位とのおほくつもるは。よしなき事に候」とあるが、【東山本（書陵）】九丁裏には、「一代に年号の多つもり・はよしなき事に候。御用心候べき事也」としてやはり挿入符（・）を付し、右傍に「候と当代の蔵人五位とのおほくつもるは」とある。また【内閣文庫寛文六年本】の方が、校合者による「〇〇歟」や「モトノママ」などの表記が多い。

(29) 【尊経閣本】の五箇条ある「校正凡例」のうちの第五条には「一、此本或字脱或字異者、則以二別本一而朱二記其字於傍一」とある。前掲注（13）に記したように「此本」は「官本」、「別本」は「異本」を示すと考えられる。

(30) 『日本国語大辞典〔縮刷版〕』第八巻（小学館、一九八〇年）八七頁。

(31) 「此本」右傍にある「御本云」について、活字本やそれが基にした写本には「本」となっているが、底本をはじめ禁裏本系統の写本には「御本云」とある。

(32) 荒木尚執筆注（10）前掲『群書解題』一一八～一一九頁。

(33) 『大槐秘抄』の末尾には「帝王の〇〇事」とある十七箇条（「〇〇事」のみの文を含めると十九箇条）の項目があり、その中に「帝王の神事をあがめさせ給ふべき事」という一文がある。しかし、『大槐秘抄』の当該部分には、「神事ならぬ時は日々にまいりてぞ候し」云々として「神事」ではない時の御持僧の心得を挙げるのみで、神事そのものの内容を語ってはいない。したがって、頭書の「神事ノ上ニ脱文アルベシ」とは「帝王の神事をあがめさせ給ふべき事」に関する内容が脱落している可能性を示しているのかもしれない。

(34) 『和泉式部日記』の最後は、「宮の上御文書き、女御殿の御ことば、さしもあらじ、書きなしなめり、と本に。」で終わり、また、『枕草子』の跋（三一九段）の末尾も「それよりありきそめたるなめり、とぞ本に。」と不完全な形で終わっている。現代語訳を載せる『新編日本古典文学全集』（小学館）では、前者について「宮の北の方の御文や女御様のお言葉は、実際にはこんなものではあるまい、作り書きのようである、と私の書写した原本には記されている」（第二六巻、八八頁）とあり、後者については、「その時から世間に流布するようになったらしい、と原本にある」（第一八巻、四六八頁）として、いずれも傍点部を補って意味を取っている。新編日本古典文学全集本の『和泉式部日記』当該部分の頭注には、「「と私の書写したもとの本には書かれている」の意。本を書き写す場合に、原文を尊重する立場から行う書写者の注記の仕方。この付記めかした二行は、おそらく作者が自身を単なる書写者にすぎなくみせるための虚構的作為として加えたものであろう」と記す。日本古典文学大系本の『和泉式部日記』（巻二〇、岩波書店、一九五七年）の当該部の補注（四五九頁）には、「「……と本に」という形式は、……「もとの本にかいてあるぞ」という注記で、奥書に「本云……」とある類である」と記す。また、新日本古典文学大系本の『枕草子』（岩波書店、一九九一年）の当該部分の注（三四九頁）には、「と原本に書いてある、の意だが、作品を書き終えて筆を擱く時によく使われる言い廻し」とある。『大槐秘鈔』の場合には、文末ではないという違いはあるが、いずれにせよ、このような用法があることからすれば、「みへたり」や「のせたり」のような語がないだけで「脱文」とは言わないのではないだろうか。むしろ注（33）で述べたように、「神事」に関する内容が脱落しているとみることもできるのではないだろうか。

（35）前掲注（18）を参照。

（36）諸本みな「大国をうちとらせ給ひて」に作るが、これでは「高麗は大国（日本）をお討ち取りになられて」となり前後の文との整合性がとれない。また、高麗に対して最高敬語である「せ給ふ」という表現を取ることも考えられない。文脈としては「高麗は大国（日本）にお討ち取りになられて」と理解すべきであるため、「大国にうちとらされ給ひて」となるべきである。ただし字句の改変は慎重を期すべきであること、また『大槐秘抄』全文を通じて敬語表現等文法が不明確な点が少なからずあるため、釈文では諸本の通りとし、意味としては右のように理解する。

（37）石井正敏［二〇一七h：一一七頁］は、「藤原隆家が大宰帥在任中に起った異国の事件とは、言うまでもなく刀伊の入寇であるが、小野好古の場合は、明らかでない。好古が鎮定に活躍した藤原純友の大宰府襲撃を述べているのでもあろうか」と述べている。小野好古の大宰大弐の在任期間は天慶八年（九四五）十月十四日〜天暦四年（九五〇）正月二十日で、天暦元年〈九四七〉には現地へ赴任する（『公卿補任』第一篇〈新訂増補国史大系五三、吉川弘文館、一九三八〉一八九〜一九〇頁、『日本紀略』天暦元年正月九日条）。石井氏が述べるようにこの時期に異国との関わりを示す明確な記事は見出し難いのであるが、わずかに『貞信公記抄』天慶九年（九四六）十一月二十一日条に「大弐来、令レ見二少弐経基書一。其書云、『大船二来二著対馬島一云々。未レ知二何国船一云々。』中使頭朝臣来。好古朝臣参入、令レ奏二経基書一、為レ之何云々」とある。詳細は不明としか言いようがないが、高麗か、あるいは朝鮮半島南部を実効支配する豪族によるもの（森平雅彦［二〇一〇：二〇八～二〇九頁］は天禄三年（九七二）に高麗の南原府と金海府の使者が相次いで対馬島に来着した事件について、「当該地域を実効支配する豪族の自主的通交である可能性がある……この点において、かつての豪族の対外活動との連続性が注意される。確証があるわけではないが、中央政府による辺境統制が弱かった当時、地方豪族が独自に対外活動を行う意欲と、これを可能にする環境がなおも残されていた疑いがあるのである」と指摘する）、さらには契丹などの人々が対馬島に訪れ、接触をしたことを述べている可能性があるのではないだろうか。

(38) 石井正敏［二〇一七d：三八一～三八二頁］。

(39) 村井章介［一九九七：四二～四五頁］、歴史学研究会編［一九九八：六四～六五頁］、石井正敏［二〇一七h：一一八～一一九頁］。

(40) 石井正敏［二〇一七h：一一八頁］は『大槐秘抄』にみえる「敵国」・「隣国」・「異国」の語を検討し、異国・隣国は朝鮮・中国さらに沿海州地域を指していると述べる。そして「敵国」については、「敵対」と互角・対等、すなわち「匹敵」の意味があり、後者の意味であれば、〔3〕段落に「宋人の日本に渡躰には」とあることから、宋人や高麗人を含む解釈も可能だが、〔2〕段落の内容から「敵対する国の意味で用いられているとみなして間違いない」とし、ここの「敵国」を高麗と理解して誤りないと指摘する。

(41) 村井章介［二〇一三a］、河辺隆宏［二〇一〇b］。

(42) 稲川やよい［一九九二］は藤原伊通が対馬島民を軽蔑していると理解されている。確かに宋商人と比べてとんでもない（みすぼらしい）みなりの対馬島民に対してそのような認識はあったとは思うが、村井章介氏が「いかにも侮りを受けかねない状態で」（［二〇一三b：三一頁］）と述べるようにこの「あなづらはし」は、「高麗が日本を侮る」と解釈すべきであろう。

(43) 稲川やよい［一九九一：一〇〇頁］。

(44) 稲川やよい［一九九一：九七～九八頁］。また、山内晋次［一九八八］を参照。
(45) 稲川やよい［一九九一：一〇四頁］。
(46) 石井正敏［二〇一七h：一四七頁］。森克己氏の見解は［二〇〇九c：二〇八～二〇九頁］を参照。また、石井正敏［二〇一七e］も参照のこと。森克己［二〇〇九h：三七二頁］は『大槐秘抄』の当該部分を取り上げ、「伊通が中央に在って大宰府の実情に暗く、依然として延喜以来の制が厳存して、我が国人の海外渡航が禁止されていたとかんがえていたからにほかならない。これは伊通独りに限らず、一般貴族は皆認識不足だった」と述べ、『大槐秘抄』の「制」を「延喜以来の制」と指摘している。
(47) 村井章介注［二〇一三b：四四～四五頁］。
(48) 注（39）前掲歴史学研究会編［一九九八：六四～六五頁］。
(49) 荒木和憲［二〇一七：一四頁］。
(50) 榎本淳一［二〇〇八a・b］。［二〇〇八a：五四～五五頁］では「僧明範の契丹密航事件・兵具売却事件」について、兵具売却の処罰規定の存在も想定されている。
(51) 村井章介［二〇一三a：三六八頁］。
(52) 石井正敏［二〇〇三：一二～一三頁］。
(53) 森克己［二〇〇九f：二九三頁］。
(54) 河辺隆宏［二〇一〇b：二二七頁］。
(55) 榎本淳一［二〇〇八a：二三～二四頁］。
(56) 渡邊誠氏は年期（年紀）の適用対象となる海商は貿易船の船長である「綱首」で、他の船員は対象とならないと指摘する［二〇一二b：二二三頁］。
(57) 石井正敏［二〇一七h：一四七頁］。
(58) 村井章介［一九九七：四四～四五頁］。
(59) 『公卿補任』第一篇（注（37）前掲書）四四九～四五〇頁。

(60) 石井正敏［二〇一七h：一一七頁］。
(61) 本史料について小峯和明氏は、「高麗の金海府が銅や銀の採掘を禁じたことを対馬国守が言上した」・「高麗が銅や銀採掘をめぐる工夫らの活動を禁じた」と理解している（［二〇〇六b：九二～九四頁］）。しかし、『小右記』治安元年（一〇二一）七月十九日条や、『中右記』寛治六年（一〇九二）九月九日条などを参照すれば、「禁」は「禁止」ではなく「拘禁」と理解すべきであろう。また、対馬と高麗における銀生産に関しては田中史生［二〇一二a：一〇六～一〇九・一一五頁］および本書第2部第二章を参照。
(62) 李領［一九九九b 日文：六〇頁］、石井正敏［二〇一七h：一一七頁］。
(63) 田島公［一九九一：二九四頁］、南基鶴［二〇〇二 日文：一四〇～一四一頁］、金雲泰［二〇〇五：四七頁］、李在範［二〇〇九：六五頁］。
(64) 周藤吉之［一九八〇a：二五四～二五五頁］、李宗峯［二〇〇四：一八七～一八八頁］、姜恩景［二〇〇七c：二四五頁］。
(65) 邊太燮［一九七一a：二四頁］、朴龍雲［二〇〇〇：四七～四八頁］。
(66) 山内晋次［二〇〇三a：九三～九四頁］、李領［一九九九a 日文：二八～二九頁］。
(67) 田島公［一九九一：二九四頁］、金雲泰［二〇〇五：四七頁］。
(68) 周藤吉之［一九八〇a：二五四頁］。
(69) 李領［一九九九b 日文：七七頁］。
(70) 対外関係史総合年表編集委員会［一九九九：一四四～一四五頁］。笹山晴生［二〇〇八：二六六頁］。
(71) 李在範［二〇〇九：七二～七三頁］、張東翼［二〇〇九：一四〇頁］。
(72) 張東翼［二〇〇九 ハングル：四五〇頁］。
(73) 金龍善［二〇〇六a：二四四～二四五頁］。
(74) 「柳公権墓誌」（金龍善［二〇〇六a：二八〇～二八三頁］）には、枢密院知奏事と知尚書吏部事を兼職した事例がある。

(75) 張東翼氏は、「李公升が毅宗一八年四月に知奏事職を剝奪されたことをみる時」云々と論じられているが、彼が「承宣」であった下限は一一六五年としている（［一九八一　ハングル：一八〇頁］）。
(76) 「李文鐸墓誌」にみえる高麗・金関係については本書第1部第三章を参照。
(77) 本書第1部第四章を参照。
(78) 諸橋轍次編『大漢和辞典』巻一一（大修館書店、一九五九年）二〇五頁。
(79) 例えば、『高麗史』巻一〇、宣宗世家五年（一〇八八）二月甲午条など。
(80) この牒状が鉱夫のことを取り上げたものか、商人についてのことなのか、あるいは双方のことについて述べているのかについては不明とせざるを得ない。
(81) 逆に言えば、ごく最近のことであるため、この程度の記述でも内容を理解することができたのかもしれない。
(82) 張東翼［二〇〇四　ハングル：一一九～一二〇頁］。
(83) 佐藤一郎氏は、十一世紀後半から十二世紀前半における博多出土の高麗陶磁器について、中国北宋後半の白磁に比べると、「わずかな量の高麗産の青磁と陶器が出土している」と述べ、十一世紀後半までは全羅南道康津窯産の精製品が少数出土するが、十二世紀前半に入ると精製品に替わって粗製品の出土が急増することを指摘する。また、無釉の陶器も入って来るそうだが、これらは交易品の容器として用いられたものであろうとする。そして、この時期の高麗陶磁器は大宰府政庁、学校院、観世音寺とその周辺に集中して出土しているため、大宰府官人が日麗貿易に大きく関与していたと指摘する（田中克子・佐藤一郎［二〇〇八：一二八～一三〇頁］）。
(84) 村井章介［一九九七：四四頁］、石井正敏［二〇一七h：一一八頁］。
(85) 『朝野群載』巻二〇、異国「大宰府解申請官裁事」（本書第1部第一章参照）。
(86) 石井正敏［二〇一七g：一〇四頁］。
(87) 山内晋次［二〇〇三a：九四～九五頁、二〇一五：四八～五〇頁］。
(88) 三浦圭一［一九九三：一一三頁］。
(89) 亀井明徳［一九八六・一九九五］、石井正敏［二〇一七e・二〇一七f］、田島公［一九九五］、林文理［一九九八］、山内晋次［二〇〇二・二〇〇三e］、榎本渉［二〇〇七a・二〇〇九・二〇一四］、手島崇裕［二〇一四］、渡邊誠［二〇〇七・二〇一二］、河辺隆宏［二〇〇七］、大庭康時［二〇〇九］、佐伯弘次［二〇一〇］、高銀美［二〇一四 ハングル］、中村翼［二〇一五］など。

(90) 堀池春峰［一九八〇］、原美和子［一九九九］、上川通夫［二〇〇七：二六四〜二六五頁］の「表1高麗国義天版と日本の動き」、横内裕人［二〇〇八］、手島崇裕［二〇一四：一一四〜一一六頁］、高銀美［二〇一四 ハングル：三二四〜三二八頁］。

(91) 堀池春峰［一九八〇：三七一〜三七三頁］。

(92) 横内裕人［二〇〇八：三九六頁注（15）］。また、『高麗史』巻一〇、宣宗世家六年（一〇八九）秋八月条には「日本国大宰府商客来、献二水銀・真珠・弓箭・刀剣一」とある。

(93) 原美和子［一九九九：九頁・一四〜一五頁注（43）］。

(94) 榎本渉［二〇〇七a：八二頁］。

(95) 榎本渉［二〇一〇：五一頁］。

(96) 石井正敏［二〇一七e：三五九頁］。

(97) 原美和子［二〇〇六：一三四頁］、高銀美［二〇一四 ハングル：三二七〜三二八頁］。榎本渉氏は、博多―宋間の経由地として、平戸・五島列島・肥前加部島などを挙げている（榎本渉［二〇一〇：四三頁］）。

(98) 原美和子［二〇〇六：一三四〜一三五頁］、高銀美［二〇一四 ハングル：三二八頁］。王則貞の出自に関しては中国系で、日本に居留した宋商ないしはその子孫が日本に帰化したとみる見解がある（森克己［二〇〇九i：三七一〜三七二頁］、門田見啓子［一九八五：一二〜一五頁］、手島崇裕［二〇一四：一〇六〜一〇七頁］、高銀美［二〇一四 ハングル：三二一〜三二二頁］）。しかし、石井正敏氏が「その出自については、新羅末期半島南部を拠点として活躍した王逢軌といった王姓もいるので、新羅・高麗からの渡来人の可能性も考えられる」［二〇一七g：一〇三頁］と述べるように、朝鮮系である可能性も排除できないであろう。

(99) 『高麗史』巻九、文宗世家二十七年（一〇七三）秋七月丙午条。また、請医一件においてもたらされた「高麗国礼賓省牒状」（『朝野群載』巻二〇、異国、本書第1部第一章参照）では、「商客王則貞」とある（他の高麗へ渡航した日本人の表記については【表】を参照）。榎本渉氏は、宋代の史料において「高麗商人」・「日本商人」が意味するのは高麗・日本から来た商人であり、宋海商を排除する概念ではないことを指摘した（［二〇〇七ａ］）。高銀美氏は「高麗側史料に日本商人と記録されている人物の中には、中国系が含まれており、宋と同様に高麗も該当する商人の民族的出身よりは、彼がどこから来たのかということを重視して、日本商人と指称したことがわかる」と述べている（高銀美［二〇一四　ハングル：三二八頁］）。筆者も「日本都綱黄仲文」は『高麗史』の記載ではあるが、「日本から来た宋都綱の黄仲文」と解釈することが可能なのではないかと考えている。

(100) 河辺隆宏［二〇〇九：二六二～二六三頁］。

(101) 原美和子［一九九九：一〇頁］。

(102) 『続日本後紀』承和九年（八四二）正月十日条。

(103) 石井正敏［二〇一七ｆ：四六～四九頁］。

(104) 高銀美氏も、「一二世紀に高麗に渡っている商人の中で具体的な姓名が確認できる人々が全て宋商である点を勘案すれば、むしろ一二世紀の両国間の交流は彼らが主導していたとみるのが妥当である」と述べている（［二〇一四　ハングル：三二八頁］）。

(105) このような日本側の意識については、石井正敏［二〇一七ｈ：一一九頁］および渡邊誠［二〇〇七：一三頁］を参照。

(106) 稲川やよい［一九九一：一〇〇頁］。

(107) 渡邊誠氏は、「石井氏（石井正敏［二〇一七ｈ］—近藤）が注目した『大槐秘抄』においても、「あなづらはしく」見える対馬商人の高麗への渡航を制限することで日本が侮辱される要素を排除する一方、神功皇后の三韓征伐に対する高麗の「会稽をきよめまほしく候らん」という報復の危惧には「日本をば神国と申て、高麗のみにあらず、隣国のみなおぢて思ひよらず候也」と言って、神国思想に安全保障を託しているのである」と述べる（［二〇〇七：一三頁］）。渡邊氏の主題は別なところにあるため、当該箇所については以上の記述で終わっており、細かい論証は特に無いのだが、「対馬商人の高麗への渡航を制限する」という見解に関しては筆者も同じ考えである。

(108)『吾妻鏡』文治元年（一一八五）五月二十三日条・文治元年六月十四日条、『玉葉』文治二年（一一八六）二月二十四日条。本書第2部第四章を参照。

(109) 川添昭二氏は、「対馬守親光が平氏の攻撃を避けて、やすやすと高麗に亡命し、高麗王（明宗）の臣下となったというのも、対馬を主とする日本の対高麗進奉船貿易による「朝貢」関係が背景にあったからであろう。親光の対馬守時代に高麗に対する進奉船貿易の事実は見出せないが、右のように解して、まず大過なかろう」と指摘している（［一九八八：一〇頁］）。

(110)『吾妻鏡』嘉禄三年五月十四日条所載「丁亥年（一二二七）二月付日本国惣官大宰府宛高麗国全羅州道按察使牒状」（本書第2部第三・四章参照）。

(111) 渡邊誠［二〇〇九b：八三頁］。

(112) 山内晋次［二〇〇三a：八六頁］。

(113)『高麗史』巻七、文宗世家五年（一〇五一）七月己未条。

(114) 山内晋次［二〇〇三：九〇頁］。石井正敏［二〇一七e：一一〇頁］。

(115) このような「制」が制定されたことに関する具体的な史料はなく、十二世紀以降の状況からの推測である。推測をたくましくすれば、朝廷では承暦年間の請医一件を通じて、王則貞のような商人が日本・高麗間を往返することに危機感を抱いたことが、制定の契機になった可能性がひとまず考えられる。それに加え、宋商人が日麗間の往来（貿易）をも担うようになったことで、結果的に日本人では対馬島民のみが高麗へ行くようになり、彼らが管理の対象とされたのではないかと憶測する。

(116) 森平雅彦［二〇〇八a：一〇三頁］。

(117) 高銀美氏は、十二世紀の麗日間交流について、博多綱首が主導していたことを検討し、結びの部分で「しかし当時の両国間の交流は宋商が全てを受け持っていたわけではない。両国間を往来して貿易した対馬商人も存在していた」と述べ、【史料1】・【史料2】を挙げる。また「対馬商人が高麗に渡って貿易を行うが、宋商が日本に来て貿易をするのとは比較ができない程小さい規模で、わずかな商人が粗末な品物を持って渡っている程度であると一一六二年に記録している。しかし規模は小さくても、十一世紀に続いて対馬の対高麗貿易も持続されているという点を知ることができる」として注で『大槐秘抄』を掲げる。さらに「このように多様に展開された両国間の交流は、一二〇五年頃には対馬と高麗間の交流に収斂される様相をみせる。しかしどのような過程を経てそのような傾向が発生し、その原因が何であるのかについてはいまだ明確に究明されていない」とする（［二〇一四　ハングル：三二九～三三〇頁］）。一二〇五年というのは、『平戸記』延応二年四月十七日条所載の「泰和六年二月付高麗国金州防禦使牒状」の文言を受けてのことであると考えられるが、本章で述べてきたように、筆者は対馬島と高麗との関係は、十二世紀を前後する時期に整備されたのではないかと考えている。

(118)　注（110）前掲高麗牒状及び注（117）前掲高麗牒状。

(119)　前掲注（4）を参照。「進奉」の由来については、近藤剛［二〇一八：一〇九～一一〇頁］を参照。

(120)　森平雅彦［二〇一〇：二一六頁］。

(121)　山内晋次［二〇一五：四八頁］。

第二章　十三世紀前後における対馬島と日本・高麗関係

はじめに

前章では、十二世紀前後における日本と高麗との関係について、その結節点に位置する対馬島の存在に注目しながら検討を進めてきた。本章では、十三世紀前後の日本と高麗との関係について考察を進めることにしたい。そこで筆者が注目する史料は、勘解小路藤原兼仲（一二四四～一三〇八）の日記『勘仲記』の弘安十年（一二八七）七月十三日条に所収されている「対馬守源光経解」である。この解では、仁安（一一六六～六九）・治承（一一七七～八一）・建仁（一二〇一～〇四）年間に認められた権限について主張しているのであるが、これまで主題に応じて一部を利用している論文はみられるものの、全体の考察を試みた研究はないように思われる。そこで本章では、史料調査の成果を踏まえて本文の検討を行い、従来等閑視されてきた平安末から鎌倉初期にかけての対馬島の状況を中心に、日本と高麗の関係について考察してみたい。

第一節　『勘仲記』弘安十年七月十三日条所載「対馬守源光経解」

『勘仲記』の活字本は矢野太郎氏の校訂により一九一七年に『史料通覧』（日本史籍保存会）二巻として刊行され、この事業を受けついだ『史料大成』二六〜二八（内外書籍株式会社、一九三五年。後一九六五年に臨川書店より『増補史料大成』三四・三五）に転載されている。同書は矢野氏の「解題凡例」にあるように、従来流布されておらず、『大日本史』にも引用されていない。しかし、特に弘安の役に関する史料は貴重で、鎌倉時代を研究する際に得るところが大きいという。底本は文科大学史料編纂掛（現東京大学史料編纂所）旧修史局によって転写された「九条家蔵十六冊本」を用い、帝国図書館（現国立国会図書館）所蔵の旧桑名文庫本、東京高等師範学校（現筑波大学）所蔵の旧大炊御門本をもって対校している。しかし、底本には「誤字脱行至ルトコロニ在」る状態で、利用には注意が必要であった。このような状況であったが、二〇〇八年以降、国立歴史民俗博物館所蔵の兼仲自筆本（重要文化財）を底本とした活字本が『史料纂集』（八木書店）として刊行が開始され、本条を収める第五巻が二〇一七年四月に刊行された。筆者も『史料纂集』刊行前の二〇一六年八月十六日に自筆本の史料調査を実施した。(1) これらの成果に基づいて、当該部分を掲げると次のとおりである。

【史料1】『勘仲記』弘安十年七月十三日条（史料中の（　）および（　）付きの数字は筆者による注記を示す。また内容により改行を施した）

十三日壬寅、晴。参㆓禅林寺殿㆒、奏㆓三年一請用途事㆒。伝奏無㆑人之間、以㆓藤中納言条々聞食㆒、承㆓勅答㆒之後、
参㆓殿下㆒申㆓条々事㆒。及㆑晩参内。月読宮御同坐、荒魂御躰、御馬足折損事、被㆑行㆓仗議㆒。

杖議御奉行事《(事書)》
上卿右大臣殿《(九条忠教)》令奉行給。公卿内大臣殿《(近衛家基)》・花山院中納言家教・別当公衡・土御門中納言雅房・吉田中納言経長・冷泉宰相経頼・右大弁宰相為方等参陣。右府先令申行條事定給。内府御遅参、条事定以後令参給。云杖儀文書、云條事定文書、共以上卿有御随身、以官人被召之、上卿披見條事定文書給、如元結之、被下花山。次第見下之、至大丞《(藤原為方)》前、見了置文。上宣云、「可読申。」次読申国解等、次定申《自下》。其詞云、「官勘申、越中国司申請三个条雑事、条々叶続文。一々被裁許之条、何事之有哉。」淡路・対馬等両国同前、各定申了。返上文書於上卿、々々以官人召予、参軾、被被下文書、可奏聞之由被命。予給文書懐中参御所方。主上・殿下御坐鬼間、即令奏聞給。被返下出陣、返奉文書於上卿。々々。被《取定文》結申。予仰云、「依定申。」次退、次召官人、召弁左少弁雅藤、参軾、被仰々詞。弁結申、退於床子座、仰大夫史秀氏宿禰。先之吉田黄門・冷泉大丞起座、徘徊便宜所、内大臣殿令着陣給、奥、其後人々着陣。抑条事定事、近年不被行之。上卿被仰職事、々々仰官、々召国解、吉例国申合本所被定下之。国解到来之後、内覧・　奏聞、可勘例之由、宣下大臣、々々《以弁》被下知官、々加続文返上、大臣被下職事、職事令諸卿《可》定申之由　宣下也。為《令》知子孫委記之。

(1) 定文……

対馬国司申請三个条雑事

一、請、任色数仰管漆个国、被催渡当嶋年粮米并正税交易工貝《貢》銀直・防人功米等事。

一、請、被停止他国住人等押渡当嶋、恣犯用魚貝・海藻等事。

一、請、被停止府使乱入并守護人対捍国役事。

右大臣・権中納言藤原朝臣・左衛門督藤原朝臣・兵部卿藤原朝臣・出雲権守藤原朝臣・右大弁藤原朝臣等定申云、「各任㆓続文㆒、被㆓裁許㆒之条、何事之有哉。」権中納言源朝臣定申云、「於㆒両条㆓者、同㆓人々定申之儀㆒。府使乱入・守護人対㆓捍国役㆒事、輙難㆓計申㆒。宜㆑在《在㆓》聖断㆒乎。」

弘安十年七月十三日

(2) 文殿

勘、従五位下行対馬守源朝臣光経申請雑事三箇條内二箇條事。

一、請、任㆑色㆔数仰㆓管七箇国㆒、被㆑催㆓渡当嶋年粮并正税交易貢銀直・防人功米等㆒事。

右引㆓勘文薄㆒之処、申請之時、代代皆所㆑被㆑下㆓　宣旨㆒也。

一、請、被㆑停㆔止府使乱入并守護人対㆓捍国役㆒事。

右同引㆓勘文簿㆒之処、件例詳無㆑所㆑見矣。

以前條條、文簿之所㆑注如㆑件。仍勘申。

弘安十年七月十二日右史生大江職重

紀職秀

左史生紀尚幸

紀重有

(3) 官続文……

従五位下行対馬守源朝臣光経解　申請　官裁事

請、特蒙二　官裁一、因二准去仁安・治承・建仁三箇年例一、被レ成二下官符一雑事参箇條子細状。

一、請、任レ色三数仰二管漆箇国一、被レ催二渡当嶋年粮米幷正税交易貢銀直・防人功米等一事。

筑前国伍佰陸拾壹斛。

准米二百廿一斛。

見米三百四十斛。

二百四十斛防人拾陸人功料。

百斛、正税交易貢銀直料。

筑後国伍佰肆拾伍斛。

准米二百廿斛。

見米三百廿五斛。

二百四十《廿五》斛、防人拾陸人功料。

百斛、正税交易貢銀直料。

肥前国伍佰肆拾伍斛玖斗。

准米二百廿斛九斗。

見米三百廿五斛。

二百廿五斛、防人拾伍人功料。

百斛、正税交易貢銀直料。

肥後国捌佰肆拾漆斛玖斗。

准米二百八十二斛九斗。
見米五百六十五斛。
　四百六十斛、防人参拾壹人功料。
　百斛、正税交易貢銀直料。
豊前国肆佰漆拾壹斛漆斗。
准米二百四十六斛七斗。
見米二百廿五斛。
　百廿五斛、防人捌人功料。
　百斛、正税交易貢銀直料。
豊後国肆佰漆拾壹斛漆斗。
准米二百四十六斛七斗。
見米二百廿五斛。
　百廿五斛、防人捌人功料。
　百斛、正税交易貢銀直料。
壹岐嶋陸拾斛玖斗。

右、光経謹検二故実一、当嶋年貢銀者、是被レ催二渡彼七箇国年粮米一、下二行採丁等一、或致二採銀之勤一、或所二交易進上一也。此外又嶋内恒例仏神事有二其数一、皆以二年粮米内一支二配件用途一。且奉レ祈二天長地久・国家泰平之由一、且所レ令レ祈二請嶋内安穏・貢銀採得之旨一也。

而近代管国吏、各背二先例一、猥忘二進済一。仍代代嶋司申二下　官符・　宣旨一、令レ加二催促一之間、雖レ成二渡一旦之庁宣一、更無二始終之所済一。因レ茲、在庁不レ致二貢銀之営一、雑掌告二所済之計一。

然而親光任下被レ催二渡管七箇国正税交易米六百斛九斗一可レ令レ交二易貢銀三百両一之旨上、経二　　奏聞一之時、被レ成二下。依レ請官符一之間、致二沙汰一経二公用一云云。

従二往昔一被二定置一七箇国年粮米本数三千五百余斛也。

当嶋司資盛・俊成・能盛・親光等之時、経二　　上奏一之日、被レ召二下七箇国庁宣一、以二官使一催二渡当嶋一、可レ取二返抄一之由、悉　　宣下畢。

望請　　官裁、早任二彼等例一、被レ成二下官符一之後、各召二給庁宣一、正税已下任二色数一、可二究済一之由、欲レ被二　　宣下一者。

一、請、被レ停下止他国住人等、押二渡当嶋一、恣犯中用魚貝・海藻等上事。
右光経謹検二案内一、当嶋者本自無二一歩一枝之田桑一、只以二海底之貝・藻一、僅備二京庫之調庸一。

而他国住人等渡来、恣犯用之條、理可レ然哉。

望請　　官裁、早可レ停二止他国住人等犯用一之由、欲レ被二　　宣下一者。

一、請、被レ停三止府使乱入并守護人対二捍国役一事。
右光経謹検二案内一、府使寄二事於済物一乱入之條、更無二其謂一。当嶋者本自依レ無二田地一、京都済物無二式数一。廻船商人等着岸之時、以二前分之弁一可レ充二済物一之処、近代守護人不レ交二国宰之沙汰一、一向押領之條、理可レ然哉。

凡者武家下知状偁、国衙随二国司之下知一、庄薗可レ依二領家命一之由、具被二定置一畢。而背二彼状一、号二守護人之沙汰一、一向掠領之條、未三曾有二狼藉一也。
望請　官裁、早云二府使乱入一、云二守護押領一、不レ帯二国判一之外、停二止自由狼藉一。唐船着岸之時、前分
国宰・守護人相半可レ致二沙汰一之由、欲レ被二　宣下一者。
以前條事、任二代代之例一、為レ被レ成二下依レ請　官符一、勒二在状一。謹解。

弘安十年七月二日従五位下行対馬守源朝臣光経

経過としては次のように考えられる。まず、弘安十年七月二日に対馬守源朝臣光経が解状（3）。以下「源光経解状」と称す）をしたため太政官に送った。同時期に到来した越中国解や淡路国解の内容もともに審議するため諸国条事定が招集され、七月十三日に開催された。これに合わせて弁官は先例を調べて官続文を作り、今回の国解もそこに添付された。対馬島からの申請に関しては、公文預である左右史生が官文殿にある文簿から先例を調べて勘申している（2）[2]。その後、審議された内容を参議右大弁の中御門為方が定文としてまとめた（1）。兼仲は蔵人として定文を預かり、後宇多天皇および関白鷹司兼平に奏聞した。返事を受けた兼仲は陣に戻り、上卿右大臣藤原（九条）忠教に文書を返すとともに、〈定め申しに依れ〉との天皇の言葉を告げて退出した。

曽我良成氏は、このような国司からの申請を審議する諸国条事定の検討を行い、次のように述べている。新任国司の申請行為自体は十一世紀後半の治暦（一〇六五～一〇六九）から承保（一〇七四～一〇七七）年間のころに半ば固定化・慣例化され、国解慣行と呼ばれるようになった。これらの条事定文書は、改元の際の吉書的なものとして取り扱われており、本来国司の側から提出されるべき国解を逆に召し出させているという。本状は改元の際の条事定とは異なるが[3]、吉書として諸国に国解を召し出したことが「源光経解状」に「上卿被レ仰二職事一、職事仰レ官、官召二国解一、吉例国申二合本所一被二定下一之」とあることからうかがえる。改元の際の吉書として用いられた例として

は『改元部類記』寛元五年（一二四七）二月二十八日条に「右大臣被レ申ニ行条事定一摂津国解承久例」とあることから、少なくとも承久改元の際（一二一九年）にはその例が認められるという。曾我氏は「ゆえに、少なくとも承久以後の日付を持つ国解による申請条項、もしくはその申請によって下された官符などは、そのまま日付通りの時期の実情を示しているものとは考えられない。たとえ江戸期の日付が付されていようとも、内容自体は承久以前の実情を表しているのである。……鎌倉期のものはなまじに時期が近接するばかりに、あたかも条事定文書の内容がそのまま実情を示しているかのように誤解されやすいので、注意を要する」と述べている(4)。網野善彦氏も、この文書について「これは「条事定」という儀式に際して書かれた「吉書」で、儀式に関連して書かれる儀礼的な文書ですから、この文書の内容は弘安の頃のものとは必ずしもいえない」と述べ、鎌倉時代前期にさかのぼりうると指摘する(5)。「源光経解状」については、「因ニ准去仁安・治承・建仁三箇年例一」とあることから、守護に関することが書かれている申請三箇条中の第三箇条は、建仁年間と近い時期の状況を反映しており、前の二箇条は仁安・治承頃からの状況を指しているとみられる(6)。兼仲は近年条事定が行われていないことを述べており、そのために具体的な次第やこの時用いられた文書を〈子孫に知らしめんがため委さにこれを記す〉として議論の過程や利用された文書を詳細に残している。なお、『勘仲記』自筆本を見ると、日記本文・定文・文殿勘文・官続文がそれぞれ異筆で、本文と他の文書とは明らかに紙質が異なる(7)。兼仲の職掌からすれば、陣定で用いられた文書であった可能性も考えられるであろう。

　これらの申請に対し、文殿勘文（2）は第一箇条と第三箇条について記述している。それによれば、第一箇条は対馬守の申請時に代々宣旨が下されているが、第三箇条については文簿に詳細な所見がないという(8)。そして陣定での結論としては、第一・二箇条については代々行っているように光経の要請に応える宣旨を下すことで一致したが、

第三箇条に関して権中納言の源雅房は〈輙すく計り申し難し。宜しく聖断あるべきか〉として別に天皇の聖断を仰いだ方が良いのではないかとの意見を述べている。ただし、その後定文を上奏した兼仲は〈定め申しに依れ〉と後宇多天皇の言葉を告げていることから、申請に対する変更はなかったものと理解される。

第二節　「対馬守源光経解」第一箇条について

1　対馬島への年粮米漕送について

まず、「源光経解状」第一箇条についてみてみると、大宰府が管轄する西海道七箇国に命じた色数に従って、対馬島に年粮米と正税交易貢銀の値、そして防人の功米を準備して送るよう要請している。その後、筑前・筑後・肥前・肥後・豊前・豊後そして壱岐島に割り当てられた米量が示されおり、その本数は「三千伍百余斛」であるという。次に対馬島へ漕送する米穀や貢銀に関連する史料を掲げる。

【史料2】『日本三代実録』貞観十八年（八七六）三月九日条

参議大宰権帥従三位在原朝臣行平起㆓請二事㆒。

其一事、請㆘宮㆓壱伎嶋水田一百町㆒使㆖充㆓対馬嶋年粮㆒曰、検㆓文簿㆒、六国一年所㆑漕㆓運対馬嶋㆒年粮穀二千斛、運賃幷雑用料穀穎三万四千五十束。就㆑中筑前・筑後・肥前・豊前・豊後等国各三百廿斛、肥後国四百斛・運賃穀一万七十四束幷綱丁・挾杪・水手百六十五人、傜丁稲三千二百八十束。凡厥所㆑費、大略如㆑件。而往古以来、全到者寡、年中漂㆓五六之三四㆒。以㆑故、運輸之国、人物徒尽。検領之嶋、粮儲常空、壱伎嶋司幷習俗人民等皆申云、壱伎嶋者、肥前国昧旦発㆑程。入㆑夜着㆑岸。対馬嶋与㆓壱伎嶋㆒、又亦如㆑之。其潮落潮来、不レ似二他処一。而陸地人民、不レ詳二波程一、故蕩没連レ踵、溺死不レ絶者。今謹検二故実一、延暦以往、件年粮籾、従二六ケ国一、逓二送於壱岐嶋一、壱岐嶋受領、転二送於対馬嶋一。而大同以来已停廃。伏以、古人遠図、深達二物理一。但令二六国漕運一猶未レ由レ救レ弊。因検二文簿一、壱岐嶋課丁二千余人、並是半輸者也。千人貢二御油一、千人進二府儲油幷雑穀等一、又同嶋水田六百十六町。而没二八十六歩一。就レ中除二百姓口分田幷雑職田等一之外、死者口分幷疫死口分、国造田等一百余町也。今商量、役二千人丁一、営二百町田一、其勢易二於反レ掌、停二進レ府之雑物一。運二対馬嶋年糧一事、又便二於人民一、仮令停二壱岐嶋所レ進雑油幷雑穀等一、令レ進二六国一、停二六国所レ運年粮一。令レ営二壱伎嶋田一、相二折利害一、所二返納一稲二万九千六百卌余束、即其支度用途載在二別紙一。但反経之可否、利害難レ明。因召二彼嶋守賀茂直峯幷練レ事書生等一、令レ陳二利害一。勘署已訖。……

【史料3】『日本三代実録』元慶三年（八七九）十月四日条

四日庚申……大宰府言、「壱岐嶋営作田一百町、其獲稲為レ糙、送二対馬嶋一、以充二防人年粮一。而嶋地隘狭、田疇薄墝。非二唯耕作之為レ苦、亦知二転漕之有レ煩。嶋司申請。早被二言上一、停二件営田一、救二民之費一。今以為、充二国用正税一、分レ力運送、漂失易レ填、年損不レ煩。請停二壱岐嶋運レ粮之労一、其年粮田百町地子、嶋司依レ例勘納。」従レ之。

【史料4】『延喜式』巻二三、民部省下

大宰府銀八百九十七両。……右管国調物、依レ件染造、其雑綵幷草等、並盛二韓櫃一、夫運脚者並給二功食一。

交易雑物……大宰府絹四千疋…銀三百両……

右、以二正税一交易進、其運功・食並用二正税一。

【史料5】『延喜式』巻二四、主計寮上

凡諸国輸庸壱伎・対馬等嶋並不レ輸

凡中男一人輸作物飛騨・陸奥・出羽・壱岐・対馬等国・島不レ輸

対馬島海路行程四日調、銀。

【史料6】『延喜式』巻二六、主税寮上

凡筑前・筑後・肥前・肥後・豊前・豊後等国、毎年穀二千石漕二送対馬嶋一。以充二嶋司及防人等粮一。其部領粮、船賃・挾杪《カントリ》・水手《カコ》功粮、並用二正税一。

凡五畿内伊賀等国地子、混二合正税一。……大宰所管諸国、充二対馬嶋司公廨一之外、交二易軽貨一、送二太政官厨一。

凡雑穀相博、粟・小豆各二斗当二稲三束一、大豆一斗当二稲一束一。自余如レ令。

【史料7】『延喜式』巻五〇、雑式

凡運二漕対馬嶋粮一者、毎レ国作レ番、以レ次運送。

凡対馬嶋銀者、任二聴百姓私採一。但国司不レ在二此例一。

凡王臣家使、不レ得下到二対馬嶋一、私買二真珠一、擾中乱百姓上。

【史料8】『水左記』永保元年（一〇八一）十月五日条

五日戊午……未時許、頭弁通俊朝臣来下二宣旨一通一、大宰府二箇条事。

一、在庁官人等申、一、対馬守従五位下津守宿禰有基申請令三管内諸国司弁二済見色一色〔衍カ〕正税交易銀直并防人功米等状、仰レ令二府催渡一。

一、在庁官人訴申、□〔貢カ〕二上主殿・内蔵両寮一油・染革使□〔等カ〕、依二斗缺・斤欠并饗料土産物過差一、難レ取二返抄一状、副二在庁官人解状等一仰令レ問二寮々一、即下二同弁一。

【史料9】『対馬貢銀記』

対馬島者、在二本朝之西極一、属二〔於脱カ〕・大宰府一。孤二立海中一、四面絶壁。其名兼見二於隋唐史籍一。自二筑前国博多津一、西向飛レ帆一日、到二壱岐島一。自レ斯又到二対馬島一一日、自レ非二大風一、不レ得レ渡矣。与二高麗一隔レ海、北□〔接カ〕二金海府一。放レ野之馬、掛レ帆之布〔舟カ〕、分明互見、其近可レ推。彼国之無二窺窬心一、八幡大菩薩之威神也。……全無二田畝一、只耕二白田一。或〔式イ〕置二諸租税一、至二此島一、以二大豆一為二正税一。島中珍貨充溢。白銀・鉛錫・真珠・金漆之類、長為二朝貢一。其採銀之地、極為二険難一。多年穿□〔掘イ〕、壙中漸深、自レ口入レ底、二・三許里。日月之光、不レ得レ照レ之。三人連レ手、以為二一番一。一人秉レ燭、以レ荻為二地星一許也。不レ鎖〔鎖イ〕久焉。一人採レ器、一人持二□〔鉄カ〕鎚一取レ之。数輩雑入、常法三人。其後、量二於斗斛一、置二之於高山四面受レ風之処一。以二松樹薪一、焼レ之数十日、以レ水洗レ之。解〔斛イ〕別、定二其率法一、其灰為二鉛錫一。満二千二百両一、以為二年輪一。推二其単功一、不レ可二勝計一。若不レ造之時、雨水□壙、三四百人連二座於壙中一、汲レ水出レ壙、猶如二行香一。三里之水、漸々伝出、費二民力一尽二人功一、可二長大息一。其人夫所レ須年粮米二千二百余斛、支二分於管内一、諸国度二窮海一、向二絶域一。謂二之最重一也。其来二於太〔大カ〕宰府一、敢不二逗留一、殊撰二行李一、進二蔵人所一。自レ島到レ府、用二海路一、着二五十丈綱一、以備レ入レ海。自レ府致〔到カ〕レ京、用二陸路一。□送之間、人不二敢近一レ之。……

【史料2】では、対馬島の年粮穀等について、筑前・筑後・肥前・豊前・豊後の五箇国が各二二〇斛、肥後国が四〇〇斛を拠出し、延暦年間（七八二～八〇六）以前は計二〇〇〇斛を壱岐島まで逓送し、壱岐島からさらにこれを対馬島に転送するという方法をとっていた。しかし海難事故が絶えず、大同年間（八〇六～八一〇）以来停廃してしまった。そこで貞観十八年に、壱岐島の乗田一〇〇町を活用して対馬島の年粮に充て、代わりに壱岐島が大宰府に納めるべき雑油・雑穀などをこの六箇国が肩代わりするという方策がとられた。その後、元慶三年にはこのやり方が廃止されて旧制に復され（【史料3】）、『延喜式』にあるごとく、筑前・筑後・肥前・肥後・豊前・豊後等の国が毎年穀二〇〇〇石を対馬嶋に漕送し、島司や防人等の粮に充てているのである（【史料6】）。虎尾俊哉氏は〈島司および防人らの粮〉は、「事実上は「防人年粮」であったとみて良いであろう」と理解する。[9]『延喜式』が制定された十世紀前半までは、六箇国が二〇〇〇石を対馬に漕送していたが、大江匡房が大宰権帥として実際に当地に赴任していた時期（一〇九七〜一一〇二）に書かれたと考えられる『対馬貢銀記』[10]（【史料9】）では、「其人夫所」須年粮米二千二百余斛」とあり増額している。さらに十二世紀末には三五〇〇余斛となっており、壱岐島が加わっている。もっとも「源光経解状」の三五〇〇余斛には防人の功米のほかに「正税交易貢銀直」なども含まれている。これは『延喜式』（【史料4】）に〈正税を以て交易して進めよ〉とあり、対馬島で採れた銀を正税稲で買い上げて中央に進めるもので、具体的には対馬島の銀三〇〇両と正税稲六〇〇斛を交易するということである。西海道地域で銀を産出するのは対馬島に限られ、正税交易以外にも調として銀を納めることになっており、その額は八九七両であった（【史料4・5】）。両者を合わせると一一九七両となり、【史料9】に「満二千二百両一以為二年輸一」とあるのとおよそ符合する。

対馬への年粮米漕運が難航したことは【史料2】にあるように九世紀からみえているが、「源光経解状」にあるような、大宰府管内の国司が先例に背いて規定の量を進済しない状況は、【史料8】にあるように遅くとも十一世紀後半にみえる。永保元年の対馬守津守有基は、大宰府管内に対し、見式（規定通りの品目）すなわち稲米を対馬島に送付することを申請し、朝廷より宣旨が下されている。[11]この時期には米以外の品目で送ろうとしていたことがうかがわれるが、十二世紀半ばの仁安年間には進済自体が滞っていたのである。「源光経解状」には、「当嶋司資盛・俊成・能盛・親光等之時、経二　上奏一之日、被レ召二下七箇国庁宣一、以二官使一催二渡当嶋一、可レ取二返抄一之由、悉　宣下畢」とある。上記四名の対馬島司のうち、「資盛」は藤原資盛で、『尊卑分脈』には、「崇徳院御厨子所預。安芸・石見・信乃・対馬等守。左馬助従五上、掃部頭、主水正」とある。[12] 崇徳天皇（一一一九～一一六四、在位一一二三～一一四一）の頃に御厨子所の預となっており、その後対馬島を含め、国守を歴任している。「俊成」は藤原俊成で、仁安元年（一一六六）九月に対馬守であったという。[13]「能盛」については、「後白河院北面」で「出雲守」を務めた藤原能盛と、平清盛の家司で「壱岐守」（任期一一五九～一一六五）や「安芸守」（一一六六～一一七一）を務めていた藤原能盛がほぼ同時期に存在したことを確認することができるが、対馬守に就任したことは見えない。[14] 藤原親光は治承三年（一一七九）に対馬守になっており、その後も寿永（一一八二～一一八四）・文治（一一八五～一一九〇）年間にも再任されている。[15] 藤原親光が島司の時は、催し渡された七箇国の正税交易米六〇〇斛九斗を、銀三〇〇両と交易貢納することを奏聞し、〈請うに依れ〉の官符を下されて職務を果たしたという。小葉田淳氏は「特筆される異数の例であった」と述べている。[16] また小葉田氏は、年粮米およそ三五〇〇余斛のうち、准米一四三八斛二斗と壱岐島の六〇斛は、「源光経解状」にある年粮米として採丁等に下給され、銀生産のための経営費となったと指摘する。[17] 年粮米はほかにも島内で行われる恒例の仏神事にも使用され、「天長地久」・「国家泰平」・「嶋内安穏」そして「貢銀採得」が祈られていた。さらに採丁は「採銀之勤」だけでなく「交易進上」もしていたという。すなわち、銀の採掘をする一方で正税と交易した銀を大宰府まで進上（輸送）する役割も担っていたと考えられるが、この点については後述したい。

2　対馬の銀採掘と永暦元年の日本・高麗関係

対馬島の銀採掘の具体像については【史料9】に詳しい。[18]その大略は次のごとくである、対馬島には全く田畝がなく、やせた土地（畠）を耕している。式（延喜式）には様々な租税が設けられているが、対馬島は大豆をもって正税としている。[19]島中には白銀・鉛錫・真珠・金漆などの珍しい財宝が満ち溢れており、朝貢品として用いられている。対馬の銀を採掘する土地は険しく、長年穿掘したため、壙中は深く二・三里程行くと太陽や月の光が照らされることがない。[21]三人一組で、一人は燭をとり、一人は器をとり、一人は鉄鎚を持って鉱石をとる。その後、（採掘した鉱石の）量を計り、これを高山の四面から風を受ける所に置く。松の樹の薪を用いて、これを数十日かけて焼き、その灰は鉛・錫となる。銀の量が千二百両に達すると、年輸として大宰府に送る。その単功（一日一人の仕事の量）は数え上げることができない。もし（銀を）造らない時は、雨水が壙にたまるので、三四百人が壙中に連なって座り、水を汲んで壙より出すが、（その様子は）行香（法会の時、参会の僧たちに焼香させるため、香を配って渡すこと）のようである。人夫がもちいる年粮米二千二百余斛は、（大宰府）管内で負担し、諸国は遠い海を渡り、絶域（対馬）に向かう。銀が大宰府に到着しても、敢えて逗留せず蔵人所に貢進する。対馬島より大宰府へは海路を用い、五十丈の綱を付けて、海に入るのに備える。大宰府より京へは陸路を用いる。運送の際には人は敢えてこれに近寄らなかった。

この銀山は下県郡の厳原町樫根にある佐須銀山で、七世紀以来知られる日本最古の銀山である。寛仁三年（一〇一九）のいわゆる刀伊の入寇の際に焼討にあったが、[22]その後復興して十三世紀以降に休山となるまで運営されていた。[23]また【史料7】の「百姓私採」に関して小葉田淳氏は、採鉱手段と製錬の技術、労働力の供給において「百姓私採ははなはだ困難」と述べ、これを受けて田中史生氏も「官の影響を離れて銀の百姓私採が展開したとは考え難い」とし、「貢納義務を負う大宰府が管内諸国から「年粮米」を対馬に運ばせ、これを採丁に支給するなどして経営する、官司的経営によってようやく維持されたとみるべきである」と指摘する[24]。この点について「源光経解状」では「在庁不レ致二貢銀之営一」とあることから、やはり島衙を中心とした組織的な運営をしていたとみなければならないであろう。

筆者は、採丁が「採銀之勤」のみならず「交易進上」もしていたことに注目して、前章でも検討した次の史料を取り上げる。

【史料10】『百練抄』永暦元年（一一六〇）四月二十八日条

対馬嶋司言下上、高麗国金海府禁二銅採進房幷貢銀採丁一事上、令二諸道勘申一。

【史料11】『百練抄』永暦元年十二月十七日条

諸卿定下中高麗国搦二留対馬嶋商人一事上。

【史料12】『山槐記』永暦元年十二月十七日条

今夜有下高麗国搦二留商人一之定上云々。可レ尋二諸道勘文・定文等一。

これらの史料が藤原伊通著『大槐秘抄』にある「今平清盛大弐に罷り成て候。いかがと思ひ給ふるに、高麗に事ありと聞候」という記述や「李文鐸墓誌」に記載されている対日本関係記事と関連する蓋然性が高いことはすでに述べた。ここで注目したいのは、【史料10】である。ここに見える「貢銀採丁」とは、「源光経解状」で「採銀之勤」や「交易進上」などを行う「採丁」とみて間違いない。彼らが銀を正税米と「交易」し、それを大宰府へ「進上」する際には海路で運ばれ、その際には「五十丈綱」を着けて海没に備えるなど厳重な管理がなされていた（【史料9】）[25]。すなわち「貢銀採丁」は銀を採掘するだけでなく、その運搬や交易にも関与していた。一方の「銅採進房」については明確ではないが、文字よりみれば「貢銀採丁」と同じく銅を採取して進上する集団ということになるであろう。対馬島における銅に関して『対馬島誌』では、「本島鉱脈の在る所必ず銅、亜鉛、鉛及黄鉄鉱あり。然るに古は銅及鉛を銀と共に之を掘り」云々と記されている[26]。【史料9】では、「白金（銀）」のほかに「鉛錫」・「真珠」・「金漆」が朝貢のための品として産出されたとし、さらに『高麗史』巻一〇、宣宗世家四年（一〇八七）秋七月庚午条には、「東南道都部署奏『日本国対馬島元平等四十人、来献二真珠・水銀・宝刀・牛馬一』」として対馬島の元平が真珠に加えて水銀を高麗に献上している。詳細は不明とせざるを得ないが、「貢銀採丁」とともに銅あるいは鉛錫・水銀など他の鉱物を採掘・進上する人々としておく。そのような「貢銀採丁」・「銅採進房」が高麗の金海府に拘束されたというのはどのような事情が考えられるであろうか。次に高麗の状況についてみてみたい。

3　高麗の鉱山採掘と永暦元年の対馬島民拘束について

高麗における銀や銅の採掘は、「所」と呼ばれる行政単位（雑所）の民が請け負っていた。「所」とは太祖二十三年（九四〇）を起点として整備されていった雑所の一つで、国家の中央部で必要とする各種の物品を生産して貢納するための機構であり、「金所」・「銀所」・「銅所」・「鉄所」をはじめ、「絲所」・「瓦所」・「塩所」・「磁器所」などが存在した[27]。「所」の住民の基本的な身分は工匠であったが、賎業従事者として様々な点で郡県民とは区別された奴婢に近い賎民の処遇を受けていた。高麗における銀所（銀鉱）については、『高麗史』・『世宗実録地理志』・『新増東国輿地勝覧』などから十三箇所の存在が確認され[28]、うち慶尚道には四箇所の銀所があったとみられる。一方銅の採掘・生産地と推定できる場所は十八箇所確認でき、うち、慶尚道には七箇所が存在したとみられる[29]。特に慶尚南道固城県には、「鴨岾銀所」と「石智銅所」とあり、銀・銅両所が存在した。

銀所には、民を監督して生産された銀を国家に貢納する「銀所吏」、銀鉱石の採掘や製錬のための準備に動員された「銀所民」、銀鉱石を精錬する「工匠」で構成されていた。銀坑内の安全施設は十分に整備されておらず、圧死者や傷折者が続出した。(30) しかし彼ら「銀所」や「銅所」を管理する守令も、貢納物の額が規定に満たなければ罷免させられてしまうことから、その徴収は厳しかった。(31)

銀や銅は、高麗国内においては貴族の奢侈品や、仏教関連の塔や仏像・銅鐘製造のために用いられ、また粛宗年間（在位一〇九五～一一〇五）には、銀瓶や「海東通宝」（銅銭）が貨幣として発行された。さらに対外関係においても、十一世紀後半から十二世紀にかけて、宋や遼・金への朝貢品として銀や銅製品が大量に献上されたほか、女真人の貢献に対して銀器等を下賜するなど流通が拡大した。このように銀や銅の需要がこれまで以上に高まると、鉱業に従事していた所民の負担も増大し、本貫地を捨てる者が相次ぎ、十二世紀には人民の大規模な流亡現象が発生した。この動きは武臣政権への転換や、十三世紀のモンゴルの侵入などとも相俟って、やがて所制の解体につながっていった。(32)

このように十二世紀以降になると、所制下の人民の流亡によって特産物の生産が困難になっていったため、高麗朝廷では生産方式を変更せざるを得ず、本来所民が従事していた生産活動を一般郡県民に行わせるという政策の転換を徐々に進めていった。(33) 銀や銅についても同様の生産方式の転換があったと考えられている。

以上のような高麗側の事情と、対馬島においても大宰府管国からの年粮米漕送が滞っていたという状況から、永暦元年の事件は、対馬の「貢銀採丁」・「銅採進房」が高麗に渡航し、自ら産出した銀や銅を用いて貿易をしようとしたのではないかと考えられるのである。彼らが拘束されてしまった事情については不明とせざるをえないが、貿易取引上に関わる何らかのトラブルが考えられ、例えば荒木和憲氏が述べるように、対馬商人の私的来航が活発化してきたことをうけ、それを抑制して辺境地域の治安の維持を図ろうとする高麗側の武断的対応とみることもできるであろう(34)。あるいは鉱山採掘夫であるゆえに、高麗の採掘や製錬への関与など国家機密に抵触したのではないかとも憶測される。同年十二月の対馬島商人の拘束については、前章で述べたように【史料10】と関連するものなのか、あるいは別個の事件なのか判断が難しいが、「商人」とあるため貿易（進奉）に関わるトラブルがあったのではないかと推測される。

第三節　「対馬守源光経解」第二箇条について

「源光経解状」の第二箇条は、他国の住人が対馬島に強引に渡来し、ほしいままに魚貝や海藻を犯用すなわち濫獲している現状を訴え、それを停止する宣旨の発給を求めている。『延喜式』によれば対馬島の調は銀で、庸は壱岐とともに「不輸」すなわち免除されていたが、ここでは海底の魚貝や海藻は「京庫之調庸」に備えるとある。

ところで、ここに記載される「他国住人」とはどのような人々であったのだろうか。網野善彦氏は、西北九州・瀬戸内海・山陰あたりの漁民であるとする(35)。対馬島が朝鮮半島へ向かう際の経由地であることは『魏志倭人伝』以来のことであるが、【史料2】に「往古以来、全到者寡、年中漂㆓五六之三四㆒」とあり、また寛仁三年に刀伊によって捕らえられた日本人を送還するために、対馬から大宰府に向かった高麗船三艘のうち一艘が漂没してしまった(36)ことからもうかがえるように、玄界灘・対馬海峡は決して航海に安全な海ではなかった。また、次の第三箇条には「（大宰）府使」の乱入と具体名を示しているのに対し、第二箇条では「他国」とあることから、複数の国や地域の住民であったと考えられる。そのような理解が可能であれば、まず挙げられるのは肥前の松浦党や壱岐島の人々であろう。例えば、仁平元年（一一五一）には小値賀島の領主であった清原是包が高麗船を略奪する事件があり[37]、嘉禄二年（一二二六）十月には松浦党と号す「鎮西凶党」が高麗を襲撃している[38]。同年十二月には肥後と壱岐島の人々が高麗と合戦し、貞永元年（一二三二）にも肥前鏡社の住人が高麗に夜討を企て数多の珍宝を盗み取っている[39]。彼らはいずれも高麗を襲撃しているが、その航路は対馬島を経由して向かったものと理解される[40]。また彼らの目的は高麗を襲撃することではなく、必要な物資を獲得することにあったとみるべきである。そうであれば、松浦党や壱岐島民が対馬島沿岸で海産物の濫獲を行っていたことは想像に難くない。もちろん、第三箇条にみられるように大宰府（筑前）の官吏やその命を受けた人々である可能性も十分に考えられるであろう。

第四節　「対馬守源光経解」第三箇条について

1　概要と「唐船」について

当該箇所については、「守護人」という用語が出てくるので、前述のごとく建仁年間の事例を再現したものと理解できる。大略としては、大宰府使が済物（諸国から貢納される物品）を口実に乱入するのは謂われなしと主張する。また前条でも述べているように、対馬には田地が無いために京都への済物については式数（『延喜式』主計寮式記載の、国ごとに定められた貢納物の数量・品目のこと）がなく[41]、廻船商人が着岸した時に前分（入港税）を徴収してそれを済物に宛てていた。ところが、このごろ守護人が国衙を無視して全て奪っている状況を訴えている。武家の下知状には国衙は国司の命に従い、荘園は領家の命に依るべきことが定められているのに、その下知状に背いて「守護人之沙汰」と号して全てを奪うのは未曽有の狼藉であると述べる。そこで大宰府使の乱入も守護人の押領も、国判（国司の命）なしに行うこと（自由狼藉）を停止すること。さらに「唐船」が着岸した時には、入港税は国司と守護人とで折半することを命じる宣旨を要請している。

この第三箇条については、近年「唐船」の解釈をめぐって議論となっている。シャルロッテ・フォン・ヴェアシュア氏や高銀美氏は「廻船」と「唐船」を同じものとする理解に立つが[42]、渡邊誠氏は「源光経解状」にある「早云二府使乱入一、云二守護押領一、不レ帯二国判一之外、停二止自由狼藉一」に、廻船着岸の際の「前分」を押領する守護人について国判なく行うこと（自由狼藉）の停止を求め、これに続く「唐船着岸之時、前分国宰・守護人相半可レ致二沙汰一之由」は、廻船とは別の特例についての記述であることから、唐船（ジャンク船と視認される船）と廻船（小規模の和船）を別個のものとみている[43]。渡邊氏の見解が妥当であろう。

2　十三世紀前後における対馬島の政治体制

さて、十二世紀後半から十三世紀初頭における対馬島内の事情については長節子氏が検討している[44]。長氏は対馬の厳原八幡関係の古文書の署名に注目し、永暦元年・文治五年（一一八九）・建久六年（一一九五）のものを比較したところ、文治五年までは対馬の在庁が大掾あるいは掾の阿比留氏によって独占されていたが、建久六年五月五日付の「御神宝料物内京進幷博多交易算用目録」には阿比留氏の優位は認められるものの、藤原がこれに次ぎ、惟宗が第三位に来ているとする。高銀美氏は文治五年付の「対馬厳原八幡宮文書」[45]より、八幡宮主神司で国司目であった藤原秋依が掾に補任し、建久元年七月には下津八幡宮の大宮司職に就任したが[46]、これは「譜代」すなわち藤原秋依の家が代々受け継いできた職であると理解している。また、建永元年（一二〇六。元久三年四月改元）十月に秋依が正六位上から借外従五位下に叙した記事[47]に注目し、阿比留氏とともに藤原氏も土着の勢力で、対馬の在庁官人として文治五年以前から存在していたことを否定できないと指摘し、建久六年以降に対馬の在庁官人に新たに登場した勢力は惟宗氏以外にはなかったと述べている。[48]さらに対馬の守護および地頭職は十三世紀の初頭以来、武藤氏（後の少弐氏）が就いていたが、地頭代に惟宗氏が就任する体制が遅くとも十三世紀半ばには成立していた（惟宗氏は武士化して宗氏と称する）とする長氏の説を受けつつ、守護が在庁官人を掌握し始め、かつ惟宗氏が対馬の在庁官人に登場した建久六年段階において、対馬守護が国衙に影響力を及ぼした可能性は高いとする。[49]

一方荒木和憲氏は、藤原親光が対馬守に任じられて現地に赴いた治承三年（一一七九）以降の対馬島政について詳しく論じている。寿永二年（一一八三）には当時の知行国主は不明としながらも、親光の人脈やこの年に「院進御進」三万匹を調達していたことから、後白河法皇の知行国であった可能性を指摘する。また、この時に親光が発した「国宣」の内容は、目（四等官）の藤原秋依を「掾官幷神司職」に補任するように命じたものである。これは親光が阿比留氏による掾官独占体制に楔を打ち込んだものと考えており、この秋依を出自は不明としながらも藤原親光の縁者・家人の可能性を指摘している。その後、建永元年（一二〇六）に秋依は大宰府から従五位下に借叙され、正六位上である阿比留氏を凌駕する地位を保証した。この理由として、まずは一般論として受領国司の任期満了に伴い知行国主も交代するので、文治五年（一一八九）頃にみられた「知行国主―対馬守藤原親光―掾藤原秋依」の関係は、親光の解任とともに消滅したとする。しかし、建仁年間頃から秋依の新たな外護者として大宰大弐藤原親雅を頼り、その結果として「大宰府使」による対馬島衙の蹂躙を招き、さらには大宰府の権限によって秋依は阿比留氏の官位を越える事態に至ったと考えられている。そして「大宰府使」とならんで島衙に介入した「守護人」は武藤資頼であることを指摘し、「平安末期～鎌倉初期には従来の阿比留氏による掾官独占体制が崩れ、知行国主・対馬守や大宰府に連なる藤原氏（藤原秋依など）、および宰府守護人に連なる惟宗氏が掾官の地位を獲得し「大宰府使」と「守護人」による島衙の蹂躙を招いた」と論じている。(50) 現状では荒木氏の説が妥当であるとみて、『勘仲記』にみえる「大宰府使」は「藤原秋依」、「守護人」は「武藤資頼」と理解したい。

第五節　元久年間における「進奉」について

1　恒平・明頼一行の性格

これまでの内容を踏まえて、本節では、第1部第二章で取り上げた「対馬嶋宛高麗国金州防禦使牒状」の内容について検討してみたい。ここには、元久二・三年（一二〇五・一二〇六）に高麗に対して進奉が行われようとしたことについて記載されている。まずは史料を掲げる。

【史料13】『平戸記』延応二年（一二四〇）四月十七日条所載「泰和六年（一二〇六）二月付日本国対馬嶋宛高麗国金州防禦使牒状」（印影や細字は省略した。）

高麗国金州防禦使　牒　日本国対馬嶋

当使准、越今年上月十有四日、貴国使介明頼等四十人乗二船三艘一、来二泊于州南浦一。使四訳語問三其所二以来一者、号二称進奉一、兼献二文牒牒道（ママ）一。其文甚為二擾雑一、其語過二乎勿恭一、非二進奉之礼一也。大抵両国相二通文牒一、必指二於某国其州一。例有レ恒矣。往年秋八月、恒平等十一人、所二齎来一文牒、徒以二譏訣之事一、直指牒二京朝礼賓省一。其可下以二任意一而交受上乎。具レ事申二報朝庭一。朝庭之議、不レ上二於一一而使二之遣還一。金□〔今所カ〕二齎来一此亦失礼之甚矣。当券廉（ママ）察使、更伝二報于朝庭一。朝庭共不レ許二其交接一、使二之解纜発遣一。故所二齎来一文牒及　進奉方物、率皆還給以送。其数目録二于後一。想宜二知悉一。右事須レ牒。
泰和六年二月　日牒
官　○直　○韭　○二
牒後還送
進奉物目
円鮑弐仟帖
黒鮑弐仟果
鹿皮参拾枚
原

詳しい概要についてはすでに述べているので、ここでは簡潔にまとめる。一二〇六年一月十四日に金州にやってきた「貴国使介」明頼等四十人が「進奉」と称して文牒と方物を献上しようとしたが、文書の内容が〈進奉之礼に非ず〉と高麗側に判断された。前年八月にも恒平等十一人が高麗に渡ったが、彼らがもたらした文牒にもいたずらに「譏訣」する表現があり、高麗の中央官庁の一つで、外交・賓客等を管掌する礼賓省に宛てて発給していることが無礼とみなされ、交流を拒否され帰国処分となったことが記されている。

さて本牒状に登場する明頼・恒平はいずれも「文牒」を携行しており、恒平については不明であるが、明頼については「貴国使介」とあり、少なくとも高麗側は明頼を日本国からの使者と認識していたことがわかる。おそらく明頼もそのように名乗っていたのであろう。それでは恒平・明頼の「文牒」の差出者は誰もしくはどこ（機関）で、彼等はどのような性格を帯びていたのであろうか。考えられるとすれば、朝廷・大宰府・対馬などが思い浮かぶであろう。先行研究は次のとおりである。

李領氏は、明頼等四十人と恒平等十一人は、高麗貿易をめぐって競合関係にあったと考えられている。高麗側は対馬島に対して所定の「進奉」内容にふさわしい牒状を要求したものの、対馬島側は内部の紛争によってこれに応じることができなかったと述べている[51]。そして注において「このことと関係はないが、唐船着岸の時の得分権をめぐって国司と守護人側が争っている史料（『勘仲記』弘安十年七月十三日条）から同じ状況が推定される。つまり対馬の高麗への進奉貿易も勾当官（国司）の得分権であったが、新たな勢力（例えば守護人あるいは府官）が介入して争っていたのではなかろうか」と指摘している[52]。これらから、李領氏は明頼等・恒平等の一方が「勾当官（国司）」で、もう一方は「新たな勢力（例えば守護人あるいは府官）」であると理解している。ただし、李領氏は「進奉」の推進者を一一六八年まで大宰大弐として現地に赴任していた平頼盛、あるいは少弐宇佐公通で、いずれも平清盛の意思を受けて行ったと考えている[53]。

溝川晃司氏は、恒平を対馬の人間ではなく玄界灘周辺地域の者とみて、進奉資格をめぐる競合が存在したと考えている[54]。

この点について筆者は以前、次のように述べたことがある。十一世紀の文宗代においては「日本対馬島官」・「対馬島」・「対馬島勾当官」が「首領明任等[55]」や「使」を派遣して、漂流民の送還や方物の献上が行われていたことが『高麗史』に記載されており、「金州防禦使牒状」にみられる「貴国使介」と名乗った明頼らは、ひとまずこれらと類似した使節であった可能性がある。しかし、十一世紀の諸事例と本件との大きな違いは、恒平や明頼らの要請が高麗側から拒否されてしまったことである。その理由としては、彼らがもたらした「文牒」の書式や内容が、高麗側が求める「進奉」に値しない、違礼かつ無礼なものであったことによる。このことから、「明頼や恒平が対馬島司などを通じた使節で、進奉という「制度」に基づく渡航者であったのか疑問が抱かれるのである。もし、対馬島司が派遣していれば、礼を具備して渡航するであろう。恒平や明頼は各々船を仕立てて高麗へ渡って進奉行為を試みたものの、高麗側が認めるような文書を作成することができず交流を拒否されたという状況が想定できる」とし、彼らは「朝廷や大宰府はおろか、対馬島司などによる関与も認めがたい」と述べた。(56)以上の私見に対し、高銀美氏や荒木和憲氏は批判を加えた。

まず高銀美氏は、李領氏や溝川氏、そして恒平・明頼の両者がともに対馬の公的機関から派遣された使臣ではなく、対馬の住民で私的な高麗との貿易を試みたであろうとする筆者の見解を批判し、十三世紀前後に対馬島の在庁官人に変化が生じたことや、「源光経解状」にある対馬守護が前分を押領していることを根拠に、守護が建仁年間に貿易港を掌握したと主張した。そして、元久年間に慣例を無視する牒状を高麗に送った理由としては、対馬守護（具体的な人物は不明）がそれまでの進奉関係に関与した勢力を排除して、高麗との関係において主導権を掌握しようとする試みであったと述べている。(57)

そして荒木和憲氏は、大量の進奉品の生産・調達は海女の過剰な使役によって実現したものとみられるため、「進奉使の恒平・明頼」は私的な立場で高麗との貿易を行い、その背後に大宰府の関与はない」とする筆者の見解に疑問を示した。その上で、次のような意見を展開した。大宰府と礼賓省、そして対馬と金州が敵礼（対等）関係にあるので、対馬島衙の進奉使である恒平が礼賓省の牒を持参するのは違例なのであるが、あえて礼賓省を宛先に選んだとし、この牒の作成者には大宰府の外交に関する知識があったことを示唆するという。しかし、礼賓省宛の大宰府牒は実際には朝廷で文章家が起草したものであるため、恒平・明頼が持参した牒が慇懃あるいは粗雑に過ぎたということは、文章家の起草を経ていないことの証左となるとする。さらに、一二〇六年には大宰府が対馬の掾官である藤原秋依を従五位下に借叙し、在来勢力である阿比留氏（正六位上）の上位に据え、対馬島衙への介入を強めており、この時の「進奉使「明頼」とは、藤原秋依その人である可能性すらある」と述べ、大宰府は掾官藤原氏を媒介として対馬島衙の「進奉」貿易の乗っ取りを図り、従来のノウハウを蓄積する阿比留氏の協力を得ることなく独自に牒を作成したため、高麗に受け容れられない様式・文言の牒ができあがってしまったと考えている。[58]

高氏・荒木氏はともに、筆者が明頼・恒平ともに公的な機関が関与した使節ではないとする部分に関して批判をしている。その上で、高氏は十三世紀を前後して対馬島に進出してきた対馬守護による遣使とし、荒木氏は大宰府が藤原秋依を媒介として対馬島衙の「進奉」貿易の乗っ取りを図ろうとしたと考えている。いずれにしても『勘仲記』の記事から、十三世紀を前後して島政の勢力図が変化したことは、この時期の高麗への進奉にも影響を与えていると考えられ、筆者が旧稿で述べた見解には修正を加えなければならないであろう。

そこでまず、朝廷の関与について考えてみたい。この点について平経高は、『平戸記』延応二年四月十七日条で本牒状に続けて、次のように記している。

以レ是案二進奉船事一、已対馬嶋文牒依二無礼之状一還二送進奉物一了。件進奉事、自二往代一已有二其号一、彼嶋人之約、子細不審。弥尤可レ尋二問事旨一歟。

経高は進奉船の詳細については把握しておらず、〈彼の嶋人の約なれば、子細は不審なり〉と述べている。これについては山内晋次氏が「当時の日本側の中央支配層は「進奉」行為についてほとんど知識がなかったと推測[59]」しているように、少なくとも明頼の高麗渡航については京都の朝廷が関与した使節ではなかったと考えられる。

このことは、本牒状が故藤原親経宅に所蔵されていたにも関わらず、その存在が孫の俊国に発見されるまで知られていなかったこととも符合する。[60]藤原親経（一一五一～一二一〇）は「金州防禦使牒状」が発給された元久三年二月当時、「参議正三位、左大弁、勘解由長官、造東大寺長官、周防権守、式部大輔」であった[61]。外交文書などの作成に関しては、文章博士やそれに準じる式部大輔などの漢文学に長じた「才人」が関与しており[62]、「当時儒士之中、無下出レ自二親経之右一者上」[63]と藤原兼実に評された親経が、何らかの経緯で高麗牒状を持っていたとしても不思議ではない。ところが、本牒状を平経高の許へもたらした菅原為長は、元久元年（一二〇四）に文章博士となっており[64]、天福二年（一二三四）正月には返牒を作成している[65]。しかしそれにもかかわらず、「金州防禦使牒状」については延応二年の発見当時まで、その存在を認識していなかったと思われるのである。親経がどのような経緯で本牒状を入手したかについては気になるところではあるが[66]、このことが為長らに知られていなかったことをみれば、やはり明頼の高麗遣使に朝廷の関与はなかったとみてよいのではないだろうか。おそらく恒平も同様の状況で渡海したのであろう。

　それでは次に、大宰府や対馬島の関連について検討してみたい。高氏や荒木氏が述べるように、この時期に大宰府使の乱入や守護人による国役の対捍によって対馬島衙の状況が変わり、それが高麗との関係にも影響を与えたという指摘は重要である。対馬島に唐船が着岸した時の前分（入港税）も守護人が全て（一向）押領しており、国宰（国司）は守護人と折半することを要請しているので、その影響は相当なものであったと思われる。守護人が対馬と高麗とで定期的に行われていた「進奉」から得られる利益に注目したことは十分に考えられるであろう。両氏の見解では、恒平等も明頼等もこれまで「進奉」を主導していた対馬守護が、従来進奉を担っていた阿比留氏の協力を得ることなく、慣例を無視した牒状を送ったとする。荒木氏が述べるように、この時の守護人が武藤資頼だとすれば、彼は宰府守護所を開設し執行にも名を連ねていた人物であるため、大宰府が対馬島の進奉を乗っ取ろうとした、と見ることもできるかもしれない。しかし、結果的には両者は高麗側と交流することができず、進奉方物も受け取られることなく帰国することになったのである。

2　「金州防禦使牒状」にみえる「進奉之礼」

本項では、一方の高麗側が対馬島に求めた「進奉之礼」[67]について考えてみたい。これまで高麗へ「進奉」する際には、一定の形式の公文書を持って渡航すべきことや、宛所に関する規定があったこと[68]などがすでに指摘されている。それは「「進奉の礼」すなわち朝貢の形式を具備し」たといわれるように[69]、高麗を上位とする一定の文書形式があったことを意味しており、このことは本牒状の内容からも明らかである。これら文書に関する内容以外にも、次章以降で扱う『吾妻鏡』吉川本、嘉禄三年（一二二七）五月十四日所載の「全羅州道按察使牒状」には「元来進奉礼制」という文言がある。さらに『高麗史』巻二五、元宗世家四年（一二六三）四月条にある日本国宛ての高麗牒状には、

自二両国交通一以来、歳常進奉一度、船不レ過二二艘一。設有下他船枉二憑他事一濫擾中我沿海村里上、厳加二徴禁一、以為二定約一。

とあり、日本からの毎年の進奉は一度で、船は二艘を過ぎてはならないなどの船数や渡航間隔に関する「定約」もみえる。これまでは以上の内容を全て含めて「進奉之礼（礼制）」と理解し、その開始時期や主体・性格・展開などをめぐって様々な議論がなされてきた。

「金州防禦使牒状」を見ると、恒平等がもたらした文牒に対しては、「徒以二譏詇之事一、直指牒二京朝礼賓省一」とあり、「むやみやたらにへつらっており[70]、直に京朝の礼賓省を宛てていた」とある。また明頼がもたらした文牒に対しては、「其文其〔甚カ〕為二擾雑一、其語過二乎勿恭一」が「非二進奉之礼一也」であり、「大抵両国相二通文牒一、必指二於

某国其州一」が「例有レ恒矣」であったという。恒平の時と同じように文牒の内容が非常に粗雑で、宛所に関する違例があったことがわかる。田村洋幸氏は、十一世紀の文宗・宣宗代の日本人による高麗渡航において、「大江」[71]・「朝元・時経」[72]・「重元・親宗」[73]といった日本人名が正確に書かれていることについて、「高麗側に示す文書を携えて渡海し、高麗側がそのまま筆写したものである」とし、この制度がいわゆる書契として朝鮮時代に受け継がれていくことを指摘している。[74]これ以前から行われていた漂流民の送還についても、対馬島司が牒状をしたためていることが確認されることから、[75]進奉を行う際には、これらの書式を具備した、「進奉之礼」に適った文書の携行が義務付けられていたと考えられる。

このように恒平および明頼がもたらした「文牒」の内容に「失礼」があったということについて高麗側は問題にし、交流を拒否しているのであるが、少なくとも「金州防禦使牒状」からは、「進奉之礼」についてこれ以上の規定があったことはうかがえない。例えば、牒状本文には「朝庭共不レ許二其交接一、使二之解纜発遣一」という一節があり、これまで特に注意して読まれることはなかったが、「進奉之礼」を考える上で重要な意味を持つと思われる。この部分は先にやってきた恒平に対する遣還処分が下された後に、明頼らがまた無礼な牒状を持って来航してきたことから、両者を「共」に交接することを許さず、「之」（恒平・明頼両者）を帰国させた、と理解できる。よって彼らは、来着時期は異なるものの、帰国時期は同じであったのではないかと推測される。恒平に対する処分の決定については、「朝庭之議、不レ上二於一一」とあるように、議論がまとまらずに時間がかかったように思われるが、この間恒平らは高麗に留めおかれていたことになる。恒平の滞在先については明らかではないが、おそらくは金州に設けられた「館舎」であったと思われる。[76]加えて翌年正月に来航した明頼も金州に到着したのであるから、やはり「館舎」に滞在していたであろう。すなわち、両者が同じ時期に「館舎」で過ごしていたことが想定されるのである。このような状況は、前掲『高麗史』元宗四年四月条所引の高麗牒状にみえる「歳常進奉一度」の規定に背くのではないだろうか。しかしながら本牒状では、当該部分が違礼であるとの非難はみられない。また、明頼が「船三艘」でやってきていることも、「船不レ過二一艘一」の内容に抵触する行為であると思われるが、この点についても、高麗側は何ら追及することはしていないのである。

以上のような状況から、高麗では、日本から「進奉」と称して方物を献上しようとして来る者に対して、文書の体裁などが高麗側の満足する「進奉之礼」を備えているかどうかを審議した上で、交流の可否を決するという制度が存在したことがうかがえる。恒平および明頼等一行は、この「進奉之礼」が守られていないため、高麗は、金州防禦使名義の牒状を対馬島に発給して違礼箇所を報告し、状況の改善を促しているとみられるのである。

それでは、明頼や恒平はなぜ従来のような高麗側が「進奉」として満足するような文書を作成することができなかったのであろうか。前述のように、この時期の対馬島では大宰府使の藤原秋依や守護人の武藤資頼などによる島衙への介入が進んでおり、彼らが先例を無視した牒状を発給したことは想定される。また恒平・明頼が五ヵ月の間隔で次々と派遣している様子は、次章以降で検討する、嘉禄三年の高麗牒状に「且元来進奉礼制、癈絶不レ行。船数結レ多、無レ常二往来一、作二為悪事一」(77)との関連が推測される。『高麗史』における「礼制」の意味を分析すると、「規定・規則・作法」などの意味があることがわかり、特に中国の故事を典拠とする慣習・ならわしを「礼制」と表現する場合もある。日本と高麗との間に存在した「元来進奉礼制」に関しても、ある時期に両国の政府間で定められたものとみるのではなく、高麗朝廷と個別の日本人進奉者との間で行われた進奉行為の蓄積によって築き上げられた作法やならわしと理解することができる。そのように考えるとこの一節は、今回の恒平や明頼のように、「進奉」を目的としてきたにもかかわらず失礼な文牒を携えた者が続々とやってくる状況と、一二二〇年代以降に史料上にあらわれるいわゆる「初発期倭寇」のことを述べており、高麗側の警戒している様子が伝わるのである。本書第1部第四章や本章第二節第2項で述べたように、高麗では十二世紀から人々の大規模な流亡現象が起こり、特産品を中心とした生産が困難となっていった。さらには、十二世紀末から十三世紀の初頭にかけて、東京（慶州）における大規模な盗賊の発生や、新羅復興計画を標榜した反乱が高麗南部で頻発した。この影響を受けて、慶尚道を監察する按察使の使営が明宗二十年（一一九〇）には金州から慶州へ移り、神宗五年（一二〇二）になると慶州から再び金州へと移置した。そして、明宗二十年に按察使営を金州から慶州に移した際に、対日外交担当官府が、慶尚道按察使（東南海都部署）から金州防禦使となった蓋然性が高いのである。

このように十二世紀末期の高麗は、日本人の渡航地であった金州を含めた南部地域の治安が悪化し、不安定な状況にあった。国内の政情不安をはじめとする緊迫した状況を、外国に見せたくない、知られたくないと考えるのは当然のことであり、高麗にとって、この時期における日本からの進奉者は好ましからざる存在であった可能性がある。このような状況下において、高麗側ではこれまで認めていたような文書の形式をより厳格にし、「進奉之礼」に適った文書を携行した船とのみ交流を行うというような制度の再整備が行われたのではないだろうか。加えてこのような行動に出たのは、金州防禦使が対日外交担当官となった、明宗二十年頃からそう遠くない時期であったと憶測されるのである。明頼や恒平らのような進奉が認められなかった理由は、高麗側にも一因があったかもしれないのである。

むすび

以上、『勘仲記』所載の「源光経解状」の読解を通じて、十二世紀後半から十三世紀初頭における対馬島の具体的な動向について検討を行った。それを受けて、本書第2部第一章でも述べた永暦元年の事件における、対馬島の「銅採進房」や特に「貢銀採丁」の存在について明確となり、彼らが高麗によって拘束された背景も見えてきたように思われる。また、十三世紀を前後して、大宰府使や対馬守護人による島衙への介入が激しさを増してきたことを受けて、それまで阿比留氏などが中心となっていたと推測される高麗への進奉を乗っ取ろうとした可能性があり、本書第1部第二章で検討した「高麗国金州防禦使牒状」にある高麗渡航者の性格に関して言及した。さらには、高麗牒状にみえる「進奉之礼」の内容について言及し、この時の恒平・明頼が高麗から進奉を拒否された理由について、高麗側の事情についても推測を述べた。『勘仲記』の存在により、旧稿で述べた内容を改めた箇所が少なからずあったことを付言しておく。次章では、嘉禄・安貞期の日本高麗関係について検討したい。

注

（1）『兼仲卿記』（巻子本）「自弘安十年七月一日至二十九日」識別番号H―六三―七九八。なお史料の閲覧に際しては、国立歴史民俗博物館准教授の田中大喜氏にご尽力いただいた。記して御礼申し上げる。

（2）文簿については井上幸治［二〇一六］を参照。

（3）本件の翌年（一二八八）四月二十八日に正応への改元がなされたが、『勘仲記』同日条には「條事定、改元定」と詳細は不明ながらこの時に条事定が行われている。

（4）曽我良成［二〇一二：七一頁］。
（5）網野善彦［二〇〇七：三九一頁］。
（6）網野善彦［二〇〇七：四〇九頁］、高銀美［二〇一三 ハングル：三一三〜三一四頁］、渡邊誠［二〇一五：三二頁］。
（7）日記本文の料紙には墨界の罫線が天地に各一本引かれているが、その他の文書の料紙に罫線は見られない。
（8）渡邊誠氏は「文殿勘文によれば、第一条・第二条が代々申請通り宣下されてきたのに対して、第三条は詳らかな所見が文簿にないという（『勘仲記』同日条）。光経の申請を信じるなら、建仁年間から認められた権限ということになる」（渡邊誠［二〇一五：三二頁］）と述べているが、文殿勘文（2）には、「申請雑事三箇条内二箇条」となっており、第三箇条に関する言及は見られない。
（9）虎尾俊哉編［二〇〇七：一四七一〜一四七二頁］。
（10）大江維時（八八八〜九六三）を作者とする説（草間直方『三貨図彙』〈一八一五。滝本誠一編『日本経済大典』第三九巻・啓明社、一九二九収録〉ほか）もあるが、川口久雄氏は、康和二年（一一〇〇）頃に『対馬貢銀記』が匡房によって作成されたと考えている（川口久雄［一九六八：三六五頁］）。また小峯和明氏は、執筆の背景に対馬守源義親の乱があったのではないかと指摘する（小峯和明［二〇〇六b：八七〜九一頁］）。
（11）太宰府市史編集委員会編『太宰府市史 古代資料編』（太宰府市、二〇〇三）九四五頁。
（12）『尊卑分脈』第二編（『新訂増補国史大系』五九、吉川弘文館、一九六四）四五九頁。
（13）竹内理三［一九六〇：六頁］。
（14）正木喜三郎［一九九一a・b］、遠藤珠紀［二〇一三］、『尊卑分脈』第二編（前掲）、三四・六六・七〇頁。
（15）近藤剛［二〇〇九：六八〇頁］、荒木和憲［二〇一七：七〜八頁］、佐伯徳哉［二〇一八：一六〜一八頁］。
（16）小葉田淳［一九六八：一〇三頁］。
（17）小葉田淳［一九六八：一〇三頁］。
（18）『対馬貢銀記』に関する研究は『新対馬島誌』（新対馬島誌編集委員会、一九六四）、小葉田淳［一九六八］、吾妻

潔［一九七五］、深沢徹［一九九四］、小峯和明［二〇〇六b］などを参照。

(19)『対馬貢銀記』の活字本としては、草間直方『三貨図彙』（注（10）前掲書）、滝本誠一編『日本経済大典』第一巻（啓明社、一九二八）、塙保己一編『群書類従』二八雑部（続群書類従完成会、一九三三）、『朝野群載』（『新訂増補国史大系』二九上、吉川弘文館、一九三八）、三枝博音編『日本科学古典全書』（朝日新聞社、一九四二、一九七八に復刻）がある。本稿では国史大系本を底本とし、諸本をもって補った。このうち『日本科学古典全書』は「式」に作り、他は「或」に作っている。『日本科学古典全書』は『群書類従』本を底本にしているが、『群書類従』活字本は「或」に作る。しかし、国文学研究資料館所蔵本（請求記号ヤ〇―二七―六二九）や国立国会図書館所蔵本（請求記号一二七―一、第六二七―六二九冊）などの写本を見ると「式」にも見える。『延喜式』【史料6】に「凡雑穀相博、粟・小豆各二斗当二稲三束一、大豆一斗当二稲一束一。自余如レ令」とあるため、「式（延喜式）」の可能性も考えられるのではないだろうか。なお吾妻潔氏は当該部分について「式（法令）ではいろいろの租税を課しているが、この島では大豆が正税である」と述べている（吾妻潔［一九七五：三七頁］）。

(20)真珠に関して【史料7】では「凡王臣家使、不レ得下到二対馬嶋一、私買二真珠一擾中乱百姓上」とあり、朝貢品となる珍貨の一つである真珠を、王臣家が使節を対馬に派遣して勝手に購入し、百姓を混乱させることを禁じている。実際には横行していたのであろう。

(21)この点については、『日本三代実録』貞観七年（八六五）八月十五日条に、「大宰府言、対馬嶋銀穴在二下県郡一。自二高山底一、穿二鑿巌一。堀二入冊許丈一。白昼執レ炬而得レ入。頃年以来、処々崩塞、屢費二人功一。而去夏霖雨、穴底水湛。計二其功力一、非レ可レ堪二司私輙穿開一。望請、准二延暦十五年例一、以二彼嶋例挙大豆遺百斛并租地子穀百斛一。且充二其料一令二堀開一。詔許之」とある。

(22)『小右記』寛仁三年六月二十九日条。

(23)『長崎県の地名』（日本歴史地名大系四三、平凡社、二〇〇一）一〇二〇頁。

(24)田中史生［二〇一二a：一〇六～一〇七頁］。

(25)田中史生［二〇一二a：一〇七頁］。

(26) 対馬教育会編［一九七三：三六～四〇頁］。同誌では佐須鉱山・樫椎鉱山などで黄銅鉱が産出されたことを記している。
(27) 『新増東国輿地勝覧』巻七、京畿道、驪州牧、古跡、登神荘条。
(28) 田炳武［一九九二：七六頁］、李貞信［二〇一三a：三一七頁］。
(29) 李貞信［二〇一三b：三四二頁］。
(30) 柳承宙［一九七九：一一〇頁］では、朝鮮前期の銀山開発が農民たちにとって非常に過酷であったことを指摘する。田炳武氏は「朝鮮前期の銀鉱事情から推測すれば、高麗時代はより劣悪な条件であったであろう。」と述べる［一九九二：七六頁］。
(31) 『高麗史』巻七八、食貨志一、田制租税、靖宗七年（一〇四一）正月条には、貢納品が規定額に満たなかった場合に、職を罷免されるという規定がある。また、『高麗史』巻九七、金黄元伝には、三年間恵政を施したにもかかわらず、貢銀の品が満たなかったために罷免されていることが記されている。
(32) 須川英徳［一九九三：四三～四四頁］。
(33) 北村秀人［一九六九：五八頁］。
(34) 荒木和憲［二〇一七：一五頁］。
(35) 網野善彦［二〇〇七：三九一頁］。
(36) 『小右記』寛仁三年十二月三十日条。藤原実資は同年九月二十四日条において、秋以降になると風波が穏やかでなく、対馬と大宰府を往還する際に漂没があったらどうするのかという所感を記している。
(37) 『青方文書』巻一二、関東裁許状案。
(38) 『明月記』嘉禄二年（一二二六）十月十七日条。
(39) 『吾妻鏡』貞永元年（一二三二）閏九月十七日条。
(40) 荒木和憲氏は、和船は基本的に一日単位での出港・寄港を繰り返すものと述べている［二〇一七：二〇頁］。
(41) 対馬島の式数は調としての銀のみということになるが（【史料5】）、「源光経解状」第二箇条にあるように、その後魚貝・海藻なども済物に加わったのであろうか。

(42)シャルロッテ・フォン・ヴェアシュア［二〇一三：一〇〇頁］、高銀美［二〇一三　ハングル：三一三頁］。

(43)渡邊誠［二〇一五：三二～三四頁］。

(44)長節子［一九八七］。

(45)竹内理三編『鎌倉遺文』古文書編一、三七九号（東京堂出版、一九七一）。

(46)竹内理三編「対馬下津八幡宮文書」（『鎌倉遺文』古文書編補遺一、一〇一号、東京堂出版、一九九四）。

(47)竹内理三編『鎌倉遺文』古文書編三、一六四五号（東京堂出版、一九七二）。

(48)高銀美［二〇一三　ハングル：三〇九～三一〇頁］。

(49)高銀美［二〇一三　ハングル：三一五～三一八頁］。

(50)荒木和憲［二〇一七：八～九頁］。

(51)李領［一九九九b　日文：六六～六七頁］。

(52)李領［一九九九b　日文：八一頁注（97）］。

(53)李領［一九九九b　日文：七二頁］。

(54)溝川晃司［二〇〇三：七九頁］。

(55)荒木和憲氏は、永承二年（一〇四七）の興福寺造営事業において藤氏長者に奉加を命じられているが、その一人に「顕任《あきとう》対馬」がおり、彼は〈当任ノ受領〉であるという。荒木氏は「首領明任《あきとう》」と同一人物の可能性があるとし、「首領」は「受領」を意味する可能性を指摘している［二〇一七：一一頁］。

(56)近藤剛［二〇一〇：二九～三一頁］。

(57)高銀美［二〇一三　ハングル：三一九頁］。

(58)荒木和憲［二〇一七：一六頁］。

(59)山内晋次［二〇〇三a：九二頁］。

(60)『平戸記』延応二年四月十七日条には、「高麗国金州防禦使牒状」の前に次の記載がある。

　辛亥……晩頭、大府卿入来。……談㆓世事㆒之次、泰和六年高麗国牒状、自㆓故親経卿家文書之中㆒所㆓見出㆒云々彼外孫俊国。選給云々。是進奉事載㆓此状㆒。已為㆓往〔衍カ〕往年之証㆒歟。仍為㆓見合㆒持来也。此子細一日粗記了。……維泰和牒状為㆓後鑑㆒書㆓‐留之㆒。仍続㆑之。

とあり、これに続けて本牒状が引用されている。

(61)『公卿補任』第一編（『新訂増補国史大系』五三、吉川弘文館、一九三八）五五九・五六二頁。
(62)石井正敏［二〇一七Ｉ：三三四頁］。
(63)『玉葉』文治二年（一一八六）七月二十七日条。藤原親経に関しては、細谷勘資［一九九二］を参照。
(64)『公卿補任』第二編（『新訂増補国史大系』五四、吉川弘文館、一九三七）五頁。
(65)『異国牒状記』石井正敏［二〇一七ｌ］を参照。
(66)本件は本来朝廷と関わりのないところで行われていた対馬島民の進奉であったが、牒状の宛所が「日本国対馬嶋」とあったことにより、その時か、あるいは何らかの機会に対馬から京進されたものと憶測されるが、詳細については不明である。
(67)田村洋幸［一九九三：一八～一九頁］、李領［一九九九ｂ　日文：四七頁］。
(68)李領［一九九九ｂ　日文：四七頁］。
(69)石井正敏［二〇〇九：三九九頁］。
(70)「讒訣」に関して高銀美氏は、「讒訣というのは、他人を中傷謀略して目上の人にへつらうことを意味する言葉で、直接高麗の礼賓省宛てに牒状を送ったこと自体が讒訣に該当するのではない」とし、注において「近藤剛は……礼賓省宛てに牒状を送ったことが讒訣に該当すると解釈しているが、引用部分をそのまま解釈すれば、牒状には単に讒訣の内容が書かれており、それを直接礼賓省宛てに送って来たということであり、高麗側が牒状を礼賓省宛てに送ったこと自体を讒訣と評価していたとみることはできない」と指摘する（高銀美［二〇一三　ハングル：三〇二頁］）。「讒訣」には「心が邪悪でへつらう。またその人」（大漢和辞典）、「他をあしざまに言うことによって、人にこびへつらうこと」（日本国語大辞典）などの意味がある。高氏のような理解も可能かもしれないが、筆者としては、とにかく進奉を成功させるために高麗に対してへつらっているという理解である。まさになりふり構わず美辞麗句を並べて高麗側の機嫌を取ろうということだったのではないだろうか。宛所を礼賓省にしていることについても、その一環であるとみることも十分可能である。高氏は譏訣の中にある「他人を中傷謀略」するという意味を重視しているために宛所の問題を別に捉えようとしているが、そのように考える必要は必ずしもないであろう。

(71)『高麗史』巻九、文宗世家二十九年（一〇七五）閏四月丙申条「日本商人大江等十八人来献二土物一。」
(72)『高麗史』巻九、文宗世家二十九年（一〇七五）六月壬子条「日本人朝元・時経等十二人来献二土物一。」
(73)『高麗史』巻一〇、宣宗世家四年（一〇八七）三月壬申条「日本商重元・親宗等三十二人来、献二方物一。」
(74)田村洋幸［一九九三：一四頁］。
(75)例えば、『扶桑略記』延長七年（九二九）五月十七日条を参照。
(76)本書第1部第四章参照。
(77)【史料ア】『高麗史』巻八、文宗世家十一年（一〇五七）十二月辛亥条
左僕射智猛、以レ老乞レ退、優詔不レ允。中書省奏曰、「七十而致仕、礼也。請許レ之。」……中書省又奏曰、「伏審二礼制一、凡老臣、知二天地之事一者、則賜二之几杖一。今猛、徒藉二門蔭一、而不レ知二天地之事一。又無二矢石之労一、其余政事、無レ所二諮訪一。若念二先臣功労一、則賜二一年一侍レ朝可矣。若加以二数年一、又賜二几杖一、恐二恩礼太過一。請収二成命一。」従レ之。
【史料イ】『高麗史』巻一二、粛宗世家九年（一一〇四）八月辛亥条
駕至二南京一。事皆依二日官所レ奏、不レ合二礼制一、有司莫二有レ言者一。
【史料ウ】『高麗史』巻二〇、明宗世家十九年（一一八九）三月己未条
金遣レ使来告レ喪。金使初至二境上一、凡軍従三十一人。辺吏以三人数多二於旧例一、固留不レ迎。金使牒曰、「大行皇帝、於二爾国一有二大恩寵一、今聞二訃音一、宜三顛倒迎レ命、即行二喪礼一。今既累旬、稽留不レ納、大乖二礼制一。」命二群臣一会議、迎入レ界。

【史料エ】『高麗史』巻六一、礼志三、諸陵

熙宗……四年〔一二〇八〕十月詔曰、「往年、聖考祔レ廟之日、改二定昭穆一、位序有レ所二乖戻一。令下宰枢・侍臣・禁官・国学致仕文儒等、據二典籍与本朝礼制一参酌上、各上二封事一。」衆論紛紜、竟不レ改焉。識者曰、「漢書云、『父昭、子穆、孫復為レ昭。』公羊伝曰、『父為レ昭、子為レ穆、孫従二王父一。』則昭穆之序、一定不易者明矣。豈可下随レ時而変易上乎。今遷二第一穆顕宗於第一昭一、与二恵宗一同一位。遷二第二昭文宗於第一穆一、遷二第二穆宣・粛二室於第二昭一、遷二第三昭睿宗於第二穆一、遷二第三穆仁宗於第三昭一。而以二神宗一祔二第三穆一。昭穆之序大紊。況恵・顕二主、皆有二功徳一。若周之文・武、故太祖東向、恵為二太宗一、顕為二世宗一、百世不レ遷。其余則昭常為レ昭、穆常為レ穆、庶合二於礼一。」

【史料オ】『高麗史』巻六一、礼志三、諸陵

文宗十年〔一〇五六〕……十月戊午、有司言、「今月当下禘二祫于宗廟一礼上、禘祫之月、則停二時享一。乞下依二礼制一停中冬享上。」従レ之。……

【史料カ】『高麗史』巻六五、礼志七、賓礼、迎大明無詔勅使儀

恭譲王三年〔一三九一〕……都評議使司啓曰、「西北面、朝廷使臣往来之処、大小官相二接公私礼及酒礼一、並依二朝廷礼制一、迎命礼、依二本国例一。」従レ之。

【史料キ】『高麗史節要』巻三五、恭譲王三年（一三九一）八月条

都評議使司上疏曰、「自レ古天子之配為レ后、諸侯之配為レ妃、天子之女謂二之公主一、諸侯之女謂二之翁主一。上下之礼、不二敢紊乱一、所下以定二名分一、而別中尊卑上也。我国家、近代以来、紀綱陵夷、不レ循二礼制一、后・妃・翁主・宅主之称、或出時、君之所レ欲、或因二権勢之私情一、皆失二其義一。至二於臣僚妻室之封・祖宗之贈一、倶無二定制一。乞二皆更定一。」従レ之。

これらの史料にみられる「礼制」について考えてみると、【史料ア】は、老臣で博学な者は、七十歳で致仕させずに、几杖を下賜して朝廷に侍すこと。【史料イ】は、国王の南京行幸における日程や式次第。【史料ウ】は、金国皇帝の崩御の消息（訃音）を聞いた際には、高麗ではすぐに命を迎えて喪礼を行うこと。【史料エ】は、高麗で

定めた昭穆の位序に関する規定。【史料オ】は宗廟に禘祫を行う月は、時享を停めること。【史料カ】は朝廷（明）の使臣が往来する西北面において、大小の官人と相接する「公私礼」や「酒礼」に関しては全て朝廷（明）の礼制（作法）に依り、迎命礼は、「本国例」に依ること。【史料キ】は、后・妃・公主・翁主などの呼称に関する「上下之礼」、となる。

第三章　嘉禄三年来日の高麗使について

―「嘉禄三年高麗国牒状写断簡及按文」の検討―

はじめに

二〇一七年に九州国立博物館が所蔵するところとなった史料に「嘉禄三年高麗国牒状写断簡及按文」一幅がある。(1)軸装されており、縦二七・八㎝、横三二・五㎝の大きさで、十三世紀のものであるという。本史料には付属品として「極札」(2)・「古筆了延極書」(3)・「桐製印籠箱」(4)・「書付」(5)がある。これらを合わせて本史料の書誌学的な分析をした一瀬智氏によれば、藤原定家周辺で嘉禄三年（一二二七）から遠くは下らない時期に書写された記録・典籍資料の可能性があるという。当初は巻子装であったがやがて折本装に改められた後、遅くとも十七世紀半ばまでに断簡となり、以降は定家様の古筆切として現在まで伝わったと指摘している。(6)鎌倉時代の新発見史料ということで貴重であるが、さらにその内容も大変注目に値する。

すなわちこれは、一二二三年（日本貞応二・高麗高宗十）から『高麗史』にあらわれるいわゆる「初発期倭寇」の禁圧を求めて、一二二七年（嘉禄三・高宗十四）に来日した高麗使に関連する文書とみられるのである。嘉禄三年の日本と高麗の外交交渉については次章で詳しく検討することとして、本章では「嘉禄三年高麗国牒状写断簡及按文」の内容の紹介を通じて、この時の高麗使節に関する新たな動向や、史料の意義について検討してみたい。

第一節　翻　刻

筆者は二〇一八年八月十二日に原本調査を実施する機会を得た。(7) その成果を踏まえた上で文書を翻刻すると次のごとくである。

〔原文翻刻〕　行番号を付すほか、異体字等は通用の文字に改めて翻刻する。

(1)　副使兼監倉使転輪提刑獄兵馬龍虎軍郎将兼三司判官趙在判
(2)　　是者自高麗国渡日本牒使状也
(3)　　　大宰府到来嘉禄三年三月廿八日
(4)　高麗国全羅州船一隻有人伴二十人等内二人酔船上岸
(5)　其船上別無物貨止有米粮比々少在今月
(6)　二十五日収到呼子島奉官符差来齎牒一封
(7)　進上大宰府安撫司取問盗｣人擾郷村已経
(8)　三年其盗船数多乞断治上項賊人依対
(9)　馬島船一隻来往売買又乞
(10)　回牒帰高麗申官明知

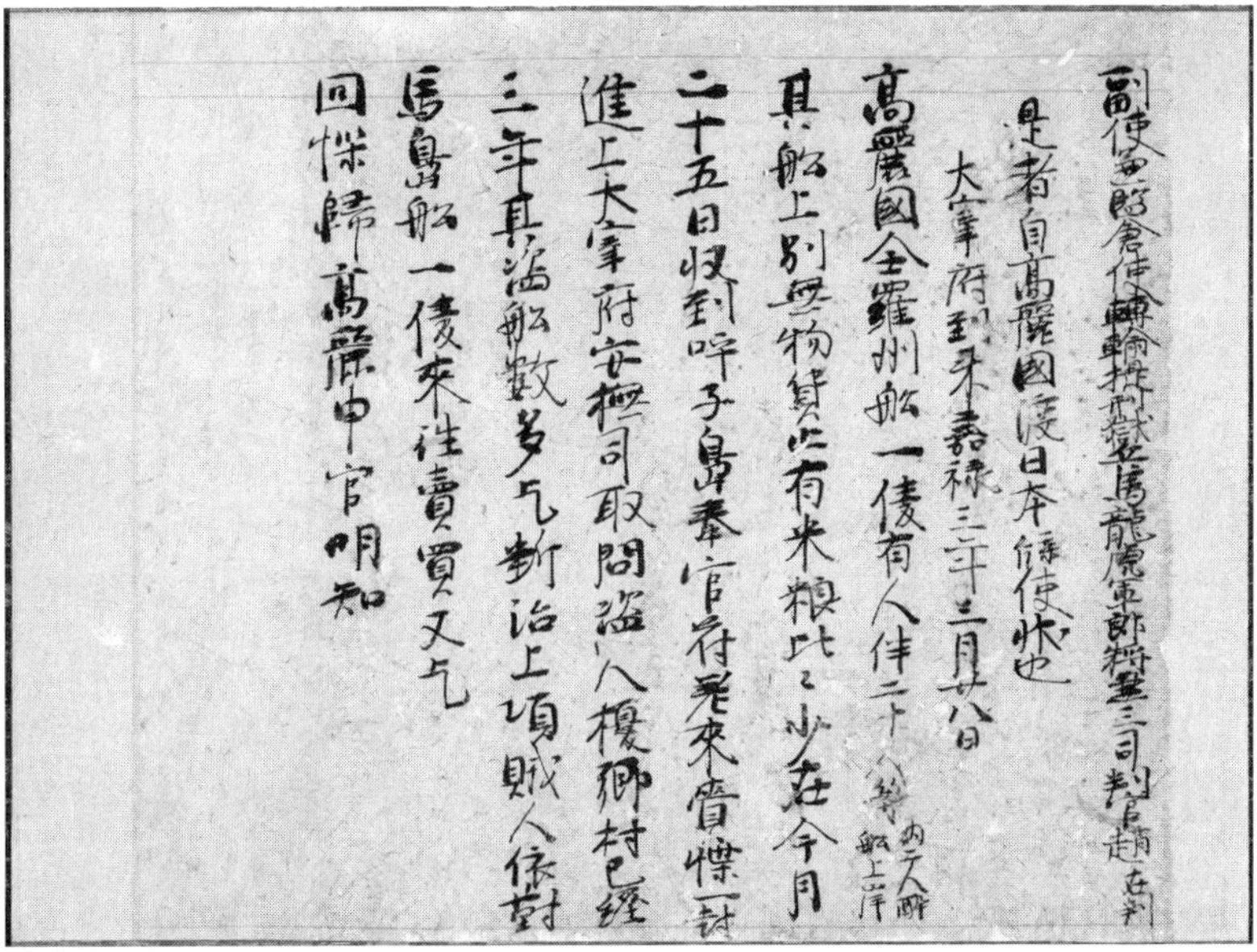
副使□□倉使□□拱衛□□□龍虎軍郎將兼三司判官趙 在判
是者自高麗国渡日本使也
大宰府到来嘉禄三年二月廿八日
高麗國全羅州船一艘有人伴二十人
其船上別無物貨只有米粮比々少在今月
二十五日収到呼子島奉官府発来齎牒訪
進上大宰府安撫司取問盗人擾郷村已經
三年其盗船數多乞断治上項賊人依對
馬島船一艘来往賣買又乞
回牒歸高麗中官明知

図　「嘉禄三年高麗国牒状写断簡及按文」（九州国立博物館所蔵、落合晴彦氏撮影）

〔校異〕

⑺の「盗人」について、「盗」字と「人」字の間に「|」すなわち合符のようなものが見える。「盗人（とうにん／ぬすびと）」と熟語であることを示しているのであろうか。

⑼の「乞（原文は異体字の乞）」の下に五文字分程度の余白がある。文字の脱落を想定すべきか、次行の「回牒」に対する平出とみるべきか、いくつかの状況を想定する必要がある。ただ、下文でみるように「乞回牒〈回牒を乞い〉」と理解することも可能である。

⑽の「明知」の下に七文字分程度の余白があり、さらに五行分程の余白がある。「明知」で本文が終わっているのか、文字が脱落しているのかについては明らかにすることはできないが、下文に示すようにここで文章が終わっているとみることも可能である。

⑼・⑽行目には〔校異〕で述べたように、行の途中で改行がなされており、五〜七文字分の余白がみられる。これについては平出や文字の脱落の可能性を考慮する必要があるかもしれないが、本史料に付属されていた作成年代不明（江戸時代か）の「書付」では、この点を気にすることなく返り点を施している。本章でも文字の脱落などは想定せずに検討を進めることにしたい。

第二節　「嘉禄三年高麗国牒状写断簡及按文」と『吾妻鏡』所載「日本国惣官大宰府宛高麗国全羅州道按察使牒状」

「嘉禄三年高麗国牒状写断簡及按文」でまず注目すべき点は、⑴の「副使兼監倉使転輪提刑獄兵馬龍虎軍郎将兼三司判官趙（在判）」である。この一文は『吾妻鏡』吉川本の嘉禄三年（十二月十日に安貞改元）五月十四日条に所載されている「日本国惣官大宰府宛高麗国全羅州道按察使牒状」（以下「全羅州道按察使牒状」と称す）の差出と酷似している。それは次のごとくである。

『吾妻鏡』吉川本　嘉禄三年五月十四日条(8)

壬辰。霽。高麗国牒状到来。今日及二披覧一云々。其状書様。

高麗国全羅州道按察使牒　日本国物〔惣〕官大宰府

当使准、彼国対馬嶋人、古来貢二進邦物一、歳修二和好一。亦我本朝従二其所一レ便持〔特〕営二館舎一、按次〔撫以〕二恩信一。是用、沼〔海〕辺州県・島嶼居民、恃二前来交好一、無レ所二疑忌一。彼告下金海府、対馬人等旧所二住依一之処上。(9)奈何於二丙戌六月一、乗二其夜寐一、入レ自二城竇一、奪二掠正屋一訖。比之〔者〕已甚。又何辺村塞、壇便〔擅使〕二往来一。彼此一同、無辜百姓、侵擾不

レ已。今者
国朝取二問上件事一。固〔因カ〕当職差二承存等二十人一、晋〔齎カ〕レ牒前去。且元来進奉礼制、癈絶不レ行、船数結レ多、無レ常二往来一、作二為悪事一、是何因由。如レ此事理、疾速廻報。右具レ前、事須レ牒二日本国惣官一。謹牒。
丁亥二月　日牒
副使兼監倉使転輪〔輸〕提黙〔點〕刑獄兵馬公事龍虎軍郎将兼三司判官逍〔趙〕判

牒状の概略は次のとおりである。

日本国の対馬島民は、古来より邦物を貢進し、毎年好を修めている。また我が本朝（高麗国）は、〔対馬島民に〕便宜を図って館舎を設置し、恩信をもって〔彼らを〕いたわっていた。それゆえに、海辺の州県や島嶼に住む人々は、進んでやって来て交際することを恃み、疑い忌むことはなかった。〔しかし〕対馬島民が、金海府は対馬島民の居所であると告げている。どうして丙戌（嘉禄二・高宗十三・一二二六）六月に、夜陰に乗じて城の出入口から入って正屋を略奪したのか。このようなことが近頃甚だしい。また、なぜ対馬島司（辺村塞）が〔対馬島民を〕ほしいままに往来させているのか。まさに官民一体（彼此一同）となって無実の百姓を侵擾することをやめない。今、国朝（高麗朝廷）は、あえて上記の事件を問う。したがって、当職（全羅州道按察使）は承存等二〇人を派遣して、牒をもたらして〔日本国に〕向かわせる。その上、元来の進奉の礼制が癈絶して行われておらず、船数が多く連なり、往来に常無く、悪事を為すのはどのような理由によるものなのか。このようになった筋道を速やかに回答するように。……

本条を含めた嘉禄三年条は、近世以降最も流布していた『吾妻鏡』北条本には欠いており、嘉禄三年条を収録している島津本[10]の五月十四日条には地の文、すなわち「十四日壬辰晴　高麗国牒状到来。今日及披覧云々。其状書様」のみが記され、牒状本文についての記載はない。

さて、問題とする牒状末尾の文言について、「嘉禄三年高麗国牒状写断簡及按文」と「全羅州道按察使牒状」とを比べてみると次のごとくである。


「嘉禄三年高麗国牒状写断簡及按文」

副使兼監倉使転輸提刑獄兵馬龍虎軍郎将兼三司判官趙在判

「全羅州道按察使牒状」

副使兼監倉使転輸提黙刑獄兵馬公事龍虎軍郎将兼三司判官逍判

「全羅州道按察使牒状」にある「黙」・「公事」が「嘉禄三年高麗国牒状写断簡及按文」にはなく、また人名の姓をあらわす「逍」が「趙」と「嘉禄三年高麗国牒状写断簡及按文」では表記されているなど、少なからず異同がみられる。だが、「嘉禄三年高麗国牒状写断簡及按文」の⑵〈是れは高麗国より日本に渡る牒使の状也〉、⑶〈大宰府到来嘉禄三年〉、⑷〈人の二十人等を伴う有り〉などの記述は、「全羅州道按察使牒状」の内容と合致している。したがって、本史料の⑴の文言は「全羅州道按察使牒状」末尾の差出である可能性がきわめて高い。このような理解ができるとすれば、「嘉禄三年高麗国牒状写断簡及按文」には、もともと「全羅州道按察使牒状」が書写されており、牒状の最終行にあたる差出部分と、一行前の日付のところで切断されたとみることができるであろう。なぜこの部分で切断されたかについては不明とせざるを得ないが、「嘉禄三年高麗国牒状写断簡及按文」の二行目には「是者自高麗国渡日本牒使状也」として文章が続くことから、その形跡を示す牒状の差出部分を残して切断したのではないかと憶測される。

なお、この官職については李領氏も文字を補っているが、(11)『高麗史』百官志などによると、「(按察)副使／監倉使[12]／転輪・提点・刑獄・兵馬公事／龍虎軍郎将[13]兼三司判官[14]」で、「趙」某という人物の署名があった（判・在判）ということになる。

以上の考察から、「嘉禄三年高麗国牒状写断簡及按文」の冒頭は、嘉禄三年に来日した高麗使がもたらした「全羅州道按察使牒状」の末尾の差出を示すものであると理解して、検討を進めることにしたい。

第三節　内容の検討

1　一二二〇年代の日本・高麗間交流の概要

本項では、「嘉禄三年高麗国牒状写断簡及按文」を検討する前提として、既存の史料から明らかにされている、一二二〇年代の日本と高麗で行われた交流について、時系列に沿って確認してみたい。なお詳細な考察は次章で行いたい。

【出典略称】高麗＝『高麗史』、節要＝『高麗史節要』、吾妻＝『吾妻鏡』、明月＝『明月記』、民経＝『民経記』、岡屋＝『岡屋関白記』、百練＝『百練抄』

○一二二三年（貞応二・高宗十）

五月二十二日　倭が金州を寇す。（高麗）

○一二二五年（嘉禄元・高宗十二）

四月八日　倭船二艘が慶尚道沿海の州県を寇す。高麗が兵を発して賊を悉く捕らえる。（高麗）

○一二二六年（嘉禄二・高宗十三）

一月二十七日　倭が慶尚道沿海の州郡を寇す。巨済県令の陳龍甲が舟師を率いて沙島に戦い、二級を斬る。（高麗）

六月一日　倭（対馬島の悪徒）が金州を寇す。（高麗・吾妻）

十月十六日　対馬島と高麗が闘争したという巷説あり。（明月）

十月十七日　松浦党が高麗へ向かい略奪を行うという風聞あり。（明月）

十二月二十七日　肥後と壱岐島が高麗国と合戦し、日本人が高麗内裏に参入したという伝聞あり。関東はこの事に驚き、沙汰すべきかどうかを公家に申したという。（民経）

○一二二七年（嘉禄三〈安貞元〉・高麗十四）

二月　高麗側が「全羅州道按察使牒状」を作成。この後、承存等二〇名を日本へ派遣。（吾妻）

二～四月　**承存等二〇人、「全羅州道按察使牒状」を持って大宰府へ到着し、倭寇の禁圧を求める。大宰少弐の武藤資頼が上奏を経ずに高麗使節の面前で、対馬島の悪徒九〇名の首を斬り、ひそかに返牒を高麗に送る。そして、高麗牒状の正文を鎌倉に、案文を朝廷（京都）に送る。**（吾妻・百練）

四月十五日　倭が金州を寇す。防護別監盧旦が兵を発して賊船二艘を捕らえ、三〇級を斬る。（高麗）

五月一日　高麗国より牒状（「全羅州道按察使牒状」）が到来し、一通（案文）が公家（京都）、一通（正本）が武家（鎌倉）に届くという。（民経）

五月二日　倭が熊神県を寇す。別将鄭金億等が山間に潜伏・突出して七級を斬る。（高麗）

五月十四日　「全羅州道按察使牒状」正文が鎌倉幕府に到来し、抜き見る。（吾妻）

五月十五日　藤原経光が「全羅州道按察使牒状」を一見する。大宰府官が指示もなく牒状を開封して内容を見て返牒を書いたことを「尤奇怪事」という。また正本は関東に伝わり、案文が殿下（関白藤原家実）に進められたことを記す。（民経）

五月十七日　日本からの書が高麗へ届く。賊の略奪を謝罪し、修好互市を請う内容。（高麗）

七月十八日　来る二十一日に、関白直盧において内裏を造ることと高麗への返牒に関する議定があるため、この間の事について内々に御沙汰があった。（民経）

七月二十一日　朝廷で「全羅州道按察使牒状」についての議定を行う。武藤資頼が上奏を経ずに高麗牒を見て、悪徒を処罰し、偸かに返牒したことなどを「我が朝の恥」と非難し、高麗牒の内容を「牒状無礼」と評価。（百練・岡屋・民経）

八月十二日　藤原定家、高麗から重ねて牒が送られてきた巷説を聞き、「もしくは又関東（幕府）に持ち向かうか」と書き残す。（明月）

是歳　及第朴寅を「講和」の目的で、牒を持たせて日本へ派遣。（高麗・節要）

○一二二八年（安貞二・高宗十五）

十一月　大宰府に滞在していた朴寅が日本より「和親牒」を持ち帰り、功績を武臣執政の崔瑀（怡）に賞賛される。（高麗・節要）

2　「嘉禄三年高麗国牒状写断簡及按文」の検討

本項では、「嘉禄三年高麗国牒状写断簡及按文」の検討を行う。以下、内容によって段落にわけ、逐条的に検討していきたい。なお、返り点、読み下し文は筆者による。

①副使兼監倉使転輪提刑獄兵馬龍虎軍郎将兼三司判官趙在判

官職については前述のように「(按察)副使監倉使転輪提点刑獄兵馬公事龍虎軍郎将兼三司判官」となるのであろう。しかしながら、『吾妻鏡』吉川本には、「副使兼監倉使転輪提黙刑獄兵馬公事龍虎軍郎将兼三司判官逍判」とあり、異同が見られる。「全羅州道按察使牒状」は誤写が多く、十箇所ほど誤りのあることが指摘されている。[15] 一方、「嘉禄三年高麗国牒状写断簡及按文」には「全羅州道按察使牒状」にみられる「黙」や「公事」などの文字が見当たらない。このため、両文書は牒状原本を書写したとは考え難く、同系統の写本によったものとみることもできないであろう。

②是者、自二高麗国一渡二日本一牒使状也。

〈是れは、高麗国より日本に渡る牒使の状也。〉

この一文により、①が高麗牒状の一部であることが知られ、具体的には「全羅州道按察使牒状」を示している。したがって、以下に見える高麗使一行は、牒状に記載されている「承存等二十人」であると理解される。

③大宰府到来、嘉禄三年三月廿八日。
〈大宰府到来、嘉禄三年三月廿八日。〉

嘉禄三年三月二十八日に、高麗使承存等が大宰府に到来したということを示す記述で、既存の史料からは全くうかがい知ることができない内容である。従来は、牒状の作成月が「二月」であるということと、『民経記』嘉禄三年五月一日条の記事により、高麗使の来日は「二月～四月」中ということまでしか明らかにすることができなかった（前項の太字部分）。以後の記述も含め、この使節の来日した状況が具体的にうかがえる情報を有しているという点で貴重である。

④高麗国全羅州船一隻、有三人伴二二十人等一内二人酔。レ船上レ岸
〈高麗国全羅州の船一隻、人の二十人等を伴う有り内二人船に酔いて岸に上る。〉

今次の高麗使が二〇人で来日したことは、「全羅州道按察使牒状」本文に「当職差二承存等二十人一、晋〔齎カ〕レ牒前去」とあり、合致する。ただし、そのうちの二名が船酔いにより、発見時に（おそらく許可なく）上陸していたということは、既存の史料からうかがい知ることはできない。そしてこの内容は、現地で実際に状況を見た者でなければ知り得ないことである。おそらくは、現地で対応に当たった役人が大宰府（武藤資頼）に報告し、そこから、幕府あるいは朝廷に対して、解状または申状の形式で伝えられた情報ではないかと推測される。通常、大宰府に外国からの牒状が到来した場合は、大宰府が解状をしたため、牒状に添えて朝廷に伝達する。そこには、使者の人数や名前、来日の目的をはじめとして、使節と直接話した内容、さらには所持品などについて報告される。寛仁三年（一〇一九）の刀伊の入寇の際には、大宰府の解状に加えて、権帥の藤原隆家は戦況を伝えた「書（私信）」を都にいる

藤原実資と隆家室に伝えている。(16)「嘉禄三年高麗国牒状写断簡及按文」の内容も、このような大宰府からの報告と理解できるが、首末の文言が見当たらない。おそらくは、解状や申状などをそのまま書き写したのではなく、その趣意文ではないかと推測される。

⑤其船上別無二物貨一、止有二米粮比々少在一。

〈其の船上別に物貨無く、止だ米粮比々として少しく在る有るのみ。〉

この点についても、本史料ではじめて明らかになった内容である。おそらく現地の役人が高麗使一行の船を調べたところ、さしたる物貨（荷物・積荷）がなく、食糧もわずかにあるという状況であったことを伝えたものである。(17)④では、二十人のうち二名が船酔いであったとある。これと併せ考えれば、この時の高麗使節の船は、嵐などに巻き込まれ、予定していた航路を通ることができなかったのではなかろうか。例えば、博多湾に向かう予定が、風雨等により呼子沖に流されてしまった可能性が考えられるのではないだろうか。

⑥今月二十五日収二到呼子島一。

〈今月二十五日呼子島に収到す。〉

③に三月廿八日に大宰府に到来した旨が記されていることから、当該箇所の「今月」とは、同じ三月と考えて良い。ここでは「呼子島」に収到したとある。同封の「書付」には「収」字の右側に「トッテ」、左側に「トラヘテ」と記されている。④⑤の内容から考えると、高麗使の船は港湾に停泊していたのではなく、漂流に近い状態で、なんとか着岸していたという状況だったのではないだろうか。それを現地の役人などが「呼子島」の港湾に船を収

容（収到）したものと推測される。「全羅州道按察使牒状」の宛所が大宰府であったことを考えると、博多に入港するのが望ましかったはずである。それにもかかわらず、「呼子島」に着いているということは、本来の目的地から逸れたものと推測される。なお「呼子島」については、現在の呼子の対岸に位置する加部島の別名であることが指摘されている。[18] この島は古代より朝鮮半島や中国大陸へ向かう外港としての機能を有しており、特に、天台宗の僧である成尋が延久四年（一〇七二）に北宋へ向けて出港したのが加部島であった。[19] おそらくこの島に寄せた後、大宰府へと身柄が移されたのであろう。

⑦奉二官符一差来、齎二牒一封一、進二上大宰府一。
〈官符を奉じて差し来たり、牒一封を齎し、大宰府に進上す。〉

この官符については、日本への牒状の発給や使者の選任などを、高麗朝廷が全羅州道按察使に命じた下行文書を指しているものと思われる。筆者は事元期以前の高麗において、開京朝廷から地方官府に宛てて発給された文書について、「牒・貼（帖）」あるいは「符」を利用した可能性があることをすでに述べている（本書第1部第四章）。時期は下るが、貞治六年（一三六七）に、前期倭寇の禁圧を求めて派遣された高麗使金龍等が、「日本国」宛ての「征東行中書省咨」とともに、征東行中書省の内部の文書で、日本国宛咨文の発給と使者の選任を命じ、これを受けて使者が選ばれ、使者に公布された「劄付」も持参しており、日本側に提出している。[20] この時来日した金龍一行は、何らかの障碍に遭い、本来目的としていた大宰府ではなく出雲に着岸し、そこで賊により携えてきた方物を奪われてしまった。[21] 石井正敏氏は、正式な牒状は「征東行中書省咨」であるが、合わせて「征東行中書省劄付」も一緒に日本側に提出した理由を、身分証明のためであると指摘している。[22] 問題としている承存等一行についても、④〜⑥

から、本来文書の宛所である大宰府へは博多湾から入港することが望ましいにもかかわらず、「呼子島」に収到されていた。まさに漂着に近い状態であったことが推測され、所持品も食糧がわずかにあるのみという衰弱した状況の中で、自分たちの身分を証明するために「官符」を日本側に提示したのではあるまいか。

⑧安撫司取㆘問盗人擾㆓郷村㆒已経㆓三年㆒、其盗船数多㆖。
〈安撫の司、盗人の郷村を擾すこと已に三年を経、其の盗船の数多なるを取問す。〉

「全羅州道按察使牒状」では、「今者国朝取㆓問上件事㆒」として、具体的には高宗十三年（一二二六・嘉禄二）六月の事件について取り上げている。牒状によればこのようなことがこのごろ甚だしく、対馬島の官民が一体となって高麗の無辜の百姓を侵擾することをやめないとしている。「嘉禄三年高麗国牒状写断簡及按文」の「盗人」とはこの対馬島民を指しているとみてよいであろう。また、本史料の「其盗船数多」と、牒状の「船数結㆑多、無㆑常㆓往来㆒、作㆓為悪事㆒」も対応する記述であると判断される。

一方、「安撫司」についてただちに想起されるのは、『高麗史』巻七七、百官志二、外職に「安撫使」がある。これによると、睿宗二年（一一〇七）に「分㆓遣諸道㆒。安撫使問㆓民疾苦㆒、察㆓守令殿最㆒」とあり、忠烈王二年（一二七六）に「巡撫使」と改められた。ただ、「嘉禄三年高麗国牒状写断簡及按文」は「安撫使」ではなく「安撫司」であり、「安撫司」を『高麗史』や高麗墓誌から見出すことはできない。「全羅州道按察使牒状」の内容からすれば、この問題の「取問」を命じたのは、使者を派遣した「当職」すなわち差出の「（全羅州道）按察使」がもっともふさわしいであろう。按察使に関しては、本書第1部第二章で検討しているが、『高麗史』巻七七、百官志二、外職に規定があり、役割として「専㆓制方面㆒、以行㆓黜陟㆒」とある。具体的には『高麗史』巻二〇、明宗世家十二年

（一一八二）六月甲辰条に、「罷二全羅道按察使朴惟甫一、以二李章甫一代レ之。以下不レ能レ安二撫全州一、擅調兵上也」とあり、按察使の職務の一つに「安撫」のあったことがわかる。

以上の内容から、「嘉禄三年高麗国牒状写断簡及按文」の「安撫司」は〈安撫の司〉と読み、官職名ではなく、使節に取問を命じた按察使の役割を聞いた上で、このように書き残したと考えることができるのではないだろうか。

さらに、当該箇所で注目すべきは、盗人が郷村を侵すような状況が〈已に三年を経〉ていると記されていることである。「全羅州道按察使牒状」には、対馬島民による略奪行為が「比之〔者〕已甚」とあるが、「嘉禄三年高麗国牒状写断簡及按文」では具体的な期間が記されており、牒状には見えない内容である。

それではこの「三年」とは、どの時点を指すのであろうか。牒状を作成した一二二七年二月までの「足掛け三年」とすれば、一二二五年となり、同年四月八日に倭船二艘が慶尚道沿海の州県を寇したという記事を意味している可能性がある（前項を参照）。あるいは「三年」が単に「多くの年月」[23]を意味していることも考えられる。判断に迷うところであるが、いずれにせよ来日した高麗使承存等は、牒状にある一二二六年六月の対馬島民襲撃事件だけでなく、それ以前から発生していた倭寇の行為についても問題意識を持っており、それを日本側に述べ伝え、対策を求めていたことがわかる。

⑨乞下断二治上項賊人一、依二対馬島一船一隻来往売買上。

〈上項の賊人を断治し、対馬島依り船一隻来往し売買せんことを乞う。〉

前半部分は、元宗四年（一二六三）四月に来日した高麗使洪汀等がもたらした禁賊を請う牒状に「窮二推上項奪攘人等一尽皆徴沮」という似た表現がある。「全羅州道按察使牒状」では、犯人の処分を要請する文言は見えないが、この交渉において武藤資頼が対馬島の悪徒九〇人を斬首するという極刑を執行したことからすれば、ここにみられるように、承存等が犯人に対して厳しい処分を要請したとみるのが妥当である。

そして、後半部分の〈対馬島依り船一隻来往し売買せんことを乞う〉とある内容は注目される。高麗沿岸を侵す対馬島民を処分した上で、対馬島から貿易のために行き来する船を一隻求めているのである。従来は、『高麗史』巻二二、高宗世家十四年（一二二七）五月乙丑（十七日）条に「日本国寄レ書謝二賊船寇レ辺之罪一、仍請二修好互市一」という記事を根拠に、高麗使からの倭寇禁圧要請を受けた武藤資頼がその罪を謝罪し、〈修好互市を請う〉として、資頼（大宰府）の側から互市すなわち貿易を高麗に要請したと考えられてきた。しかしながら、「嘉禄三年高麗国牒状写断簡及按文」によれば、高麗側が大宰府に対して対馬島から貿易（売買）のための船舶を高麗に派遣するように要請しているのである。彼らが求めた関係とは「全羅州道按察使牒状」に「彼国対馬嶋人、古来貢二進邦物一、歳修二和好一」とあり、「元来進奉礼制」に則ったものであったであろう。それが、「癈絶不レ行、船数結レ多、無レ常二往来一、作二為悪事一」してしまっているのである。

それでは、高麗側が望んだ「元来進奉礼制」に則った関係は、いつ頃まで遡ることができるであろうか。牒状には「古来」とあり、『高麗史』から用例を検索すると、巻四四、恭愍王世家二十二年（一三七三）秋七月壬子条にみえる明中書省の咨文の中に「我想、古来中国諸侯於二天子一毎年一小聘、三年一大聘」とあり、『礼記』王制篇の一文が引用されている。また、『高麗史』巻七九、食貨志二、借貸、明宗十八年（一一八八）三月の制には、「各処富強両班、以二貧弱百姓賖貸未レ還、劫二奪古来丁田一、因レ此失業益貧。勿レ使二富戸兼幷・侵割一。其丁田、各還二本主一」とある。ここにある「古来丁田」については、「国初以来」、「農民が父祖から子孫に伝給されて代々耕作して生計の資に供してきた土地[24]」、「一般の百姓が代々所有した民田」との理解がある。[25]これらを参考にすると、一つは高麗以前の朝鮮半島諸国家と対馬との関係を指す場合が考えられる。この場合は、『魏志倭人伝』以来、対馬は日本列島と朝鮮半島との結節点として交流があったことは言うまでもない。

もう一つは高麗時代になってからの「古来」ということになる。この点を検討してみると、高麗と対馬島との間では、十一世紀の半ばから後半にかけて王位にあった文宗の治世において、九州各地の僧俗等様々な身分・立場の人々が高麗へ渡航し、方物の献上を行っていた（本書第2部第一章参照）。後代の学者である李斉賢（一二八七〜一三六七）は、文宗の治世について「宋朝毎錫二褒賞之命一、遼氏歳講二慶寿之礼一、東倭浮レ海而献レ琛、北貊扣レ関而受レ廛」（『高麗史』巻九）と述べ、「東倭」すなわち「日本」は海を渡って「琛」（蕃国が上京して献上する品物）[26]を献上する存在として位置づけている。

しかしながら、その後宋商人が高麗の産物を博多にもたらすようになると、九州本土の日本人は航海の危険を冒してまで高麗に出かけることはしなくなり、対馬島民のみが高麗との交流を続けていたのが十二世紀の状況であったと考えられることは、本書第2部第一章で述べたとおりである。それ以前においても、すでに十世紀末の長徳三年（九九七）に到来した高麗牒状をもたらした使者は大宰府の商人であったことがわかり、この頃には高麗へ貿易のために渡航する「日本人」がいたことは間違いない。[27] あるいは、十世紀を前後する時期には日本人が高麗に「来投」し高麗の戸籍に編入される日本人も多数いた。[28] ただ、この頃の日本人がどのように渡航し、交流していたのかという点については明らかではない。

以上から、「全羅州道按察使牒状」の発給から一五〇年程前、長く見積もっても二三〇年程前における、対馬島民を中心とした九州の人々の高麗通交の在り方が規範となっているのではないかと推測されるのである。この期間を「古来」と判断してよいかどうかは迷うところではあるが、この表現が誇張であるとみることもできるかもしれない。というのも、「全羅州道按察使牒状」に「古来貢二進邦物一、歳修二和好一」や「元来進奉礼制」とあることの実態が、「嘉禄三年高麗国牒状写断簡及按文」に「依二対馬島一船一隻来往売買」とあるように「売買」と表現されているからである。「進奉」と「売買」は明らかに異なる行為である。本章では「進奉」の語義に関する細かな検討は避けるが、高麗における「進奉」については唐代の「進奉」に由来するとの指摘があり[29]、五代十国を経て宋に至るまでに語義が拡大していることがうかがえる[30]。それらをまとめれば、「進奉」元来の意味としては、下から上に対する方物の献上行為を指すが、君臣関係を基底とした冊封関係の範疇に収まらない国家や地域の人々による方物の献上行為を「進奉」と表現することで「朝貢」の意味を含ませ、政治的な関係に擬した交流を可能にさせたのではないかと理解できるのである。

このような意味を持つ「進奉」に対し、「売買」とは商売であり、この語に明確な上下関係を見出すことはできない[31]。先の李斉賢の賛にあるように、高麗では代表的な国家祭祀である八関会に、宋の商客をはじめ女真人・耽羅人に加えて日本人も列席させ、国王を中心とする国際秩序を形成した[32]。また、十二世紀の毅宗（在位一一四六〜一一七〇）治世の最終年には、正月元日の朝賀に際し、自ら臣僚に対して作成した賀表の中に、〈日域、宝を献じて帝を称う〉とみえる[33]。石井正敏氏は「進奉品を献じ、八関会に列席する日本商人は、中華高麗の徳を称揚し、中華世界を現出してくれる重要な存在でもあったのである」と指摘している[34]。しかしながら、対馬島民からの高麗への進奉の実態は「売買」であったということが、まさにこの一文に示されているのである。もちろん、高麗使が「進奉」と語ったのを日本側の役人が「売買」と言い換えた可能性もないとは言えないが、牒状に「進奉」の語が見えることからすれば、その実態の説明と理解する方が自然ではないだろうか。『高麗史』巻二六、元宗世家八年（一二六七）春正月条には、クビライの日本招諭をあきらめさせようとする高麗国王元宗が使者をモンゴルに派遣して、

「且日本素与二小邦一未二嘗通一レ好。但対馬島人時因二貿易一往二来金州一耳」と説明している。この記事だけをみれば、高麗と日本との関係が希薄であることを主張するための作文とみることも否定できなかった。だが、当事者である日本に対して「進奉」ではなく「売買」のための船の往来を要請している点は極めて重要である。当該部分については、高麗前期の日麗関係の主要テーマの一つである「進奉船」の実態を語る大変貴重な記述であると考える。

⑩又乞二回牒一、帰二高麗一、申レ官明知。

〈又回牒せんことを乞い、高麗に帰り、官に申して明知せん。〉

この記述については、「全羅州道按察使牒状」に「……作二為悪事一、是何因由。如レ此事理、疾速廻報」とある内容と共通する。すなわち、日本側に対して悪事をはたらく原因やその理由について速やかに返信を求めているのである。当然これらの内容は、高麗使が帰国した際に、派遣元である全羅州道按察使に対して、明らかに知らせる（明知）ことになるであろう。

第四節　読み下し文と逐語訳

前節において示したところであるが、新出史料の紹介でもあるので、ここに読み下し文と逐語訳の試案を示す。丸数字は意味ごとに段落を区切ったものであり、前節と対応している。

〔読み下し文〕

①副使兼監倉使転輪提〔點脱カ〕・刑獄兵馬〔公事脱カ〕・龍虎軍郎将兼二司判官趙在判

②是れは、高麗国より日本に渡る牒使の状也。
③大宰府到来、嘉禄三年三月廿八日。
④高麗国全羅州の船一隻、人の二十人等を伴う有り内二人船に酔いて岸に上る。
⑤其の船上別に物貨無く、止だ米粮比々として少しく在る有るのみ。
⑥今月二十五日呼子島に収到す。
⑦官符を奉じて差し来たり、牒一封を齎し、大宰府に進上す。
⑧安撫の司、盗人の郷村を擾すこと已に三年を経、其の盗船の数多なるを取問す。
⑨上項の賊人を断治し、対馬島依り船一隻来往し売買せんことを乞う。
⑩又回牒せんことを乞い、高麗に帰り、官に申して明知せん。

〔逐語訳〕

①副使兼監倉使転輸提点刑獄兵馬公事龍虎軍郎将兼三司判官趙在判
②これは、高麗国より日本に渡ってきた使節（牒使）がもたらした牒状である。
③大宰府に到来したのは嘉禄三年（一二二七）三月二十八日である。
④高麗国全羅州の船一隻には、二十人を伴っていた〈そのうち二人は船酔いにより岸に上がっていた〉。
⑤その船上にさしたる物貨（荷物・積荷）は無く、ただ食糧が少しあるというだけであった。
⑥今月二十五日に呼子島に収到した。
⑦高麗朝廷からの命（官符）を受けて遣わされて来ており、牒状一封をもたらし、大宰府に進上した。

⑧安撫の司（全羅州道按察使）は、盗人が高麗の郷村をみだしてから三年が経ち、その盗船（盗人が乗る船）が数多あることを取り上げて問うている。
⑨右の賊人を思い切って処分し、対馬島から船一隻を往来させて売買することを求める。
⑩また、回答の牒状を求め、高麗に帰り、官（全羅州道按察使）に申し上げて状況をあきらかにしたい。

第五節　「嘉禄三年高麗国牒状写断簡及按文」の史料的性格と『吾妻鏡』の編纂姿勢

最後に、「嘉禄三年高麗国牒状写断簡及按文」の史料的性格について少し考えてみたい。

一瀬智氏も言及しているように、料紙は十三世紀（鎌倉時代）のもので、筆跡は定家様ではあるが、定家の真筆とみることができるかどうかについては現状ではなんとも言えない[35]。藤本孝一氏によれば、定家存命中より同じ書風で書写を行った右筆（祐筆）がおり、定家監督下において写本を作成している[36]。また、『明月記』の原本の構成を分析された尾上陽介氏によれば、『明月記』の料紙については界線や紙背文書の有無から四種類に分類できるとし、およそ嘉禄元年（一二二五）記（以前）から天福元年（一二三三）記までは「界線あり・紙背文書あり」のものが利用されていたとする[37]。嘉禄三年の出来事を示す本資料についても、天に二本、地に一本の界線が引かれている。また相批ぎされ判読はできないものの紙背文書であることは明らかであるため、利用されている料紙については同時代のものである可能性がある。前述のように、定家は『明月記』嘉禄二年十月十六・十七日条において、対馬島や松浦党が高麗において闘争・略奪を行った風聞を記し、翌嘉禄三年八月十二日条には、承存等二〇人の使節が帰国した後にあらためて来日した「及第朴寅」一行がもたらしたと思われる牒状に関する巷説を残しているなど、この時期の高麗との関係に関心を持っていたことがわかる。以上の点から、本資料は嘉禄三年から遠くない時期に定家周辺で作成されたものとみたい。

これと関連して、「全羅州道按察使牒状」が日本にもたらされた際、大宰府から一通（正本）が「武家」すなわち鎌倉幕府に伝えられ、一通（案文）が殿下（関白藤原家実）に伝えられたとある（前述第三節を参照[38]）。そうであれば、「嘉禄三年高麗国牒状写断簡及按文」は、朝廷に伝えられた「案文」あるいはその転写本と、大宰府からの報告内容をまとめたものを定家が入手し、右筆に書かせた可能性がまず考えられるであろう。

そして、『吾妻鏡』に所収された「全羅州道按察使牒状」は、嘉禄三年五月十四日に幕府に到来し披見した文脈の中で記載されている。したがって、原史料としては、幕府に届いた「正本」か、それを写した幕府の奉行人の日記などを利用した可能性がある。

一方、前述のように『吾妻鏡』所収の「全羅州道按察使牒状」に見られる「黙」や「公事」字が、「嘉禄三年高麗国牒状写断簡及按文」に見えないことから、「嘉禄三年高麗国牒状写断簡及按文」が『吾妻鏡』の原史料であったとは考えられない。

しかし、「嘉禄三年高麗国牒状写断簡及按文」の⑵行目以降に記される高麗使一行に関する大宰府からの消息について、『吾妻鏡』には何の記載もない。この点は『吾妻鏡』の編纂姿勢を明らかにする上で重要であると思われる。すなわち、『吾妻鏡』吉川本には「高麗国牒状到来。今日及㆓披覧㆒云々。其状書様」に続けて牒状本文がはじまるが、実際には牒状に添えて大宰府（大宰少弐をつとめていた武藤資頼）からの消息（「嘉禄三年高麗国牒状写断簡及按文」に相当する内容）も届いていたはずである。それに関する記載が『吾妻鏡』に全くないということは、『吾妻鏡』の編纂者は、消息部分を収録しなかったという明確な意思表示、換言すれば編纂姿勢を読み取ることができるのではないだろうか。

鎌倉武家政権が最初に直面した外交案件であったにもかかわらず、『吾妻鏡』に牒状以外に何も残さなかったということは、何らかの意図があったことも想定される。もちろん、『吾妻鏡』編纂時に消息部分がすでに失われてしまった可能性もあるかもしれない。しかし「嘉禄三年高麗国牒状写断簡及按文」の存在が確認されたことや、『吾妻鏡』の原史料として補助的かつ限定的ではあるが『明月記』が利用されており、定家関係の文書の大部分を相伝した藤原為相（一二六三〜一三二八）が所領相論や和歌・蹴鞠等の関係で鎌倉に多く滞在していた十三世紀末から十四世紀初頭の頃に、幕府の奉行人が彼と接触して『明月記』を入手している可能性が指摘されていること(39)からすれば、定家関係の文書として本資料に示された消息も幕府に伝えられたことは十分考えられる。現段階ではその可能性を指摘するにとどめるが、『吾妻鏡』の複雑な編纂過程を明らかにするための一助になるのではなかろうか。

むすび

以上、ごく最近その存在が確認された「嘉禄三年高麗国牒状写断簡及按文」について、原本調査の成果を踏まえ、その内容に関する紹介をした。「嘉禄三年高麗国牒状写断簡及按文」には、嘉禄三年に倭寇の禁圧を求めて来日した高麗使承存等一行の、九州到着時の状況が記載されている。一行目には『吾妻鏡』所収の「全羅州道按察使牒状」の最終行である差出が記されている。このため、元来は牒状本文も全て記載されていたものと判断されるが、掛物として表装する際に、牒状の痕跡として差出部分を残して切断してしまったものとみられる。二行目以下では、大宰府現地の役人が高麗使の来着の状況や来航理由等について詳しく伝えている。本来は解状や申状などで高麗牒状に添えて中央（朝廷・幕府）に報告されるのであるが、体裁としては文書そのものではなく趣意文とみられる。その内容については、既存の史料では全くうかがうことのできない情報が含まれている。すなわち承存等一行の来着日時（三月二十五日）をはじめ、来着地が「呼子島」（現在の加部島）であったこと、来着時に船酔いのため二名が岸に上っており、物貨がなく、米粮が少しくあるのみという状態。「収到」という表現から漂着のような状況であった可能性があり、「収到」後、三月二十八日に大宰府に到来したことなどが新たに知られることになった。

使者と現地役人とのやりとりの中で、使節が牒状本文と高麗朝廷から発給された官符を奉じていること、「全羅州道按察使牒状」にある前年六月の事件だけでなく、対馬島民による略奪行為が「已に三年を経ている」と認識していることがわかった。その上で、対馬島の「盗人」に対する厳しい処分と、対馬島から「売買」のための船を一隻往来することを要請しているのである。「盗人」の処分については、既存史料では資頼が九〇人を斬首したという結果のみが知られていたが、高麗使からも要請があったことが明らかになった。また、武藤資頼の方から「修好互市」を請う返書を高麗に送ったことが知られていたが、「嘉禄三年高麗国牒状写断簡及按文」によれば、これも高麗側の要請であったことが新たに判明したのである。最後に本史料の存在から『吾妻鏡』の編纂姿勢に関する憶測を述べた。

次章では本章で得た知見を踏まえて、この時の日本・高麗の外交交渉について検討する。

注

（１）収蔵品番号YB10。九州国立博物館のホームページに本史料が画像とともに紹介されている（https://collection.kyuhaku.jp/application/34339.html）。二〇一九年八月三日確認。

(2)「京極黄門定家卿　副使兼（朱文瓢印）牛庵」と書かれている。「牛庵」について一瀬智氏は、古筆鑑定家の二代目畠山牛庵（一六二五～九三）であるとする（近藤剛・一瀬智［二〇一九：二四頁］）。

(3) 古筆本家七代の古筆了延（一七〇三～七四）による鑑定書で、井上又右衛門（人物未詳）に依頼された藤原家隆（一一五八～一二三七）と藤原定家を筆者とする古筆切を鑑定し、「いずれも正筆」とした返書の形を取っている。年未詳三月二日付である（近藤剛・一瀬智［二〇一九：二四頁］）。

(4) 蓋書には「京極黄門定家卿毫 法橋畠山牛庵 古筆了任 極札」とある。しかし付属品には畠山牛庵の極札はあるが、古筆了任のものは現存しない（近藤剛・一瀬智［二〇一九：二四頁］）。

(5) 本史料本文の訓読文と「全羅道」と「呼子島」についての語注を記したもの。作成年代や筆者は不明であるが、一瀬智氏は近世のものと考えられている（近藤剛・一瀬智［二〇一九：二五頁］）。

(6) 近藤剛・一瀬智［二〇一九：二五～二六頁］。

(7) 本調査の実現に際しては、九州国立博物館展示課主任研究員の一瀬智氏ならびに国立歴史民俗博物館准教授の荒木和憲氏にご尽力いただいた。ここに記して感謝申し上げる。

(8) 筆者は東京大学史料編纂所に所蔵されている『吾妻鏡』吉川本の写真帳（請求記号六一四〇・四―二二―二六―一五）を閲覧した。その内容に『新訂増補国史大系 吾妻鏡』頭注等を参照に校訂を加えた。なお、印の位置は省略した。

(9) この部分の前後の読み方については、前稿（近藤剛［二〇〇八］）と異なる箇所がある。詳細については本書第2部第四章を参照されたい。

(10) 筆者は東京大学史料編纂所所蔵のマイクロフィルム（島津家文書―五三―一、Hdup-M-23-126）を閲覧した。

(11) 李領［一九九九b 日文：四六頁］。

(12)『高麗史』巻七七、百官志二、外職、監倉使。

(13)『高麗史』巻七七、百官志二、西班、龍虎軍。郎将は各五人で正六品とある。

(14)『高麗史』巻七六、百官志一、三司。判官の定員は四人とある。

(15) 村井章介［二〇一七：一一八頁］。
(16)『小右記』寛仁三年（一〇一九）四月十七日条。
(17) 同封の「書付」には「有二米粮些少一」とあるが、「些少」ではなく「比々少」と読むべきであると考える。
(18) 呼子町史編纂委員会編［一九七八：二五五～二五七頁］。根拠として挙げるのは「大日本国正統図」であり、そこには「呼戸島」とあるが、「呼戸の戸は神戸島の「べ」であるが、呼子の子とも同音である。単純な誤記と解して呼戸も「ヨブコ」と読むべきではなかろうか」とある（二五六～二五七頁）。なお、付属品の「書付」には「呼子島」について「肥前国唐津ノ三里西南也。昔異国ノ舟着津ノ所也」と解釈している。加部島は唐津の中心地からみると「西北」の方角に位置しているため、この記述とは齟齬が生じるが、「異国ノ舟着津ノ所」であることを考慮すれば、加部島とみるべきであろう。
(19)『参天台五臺山記』延久四年（一〇七二）三月十五日条。
(20) 石井正敏［二〇一七ｍ：三七七頁］。
(21) 金龍等が来日後に記録・提出した「高麗使臣交名及び雑記」に「遇悪□到杵築」とあり、石井正敏氏は、欠字部分は「風」や「人」などの字を推定されている（石井正敏［二〇一七ｍ：三九九頁］。「風」であれば「悪風」となり暴風を意味するであろう。
(22) 石井正敏［二〇一七ｍ：三七七頁］。
(23)『日本国語大辞典』五（小学館、一九七四）二九二頁。
(24) 有井智徳［一九八五：三二〇頁］。
(25) 権寧国ほか［一九九六：三五六頁］。
(26)『佩文韻府』巻七三「献」。本書六六頁も参照。
(27) 石井正敏［二〇一七ｇ：九三頁］。
(28)『高麗史』巻三、穆宗世家二年（九九九）十月条、『高麗史』巻四、顕宗世家三年（一〇一二）八月戊戌条。
(29) 石見清裕［二〇〇五：一一〇頁］。

(30) 例えば、宮薗和禧［一九八八：一九・一三七・一四七頁］、山内晋次［二〇〇三a：九〇～九三頁］、石井正敏［二〇一八b：二九九～三〇〇頁］、藤善真澄［二〇〇六：二八五頁・二〇〇七：四六〇頁］、森平雅彦［二〇〇八a：一〇四頁］、山崎覚士［二〇一〇a・b］、近藤剛［二〇一八：一〇九～一一〇頁］など。

(31) 例えば、『高麗史』巻一三、睿宗世家八年（一一一三）六月庚戌条に、「珍島県民漢白等八人、因二売買一往二毛羅島一、被二風漂一到二宋明州一。奉二聖旨一、各賜二絹二十匹・米二石一発還」とあり、『高麗史』巻八五、刑法志二、禁令、恭愍王三年（一三五四）五月条にも「禁下商賈私持二金銀・牛馬一売中買上国上」とあるように、「県民」や「商賈」による商い（貿易）などの意味で用いられている。

(32) 奥村周司［一九七九：九〇～九五頁］。森平雅彦氏は、八関会の朝賀儀礼に宋商・日本人が参列したことは、外国人当事者の個別的関係とみておくべきであり、ただちに王朝対王朝、民族対民族の関係にむすびつけるのは拡大解釈であると指摘する（［二〇〇七：一五七頁］）。

(33) 『高麗史』巻一九、毅宗世家二十四年（一一七〇）春正月朔条。

(34) 石井正敏［二〇一七g：一〇六頁］。

(35) 本資料の写真を中央大学文学部人文社会学科国文学専攻教授の池田和臣氏に見ていただいたところ、定家様ではあるが、真筆とは言えないのではないかとご教示いただいた。

(36) 藤本孝一［二〇〇四：六五～六七頁］。藤本氏によれば、定家と同じ書風で書写を行った人物として、定家の青侍を務めた「遠江介能直」が、唯一名が知られている。彼の書写は数百巻にも及んだという。

(37) 尾上陽介［二〇〇〇：六五頁］。

(38) 『民経記』嘉禄三年五月一日・十五日条。

(39) 五味文彦［二〇一八：九〇・一二〇・一二四・二七八・二八〇・二九六頁］。

第四章　嘉禄・安貞期（高麗高宗代）の日本・高麗交渉と「進奉定約」

はじめに

十三世紀の東アジアでは、モンゴル（元）の勃興によって金や南宋が滅亡し、高麗もモンゴルの度重なる侵攻に抵抗を続けるが、ついにその支配を受けることになるなど、大きな変動がみられた。モンゴルに服属した高麗は、日本招諭の嚮導役となり数度にわたって日本側と交渉を重ねることとなったが、ついには文永・弘安の役（朝鮮史における甲戌・辛巳の役）(1)と二度にわたる戦火を交えることになる。十四世紀の半ばには、高麗滅亡の一因ともなったいわゆる「前期倭寇」が起こるなど、日本と高麗との間では緊迫した状況が続くことになる。この庚寅年（一三五〇）より猖獗する倭寇（前期倭寇）に関しては、これまでも数多くの研究者により取り上げられているが、(2)一二二〇年代から史料上にあらわれる「初発期倭寇」(3)については、史料も少なく小規模であったと考えられていることから、議論が深められているとは言い難い。

しかしながら、この時期頻繁に発生した日本人による高麗南沿岸地域への入寇事件の対処を求めて、一二二七年（嘉禄三〈安貞改元〉・高宗十四）に高麗国全羅州道按察使が大宰府に宛てて送ってきた牒状とこれに伴う両国の交渉については、史料に残る最初の倭寇禁圧交渉であるだけでなく、鎌倉幕府が発足して初めて行った外交であり、武家外交について考える上で極めて重要である。この時高麗使がもたらした「全羅州道按察使牒状」は『吾妻鏡』のなかでも吉川本にのみに収録されているが、倭寇問題だけでなく、いわゆる「進奉船」の問題を考える際の基本史料としても広く知られている。

ところが、関連史料を整理してあらためて見直してみると、牒状の内容についての理解をはじめ、それをめぐる両国の交渉過程や、当該期の倭寇活動の一面などをより具体的に把握することができるのではないかと思われる。さらには、前章で取りあげた新出史料により、この時の高麗使の具体的な動向も明らかになりつつある。そこで本章では、「全羅州道按察使牒状」やその関連史料の分析を中心に行い、当該期の日本・高麗関係の一端を明らかにしてみたい。

第一節　貞応～嘉禄期（高宗十年代）の倭寇史料

「全羅州道按察使牒状」は高宗十四年に大宰府に宛てて発給されたもので、倭人の入寇の禁圧を求める内容である。史料上では高宗十年（一二二三・貞応二）に「倭寇㆓金州㆒」と『高麗史』に記載されて以来、慶尚道を中心とした高麗南沿岸地域を日本人が襲う事件が頻繁に起きている。「全羅州道按察使牒状」が日本に送られる時期までの倭寇事件に関する史料は次の通りである。

【史料1】『高麗史』巻二二、高宗世家十年（一二二三）五月甲子条

倭寇㆓金州㆒。

【史料2】『高麗史』巻二二、高宗世家十二年（一二二五）夏四月戊戌条

倭船二艘寇二慶尚道沿海州県一。発レ兵悉擒レ之。

【史料3】『高麗史』巻二二、高宗世家十三年（一二二六）春正月癸未条

倭寇二慶尚道沿海州郡一。巨済県令陳龍甲以二舟師一、戦二于沙島一、斬二二級一。賊夜遁。

【史料4】『高麗史』巻二二、高宗世家十三年（一二二六）六月甲申朔条

倭寇二金州一。

【史料5】『明月記』嘉禄二年（一二二六）十月十六・十七日条

十六日、天晴、法眼音信之次云、対馬国与二高麗一闘諍之由有二巷説一。未レ聞事歟云々。依二末世之極一、敵国来伐歟。可レ恐可レ悲。……十七日、……高麗合戦一定云々。鎮西凶党等号二松浦党一、構二数十艘兵船一行二彼国之別嶋一合戦。滅二亡民家一、掠二取資財一、所二行向一、半分許被二殺害一、其残盗二取銀器等一帰来云々。為二朝廷一太奇怪事歟、依二此事一挙レ国興レ兵。又我朝渡唐之船向レ西之時、必到二着彼国一、帰朝之時、多随レ風寄二高麗一流例也。彼国已為二怨敵一者、宋朝之往反不レ可レ輙。当時唐船一艘寄二高麗一、被レ付レ火、不レ残二一人一焼死云々。末世之狂乱至極、滅亡之時歟。甚奇怪事也。

【史料6】『民経記』嘉禄二年十二月二十七日（裏書）

廿七日下、

予、頭弁御教書返事恐惶之由書レ之。□□□殿御命也。伝聞、肥後丼■■■壱岐島、、、与二高麗国一合戦、日本人高麗内裏参入云々。関東驚可二沙汰一之由、申二公家一云々。

【史料7】『高麗史』巻二二、高宗世家十四年（一二二七）夏四月甲午条

倭寇二金州一。防護別監盧旦発レ兵捕二賊船二艘一、斬二三十余級一、且献二所レ獲兵仗一。

【史料8】『高麗史』巻二二、高宗世家十四年（一二二七）五月庚戌条

倭寇二熊神県一。別将鄭金億等、潜二伏山間一突出斬二七級一、賊遁。

日本人による略奪行為は、すでに十世紀末や十二世紀中ごろの史料からもうかがえるが、[4]十三世紀に入ると頻繁になり、「初発期倭寇」と呼ばれている。なお『民経記』（【史料6】）には、肥後や壱岐の人々が「高麗内裏」に侵入したと伝えているが、首都開城まで倭寇が侵入したとは考えられない。本章で問題とする嘉禄三年の高麗牒状（後掲【史料9】）には、倭が金海府へ入寇したことが記されているが、その中に、「於二丙戌（一二二六年）六月一、乗二其夜寐一、入レ自二城竇一、奪二掠正屋一訖」とある。この記事の「正屋」とは半島南岸有数の大邑である金海府（金州）の政庁を指すと思われるが、この嘉禄二年六月に金海府の「正屋」を襲ったとする情報が「内裏」と誇張ないし誤って伝えられたものと推測される。[5]また、田村洋幸氏が【史料2】にある「慶尚道沿海州県」を「慶尚道諸地域」と解釈し、「小規模な倭寇侵寇が各地で興こり、それらは年々増加し、ついに公式記録である『高麗史』に記されたのではあるまいか[6]」と述べるような状況であったことも充分に想定されるであろう。[7]

この初発期倭寇は、一三五〇年以降の「庚寅年倭寇（前期倭寇）」と比べると規模は小さいが、藤原定家が〈彼国已に怨敵たれば、宋朝の往反輙くすべからず〉（【史料5】）云々と日宋関係にも悪影響を与えると憂慮の気持ちを記しているように、日本の人々も関心を抱かざるを得ない、大きな問題であった。[8]そのような中『高麗史』における倭寇事件の初見から四年後の嘉禄三年、高麗の全羅州道按察使が倭寇の禁圧を求める牒を大宰府に送ってきたのである。

第二節　「全羅州道按察使牒状」の検討

1　これまでの理解

『吾妻鏡』に収められた「全羅州道按察使牒状」は、倭寇事件のみならずそれ以前の高麗と日本（対馬）との関係や、いわゆる「進奉船」に関する記述があり、日麗間の具体的な交流の様子を伝えるだけでなく、文書原本がほとんど残っていない高麗の外交文書様式を知る上でも重要な史料である。本牒状は『吾妻鏡』吉川本にのみ収録されている。そこで筆者は、東京大学史料編纂所に所蔵されている『吾妻鏡』吉川本の写真帳を閲覧し(9)、それに『新訂増補国史大系　吾妻鏡』の頭注等を参照して校訂したものを次に掲げる。ただし行論の都合上、本文を七つの段落に区切り、①から⑦までの番号を付して引用する。また「印」の位置は省略する。

【史料9】『吾妻鏡』吉川本、嘉禄三年（安貞改元・一二二七）五月十四日条

壬辰。霽。高麗国牒状到来。今日及二披覧一云々。其状書様。

高麗国全羅州道按察使牒　日本国物〔惣〕官大宰府

当使准、

①彼国対馬嶋人、古来貢二進邦物一、歳修二和好一。亦我本朝従二其所一レ便持〔特〕営二館舎一、按次〔撫以〕二恩信一。

②是用、沼〔海〕辺州県・島嶼居民、恃二前来交好一、無レ所二疑忌一。

③彼告下金海府、対馬人等旧所二住依一之処上。

④奈何於二丙戌六月一、乗二其夜寐一、入レ自二城竇一、奪二掠正屋一訖。比之〔者〕已甚。

⑤又何辺村塞、壇便〔擅使〕二往来一。彼此一同、無辜百姓、侵擾不レ已。
⑥今者国朝取二問上件事一。固〔因カ〕当職差二承存等二十人一、晋〔齎カ〕レ牒前去。
⑦且元来進奉礼制、癈絶不レ行、船数結レ多、無レ常二往来一、作二為悪事一、是何因由。如レ此事理、疾速廻報。右具レ前、事須レ牒二日本国惣官一。謹牒。

　丁亥二月　日牒

副使兼監倉使転輪〔輸〕提黙〔點〕刑獄兵馬公事龍虎軍郎将兼三司判官逍〔趙〕判

本牒状については多くの研究者が論及されており、(10)史料集では読み下し文や現代語訳、解説なども付されている。韓国においても南基鶴氏(11)や張東翼氏(12)らによって引用されているなど、この時期の日麗関係を論じる上では不可欠な史料である。従来の研究により、「全羅州道按察使牒状」のおおまかな内容については、次のように理解されている。

対馬嶋民たちは、古来より邦物を貢進し、毎年好みを通じていた。高麗でも館舎を設けて歓待した。そのため高麗の人々も倭人を疑うことなく友好的に接してきた。ところが昨丙戌年（一二二六）六月には金海府に侵入して略奪するに至り、無辜の民を苦しめている。いったいこれはどういう事情によるものなのか。また日本との間に存在した進奉の礼制も守られていない。これらの事情について調査の上、速やかに回答されたい。

しかしながら、句読点や返り点の位置などは論者によって異なり、したがって文書全体の共通した理解にはいまだ至っていないように思われる。

2 「全羅州道按察使牒状」③④⑤の解釈

本章のもとになった旧稿[13]では特に③⑤の部分について検討を加えた。旧稿発表後に刊行された五味文彦編［二〇一〇：一〇一〜一〇二頁］では、その理解に基づくと思われる現代語訳が記されており、それは次の通りである。

（しかし）報告によれば、金海府は対馬人らが古くから住んでいると言っています。（これは）どうしたことでしょう。丙戌六月、その夜陰に乗じて城壁の出入口より入り、正屋で略奪をはたらきました。このところ甚だしく、また辺境（対馬）の役所がほしいままに使者を往来させ、いずれも罪なき民の憂いは止みません。

このように旧稿では③「彼告下金海府、対馬人等旧所二住依一之処上、奈何」として「奈何」を前の節に接続させ、「彼（対馬の倭寇）が、金海府を対馬島民等のかつての居所（住依）であったと主張しているが、いったいどういうわけか」と解釈すべきであると考えていた。しかしながら、旧稿を盛り込んだ博士学位論文『日本高麗関係史の研究』（中央大学、二〇一二年）の口頭試問の際、副査をしていただいた木村誠氏より、③を「彼告下金海府、対馬人等旧所二住依一之処上」までとし、④・⑤は「奈何於二丙戌六月一、乗二其夜寐一、入レ自二城竇一、奪二掠正屋一訖。比者已甚」と「又何辺村塞、擅使二往来一。彼此一同、無辜百姓、侵擾不レ已」として対句的に読むことができるのではないかとの指摘を受けた。本章の論旨に変更はないが、この部分の読みについてはここに訂正する。

一方、村井章介氏は『日本史史料［2］中世』[14]の中で②〜③の部分について「無所疑忌彼告《マヽ》、金海府対馬人等旧所住依之処、奈何」とし〈疑忌彼告《マヽ》するところなし。金海府は対馬人等旧住依するところの処なり。奈何せん〉と読み下していたが、近年、本牒状を載せる『吾妻鏡』吉川本の当該文書には誤写が多いことから、「彼告」を「披告」とし、「すなわち「披キ告グル」の誤写で「訴え出る」といった意味ではないかと思っている」と述べており、

「是ヲ用テ、海辺州県・島嶼ノ居民、前来ノ交好ヲ恃ミ、疑忌拔告スル所無シ。金海府ハ対馬人等旧住依スル所ノ処ナリ。奈何セン、丙戌六月ニ於テ、……」と読み下している。また「対馬人等旧所住依之処」と説明される金海府は、居民が何かを告げた対象ではなく、「奈何」以下で述べられる倭寇事件の起きた場所だと解している。(15)

村井氏が指摘するように、本文書には誤写とみられるところが十箇所あり、「彼」を「拔」の誤りとみることもできるかもしれない。しかし、「疑忌拔告スル所無シ」とすることには違和感を覚える。「疑忌」には「うたがひきらふ。疑ひそねむ」の意味があるので（『大漢和辞典』七、一一五二頁）、「（対馬島民を）疑い忌み、訴え出ることもなかった」という意味になるであろうが、この文脈において「拔告」（訴え出る）という語は蛇足のように思われる。また、村井氏の解釈の場合、次の「旧住依之処」の意味が問題となる。先行研究にあるように「居住するところ・居所」と理解すると、「金海府は対馬島民のかつての居所であった」となるが、高麗側がそのように述べるとは思えない。「住」を「とどまる」と解釈し（『大漢和辞典』）、「住依之処」を「とどまるためのたのみとしていた場所」とすれば、村井氏の解釈も成立する可能性はある。ただその一方で、本来の「彼」字を生かし、対馬島の倭寇が金海府をかつての居所であると告げて襲撃することを、高麗側が問題にしていると理解することもできるであろう。したがってこの点については史料本文の「彼」字のままとして解釈することにしたい。

ところで、③にある対馬島民が金州をかつての居所であったと主張する根拠はどこにあったのであろうか。明確な史料はもちろんないが、いくつか推測は可能である。一つには、牒状に〈特に館舎を営み〉と記されているように、日本人接待のための館舎が金州に設けられていたことである（本書第1部第四章を参照）。かつて対馬島民が同地を拠点に交易活動を行っていた事実を踏まえてのことと推測される。またもう一つ根拠として考えられることは、対馬守藤原親光に関する説話である。(16)

十二世紀末のいわゆる治承・寿永の乱の際、対馬守藤原親光は、再三にわたる平家の出陣の催促を断り、平氏方としばしば合戦に及んだ。ついに親光は身の危険を避けるため、文治元年（一一八五・明宗十五）三月に高麗へ渡った。高麗で親光の郎従が虎を討ち取ると、そのことが高麗国主に伝わり、親光は「三ヶ国」を賜り高麗国主の「臣下」となった。しかし平氏が滅亡すると、源頼朝より帰朝命令が下り帰国の途につくことになった。高麗国主はこのことを惜しんで、三艘の貢船に重宝を納めて親光を帰国させたというのである。

関連史料には次のように記されている。

【史料10】『吾妻鏡』文治元年（一一八五）五月二十三日条

丁巳、参河守範頼受二二品之命一、為二対馬守親光迎一、可レ遣二船於対馬嶋一之処。親光為レ遁二平氏攻一、三月四日渡二高麗国一云々。仍猶可レ遣二高麗一之由、下二知彼嶋在庁等一之間、今日既遣レ之。当嶋守護人河内五郎義長同送二状於親光一。是平氏悉滅亡訖。不レ成二不審一、早可レ令二帰朝一之趣、載レ之云々。

【史料11】『吾妻鏡』文治元年六月十四日条

乙丑、参河守範頼并河内五郎義長等受二二品命一、渡二使者於高麗国一之間、対馬守親光帰二着彼嶋一云々。是去々年自二当嶋一欲二上洛一之折節、平家零二落于鎮西一之間、路次依レ不レ通、不レ能二解纜一。猶以在国之処、為二中納言知盛卿并少弐種直等一奉行、可レ令レ参二屋嶋一之由、及二其催一。九州二嶋中国等皆雖レ従二于平家之方一、親光猶運二志於源家一之間、不二行向一。仍三ヶ度被レ遣二追討使一、所謂高二郎大夫経直種直家子両度、拒押使宗房種益郎等一ヶ度也。此輩頻下レ国、或知二行国務一、或及二合戦一。難二存命一之間、凌二風波一、去三月四日令レ越二渡高麗国一之時、相二伴妊婦一。仍構二仮屋於曠野之辺一産生。于レ時猛虎窺来。親光郎従射二取之一訖。高麗国主感二此事一、賜二三ヶ国於親光一、已為二彼国臣一之処、有二此迎一帰朝。件国主殊惜二其余波一、与二重宝等一、納二三艘貢船一副送レ之云々。

【史料12】『玉葉』文治二年（一一八六）二月二十四日条

壬申、晴、……又対馬守親光可二還任一之由、同自二関東一令レ申云々。件事者、治承三年、依二成功一任二当国守一。即赴二任国一之間、逢二平家之乱一、仍恐二彼乱行一、越二渡高麗国一。聞二平氏滅亡之由一、帰朝在国之間、史大夫清業依二巡年一、被レ拝二当国一了。而親光攀二向関東一、触二此子細一了。仍頼朝卿感下不レ従二平氏一之意趣上、奏二此旨一云々。而清業又無二指過怠一、此上事如何。可レ被レ問二人々一歟云々。……

『吾妻鏡』に記載されている高麗における親光らの行動は、説話的な色合いが強く[17]、彼が高麗国主の臣下となり、「三ヶ国」を賜ったということはもちろん疑わしいが、親光が平氏の追討を避けて高麗へ一時逃れたことは、藤原兼実の『玉葉』（【史料12】）にも記されていることから事実であったとみてよい[18]。この説話の真偽はともかく、親光が高麗国主から「三ヶ国」を下賜された話が、『吾妻鏡』に収録されているという事実に注目したい。このことは、少なくとも十二世紀後半から『吾妻鏡』が編纂されるまでの期間[19]、「対馬守藤原親光が高麗国主より「三ヶ国」を賜った」という話がよく知られていた可能性を示している。また鎌倉前期に成立したといわれる『宇治拾遺物語』巻一二―一九「宗行郎等射レ虎事」には、「今は昔、壱岐守宗行が郎等を、はかなきことによりて、主の殺さんとしければ、小舟に乗て逃て、新羅国へ渡りて、かくれゐたりける程に、新羅のきんかいといふ所の、いみじうののしりてさわぐ」とあり、「壱岐守宗行郎等」が「新羅のきんかい（金海）」に渡っていることが記されている。この説話は主人公が本国内のトラブルのために朝鮮半島へ逃れている点、半島内で虎を射殺している点、高麗（新羅）の国主（国守）に惜しまれつつ帰国している点などは、親光説話と類似しており、その関連が推測されるが[20]、いずれにしても「きんかい（金海・金州）」が当時の日本人にとってよく知られ、かつ身近な地域の一つであったことがうかがえるのであり、その背景としては【史料9】にみられるような対馬（日本）と高麗との密接な交流があったのであろう。おそらく先の親光の滞在地も日本人迎接のための館舎が存在した金州であった可能性が高いのではなかろうか。

④については、「どうして昨年六月、夜更けに乗じて城の出入口より入り、正屋の略奪に及んだのか。このごろこのようなことが甚だしい」と読むことができる。そして⑤についてみてみると、旧稿では「何辺村塞」のうち「何」字について検討したが、適切な用例を見出すことはできず、「辺村塞」を「辺境地域の村におかれたとりで」ないしその役人と解釈したが、その場合、「どうして（何）「辺村塞」が（対馬島民を）ほしいままに往来させているのか」となり、「対馬嶋人（倭寇）」＝「彼」と「辺村塞」＝「此」が一緒になって（一同して）高麗の罪なき百姓を侵擾してやまない、とする解釈が可能であると考える。「辺村塞」の場所については（イ）高麗、（ロ）日本（対馬）のそれぞれの辺境に置かれた塞をさすという、二つの解釈が可能である。高麗とすると、十四世紀以降の倭寇について議論されている、倭寇の構成員に高麗人が含まれていたか否かという論争とも結びつく問題となってくるであろう。一方対馬とすると、本来取締まりにあたるべき対馬の官人が、島民の高麗での略奪行為を黙認ないしは制御できなかったという事実が浮かび上がってくる。（イ）・（ロ）どちらの理解も可能であるが、（イ）高麗の辺境の村に置かれた役所・役人とすると、高麗が自国の管理体制の不備を日本側に告げ、その取締まりを求めることとなり理解しがたい。これに対し（ロ）つまり対馬島司とみると、全羅州道按察使が、対馬ではなく直接大宰府に倭寇の禁圧を求めた意図が明確となり、また、略奪行為をする倭寇も、それを取り締まる官人も合わせて、倭寇に関しては日本側に全面的な責任があるという一貫した主張をみることができるので理解しやすい。明宗十一年（一一八一）に没した李文鐸の墓誌には「彼対馬島官人辺吏也」という表現がみえ、対馬島司を「辺吏」と称している。[21]「辺村塞」に通じるものがあるのではなかろうか。高麗側の認識では、日本側はまさに「官民一体となって

略奪行為を行っている」というものであったのである。

これより以前の元久三年（一二〇六）には、高麗国金州防禦使が対馬島に宛てて牒状を発給している。(22) この時は進奉船をめぐる交渉であったと思われるが、高麗側は対馬に当事者能力ありと判断して、対馬島を交渉の相手とみなしていた。ところが、今回の対馬島民の入寇問題については、大宰府に直接文書を発給し、使者を派遣している。対馬島では倭寇取締り問題の解決にならないことを承知した上での行動とみられ、それは対馬島司（村塞）が倭寇を黙認しているとの判断に基づくものと推測されるのである。このことは武藤資頼が対馬島司に対応を委ねるのではなく、自らの判断で「対馬国悪徒」九〇名を逮捕し、高麗使の面前で斬首しているという行為（後掲【史料15】）にもあらわれているように思われる。

3　初発期倭寇の発生原因 ―対馬島の場合―

以上の解釈に基づいた上で、あらためて本牒状全体の内容をみてみると、かつての友好的な対馬と高麗との関係が、「ある時期」を境に対馬島民が「金海府は対馬島民のかつての居所であった」ことを口実として襲撃したことにより破綻を迎えたことがわかる。「元来進奉礼制」も「癈絶」しており、このような状況に至った事情を大宰府に尋ね、禁圧を求めているのである。旧稿では、倭寇の口実として③を述べた後、「丙戌六月」すなわち一二二六年六月の金海府襲撃事件のことを述べていることをみれば、「ある時期」とは倭寇が活発になる一二二〇年代からと考えてよいであろうと述べた。しかし、第２部第二章で取り上げた『勘仲記』弘安十年（一二八七）七月十三日条所収の「対馬守源光経解」の理解などを踏まえると、別の解釈も可能なのではないかと思われる。

さて、これまで「初発期倭寇」の発生原因として、高麗側では、日本との民間貿易（進奉船貿易）に対し制限的・

拒絶的態度をとるようになり、[23] その理由を経済的不均衡による高麗側からの貿易封鎖をした結果であったとする説[24]や、対モンゴルの折衝に忙殺されたために日本との貿易を拒否しようとしたとする説[25]などがあった。一方日本側では、当時国内で横行していた海賊や悪党と関わらせた見解[26]や、承久の乱（一二二一）による日本国内の混乱をひきがねとして、対馬を中心とする海上勢力が、国家の枠を超えた行動をとりだしたとする説[27]、日本側の弛緩した外交姿勢が高麗を怒らせたとする説[28]などがある。倭寇の発生原因は様々な要因が複雑に絡んでいるものと推測されるが、本牒状にみられる高麗側の主張としては、従来対馬島民を厚遇していたにもかかわらず、それを逆手にとって略奪行為に及んでいるのはどのような理由によるものか、と訴えていることが読み取れる。このことから日本（対馬）側に何らかの変化の原因がありそうではある。本書第2部第二章で検討したように、十三世紀初頭に相次いで高麗に渡った「恒平等十一人」や「貴国使介明頼等四十人」は、「進奉之礼」とは程遠い文牒を差し出したため、高麗側から交流を拒否された。その背景として、十三世紀以前に高麗と「進奉之礼」に基づく交流をしていたと推測される対馬の在庁官人阿比留氏を中心とした勢力から、高麗との「進奉」貿易の乗っ取りを図っていた対馬守護および地頭の武藤資頼[29]や、府官藤原秋依の存在が指摘されるようになった。[30] したがって、少なくとも対馬島において「進奉」に基づく交流が行われなくなり、さらに倭寇が発生する原因は、この対馬島内部の対立に加え、承久の乱による混乱などに求められるのではないだろうか。長節子氏よって否定されているが、寛元四年（一二四六）に当時在庁官人として勢力のあった阿比留氏が、大宰府の命に服さなかったため、平知盛の孫にあたる重尚が大宰少弐武藤氏の命を受けて挙兵して在庁阿比留平太郎を討ち、対馬宗氏の始祖になったという話が『寛永諸家系図伝』・『宗氏家譜』をはじめとする史料にみられるという。[31] この話自体は事実ではないにしても、阿比留氏と武藤氏との対立は十三世紀初頭以降続いていたことを反映しているのではないだろうか。

後述のように、高麗側の要請に対して、武藤資頼は高麗に侵攻した対馬島の「悪徒九十人」を高麗使節の面前で斬首したという。三月末に高麗使節が来日してから、わずか二ヵ月弱の期間で百人近くの「悪徒」を捕らえて斬首し、返書をしたためて送るのはあまりにも迅速な感がある。武藤資頼のこの対応も、十三世紀初頭から続く対馬在庁との対立の中で、敵対勢力を打倒する意味もあったのではないかと憶測している。

第三節　嘉禄・安貞期の倭寇禁圧交渉

1　嘉禄・安貞期の高麗使

本節では、「全羅州道按察使牒状」がもたらされた後に行われた日麗間の交渉について考えてみたい。まず関連する史料を掲げると次のごとくである。

【史料13】「嘉禄三年高麗国牒状写断簡及按文」

副使兼監倉使転輪提刑獄兵馬龍虎軍郎将兼三司判官趙在判

是者、自二高麗国一渡二日本一牒使状也。大宰府到来、嘉禄三年三月廿八日。高麗国全羅州船一隻、有三人伴二二十人等一内二人酔レ船上レ岸。其船上別無二物貨一、止有二米粮比々少在一。今月二十五日収二到呼子島一。奉二官符一差来、賷二牒一封一、進二上大宰府一。安撫司取下問盗人擾二郷村一已経二三年一、其盗船数多上。乞下断二治上項賊人一、依二対馬島一船一隻来往売買上。又乞二回牒一、帰二高麗一、申レ官明知。

【史料14】『民経記』安貞元年（一二二七）五月一日条

己卯、……天陰、深雨、中納言殿令レ参二殿下一給、伝聞、自二高麗国一牒状到来。一通武家、一通公家云々。

……

【史料15】『民経記』安貞元年五月十五日条

……伝聞、高麗国全羅州牒案所二一見一也。府官無二左右一開封見レ之、書二返牒一云々。尤奇恠事也。正本関東遣レ之、案進二殿下一云々。

【史料16】『百練抄』安貞元年七月二十一日条

於二関白直盧一有二議定事一。左大臣已下参入。去年対馬国悪徒等向二高麗国全羅州一、奪二取人物一、侵二陵住民一事、可レ報二由緒一之由牒送。太宰少弐資頼不レ経二上奏一、於二高麗国使前一捕二悪徒九十人一斬レ首、偸送二返牒一云々。我朝之恥也。牒状無礼云々。

【史料17】『高麗史』巻二二、高宗世家十四年（一二二七）五月乙丑条

雨雹、日本国寄レ書謝二賊船寇レ辺之罪一、仍請二修好互市一。

【史料18】『明月記』安貞元年八月十二日条

……高麗重送レ牒之由有二巷説一云々。若又持二向于関東一歟。

【史料19】『高麗史』巻二二、高宗世家十四年是歳条

是歳、遣二及第朴寅一聘二于日本一。時倭賊侵二掠州県一、国家患レ之。遣レ寅齎レ牒、諭以二歴世和好一、不レ宜二来侵一。日本推二検賊倭一誅レ之。侵掠稍息。

【史料20】『高麗史節要』巻一五、高宗十四年十二月条(32)

遣二及第朴寅一聘二于日本一。時倭賊侵二掠州県一。故遣レ寅講和。

【史料21】『高麗史』巻一二九、崔忠献伝附崔怡伝

〔高宗〕十五年、……及第朴寅、聘二日本一、齎二和親牒一還。怡給二銀瓶五事・段子六十匹・布五百匹・米豆幷五十石・鞍馬・琴一以賞レ之。……

【史料22】『高麗史節要』巻一五、高宗十五年（一二二八）十一月条

朴寅還レ自二日本一。寅到二大宰府一経二一年一、齎二和親牒一以来。崔瑀給二銀瓶五・段子六十匹・布五百匹・米豆幷五十碩・鞍馬一以賞レ之。

【史料13】に関しては、前章で詳論した通り、既存の史料には全く見られない内容で、もちろん旧稿でも取り上げていない。軸装された古筆切で、【史料9】の高麗牒状の末尾の署名部分からはじまり、牒状が書かれた二月から【史料14】に高麗牒状が到来したことを書き記した五月一日までの間の高麗使節の動向が判明した。すなわち、三月二十五日に呼子島（現在の加部島）で収容された高麗使節二十名は、船酔いの人物がいることや、物貨や米粮もわずかであったため漂着の状態だったことが推測される。彼らは高麗朝廷が日本への牒状の発給や使者の選任などを全羅州道按察使に命じた下行文書とみられる「官符」を奉じており、正規の使節であることを証明しようとした。三日後の二十八日には大宰府に到来し牒状をもたらした。そこから大宰少弐武藤資頼との間で交渉がはじまったとみられる。

その武藤資頼と高麗使との交渉過程については、これまでの研究では次のように理解されている。丁亥（一二二七年）二月付「全羅州道按察使牒状」を受け取った大宰少弐武藤資頼は、朝廷に上申することなく、金州を侵した対馬島の悪徒九〇人の首を切り、「ひそかに」返牒をした。その返牒の内容は賊船の略奪を謝罪し「修好して互市（貿易）」を請うというもので、「和親牒」とも表現されている。これにより高麗では倭寇による侵掠が「稍息」という状況となったが、一方、朝廷は無断で対応した資頼を非難している。(33)

以上のような見解に対しては、あらためて関連史料を整理し、読み直してみると、再検討の余地があるように思われる。

先行研究では、「全羅州道按察使牒状」（【史料9】）をもたらし、大宰少弐武藤資頼の「修好互市」を請う返牒を得て帰国した高麗使（の代表者）は「及第朴寅」とみなされている。その理解の根拠は【史料19】で、「朴寅」を派遣して「諭以二歴世和好一、不レ宜二来侵一。日本推‐検賊倭一誅レ之」とあり、その前半部分は「全羅州道按察使牒状」の内容の要約[34]、後半部分は大宰少弐資頼の悪徒処分を示していることが明らかであることによる[35]。しかしながら、「全羅州道按察使牒状」本文には「当職差二承存等二十人一」とあり、使者の名が「承存」と記されている。いったいこの時の使者は「朴寅」と「承存」のいずれであったのであろうか。ここで参考にしたいのが、やや時期は下るが、『高麗史』元宗四年（弘長三・一二六三）四月条に引用された倭寇禁圧を求める高麗牒状で次のようにみえる。

【史料23】『高麗史』巻二五、元宗世家四年（一二六三）四月条（適宜本文を①～④に段落を区切り、改行した）

①遣二大官署丞洪泞・詹事府録事郭王府等一如二日本国一請二禁賊一。牒曰、

②自二両国交通一以来、歳常進奉一度、船不レ過二二艘一。設有下他船枉‐憑二他事一濫擾中我沿海村里上、厳加二徴禁一以為二定約一。

③越今年二月二十二日、貴国船一艘、無レ故来入二我境内熊神県界勿島一、略二其島所レ泊我国貢船一、所レ載多般穀米幷一百二十石・紬布幷四十三匹将去。又入二椽島一居民衣食・資生之具尽奪而去。於二元定交通之意一甚大乖反。

④今遣二洪泞等一齎レ牒以送。詳二公牒一幷聴二口陳一窮‐推二上項奪攘人等一尽皆徴沮、以固二両国和親之義一。

牒状引用の前にみられる『高麗史』の地の文（①）には「大官署丞洪泞・詹事府録事郭王府」を遣わすとあり、

この二名がそれぞれ大使・副使であったと考えてよい[36]。牒の本文中にも「今遣㆓洪汀等㆒齎㆑牒以送」とある。このことから、牒に明記されている人物が使節の代表者と判断できる。これを問題としている「全羅州道按察使牒状」に当てはめると、同牒状に「当職差㆓承存等二十人㆒」と明記されている承存がこの時の使者の代表者であったとみて間違いない。承存は「当職」すなわちこの牒状の差出である全羅州道按察使によって派遣された人物である。この時の全羅州道按察使は、牒状末尾の署名に「〔全羅州道按察〕副使監倉使転輸提点刑獄兵馬公事龍虎軍郎将兼三司判官」の「趙」某という人物であった。按察使は高麗朝廷から半年（春～夏・秋～冬）の任期で臨時的に地方へ派遣され、州県を巡察し、民の疾苦を問うことを職掌としていた[37]。承存についての情報は姓名のみであり、具体的な官職などは記されていないため、どのような人物であったかはわからない。しかし、地方監察官である按察使が中央官人を派遣したとは考え難く、あるいは管轄領域の郷吏であったことが憶測される。『世宗実録地理志』全羅道、長興都護府、茂珍郡には、「土姓十三、卓・李・金・蔡・盧・張・鄭・朴・陳・許・潘・成・承。」とあり、「承」姓が存在する。土姓について浜中昇氏は、高麗初期以来土着し、邑の小権力機構の中核をなした豪族を先祖に持つ十二・十三世紀頃の邑吏（郷吏）が、自分たちこそがそれぞれの邑の土姓としてもっともふさわしいと考えて作られた観念であるという[38]。日本に宛てて発給された高麗牒状のうち、承暦四年（一〇八〇）に高麗からもたらされた大宰府宛の請医の牒状においても、中央官府である礼賓省名義の文書が正式な使節ではなく、大宰府に帰国する商人王則貞によってもたらされたのである[39]。この点などを踏まえると、承存が全羅道の郷吏であったと理解することも可能ではなかろうか。

それでは、日本から「和親牒」をもたらし褒賞されたという朴寅についてはどのように理解すればよいのであろうか。ここで注目されるのが『明月記』安貞元年（一二二七）八月十二日条（【史料18】）で、そこには〈高麗重ねて牒を送る之由、巷説有りと云々。若しくは又関東に持ち向かふ歟〉と記されている。これは、別の牒状が到来したということであり、別の使者が来日したことを意味している。「巷説」とあり、他に傍証する史料は日本側にはないが、高麗側の史料を詳しく検討すると、高麗使は二度にわたって来日したと推測され、したがって牒状も二通もたらされたと考えられる。すなわち、「全羅州道按察使牒状」を日本にもたらした承存を代表者とする高麗使節は、【史料17】から五月乙丑（十七日）以前には帰国していることがわかる。そして【史料21】・【史料22】によれば、翌年に朴寅が日本から帰国している。つまり承存と朴寅とは別個に日本に奉使し、帰国したという事情が推測される。この朴寅来日こそが『明月記』（【史料18】）の〈高麗重ねて牒を送る〉云々とある巷説に該当するのではないだろうか(40)。このように理解できるとすれば、この時高麗からは二度にわたり牒状が送られてきていたことがうかがわれ、また、日本からも二通の返牒が発給されたと推測されるのである。ここにおいて、倭寇を謝罪し修好互市を請う「返牒」・「書」（【史料16】・【史料17】）と、「和親牒」状（【史料21】・【史料22】）とは別のものであるとの見方ができるのである。

すなわち、この時の日本と高麗の交渉過程は次のように理解することができるであろう。まず一二二七年の三月に「承存」を代表者とする二〇名の使節が来日し、大宰府に「全羅州道按察使牒状」をもたらした。高麗側は、倭寇の襲撃が〈已に三年を経〉ており、「盗船」が数多来航してくるため、彼ら「賊人」の処分を要請した。また「対馬島より船一隻を来往させ、売買すなわち貿易を行うこと」も要請している（【史料13】）。「全羅州道按察使牒状」では対馬島民は〈邦物を貢進〉する存在で、「進奉」とも記されているが、交渉においてはそれを「売買」と称しているのは、高麗における対日認識の本音と建前をうかがうことができる点で大変興味深い。大宰少弐武藤資頼は、このような高麗側からの要請に応えるべく、対馬島の悪徒を処罰し、五月十七日以前に入寇を謝罪し修好互市を請う返牒（書）を承存に与えて帰国させた。それから数ヵ月を経たばかりの八月十二日以前に、再び高麗は「朴寅」を代表者とする使節を派遣し、大宰府に到来した。そして翌一二二八年、朴寅は「和親牒」を得て高麗に帰国し、崔瑀（怡）に褒賞された。

このように、一二二七年の高麗の遣日本使節は、一度ではなく、承存・朴寅の個別派遣、すなわち二度の遣使があったとみなされるのである。[41]ただし先に述べたように、『高麗史』の朴寅派遣記事に「日本推二検賊倭一誅レ之」とある記述は、承存派遣の際に大宰少弐資頼が悪徒九〇名を処罰したことを示しているものとみられ、『高麗史』の記述には両者を同一視する誤りがあるものと推測される。

2　交渉過程とその意義

以上の検討から、嘉禄三年（高宗十四・一二二七）には、高麗から日本へ二度の使節が派遣されたことを確認することができたと思われるが、そのことによって、この時の具体的な交渉内容や、その意義について従来の研究とは異なる評価が可能となろう。

まず、承存がもたらした「全羅州道按察使牒状」の内容を受けた大宰少弐武藤資頼は、対馬島の悪徒九〇名を捕えて斬首した。高麗側には一二二六年六月に金州に入寇した者たちの首ということになるであろうが、前述のように、武藤資頼と敵対する対馬の在庁官人の勢力も含まれていた可能性もある。いずれにせよ、悪徒の処分をした上で資頼は高麗使節に返牒（書）を与えた。その内容は倭寇について謝罪し、「修好互市」を請うというものであった。この時資頼が行った処罰と高麗への返牒は、京都の朝廷はもちろん、鎌倉幕府の意向を聞くこともなく行われたことがすでに指摘されている。[42]時代は下るが、『異国牒状記』には次の記述がある。

【史料24】『異国牒状記』(43)

……或は大宰少弐が武将の命を受けて遣はす事、又其例多し。一向に返状なくて、詞にして牒使に仰セ聞かする事もあり。先例みな時によりて不同なり。

このうち武将の返牒は承安平相国入道ほか、その例まれなり。……もし武将の命を受けて、少弐が状などをや遣はさるべき、それは度々の例ある上、嘉禄・天福の儀も子細なし。たとひ少弐九州にありとも名字を載せられん事は異儀あるべからず。……

天福二年正月、牒状沙汰ありて、返牒清書に及ブと雖も、関東子細を申スによりて、これをとどめらる。彼返牒案、武将の命をうけて、大宰府より遣はす躰也。為長卿これを作る。

仁治元年四月、牒状到来。関白直廬にて議定あり。将軍の返牒たるべき由、人々一同に申すと雖も、遂に返牒を遣はさず。……

天福二年五月、宰府の返牒を遣はすべき由沙汰ありと雖も、関東計ヒ申スにつきてこれを遣はされず子細右に注す

仁治元年四月、将軍の私返牒たるべき由沙汰ありと雖も、遂に返牒を遣はさず子細右に注す……

以上このほか返牒ある例をば略して、これを注さず。

又小弐私の返状などを遣はす近例候歟。然而公家の所見詳しからず候。

この史料によると、異国牒状の対応については太政官だけでなく、平清盛以来、鎌倉幕府が大宰少弐に命じて返牒を遣わす例、あるいは「小弐私の返状」とあるように、大宰少弐の独断で返牒を遣わす例があったことを示している。高麗使承存に対する大宰府の対応は、まさに「少弐私返状」であったとみてよいであろう(44)。

しかしながら『高麗史』（【史料17】）には、〈日本国、書を寄せ〉云々とある。おそらく、高麗側は資頼の私的な

牒状などという事情は知らず、日本国惣官大宰府からの返牒とみなしたのではなかろうか。さらに高麗朝廷では牒状を発給してからわずか三ヵ月程度で返牒があったことによる大宰府側の迅速な対応や、書に認められた友好的な内容を、ある種の驚きをもって受け止めたことであろう。この時日本にもたらされた高麗牒状は、あたかも対馬ひいては日本が高麗に朝貢しているかの如き内容を記しており、日本の伝統的な対外観念からすれば、厳しく非難して返却するに値するものであった[45]。これまでの高麗と日本の関係において、高麗からの牒状に対して日本側がその要求に好意的に応じたことはなかった[46]。このような経緯からみたとき、高麗からすれば、日本を代表する機関である大宰府から謝罪と修好互市を請う文書を得たことは予期していた以上の大きな成果であった。それがさらなる使者＝朴寅の派遣につながるのである。

先行研究では朴寅の派遣について、「海賊の取締りを要請した[47]」、あるいは「日麗両国の修好を訴え禁寇を請うた[48]」などの理解がなされてきたが、これらは前述のように、朴寅が「全羅州道按察使牒状」をもたらした人物であり、かつこの時の高麗遣使が一度であったという理解が前提となって論じられていたことであった。しかしながら、上述のごとく「全羅州道按察使牒状」をもたらした人物が朴寅ではなく承存であったとすれば、【史料19】にある「日本推二検賊倭一誅レ之」とあるのも、朴寅のときではなく、一度目の承存来日の際に武藤資頼が悪徒を捕えて首をはねたことを示していると理解される。そして大宰府が倭寇による略奪を謝罪し、修好互市を請願する大宰府の書（実は資頼の私返状）を託した相手も承存であった。よって、従来朴寅が行っていたと考えられてきた日本（大宰府）との交渉は、実は全て承存との間で行われていたことであった。このことは朴寅が派遣された理由やその交渉内容などについて、これまで全く論じられていないことを意味するのであり、あらためて検討してみる必要がある[49]。

すなわち、【史料20】・【史料21】・【史料22】をみてみると、朴寅は倭寇問題に関する「講和」のために派遣され、

「和親牒」をもたらしたとある。つまり朴寅は倭寇禁圧を求める使者ではなく、日本との講和交渉、具体的には日本側と倭寇対策を協議する目的で派遣されたのではないかと推測される。「和親牒」を得て帰国するまでの「一年」が正確にどの位の期間を示しているのか明らかではないが、この長期滞在期間中に何らかの政治的交渉を行い、「和親」を行ったと考えられるのである。そこであらためて参考にしたいのが、一二六三年の倭寇禁圧を求める高麗牒状（【史料23】）で、そこに②〈両国交通より以来、歳ごとに常に進奉すること一度、船は二艘を過ぎず。設し他船の他事に枉憑し濫りに我が沿海村里を擾すあらば、厳しく徴禁を加うるを以て定約となす〉、③〈元定交通の意〉、④〈両国和親の義〉とあることである。この記事は一二六三年以前に、高麗と日本との間で倭寇禁圧に関する「定約」が結ばれていたことを意味する。この定約がいつ結ばれたのかについては明確な記録はなく、先行研究では大きく十三世紀以後[50]と以前[51]とで分かれているが、特に根拠を明示しているわけではない。しかし筆者はこれまで考証してきたように、承存帰国直後にあらためて朴寅が「和親」のために派遣されていること、そして【史料23】に「両国和親之義」とあることなどを考慮すれば、【史料20】・【史料21】・【史料22】の内容にある朴寅の対日交渉によって成立した「和親牒」こそ、【史料23】の「定約」に該当するのではないかと考える。朴寅が帰国後に崔瑀（怡）によって褒賞されていることが『高麗史』等に特筆されていることも、彼が高い成果を挙げたことによるものと推測されるからである[52]。

それでは、上記の推測が妥当であるとすると、朴寅が協議を行い、「和親牒」に記されていると思われる「約」を結んだ日本側の機関は、いったいどこなのであろうか。この当時少なくとも高麗側が「日本政府」とみなす機関として、「朝廷（京都）」・「鎌倉幕府」・「大宰府」等があった。承存を使節代表とした一度目の日麗交渉は、朝廷や幕府には全くの事後報告で、大宰府が単独で交渉を行い、それに対して朝廷が強く非難をしたことはすでに述べたとおりである。だが、朴寅を使節代表とした二度目の日麗交渉では、朴寅が「一年」間大宰府に留め置かれていたことをみれば、朴寅が持ち帰った「和親牒」には、鎌倉幕府の意向が含まれていたと考えられなくもない。

ここで、先に挙げた『異国牒状記』（【史料24】）に「もし武将の命を受けて少弐が状などをや遣はさるべき、それは度々の例ある上、嘉禄・天福の儀も子細なし」とある部分に注目したい。この文章は「武将（将軍）の命令を受けて、少弐が返状などを発給したのであろうか。そのことは度々例があり、嘉禄・天福の儀も特に問題はなかった」と理解できる。このうち天福の例（天福二・一二三四）については、「天福二年正月、牒状沙汰ありて、返牒清書に及ブと雖も、関東子細を申スによりて、これをとどめらる。彼返牒案、武将の命をうけて、大宰府より遣はす躰也。為長卿これを作る」、「天福二年五月、宰府の返牒を遣はすべき由沙汰ありと雖も、関東計ヒ申スにつきてこれを遣はされず」とある。結局送られなかったが、「武将の命を受けて、大宰府より遣はす躰」であったという(53)。一方の嘉禄の場合とは、まさに本章で扱っている問題を指しているが、先にみたように、一度目の承存の時は鎌倉幕府が命を下すことなく大宰少弐の独断で処理されていることから、『異国牒状記』の文章は当てはまらない。すなわち、この記述は二度目の朴寅との交渉に関わる記述で、幕府の命を受けて少弐が返牒を遣わしたことを伝えているとみることができるのである(54)。

このように、高麗から二度の使者が来日して二通の牒状がもたらされ、日本からも二通の返牒が送られたと推測される。ただし一度目の承存がもたらした「全羅州道按察使牒状」が『吾妻鏡』に全文が掲載されているにもかかわらず、二度目の朴寅の牒状に関しては『異国牒状記』にみえるわずかな手がかり以外に、日本側の記録に全く残っていない。したがってこの時の幕府における審議過程など、その具体的な様子については不明とせざるを得ない。

ただ少なくとも、朴寅との交渉に大宰府が関わっていたことは間違いなく、[55]高麗からすれば、朴寅が持ち帰った「和親牒」は「日本」との間で締結された「約」であったと認識されたものと推測される。その内容はおそらく「年に一度の進奉を許し、船は二艘を過ぎてはならない。もし他の船が他事に曲げて託し、濫りに高麗の沿海の村里をみだすことがあれば、厳しく徴禁を加えること」というものであったと考えられる。武藤資頼としては、十三世紀初頭以来、対馬守護人および地頭として高麗との「進奉」貿易を在庁から乗っ取ろうとしていたらしいこと、さらにこの当時鎮西を統括する立場にあったことからすれば、高麗との間でこのような倭寇禁圧の定約を取り結べたことは、非常に大きな成果であったといえよう。[56]

以上のように、承存は倭寇に対する臨時的措置のために派遣され、朴寅は今後の永続的な倭寇対策などを協議するための使節であったといえる。特に朴寅の外交活動は、倭寇禁圧を主旨とする日麗両国の「定約」というこれまでの日本・高麗関係にはなかった関係を創出し、それによって、後述するように当時高麗の持っていた国内問題の一つが改善される可能性を握る成果を挙げたこととなる。それゆえ崔瑀（怡）は彼を大いに賞賛したのではないだろうか。

このような承存、さらに朴寅による二度の日本への使節派遣とその外交活動は、日本側によるかつての刀伊の入寇における高麗側の好意的な捕虜人送還に対してみせた冷淡な反応や、文宗朝の請医に対して牒状の不備を指摘して拒絶するなどした対応[57]を受けていた高麗にとっては、考えられないほどの多大な成果であったと認識したであろう。その意味で高麗の対日外交における画期的な出来事であったといえるのである。

第四節　高宗代前期の高麗情勢と高麗の日本認識

本節では、一二二七年に承存・朴寅を続けて派遣した高麗国内の事情や、高麗の日本（倭寇）に対する認識について検討してみたい。森克己氏は十三世紀高宗代の高麗の社会状況から、「高麗が一面には女真賊が鴨緑江を渡って高麗国土内に侵入し、一面には征服欲の権化というべき蒙古の使の来国という高麗にとってはまさに重大な時期に際し、物情騒然たる折柄[58]」であったと、当時の国内外の状況に触れている。十三世紀の高麗高宗代は、森克己氏の述べるように北方地域の政情不安定や、さらにはモンゴルの圧力により騒然とした状況であったといえる。森氏はこの点を簡潔に述べられているので、やや詳しくみてみたい[59]。

まず高宗即位前の熙宗二年（一二〇六・元久三）にモンゴルが建国され、それまで華北一帯に強勢を誇っていた金が弱体化し、高麗北方国境付近の情勢が不安定となった（金は一二三四年に滅亡）。高宗三年（一二一六・建保四）以後、モンゴル軍に追われた耶律留哥配下の契丹兵数万が高麗の北界地域に侵入してくると、高宗六年（一二一九・承久元）の江東城の戦いまで略奪が続けられた。また、高宗二年（一二一五・建保三）に金の部将蒲鮮万奴が自立して遼東地方に東真（東夏）国を建国した（～一二三三年）。当初東真国はモンゴルの使者と一緒に高麗へ訪れ、江東城の戦いでは、モンゴル・高麗軍と共に連合して契丹兵を打ち破るが、高宗十一年（一二二四・元仁元）正月に、東真国はモンゴルと断交したことを告げ、高麗の定州と東真の青州で榷場を設けることを要請した[60]。ところが翌高宗十二年（一二二五・嘉禄元）からは一転して東真国は高麗に対して略奪行為を開始し、それは北界の朔州から東界の和州に至る広範囲におよび、しばしば高麗を苦しめた。モンゴルとの交渉においても、高宗十二年一月にモンゴルの使者着古与が高麗から帰国する途中で盗賊に殺される事件[61]が起こると、モンゴルは高麗の関与を疑い、ついには断交という状況となった。

一方高麗国内に目を転じると、高宗四年（一二一七・建保五）には将軍奇允偉が高麗軍を率いて、忠清道按察使と共に南賊を追捕した事件[62]があった。高宗六年（一二一九・建保七）の九月には武人の最高権力者として君臨していた崔忠献が没し、息子である崔瑀（怡）が後を継いだが、その翌月の十月から北方の義州において別将韓恂・郎将多智等による叛乱が起こった[63]。翌年彼等は金国元帥の于哥下に投降し活路を見出そうとするが、于哥下は彼等を殺し、亡骸を開京に送り届ける[64]という有様であった。

このように主に北方地域を中心に非常に緊迫した状況が続いていた中、先にみたように高宗十年（一二二三・貞応二）から半島の南海沿岸でいわゆる「初発期倭寇」が発生し、高麗にとってはまさに南北に不安要素を抱えていた時期であったのである。倭寇については【史料19】に「国家患レ之」とあることからもその不安感や警戒感が伝わるが、さらに当時の高麗の国際情勢に対する認識を、「崔甫淳墓誌」から読み取ることができる。

【史料25】「崔甫淳墓誌[65]」

……公凡仕二五朝一、両入二憲台一、四登二諫掖一、一為二納言一、□□文昌、為レ相十年、為二宰一六年、為二冢宰一二年。

是時、達旦于加在二於西北一、万奴在レ東、日本在レ南、如二虎垂涎一、窺二覦我国一。終未二呑噬一者、以二我公在一レ朝。

……

崔甫淳（一一六二〜一二二九）は高宗朝に累遷し、守太師・門下侍郎平章事・判吏部事まで至った人物である。墓誌にある「是時」以下の記事は崔甫淳晩年にあたる一二一〇〜一二〇年代の高麗の状況が記されているが、そこには西北の達旦于加（契丹人耶律留哥）、東の万奴（蒲鮮万奴の東真国）、さらに南の日本が「虎が涎を垂らしているように、我が国を狙っている」と表現されており、高麗が北方地域と同様に、日本に対しても危機感を抱いていた様子を垣間みることができる。ここにある日本とは倭寇を指していると考えてよいであろう。次に示すのは倭と崔瑀(怡)との関わりを示す興味深い史料である。

【史料26】『高麗史節要』巻一五、高宗十二年(一二二五)八月条

……慶尚道按察使権応経、図二倭形一献二崔瑀一。瑀問二其故一曰、「異国之人、容貌奇怪。欲レ令二参政知一レ之耳。」
瑀知二其媚一、悦笑而不レ答。

慶尚道按察使が「倭形」を描いて崔瑀(怡)に献上したという。当時の慶尚道地域は倭人による入寇が頻繁であったので、このとき権応経が献じた「倭形」とは倭寇であった可能性が高い[66]。この時期には、北方のモンゴルや東真国への対応をめぐって崔瑀(怡)の邸宅に宰枢たちが集まって協議していることもみられ[67]、崔瑀(怡)は北方の情勢はもとより、倭寇の存在に関しても充分認識していたことがうかがえるのである。

以上のような状況から、当時の高麗にとっての倭寇は、北方の騒乱と同等の危機意識を与え、また社会を不安にさせていた存在であったといえよう。高宗十四年(一二二七)に日本の大宰府に送られた「全羅州道按察使牒状」は、こうした局面を打開する対策の一つとして行われたのであり、南北問題の一方を解決し、北方の対応に集中したいという高麗側の思惑が存在したのではなかろうか。

なお高麗の対日認識について、武田幸男氏は【史料19】にある〈日本は賊倭を推検し、之を誅す〉から「この「日本」は大宰府の少弐資頼を指すが、資頼は使節の面前で賊徒九〇人を斬首した。かれは高麗の交渉相手の「日本」であり、賊徒は高麗の憎むべき「賊倭」であった」と述べている[68]。このように考えたとき、前掲の「崔甫淳墓誌」にみられる「日本」は憎悪の対象としての「倭」を指すであろう。武田氏は、日本を「交渉相手たる日本」と

「憎むべき倭」とみる高麗の認識を指摘されているが、その他にも「全羅州道按察使牒状」には「貢-進邦物-」や「元来進奉礼制」とあり、高麗に対してあたかも朝貢すべき存在としての対馬島民（日本人）の存在が高麗にはあった。日本がかつての新羅や渤海、さらに高麗に対して「華夷認識」と「敵国認識」を抱いていたことと通じるものがあるが、本書第2部第三章で検討したように、実際の交渉では「売買」と称しているなど、当時の高麗でも多様な「日本・日本人観」を持って日本に臨んでいたのである。[69]

むすび

以上、嘉禄・安貞期の倭寇をめぐる日麗交渉について考察を加えてきた。一二二七年に高麗が大宰府に対して倭寇の禁圧を求めた「全羅州道按察使牒状」によれば、対馬島民は金州入寇の口実として、かつて金海府が対馬島民の居所であったことを挙げており、その主張の根拠として、金州で日本人迎接施設として利用された「館舎」の存在や、十二世紀末の治承・寿永の乱の際に高麗へ一時亡命した対馬守藤原親光の高麗国主による「三ヶ国」下賜の説話があると推測されることを述べた。また、対馬の官民が一体となって来寇しているとの認識から、高麗は直接大宰府に取締りを要請したと理解した。次に「全羅州道按察使牒状」をめぐる具体的な交渉過程について検討を行い、高麗からはまず承存が按察使牒をもたらし、ついで朴寅が派遣されたことを述べ、この時期には、続けて二度の遣使、二通の牒状が送られてきたことを明らかにした。

承存との交渉において大宰少弐武藤資頼は、悪徒の処罰を行うとともに、高麗に対して謝罪と修好互市を求める返状を与えた。最近発見された「嘉禄三年高麗国牒状写断簡及按文」（【史料13】）では、承存等一行に関する消息が記されており、交渉の過程において、倭寇に対する厳しい処分と対馬島から船一隻を往来し「売買」することを要請していた（本書第2部第三章参照）。

大宰少弐の武藤資頼の対応はこの要請を受けてのものと思われるが、本書第2部第二章で検討したように、十三世紀前後以来、大宰府使の藤原秋依や守護人の武藤資頼による対馬島衙への介入が進んでおり、これまで高麗貿易を担ってきた対馬の在庁官人阿比留氏からの乗っ取りを企てていたことから、斬首した対馬島の悪徒九十人とは、資頼の敵対勢力であった可能性もある。さらに、承存に続く朴寅との交渉では、今後の倭寇対策についての協議がなされたものと推測し、この時の交渉によって、『高麗史』元宗世家四年条（【史料23】）にあるような「定約」が結ばれ、その成果により朴寅は帰国後崔瑀（怡）に褒賞されたと理解した。高麗側がこの時期に日本と倭寇禁圧に関する「定約」を締結させたかった背景として、ほぼ同時期に北方地域で起きていた金末の動乱やモンゴルの勃興、東真国建国などによる混乱から様々な被害を受けていたこと、また「崔甫淳墓誌」（【史料25】）から、北方の国々に対する危機意識や敵国意識と同様の認識を、倭寇に対しても抱いていたことを読み取ることができることなどから、南北の問題を同時に対処するのが困難であったという事情があったものと推測される。そこで高麗朝廷は、承存および朴寅を続けて日本に派遣し、南方の倭寇問題を解決させた上で、北方の対応に集中したかったのではないかと思われる。しかしそのような緊迫した状況にもかかわらず、日本に送った「全羅州道按察使牒状」には、日本が高麗に対して朝貢しているような文言が含まれており、そこには高麗が日本・日本人に対して抱いていた多様な認識をうかがうことができるのである。

注

（1）森平雅彦［二〇一三b：二六七頁］。

（2）最近のものとして関周一［二〇一八］を挙げるにとどめ、注に所収されている文献を参照されたい。

（3）この時期の倭寇を「初期倭寇」、「十三世紀の倭寇」とする言い方もあるが、本章では「初発期倭寇」（村井章介［一九八八a］）に統一して話を進める。

（4）石井正敏氏は長徳三年（九九七）到来の高麗牒の検討から十世紀末において後世（十三世紀）の倭寇を髣髴とさせるような状況があったことを指摘している（石井正敏［二〇一七h：一三七頁］）。また、『青方文書』所載の「安貞二年三月十三日関東下知状」によると、仁平元年（一一五一）には、肥前国小値賀島の領主であった清原是包が高麗船を移（略奪）した罪で小値賀島に対する権利を没収されたことがあり、佐伯弘次氏は「日本の海賊が国境を越えて活動する傾向、つまり海賊の倭寇化がこのころ起こった」と指摘する（佐伯弘次［一九九二：四〇頁］）。なお同事件については村井章介［二〇一三b］にも詳しい。

（5）『百練抄』（【史料16】）では「全羅道」でも「対馬国悪徒」による襲撃があったことを伝えているが、これは『吾妻鏡』（【史料9】）所載の高麗牒の差出が「全羅州道按察使」であったため「全羅道」と記されたものと思われる。実際この時の倭寇は『高麗史』（【史料4】）に対応記事があり、「金州」すなわち慶尚道を襲撃していることがわかる。

（6）田村洋幸［一九九七：八～九頁］。

（7）また、青山公亮［一九五五d］や森克己［二〇〇九n］・田村洋幸［一九九七：一一頁］は【史料3】と【史料5】の記事が対応していることを指摘し、特に田村氏は【史料5】について、「単なる風説ではなく大宰府からの公文書によるものと思われる」と述べている。

（8）この時期の倭寇について触れている研究としては、青山公亮［一九五五d］、森克己［二〇〇九n］、村井章介［一九八八a］。佐伯弘次［一九九二］、田村洋幸［一九九七］、李領［一九九九c　日文］がある。また論文の直接の主題ではないが、当該期の倭寇の問題を取り上げている論文として、中村栄孝［一九六五a］、田中健夫［一九五九・一九六一・一九八二〕、川添昭二〔一九七五〕、関周一〔一九九五〕、石井正敏〔二〇一七h〕、田島公〔二〇〇一〕、南基鶴〔二〇〇二 ハングル〕、金普漢〔二〇〇四〕などがあり、張東翼〔二〇〇四 ハングル〕は、日本側史料に対する解説が付されている。この中で、庚寅年以来の倭寇（前期倭寇）との規模や頻度などから、十三世紀の倭寇を「甚だ弱小」、「規模の小さな偶発的な侵寇」で、また倭寇の活動範囲も南海岸の一部に限られており、前期倭寇とは一線を画す必要があると理解する説（青山公亮氏・田中健夫氏・川添昭二氏）、規模や頻度は比較にならないが、本質的には変化がなかったとする村井章介氏や佐伯弘次氏の説、規模も史料に記載されている以上の広い範囲に及んだのではないかとする田村洋幸氏の説、規模・頻度、行動地域および行動様式、組織化の程度、倭寇への対応のあり方の面で大きな相違がある一方、それらを異質的な存在としてみるのではなく、連続性というヴェクトルのなかに捉えるべきものであると指摘される李領氏の説などがある。

（9）請求記号は六一四〇・四―二二―二六―一五。

（10）青山公亮〔一九五五d：二七頁〕、田村洋幸〔一九九七 一二頁〕、李領〔一九九九b 日文：四五～四六頁〕、石井正敏〔二〇一七h〕、田島公〔二〇〇一：二一八頁〕、溝川晃司〔二〇〇三：八一～八二頁〕など。

（11）南基鶴〔二〇〇二 ハングル：一四一～一四二頁〕。

（12）張東翼〔二〇〇四 ハングル：三一八～三二三頁〕。

（13）近藤剛〔二〇〇八：五四～六一頁〕。

（14）歴史学研究会編〔一九九八：二一一～二一二頁〕。

（15）村井章介〔二〇一七：一一七～一一八・一二三頁〕。

（16）藤原親光に関しては、本書第2部第二章を参照。

（17）『吾妻鏡』の前半部については説話的な要素が盛り込まれているという（五味文彦・井上聡〔二〇〇一：八〇四頁〕）。

（18）このことについて川添昭二氏は、「対馬守親光が平氏の攻撃を避けて、やすやすと高麗に亡命し、高麗王（明宗）の臣下となったというのも、対馬を主とする日本の対高麗進奉船貿易による「朝貢」関係が背景にあったからであろう。親光の対馬守時代に高麗に対する進奉船貿易の事実は見出せないが、右のように解して、まず大過なかろう」（川添昭二［一九八八：一〇頁］）と指摘している。また、「高麗国主」という表現について村井章介氏は、「これは実際には国王なんですが、これを国主といっていることにも注目される……。高麗を日本に従うべき朝貢国として扱う書き方をしている……。国主というのは国王よりも低く扱ういい方」（村井章介［一九九七：五五～五八頁］）と述べており、鎌倉幕府有力者の高麗に対する意識をうかがうことができると指摘している。

(19) 五味文彦氏は、『吾妻鏡』は十三世紀末の永仁年間（一二九三～一二九九）の編纂ではないかと指摘されている（五味文彦［二〇〇二］）。

(20) 森公章［二〇〇八：二二頁］では、この説話と、刀伊の入寇時に女真人を迎え撃って恩賞を得た壱岐守大蔵種材や対馬守平致行との関連を指摘している。

(21) 「李文鐸墓誌」については本書第1部第三章を参照。また墓誌には「辺塞」という表現もあり、「夷狄、又は外国人の侵入を防ぐ為に国境に建てたとりで」の意味がある（諸橋轍次編『大漢和辞典』一一、大修館書店、一九五九、二〇五頁）。

(22) 『平戸記』延応二年（一二四〇）四月十七日条（本書第2部第二章を参照）。

(23) 青山公亮［一九五五ｄ：二八頁］。

(24) 田村洋幸［一九九三：二一～二二頁］。

(25) 田中健夫［一九六一：二〇頁］。

(26) 森克己［二〇〇九ｍ：四九頁］、中村栄孝［一九六五ａ：五二頁］、佐伯弘次［一九九二：四一頁］、李領［一九九九ｄ 日文：一六三～一六五頁］。

(27) 村井章介［一九八八ａ：三一五～三一六頁］。

(28) 溝川晃司［二〇〇三：八一頁］。

(29) 長節子氏によれば、対馬の守護および地頭職は十三世紀の初頭以来鎌倉時代末まで、武藤氏（後の少弐氏）で、（惟）宗氏が地頭代を務める体制は、おそくとも十三世紀半ばすぎには成立していたとする（長節子［一九八七：

八～九頁〕）。

(30)　荒木和憲〔二〇一七：一六頁〕。

(31)　長節子〔一九八七：一〇～一一頁〕。

(32)　『高麗史節要』では、高宗十四年十二月条の末尾にこの記事を収録しているが、『高麗史』（史料18）が「是歳」としているように、十二月ではなく「是歳」すなわち高宗十四年のある時期と解釈すべきであろう。

(33)　森克己〔二〇〇九m：四八～四九頁〕、金庠基〔一九八五b：六三三頁〕、杉浦亮治〔一九六四年：三三一～三三三頁〕、村井章介〔一九八八a：三一二～三一四頁〕、佐伯弘次〔一九九二：四一頁〕、田村洋幸〔一九九七：一二～一四頁〕、李領〔一九九九d　日文：一四四頁〕、石井正敏〔二〇一七h：一四一頁〕、張東翼〔二〇〇四　ハングル：三一二・三二三～三二四頁〕、朱雀信城〔二〇〇八：一四頁〕。

(34)　石井正敏氏は『高麗史』高宗十四年是歳条では牒状〔全羅州道按察使牒状〕の内容を「諭以歴世和好、不宜来侵」と要約している」としている〔二〇一七h：一四〇～一四一頁〕。

(35)　李領氏は「大宰少弐武藤資頼は、直ちに悪党九〇名を捜し出して斬首するとともに、高麗に対して謝りの書信を送るという積極的な措置を取った。……このような少弐氏の意思が、実際に倭寇の禁圧に大きな効果があったことは、「日本推ニ検賊倭一誅レ之。侵掠稍息」という『高麗史』の記事によっても裏付けられよう」と述べている〔李領一九九九d　日文：一四四頁〕。

(36)　大官署丞は従八品、詹事府録事は正九品である。

(37)　按察使の職掌については、本書第1部第二章を参照。

(38)　浜中昇〔一九八七：二四～二五頁〕。

(39)　礼賓省牒状については、本書第1部第一章を参照。後述する朴寅についても「及第朴寅」とあり、科挙に登第したものの、具体的な官職には就いていない人物が使者となっている。

(40)　あるいは、朴寅が承存と共にやってきた二〇人の中に含まれており、代表者の承存は一二二七年の五月に大宰府からの書（返牒）を持ち帰ったが、朴寅はさらに翌年十一月まで「一年」間大宰府に留まり、その後高麗に日本からの「和親牒」をもたらしている可能性も考えられる。事実、『高麗史』には「全羅州道按察使牒状」にある承存の名前はみえないので、朴寅と承存は同じ一行であったとみることもできる。しかし、以下の理由から別個の使者であったと考えられる。『高麗史』地の文に記されている人物と牒に引用されている人物を代表者と考えることができるのであれば、『高麗史』地の文に記載されている「及第朴寅」も当然代表者であった可能性が高い（ただし牒状は引用されていない）。【史料19】によると、「講和」のための使節として朴寅に牒を持たせて日本に派遣していることが明記されているため、朴寅は代表者であったとみて間違いない。さらに朴寅は翌年の十一月に高麗に戻っているので、いずれにせよ二度目の使節と共に帰国していることになる。もし朴寅が一度目の使節で承存等と共に派遣された場合、二度目の使節には承存でも朴寅でもない別の人物が使節代表者として存在するはずであるが、二度目の使節が帰国した際、崔瑀（怡）は二度目の使節の代表者ではなく、また一度目の使節の代表者でもなかった朴寅を褒賞していることになる。朴寅を迎えに行くためだけに使節が派遣されるということは考えにくく、また『明月記』の記事などから判断しても、朴寅は二度目の派遣使節の代表者として考えてよいと思われる。

（41）　この時の高麗使節として「承存」と「朴寅」がそれぞれ来日し、交渉を行ったという旧稿で述べた見解は、榎本渉［二〇一四：八九頁］、石井正敏［二〇一八c：一九七頁］でも支持されている。

（42）　李領［一九九九b 日文：六二頁］、朱雀信城［二〇〇八：一四頁］。なお李領氏は「全羅州道按察使牒状」について「鎌倉幕府を経て京都にも伝えられたようで」（李領［一九九九e 日文：二二六頁］）と述べているが、【史料14】・【史料15】の記事から考えると、大宰府から京都へは案文を、鎌倉へは正文をそれぞれ送ったものと思われる。また、五月十四日に正文が鎌倉に届いているが、【史料17】によると、五月乙丑（十七日）の時点ですでに日本からの書（返牒）が高麗の朝廷に伝わっているので、その内容に鎌倉幕府の意向を盛り込むことは時間的に困難である。よってこの牒は大宰府の私返牒であったと理解できる。また朱雀信城氏は、【史料15】からこの時点までは、外交問題について府官が朝廷へ上奏することは当然のことと認識されていたが、この事件を契機に幕府が外交問題に参入する態度を取り始めたことを指摘している（朱雀信城［二〇〇八：一四・一八頁］）。ただしこの時の交渉では、資頼は幕府の意向も聞くことなく、承存と交渉・対応している。

(43)『異国牒状記』は石井正敏［二〇一七l］を参照。

(44)『師守記』貞治六年（一三六七）五月八日条に、「今夕自二殿下一以二仮名御書一被レ尋二問家君一云、□返牒之時、将軍返牒、又大宰府返牒、小弐私返状遣之□〔例〕、可レ被二注進一。明日忩可レ被二注申一云々」とあり、翌九日条に引かれた二条良基書状に、「異国の牒状無礼などにて返牒の候ハぬとき、将軍の返牒、また大宰府の返牒、また小□〔弐カ〕わたくしの返状などつかはして候例」云々とみえる。

(45)田島公［二〇〇一：二一九～二二〇頁］。

(46)高麗建国以来の日麗交流の概要については本書の序章を参照。

(47)森克己［二〇〇九m：四九頁］。

(48)田村洋幸［一九九七：一二頁］。

(49)この問題について金成俊氏は、十～十一世紀の東北アジア情勢について詳述した後、むすびにあたる「余言」部分で「高宗十四年五月に日本が国書を送り、賊船が沿辺を侵寇した罪を謝罪し、これに「日本国が互市を修好することを請うた」ことがあるが、このように日本が高麗に互市を修好しようと請うたことは、進奉船約定と深い関連があるとみられ、この年及第朴寅を大宰府に派遣して、禁倭を丁寧に諭説したので、倭寇による侵略がすこし止んだとする記録を吟味する必要がある。日本が今更互市を修好しようと請うたのは、倭寇のために私献貿易が大きく萎縮されることをみて、哀れに思ったあげくにとった措置であり、これに対して高麗は朴寅を日本に派遣してもう一度禁倭を面諭して、日本の請を受けて、互市修好すなわち進奉船約定を結んで、倭寇の侵略がすこし止んだとみるのが穏当な解釈であろう」（金成俊［一九八九：一八八頁］）と述べ、この時に高麗が使節を二回派遣したとの理解を示している。しかし氏は日本側の史料は参照しておらず、したがって「全羅州道按察使牒状」や「承存」については触れずに、朴寅を二度派遣したと理解している。また、日本が発給した「書」に記載の「互市修好」を「進奉船約定」と解釈されていることなどから、『高麗史』・『高麗史節要』の記事を時系列的に述べているものと思われる。

(50)青山公亮［一九五五c：二四頁］、溝川晃司［二〇〇三：七九頁］。

（51）中村栄孝［一九六五ａ：二〇頁］、田村洋幸［一九九三：一八～一九頁］、李領［一九九九ｂ日文：四七～四八頁］、歴史学研究会編［一九九八：二一一～二一二頁］。

（52）時代は下るが、朝鮮時代に権鼈（一五八九～一六七一）よって編纂された『海東雑録』巻三、倭には、「高麗代、羅亦修二和好一、故康宗以前数百年間、南陲晏然。至二高宗時一、稍見二侵掠一。高宗十四年、遣二及第朴寅一申二和好・禁賊一、倭相約、以二歳常進奉一度、船不レ過二二艘一。至二元宗四年一、有二賊船二艘一犯レ境。遣二洪佇一請レ禁二賊船一。」とある。李樹鳳氏執筆の解題（一～四頁）によると、この史料は朝鮮仁祖代（一六二三～一六四九）の学者である権鼈が、一四巻一四冊に著した王朝別人物辞典で、引用書目には壬辰倭乱以前の古書を網羅的に利用しており、その中には現存しない図書や逸文も多く載せられている点で貴重な文献であるという。

ここで注目すべきは、『高麗史』では元宗四年条に配されている「進奉船」の「定約」が、『海東雑録』では、高宗十四年に及第朴寅が日本へ派遣された際に、倭と「相約」したと記されていることである。この記述が何らかの史料に記載されていたものか、あるいは『海東雑録』編者である権鼈の認識に依ったものなのかについては明らかではないが、少なくとも十七世紀段階においては、朴寅と大宰府との交渉によって成立した「定約」あると理解されているのである。

（53）「天福の儀」については、他に関連する史料を見出せないため、現在のところどのような内容であったか明らかにすることができない。ただし現存史料によれば、直近の出来事として、貞永元年（一二三二）に起こった鏡社住人による高麗への夜討事件がある（『吾妻鏡』貞永元年閏九月十七日条）。天福の高麗牒状はこのことと関連があるのかもしれない。

（54）この点について中村翼氏は、武藤（少弐）資頼は正治二年（一二〇〇）に「執行」として大宰府の府官を統制すると、建暦元年（一二一一）以前には大宰少弐として大宰府現地の最高責任者となる。そして、博多綱首と関係を構築しつつ、必要とあれば幕府が少弐氏を介して貿易・外交に関与していたことを指摘している（中村翼［二〇一〇：四七頁］）。

また、高銀美氏は、高麗使承存と朴寅に送った返書をそれぞれ『異国牒状記』にある「少弐私返状」・「武将の命をうけて、少弐が状などをやつかはさるべき」とする旧稿で述べた見解を批判された。すなわち、承存に送った返書を「武将の命をうけて、少弐が状などをやつかはさるべき」ものであったと理解する。その理由として、承安二年に平清盛が「日本国沙門静海」名義で返牒を送ったことから「何の官職も名のらない個人名義の返牒」であるため、承存に送った「日本国の書」について「日本の公的な官職の名で発給された牒状」とは性格が異なるとする。朴寅にもたらした「和親牒」については、朴寅の帰国が十一月で、一年間滞在していたことから来日は嘉禄三年の十一月頃になるといい、翌十二月に安貞に改元されるため、『異国牒状記』にある「嘉禄の例」とは異なるとする（高銀美［二〇一二　日文：八～九頁］）。しかしこのような高氏の見解には疑問を抱かざるを得ない。まず前者については、『吾妻鏡』によれば嘉禄三年の五月十四日に「今日披覧に及ぶ」として牒状が開き見られ書写されている。『高麗史』によれば、高麗使承存は同年五月乙丑（十七日）に帰国あるいは帰国報告をしていることから、返牒に将軍の意向を盛り込むことは不可能である。また『高麗史』には「日本国は書を寄せ」とあるだけで、ここから「公的な官職の名」があったことを読み取ることはできない。仮に高氏の述べるように「何の官職も名のらない個人名義の返牒」を「私返状」だったとして、大宰府との交渉に臨んだ承存が武藤資頼から返書をもらったのであれば、そこに官職がなくとも「日本国の書」となるであろう。また後者については、「一年」を十二ヵ月と厳密にとらえる必要はないであろう。年をまたいで滞在していたことを「一年」と数えても良いのではないだろうか。

　史料的制約の大きい当該期において、『明月記』嘉禄三年八月十二日条の「高麗重送レ牒之由有二巷説一云々。若又持二向于関東一歟」という記事はやはり重要であり、「確実な根拠があるわけではない」（九頁）と一蹴すべきではない。少なくとも八月には朴寅は牒状を持参して来日していたとみるのが素直な解釈であろう。そして「若又持二向于関東一歟」という記述から、関東すなわち幕府（将軍）のもとに牒状がわたった可能性が推測されるのではないだろうか。嘉禄ではなく安貞であるとする意見についても、例えば『異国牒状記』には延応二年（一二四〇）四月に到来した高麗牒状に関する内容について、「仁治元年四月」としているところがある。延応二年は七月に仁治に改元されるのであり、本来「仁治元年四月」は存在しないのであるが、このような記載がある。したがって、実際に返牒が下されたのが安貞二年であったとしても、外交問題自体は嘉禄年間から起こっているので、嘉禄の儀とすることに違和感はない。したがって高氏の拙論批判に従うことはできない。

(55) 石井正敏［二〇一八c：一九七頁］では、「進奉船とは日本の朝廷ないし幕府が公式に高麗と交わした約定ではなく、当初は対馬島が、後には武藤資頼が個人的に関与して結ばれたものと推測」している。

(56) 承存派遣時に大宰府で行われた悪徒処分について、田村洋幸氏は「律令の規定によれば、犯罪人の生殺与奪の権は大宰府の在庁官人にあり、少弐資頼が賊党を斬首しても越権行為とはいえないはずである」［一九九七：一三頁］とし、李領氏［一九九九b：六五頁］や溝川晃司氏［二〇〇三：八二頁］は嘉禄三年四月二十三日に幕府から西国の守護人に出された悪党鎮圧令に従ったものと理解し（『吾妻鏡』安貞元年四月二十三日条に「……西国悪党蜂起之間、仰二守護人一、可レ被二対治一之旨、及二御沙汰一云々」とある）、大山喬平氏は「資頼による悪徒九〇人斬首がこれまでの慣例をやぶって「上奏」なしで行われた断固たる互市修好の措置であったことに注目されよう」（大山喬平［一九八四：三三頁］）と指摘している。

(57) 本書第1部第一章を参照。

(58) 森克己［二〇〇九m：七三頁］。

(59) 池内宏［一九七九］、黄鐘東［一九六七］、朴龍雲［二〇〇八］。『高麗史』巻二二、高宗世家条の記事などを参照。

(60) 『高麗史』巻二二、高宗世家十一年（一二二四）春正月戊申条。

(61) 『高麗史』巻二二、高宗世家十二年（一二二五）春正月癸未条。

(62) 『高麗史』巻二二、高宗世家四年（一二一七）春正月丙午条。

(63) 『高麗史』巻二二、高宗世家六年（一二一九）冬十月癸亥条。

(64) 『高麗史』巻二一、高宗世家七年（一二二〇）二月丙子条。

(65) 金龍善［二〇〇六a：三五四頁］。

(66) 【史料2】では慶尚道の沿海州県を侵した倭人が捕えられていることから、このような倭人を描いたものであったかもしれない。

(67)『高麗史』巻二二、高宗世家十一年（一二二四）春正月癸丑条。
(68)武田幸男［二〇〇五a：三八頁］。
(69)日本の新羅・渤海や高麗に対する認識については石井正敏［二〇一七d・h］を参照。

〔付記〕

本書の脱稿後、村井章介［二〇一八］を得た。「全羅州道按察使牒状」について村井氏は、「写本の質が悪く解釈が難しいため、諸説乱立の状況だが、最大の謎は慶尚道の金海府で起きた対馬島民による略奪事件への抗議を、なぜ全羅州道按察使が行なったのかである。本史料に対してもっとも詳細な検討を試みた［近藤剛二〇〇八］（本章の旧稿）でも、この点はスルーされている。『百錬抄』安貞元年（一二二七）七月二一日条によって「対馬人が全羅州を襲ったことを抗議する高麗国全羅州道按察使牒状」と解する向きもあるが、『吾妻鏡』に掲げる牒から事件が全羅道で起きたとするのは無理である」と述べる（六頁）。

もちろん、村井氏の指摘をスルー（無視）していたわけではなく、思案しているが、明解な説を提示することができないのが現状である。推測をたくましくすれば、この牒状で指摘している倭寇事件は、前年（嘉禄二・一二二六）六月のもので、『高麗史』には「倭寇金州」とあるだけである（本章【史料4】）。しかし牒状によれば、この時の倭寇は、夜の寝静まったところに乗じて「城竇」（城のくぐり門）から城内に侵入し、「正屋」（おそらく金海府の中枢である政庁）において略奪行為に及んでいる。また、本章で扱った『民経記』嘉禄二年十二月二十七日条（【史料6】）に、肥後や壱岐島の住民が「高麗内裏」に「参入」して高麗国と「合戦」したという記事がある。金海府の「正屋」を襲ったとする情報が「内裏」と伝えられたものとみられるが、対馬だけでなく、壱岐・肥後の倭人がくりかえし金海府を襲撃したとすれば、金海府の損害が甚大であったことは想像される。そうであれば、慶尚道按察使は金海府の復旧・復興に注力せざるを得ず、日本に使節を派遣する余力はなかったのではなかろうか。そこで日本との外交交渉に関しては、かつて東南海都部署が置かれていた時期に、慶尚道とともにその管轄下にあった全羅道の按察使が担当したのではなかろうかと憶測している。

なお、『百錬抄』安貞元年七月二十一日条の解釈については本章の注（5）で示した通り、旧稿から変更はない。

〔コラム〕比較武人政権論の現在

はじめに ―日本・高麗の武人政権―

本書第2部で取り扱った十二世紀の後半、日本と高麗ではほぼ同時期に武士・武人による政権が成立した。日本では、保元・平治の乱（一一五六・一一五九）により実力を付けた平清盛が太政大臣となり（一一六七）、一門が高位高官に就いた。さらに治承三年（一一七九）のクーデタで後白河院政を停止させると、翌年外孫である安徳天皇を擁立した（一一八〇）。同年、源頼朝が挙兵すると、源氏一門である源義仲はいちはやく入京し、平氏を西国へと駆逐した（一一八三）。

しかし義仲は頼朝・義経兄弟により滅ぼされ（一一八四）、壇ノ浦で平氏を滅亡させた立役者である義経も、兄頼朝と不仲となり攻められ、命を落とした（一一八九）。頼朝は鎌倉に幕府を創設して武家政権を開いたが、源家将軍は三代で絶えた（一二一九）。御家人間の闘争を経て、執権である北条氏が幕府を主導することとなり、摂関家や天皇家から将軍を迎え、承久の乱（一二二一）以降になると、幕府は皇位継承に関しても干渉した。モンゴルの襲来（一二七四・一二八一）以後、鎌倉幕府は衰退・滅亡の一途をたどるが、その後も途中に断絶を挟みながらも、室町・江戸の幕府、すなわち武家政権は十九世紀半ばまで存続したのであった。

一方高麗では、文治主義がとられていたが、一一七〇年、差別的な待遇を受けていた武臣による軍事クーデタが起き、多くの文臣を殺害し、毅宗を廃して明宗を擁立した（庚寅の乱）。一一七三年に毅宗の復位計画を立てた文臣の金甫當が決起したが、鄭仲夫ら武臣たちは甫當をはじめ多数の文臣および前国王の毅宗をも殺害し、権力を強化した（癸巳の乱）。李義方、鄭仲夫、慶大升、李義旼と武臣執政が変わっていくこの時期（第一期）の権力基盤としては、高級武官の会議である重房が重要な役割を果たしたと考えられる。またこの間に慶大升は都房を設けて私兵集団を組織し、李義旼は官僚の人事権を掌握した。一一九六年に崔忠献が権力を握ると、武臣政権は相対的な安定期をむかえた（第二期）。翌年に明宗を廃して神宗を即位させると、王室との関係から不和が生じた弟の崔忠粋を殺すに至った。その後の忠献は、これまでの武臣執政とは異なり、儒者・文人を政権運営に利用して権力基盤を強化した。都房を拡張し私兵は数万にも上ったという。一二〇九年には王朝政府の機関として教定都監が新設され、崔忠献はその長官である教定別監に就任した。これにより、武臣政権は権力機構として一定の独自性を獲得すると同時に、王朝政府内における正当な位置づけを確保したと評価されている。教定別監の地位は、崔忠献（在職一二〇九～一二一九）の後、崔瑀（怡）（在職一二一九～一二四九）・崔沆（在職一二四九～一二五七）・崔竩（在職一二五七～一二五八）と父子間で世襲された。崔瑀は私邸に官僚人事統括機関としての政房や、私邸の警護を厳重にするために書房を設けるなどして、武臣政権をより拡充していった。特に正規軍として組織された三別抄は、対モンゴル戦の精鋭部隊として活躍した。一二三一年に江華島に遷都し、モンゴルとの徹底抗戦の道を進んだのも崔瑀であった。しかしモンゴル軍により高麗全土が蹂躙され、敗戦の色が濃くなってくると、崔竩は柳璥・金俊によって殺害され、崔氏政権は瓦解した（以後第三期）。教定別監の地位は金俊によって引き継がれた（在職一二五九～一二六八）が、高麗朝廷がモンゴルに降伏すると、再び武臣間の権力闘争が始まり、金俊は林衍によって殺された。林衍が病死するとその子の林惟茂はモンゴルに支援された高麗朝廷によって殺され、一二七〇年に武臣政権は終焉した。

従来の比較武人政権論

このような、一見多くの共通点があるようにみられる日本・高麗の武人（武家・武臣）の政権に関しては、明治時代より経済学者や一部の知識人が取り上げ、議論されてきた。そこでは、日本が古代から封建制度を取り入れた中世武家社会へと発展し、やがて近代に進んだのに対し、高麗（朝鮮半島）は封建制が定着することなく武臣政権が崩壊し、王政（貴族制社会）に回帰したことから、いわゆる停滞史論と結びつき、近代への発展も停滞したと考えられた。そこでは二十世紀になっても朝鮮半島では日本の平安朝の段階にあったという極論まで存在したという（旗田巍［一九九五］）。

こうした見方は、「西欧の歴史モデルを普遍的な発展法則とみなし、これを他地域の歴史解釈に強引、または機械的にあてはめるもの」であり、修正が迫られるようになった（森平雅彦［二〇一七b］）。戦後の早い時期においても、両国の武人政権の比較を通じて、日本がなぜ封建制を成立させることができたのか、という問題について学問のみならず政治の面でも大きな関心を集めた。それは、日本の近代化すなわち資本主義形成の成功条件を探る方途であり、アジア諸国の全般的な植民地化と日本の帝国主義化という分岐の歴史的前提およびそれらを解きあかす鍵と考えられたからであるという（髙橋昌明［二〇一六a］）。

比較武人政権論のゆくえ

近年は、両国の武人政権の現象面における比較研究が進められている。村井章介氏は、鎌倉幕府と高麗武臣政権の成立過程について整理した上で、①「権力編成原理」、②「首長の性格」、③「地域制と階層流動」の点から考察を加え、日本史と朝鮮史の分岐点について論じた（村井章介［二〇一三b］）。①については、幕府は人の支配と土地の支配とが統一されている制度であったのに対し、高麗は従者の軍事的奉仕への見返りとしての土地の安堵や給与がなかった。②は鎌倉幕府の長官は朝廷から「征夷大将軍」に任命されたが、御家人を従える主従関係の主体として「鎌倉殿」と呼ばれ、両者は同一の人格のもとに統一されていたわけではないとした。そして朝廷に対して期待されていた役割としては「日本国物守護」と表現されるように、軍事・警察機能をにぎって国家の安全を「守護」することにあるという。これに対し高麗の武臣政権は、「教定都監」という官庁とその長官である「教定別監」であったとし、「征夷大将軍」と対比できるとする。都監は特定の目的のために随時設置される官庁であることから、権力機構の未熟さを示すが、日本の「幕府」も軍陣における将軍の幕営を意味しており、語源的には臨時のものであり、両者は五十歩百歩の扱いであるかもしれないとみる。そして武臣執政が「令公」と呼ばれていることに注目し、これを「鎌倉殿」と対比している。③については、鎌倉幕府が王権所在地から遠く離れた地を本拠に選んだことが高麗武臣政権にない特徴であると指摘し、関東へ下った平氏や源氏が長年培ってきたものが、京都の支配力の行きわたらない広大な土地を権力基盤とすることができ、独自の中央権力が所在する首都の形成につながったと論じた。高麗においては、日本よりもはるかに対外的緊張のもとにあったことから、強固な中央集権制が成り立っており、権力からの自立度という点で未熟であったという。また高麗では武人の首長となる際に血の尊卑がほとんど問題にならなかったのに対し、幕府においては貴種が求められた点を指摘した。そして両国の武人政権が分岐した最大の要因は、モンゴルによる軍事的脅威によるものであったという。モンゴルはおよそ三十年にわたって高麗を侵略し続けたのであり、その被害は文永・弘安の二度の戦役によって受けた日本のそれとは比較にならないであろう。

次に髙橋昌明氏は、①「武臣・都房と将軍・御家人制」、②「教定都監と鎌倉幕府」に関して比較を行った（髙橋昌明［二〇一六b］）。

①については、都房と御家人制を比較し、日本の武士（軍事貴族）が権力掌握以前に一定数の家人を抱えていたのに対し、高麗の武臣は権力奪取時においては中央軍に頼り、その後権力と富を蓄えたうえではじめて私兵集団らしきものを持てたとする。その私兵も崔氏の身辺護衛組織の域を出ることはなく、

国家の公的軍事力は三別抄という形でまとめられたが、幕府の御家人は鎌倉殿の護衛に加え、京都大番役のような国家の公的軍事組織にもなったという。また、中央の会議に崔氏執政やその代理人が参加していたのに対し、幕府の首長である鎌倉殿は、右大将や右大臣など朝廷の要職に就いたにもかかわらず、京都での公卿会議には出席していないなどの相違点を挙げた。②は、鎌倉幕府が平氏政権の失敗に学び、軍事警察以外の朝廷への政務への不介入を既定路線としたのに対し、崔氏の政治は国家の非違糾察のみならず、政務全般が教定都監を通じて行われていたとする。

森平雅彦氏は「王朝政府の官僚として既存の王朝機構をコントロールするかたちで権力を形成していったという点で、まず平氏政権との比較は有効」と述べている（森平雅彦［二〇一七b］）。その平氏政権については、滑川敦子氏が崔氏政権・平氏政権・鎌倉幕府の三者それぞれを比較して考察を加えている。この中で平氏と崔氏の両政権は、首都で起こした軍事クーデタを通じて獲得した国政における発言権は非常に大きく、この発言力を背景にして、強大な軍事権門を構築したことを指摘した（滑川敦子［二〇〇七］）。

このような両国の軍事政権を比較して考察する試みは、中等教育においてもモデルとして有効であることが指摘されている（김《キム》보림《ボリン》［二〇〇九］）が、筆者は、髙橋昌明氏が指摘した次の内容に注目したい（髙橋昌明［二〇一六c］）。日本が中国・朝鮮と違って長期にわたって武人政権が存続した理由として、日本では文（儒）の普及、確立度が思いのほか低かったことを挙げる。中国ではすでに漢代において相当整った官僚制が存在し、そこでは正統教学である儒教を学び、その教養を身に付けたものが、高官となって政治を指導するという方針が打ち出された。礼楽や詩によって人々の道徳心を高め、社会の秩序と調和を実現する儒教思想は、「力」に対する徹底的な忌避となる。「力」の権化である武は徳の反対物であるし、武人は粗野で教養にも欠けるというこ

とで蔑視された。すなわち、中国の伝統思想では、戦争は悪徳となり、文人優位の社会である高麗においても、その思想は継承されたという。一方の日本では、平安貴族にとって儒教はせいぜい「儒学」でしかなかったといい、中国のように武を卑しいものとみなす精神が定着しなかった。そのため、武家政権内部における武人の位置は、文人に比べて格段に高い。中国や朝鮮では、武人政権内でも、文人の位置づけが決して低くはなかったことと大きく異なる。日本の武家政権において儒教が重視されるようになるのは江戸時代になってからで、四代徳川家綱の時期に、いわゆる文治政治への転換が起こった頃であるという。徳川政権による泰平の世が実現すると、軍事集団は武力を凍結された。そして本来武の対立物であった儒教が日本で一定に滲透し、武士の治者としての自覚をうながすことにつながったと述べている。

「武」に対する日本と中国・朝鮮の意識の違いについて述べた髙橋氏の指摘は大変重要である。今後は、日本・高麗の武人政権における現象面の異同のみならず、国内における文武に関する価値観や中国を含めた広い視点から考察していくことが求められるであろう。

終　章　モンゴル襲来以前の日本・高麗関係史の意義

はじめに

本書では2部八編の論文を以て、モンゴル襲来以前の日本・高麗関係史について考察を加えてきた。終章ではまず、第2部第四章で論じた「進奉定約」成立後の進奉船の推移を見ていく。次に各章で得られた結論を整理した上で、当該期の日本・高麗関係史の意義について述べることにしたい。

第一節　「進奉定約」後の進奉船の推移

本節では、嘉禄・安貞期の日麗交渉で明らかにした「進奉定約」締結後から、クビライによる日本招諭直前までの両国間の交流についてみていく。武藤資頼と及第朴寅との間で結ばれた進奉定約によって、倭寇の活動は「侵掠稍息」という状況になったと『高麗史』には記されている(1)。しかし、その後貞永元年（一二三二）閏九月に高麗に渡り夜討を行った日本人がいたことが史料にみえる。

【史料1】『吾妻鏡』貞永元（一二三二）年閏九月十七日条

十七日甲子、鏡社住人渡二高麗一、企二夜討一、盗二取数多珍宝一。帰朝之間、守護人為レ尋二問子細一、欲レ召二取彼犯科人等一之処、預所称下不レ可レ交二守護沙汰一之由上。張行之旨、就二注申一、今日有二沙汰一。預所非レ可二抑留一。任二交名一、早可レ召二渡守護所一、乗船幷贓物事、同可レ令二沙汰一之由。被レ仰二隠岐左衛門入道一云々。

肥前国にある鏡社の住人が夜討を企て、数多の珍宝を盗み取った。彼らが帰国したので、守護人（武藤資頼の子の資能）が詳細を尋問し、珍宝を盗んだ犯人を召し取ろうとした。ところが預所がそれを強く拒否しているということが幕府に上申されたので、この日に議論がなされた。幕府の下知としては、預所は犯人の身柄を抑留すべきではなく、交名に従って速やかに守護所に引き渡すことと、犯人らが乗っていた船や盗品についても同様に処置するということを、隠岐左衛門入道（二階堂行村）に命じている。この史料からは、武藤資能は、父資頼が高麗との間で結んだ「設有下他船枉二憑他事一濫擾中我沿海村里上、厳加二徴禁一以為二定約一」を遵守しようとしていた姿勢を見ることができる。「定約」を結んで四年後の出来事であるが、倭寇の拠点である対馬・壱岐・松浦ではそれぞれに事情があったのであろう。

その後、延応二年（一二四〇、七月に仁治改元）に、高麗から牒状が届き、朝廷で議論していることがうかがえる。

【史料2】『帝王編年記』仁治元年（一二四〇）四月三日条

四月三日、於二摂政直廬一諸卿被レ議二定高麗国牒状事一。左大弁忠高読二牒状一。

【史料3】『百練抄』仁治元年（一二四〇）四月三日条

四月三日癸酉、梅宮祭也。入レ夜於二摂政直廬一有二群議一。高麗国牒状事也。

【史料4】『平戸記』延応二年（一二四〇）四月十二日条

十二日丙午。天陰時々微雨。大蔵卿来臨。談二世事一之次、語云、高麗国牒状定詞、依レ召一昨日注進了。彼進奉船事、非二今案一リケリ。大化六年牒二対馬嶋一状云彼年号者異朝年号也、対馬牒状発二無礼一。其状進奉船事不レ見也。自二往代一已有二此事一歟。咎二無礼之状一、返二遣進奉之物一丸蚫三百帖・黒蚫三百丸・鹿皮三十枚云々也。仍被レ召之状、進奉事書改令レ進了云々。其趣注付一日記了云々。予云、本自此事所二不審一申也。仍可レ被レ尋二究子細一之由定申了。今所レ承之趣、尤有レ興歟。凡異国事者、能可レ有二沙汰一事也。而如二前内府申状一者、存外也。昨日見二参殿下一、被レ仰二此事一、同申二其由一了。殿下令レ承二諾一給、猶召二府解・存問記等一可レ被レ尋二究不審之条々一、可レ有二沙汰一歟之由所二執申一也。其次一夜議定事、有二被レ仰之旨一、尤〔述カ〕二子細一了。数剋閑談、及レ晩帰了。

【史料5】『平戸記』延応二年（一二四〇）四月十三日条

十三日丁未。天陰時々微雨。頭弁送二消息一云、高麗国牒状議二定申詞一、各所レ被レ召也。仍献二御教書一了。而請文未レ到如何。依二不審一内々所二相尋一云々。件御教書未レ到也。仍不レ能二注進一。為二之如何一之由、返答了。

【史料6】『平戸記』延応二年（一二四〇）四月十四日条

十四日戊申。天陰。頭弁又送二消息一云、昨日所レ申之御教書、一定進置之由、仕人所レ申也。今如承者、已以虚誕也。不可説々々。但所詮可二忩注進一云々。仍留二使者一注レ之、件申詞、議定之時委記了。一言不レ副注二進之一。但同二大蔵卿菅原朝臣議一之由書レ之。書二厚紙一枚一。端書云、頗引レ下天、高麗国牒間事ト書天、次行ニ、指上事趣、大旨同二大蔵卿一了〔申カ〕二之由一、書レ之也。大概執筆人相二尋定詞一之時、書二遣之一体也。

案二此事一、御直盧議定之時、職事令レ書二諸卿定詞一之儀常事也。殿上定之時、或又如レ此。而其時不レ被レ書、後日召二諸卿一令レ条。不レ知二先例一如何。不レ可レ然事歟。……

【史料7】『平戸記』延応二年（一二四〇）四月十七日条

十七日辛亥。晴。……晩頭、大府卿入来。今朝参二左大臣殿一、其後参二殿下一、次参二一条殿一、其帰路云々。談二世事一之次、泰和六年高麗国牒状、自二故親経卿家文書之中一所二見出一云々彼外孫俊国。選給云々。是進奉事載二此状一。已為二往〔衍カ〕往年之証一歟。仍為二見合一持来也。此子細一日粗記了。為レ補二窮屈之飢一、聊羞二杯酒・湯漬等一。秉燭之程、謝遣了。

維泰和牒状為二後鑑一書二留之一。仍続レ之。

高麗国金州防禦使　牒　日本国対馬嶋……（牒状略）

件年号者、非二高麗国一、唐朝年号歟云々。以レ是案二進奉船事一、已対馬嶋文牒依二無礼之状一還二送進奉物一了。件進奉事、自二往代一已有二其号一、彼嶋人之約子細不審。弥尤可レ尋二問事旨一歟。一夜定之時、進奉事未二曽聞一之由、故宰相定申、人々多同レ之。予不レ同。不レ進二存問記一、貽二不審一之故也。賢ク不レ同也。大府卿云、同二藤相公一有二後悔一云々。仍申詞改レ之、又捧二此状一。欲レ謝二申‐上彼怠一云々。

【史料8】『異国牒状記』

……延応二年の度、人々の議定に将軍の牒たるべき由、一同に申スと雖も返牒に及ばず。……仁治元年四月、牒状到来。関白直盧にて議定あり。将軍の返牒たるべき由、人々一同に申すと雖も、遂に返牒を遣はさず。……仁治元年四月、将軍の私返牒たるべき由沙汰ありと雖も、遂に返牒を遣はさず子細右に注す。……以上このほか返牒ある例をば略してこれを注さず、又小弐私の返状などを遣はす近例候歟。然而公家の所見詳しからず候。

四月三日以前に高麗国から牒状が到来し、摂政近衛兼経の直盧で群議が行われた。【史料2】では左大弁藤原忠高が牒状を読み上げているが、詳細については不明である。ただし、【史料4】によれば、平経高のもとへやって来た菅原為長が四月十日に高麗牒状に関する定詞を注進したこと、加えて「大化六年牒二対馬嶋一状」について経高に語っている内容から、わずかに延応度の牒状の内容を推測することができる。「大化六年牒二対馬嶋一状」とは、後に故藤原親経宅から見出され、四月十七日に平経高が書写した「泰和六年二月付日本国対馬島宛高麗国金州防禦使牒状」のことである（本書第1部第二章参照）。四月十二日時点ではまだ発見されておらず、為長は「甚だ不確かな写（おそらくは抄出）」をもとに論じられていたであろうことを李領氏は指摘している。[2] 実際の牒状には「進奉」や「進奉之礼」などの用語がみられるのであるが、為長は「其状進奉船事不レ見也」と述べていることから、延応二年の牒状にも「進奉」に関する内容が書かれていたものと推測される。[3] 四月十二日時点では、平経高も大宰府解や存問記などを召して詳細を尋究すべきことを述べている。その後四月十七日に「金州防禦使牒状」を写し終えた所感として、「以レ是案二進奉船事一、已対馬嶋文牒依二無礼之状一還二送進奉物一了。件進奉事、自二往代一已有二其号一、彼嶋人之約子細不審。弥尤可レ尋二問事旨一歟」と記している。すなわち、「進奉」は往代（古来）より存在するが、対馬島民と高麗との間で約された取り決めなので、「子細は不審」であり、事情をより尋問するべきではないかと述べているのである。[4]

しかし本書で明らかにした成果によれば、延応二年当時は対馬ではなく大宰府と高麗との間で「進奉定約」が成立していた。しかも『異国牒状記』によれば、将軍から返牒してはどうかという議論が起きたようであるが、結局日本側から返牒は発していないようである。[5] この一連のやり取りから、嘉禄・安貞期に結ばれた「進奉定約」について、朝廷は全く把握していなかったとみることができよう。実際には高麗との交流は対馬が実動であり、大宰府がそれを管理・担当し、さらには鎌倉幕府の了解もあったのではないかと推測されるのである。

この一件の三年後にあたる高宗三十年（一二四三・寛元元）には次の史料がみえる。

【史料9】『高麗史』巻二三、高宗世家三十年（一二四三）九月壬申条壬申、金州防禦官報、「日本国献二方物一、又帰二我漂風人一。」

金州防禦官（金州防禦使）が、日本国による方物の献上と漂流民の送還を高麗朝廷に報告している。これは「定約」に基づく進奉が行われたとみてよいであろう。

しかし、一二五〇年以降、再び倭寇の被害が報告され、高麗側が日本に対する警戒を強めていることがうかがえる。

【史料10】『高麗史』巻八二、兵志二、城堡、高宗三十八年（一二五一）条

城二金州一、以備二倭寇一。

【史料11】『高麗史』巻二五、元宗世家即位年（一二五九）秋七月庚午条

遣二監門衛録事韓景胤・権知直史館洪貯于日本一、請レ禁二海賊一。

【史料12】『高麗史』巻二五、元宗世家元年（一二六〇）二月庚子条

二月庚子、以二済州副使・判礼賓省事羅得璜一兼二防護使一。朝議「済州海外巨鎮。宋商・島倭無レ時往来。宜下特遣二防護別監一以備中非常上。然旧制但守倅而已。不レ可レ別二置防護一。」遂以二得璜一兼レ之。

【史料13】『高麗史』巻二五、元宗世家四年（一二六三）春二月癸酉条

癸酉、倭寇二金州管内熊神県勿島一。掠二諸州・県貢船一。

【史料14】『高麗史』巻二五、元宗世家四年（一二六三）四月条

遣二大官署丞洪泞・詹事府録事郭王府等一如二日本国一請二禁賊一。牒曰、「自二両国交通一以来、歳常進奉一度、船不レ過二二艘一。設有下他船枉二憑他事一濫擾中我沿海村里上、厳加二徵禁一以為二定約一。越今年二月二十二日、貴国船一艘、無レ故来入二我境内熊神県界勿島一、略二其島所レ泊我国貢船一、所レ載多般穀米并一百二十石・紬布并四十三

匹将去。又入二椽島一居民衣食・資生之具尽奪而去。於二元定交通之意一甚大乖反。今遣二洪泞等一齎レ牒以送。詳二公牒一幷聴二口陳一窮二推上項奪攘人等一尽皆徴沮、以固二両国和親之義一。

【史料15】『高麗史』巻二五、元宗世家四年（一二六三）六月条

是月、日本官船大使如真等、将レ入二宋求法一、漂風僧俗幷二百三十人泊二開也召島一。二百六十五人到二群山・楸子二島一。大宰府少卿殿白、商船七十八人、自レ宋将レ還二本国一、漂風失レ船。以二小船一、泊二宣州加次島一。命二全羅道按察使一、給二糧・船一、護二送其国一。

【史料16】『高麗史』巻二五、元宗世家四年（一二六三）秋七月乙巳条

秋七月乙巳、日本商船三十人漂風到二亀州艾島一。命賜レ糧、護送。

【史料17】『高麗史』巻二五、元宗世家四年（一二六三）八月戊申朔条

八月戊申朔、洪泞・郭王府等自二日本一還奏曰、「窮推海賊乃対馬島倭也。徴二米二十石・馬・麦三十石・牛皮七十領一而来。」

【史料18】『高麗史』巻二六、元宗世家六年（一二六五）秋七月丁未朔条

秋七月丁未朔、倭寇二南道沿海州郡一。命二将軍安洪敏等一率二三別抄軍一禦レ之。

【史料10】では、対日交流の最前線である金州において、倭寇に備えて城を築いたことが記されている。したがって、これ以前から倭寇の活動が目に余るようになっていたことが推測される。本書第2部第四章でも言及したように、寛元四年（一二四六）に惟宗重尚が対馬の在庁官人阿比留平太郎を討った話が伝えられているが、対馬島政がこの時期不安定であったことは十分に考えられ、その余波が倭寇として高麗にも及んだことが憶測される。一二五九年と六三年には高麗使が来日し、倭寇禁圧を要請している（【史料11・14】）。【史料14】の高麗牒状ではこの

年の二月に金州管内の熊神県の勿島で起きた倭寇事件について取り上げており（【史料13】）、おそらく少弐氏が対応し、この時の海賊（倭寇）が対馬島民であったことを述べ、略奪品が返還されている（【史料17】）。しかし、その後も倭寇の高麗南部襲撃は収まらず、【史料12】によれば、済州島方面にも「宋商」や「島倭」すなわち対馬・壱岐の島人(6)が絶え間なく往来するという状況であったため、済州副使に防護使を兼任させることが決められている。

一方、高麗側では少弐資能が派遣した南宋への往来の途次、高麗に漂着してしまった日本人の送還を行うなど、友好的な交流を続けている（【史料15・16】）など、双方ともに「定約」を遵守しようとする姿勢を読み取ることができる。しかし、一二五九年に高麗がモンゴルに降伏して以来、モンゴルによる内政への干渉が強まり、またクビライによる日本招諭が現実的となっていく。高麗国王元宗（在位一二五九～一二七四）は自国への過重な負担を恐れ、クビライに日本招諭を思いとどまらせようとする。

一二六七年正月、モンゴル・高麗使一行は日本へ行くために巨済島の松辺浦まで向かうも「風涛之険」を畏れて引き返してきた。元宗はこの時彼らをモンゴルに向かわせ、日本招諭に益のないことを奏上させた。その中で「雖レ至二対馬島一彼俗頑獷無二礼義一。設有二不軌一将如二之何一。是以与倶而還。且日本素与二小邦一未二嘗通好一。但対馬島人、時因二貿易一往二来金州一耳」(7)と述べている。嘉禄・安貞期に締結した「定約」後も、基本的には対馬島民が進奉（貿易）の中心となっていたことがわかる。しかし、大宰府の存在を述べていないところを見ると、この言はクビライに日本招諭を断念させるための方便ともとれる。

その後来日した高麗使潘阜が日本側に提出した書状には、「毀下我金州接二待貴国人一館上」とあり、金州に設置した日本人を接待するための「館舎」を毀したことが記されている。(8)日本との交流の痕跡を残さないためであろう。さらに、一二七二年七月に倭船が金州に至ると、慶尚道按撫使曹子一は日本との交通の事が発覚し、モンゴルから譴責を受けることを恐れて、密かに帰国させた。[9]洪茶丘はこのことを聞くと子一を問いただしてクビライに伝えるだけでなく、十月には子一を殺害してしまう。[10]こうして遅くても十一世紀後半には行われていた金州を介した日本と高麗の交流は終焉したのであった。

第二節　本書で得られた成果

1　高麗の対外関係史全体からみた日本

当該期の日本・高麗関係史研究においては、史料の絶対的な不足、また両国において政治的な関係が存在しないと考えられていたことから研究の停滞が見られ、他の時代の日朝関係史や中国をふまえた東アジアの歴史研究の分野から見ても、立ち遅れが指摘されていた。そこで筆者は、序章で述べた分析視角に基づき、問題の克服を試みた。まず、高麗の対外関係史全体から日本との関係を相対化することを試みた。すなわち第一章では十一世紀後半の文宗の請医一件の背景として、文宗朝は太祖以来作られてきた諸制度が完成をみたほか、八関会に女真・耽羅・宋商人とともに日本人も参加するなど、高麗の自尊意識は充足されていた。

このような中で、高麗に来航する宋商を通じて宋との国交が回復されると、貿易のために高麗に訪れていた王則貞を通じて日本との関係の改善を試みた。日本側も当初は医師派遣に前向きな反応を示していたが、派遣して効果が無ければ恥となるという意見が出されてからは消極的な意見が大勢を占め、医師の派遣を見送った。その際に問題となったのが礼賓省牒状であった。文書の首尾に関しては平行すなわち対等関係をあらわしているが、従来指摘されている「上意下達」的な形式や内容に加え、高麗の「公牒相通式」に基づいた署名様式の在り方に、高麗の自尊意識や、日本に対して上位にありたいとする高麗の対日意識をうかがうことができた。

第1部第三章では、「李文鐸墓誌」にみえる対金関係記事から、十二世紀半ばにおける金海陵王の南宋征伐にともなう混乱において、高麗が金とどのように向き合い、対応したのかということについて検討した。そこには金の統治に不満を持つ契丹人との交流を通じて得た情報があり、また正確な情報を求めて人を派遣するなど、情報蒐集に腐心した高麗朝廷の動向をみた。さらに第2部第一章では、その李文鐸が日本との名分関係を意識し、対馬島からの牒状を尚書都省からではなく、東南海都部署から返牒するのが良いと発言している。

第2部第四章では、十三世紀前半に高麗南部において問題となっていた初発期倭寇の禁圧を求めて、高麗使が来日してきたが、立て続けに派遣し「定約」を結ぶにいたった理由として、高麗の北方でも契丹人の襲撃や東真国の成立にともなう混乱があり、まさに「北虜南倭」の状況を打開するための遣使であったことを明らかにした。

2　高麗史そのものに対する成果 ―外交制度・官職史・古文書学―

次に日本と高麗との具体的な交流の在り方を解明する前提として、これまで十分に理解されてきたとは言えない高麗国内の問題について検討を加えた。すなわち第1部第二章では、高麗に渡航した日本使節の応対に関わった「廉察使」について検討を加え、これが「按察使」であることを明らかにした。その上で第1部第四章では、高麗における対日拠点となっていた金州を訪れた日本人の対応の在り方や、彼らの情報がどのように高麗朝廷に伝わり、その処遇が審議・判断されたのかといった、高麗の対日本外交管理制度について明らかにした。

本書では簡単に触れざるを得なかったが、今後は宋商人が到来した礼成港、女真人を応対した定州や和州・義州など高麗の対外窓口の比較検討が可能となる。さらに山内晋次氏[11]がすでに検討を試みているが、日本の大宰府（博多）や宋の明州、さらには東南アジアの諸国家における外交管理体制の比較など、海域アジア史研究に寄与できる成果が得られたものと考える。

以上のテーマの解明に際しては、「大日本国大宰府宛高麗国礼賓省牒状」（第1部第一章）、「日本国対馬島宛金州防禦使牒状」（第1部第二章）の諸写本を蒐集し、これに古文書学的手法を用いて校訂本文を作成し、検討を試みた。また「李文鐸墓誌」についても原石調査を経てより確実な本文を提示した上で内容に関する考察を進めている。これらの成果は、原本史料が皆無に等しい高麗古文書の不足を補うことにつながる。第1部第二章の考察内容を援用し、第2部第三章で取り上げた新出史料「嘉禄三年高麗国牒状写断簡及按文」にあらわれる「安撫司」を「按察使」に比定するなど、高麗の官職に関する成果もあげることができた。

3　十二世紀を前後する日本・高麗関係史

本書第2部においては、モンゴル襲来以前の日本・高麗関係の中でも、特に史料的制約が著しい十二世紀の両国関係について考察を試みた。史料の不足から十一世紀や十三世紀、あるいはそれ以後の史料を使わざるを得ず、推測に頼らざるを得ないところもあったが、従来とは異なる両国間関係の具体像を提示できたのではないかと考えている。

まず、第一章では、前述の「李文鐸墓誌」の対日本関係記事の検討から、この記載と『百練抄』や『山槐記』にみられる永暦元年（一一六〇）に対馬島民が高麗によって拘束された事件が関連するものと見た。さらに『大槐秘抄』にある対高麗関係記事のうち「帥大弐に武勇の人なりぬれば、必ず異国おこると申候けり。……今平清盛大弐に罷り成て候。いかがと思ひ給ふるに、高麗に事ありと聞候」も、この件に関連することを指摘した。次に具体的な通交史料の見えない十二世紀を前後して、博多唐房に居住・滞在する宋商人が、日本・高麗間を往来するようになり、それに伴って、高麗へ渡る日本人が対馬島民に一元化されていったのではないかと考えた。このような状況を受けて、朝廷の指針を受けた対馬島司を中心とした在庁官人が、彼らの渡航を管理・制限したものこそが、『大槐秘抄』にみえる「制」なのではないかと推測した。さらにこの「制」によって安定的・定期的に対馬島民が往来する状況を受けて、高麗側ではこれを「定期的な進奉」と考え、いわゆる「進奉之礼」・「進奉礼制」を対馬島民に課したのではないかと想定した。

第二章では『勘仲記』所載の「対馬守源光経解」の検討から、対馬島の採掘夫の性格を明らかにしたうえで、彼らが高麗によって拘束されてしまった事情について検討した。さらに、この解状の考察から、対馬島衙内部の対立、すなわち対馬の在庁官人阿比留氏に対して、武家政権の成立という新たな事態を受けて登場した大宰府使や守護人（武藤資頼）が干渉したことで、対馬・高麗間の進奉にも影響を与え、高麗から交流を拒否されるという状況が生じたことを指摘した。両者の対立の長期化や承久の乱の影響が一二二〇年代の初発期倭寇を引き起こし、嘉禄三年には「全羅州道按察使牒状」を携えた高麗使承存等二十人が来日し、倭寇の禁圧を求めた。この時の交渉において、大宰少弐武藤資頼は、対馬島の悪徒九十人を斬首し、「修好互市」を要請する返書を承存に持たせ帰国させた。これは資頼の独断であり、朝廷や幕府には全くの事後承諾であったが、この素早い対応の背景には、資頼が高麗貿易の主導権を握りたかったことと、十三世紀初頭以来対立が続く阿比留氏の勢力削減などを目的とした可能性がある。

この時の高麗使承存等一行の来日状況については、第三章で扱った新出史料「嘉禄三年高麗国牒状写断簡及按文」の検討からより明らかになった。特に資頼との交渉においては、高麗側は対馬島から船を一隻往来させ「売買」することを要請していることから、「牒状」には「進奉」と記載していながらも、日本側には「売買」すなわち「貿易」として説明しており、高麗の対日本観における本音と建前を垣間見ることができた。そして、この新出史料は、高麗使の来日状況に関する消息が大部分を占めるが、冒頭には『吾妻鏡』吉川本所載の「全羅州道按察使牒状」のうち、差出部分の一行が残されている。断簡であることから、もともとは牒状全文が文書には記載されていたと推測されるが、そうであるならば、『吾妻鏡』を編纂する際に本史料の消息部分に関する史料も残されていた可能性があるため、その部分を『吾妻鏡』に「収録しなかった」とする編纂者の姿勢が読み取れることも指摘した。

むすび　―モンゴル襲来以前の日本・高麗関係史の意義―

以上、本書で得られた成果を述べてきた。その上で、モンゴル襲来以前、すなわち十世紀〜十三世紀の日本・高麗関係史の意義を上げるとすれば、国家が外交政策を主導するというこの時期を前後する時代とは異なり、境界領域の人々が主体的に行動し、それが時に国家間の問題に波及していったという特徴を見出すことができる。モンゴルの圧力により高麗が主体的に外交を展開する状況は十三世紀半ばに終焉するが、日本においては鎌倉幕府の成立という新たな時代が到来した後も、幕府によって大宰府に赴任した武藤資頼が、基本的には前代から続く外交方針を継承しようと考えた。しかし、主導権を握る過程で混乱が生じ、それが高麗との間にも影響を及ぼした。嘉禄・安貞期の日麗交渉は、武家がはじめて直面する外交案件であったが、前代にはない迅速な対応により、立て続けに高麗から使節が来日し、「進奉定約」が締結された。ここにおいて日本の対高麗外交は武家により掌握されたと判断することができ、日朝関係史における画期的な出来事であったと結論付けられる。

序章でも述べた通り、本書は『日本高麗関係史』と題しているものの、扱った問題はその前半のごく一部に過ぎない。十三世紀の後半には、モンゴルの襲来があり、その前後にも高麗から外交文書が到来する。十四世紀になるといわゆる前期倭寇とそれに関する日麗外交が展開されるなど、日本高麗関係史を体系的に理解するためには、さらに視野を広げ研究を進めていく必要がある。ただその際にも、本書で掲げ、実施した分析視角は有効であると思われるので、今後もより一層両国関係の解明に邁進していきたい。

注

（1）『高麗史』巻二二、高宗世家十四年是歳条（本書第2部第四章を参照）。

（2）李領［一九九九b 日文：七〇頁］。

（3）李領［一九九九b 日文：七一頁］。

（4）山内晋次［二〇〇三a：九二頁］。

（5）ただし、朝廷がこの時期の進奉に関する具体的な動向を把握していないということであれば、この時、少弐氏や対馬を通じて何らかの返牒が送られたことは想定する必要があろう。

（6）武田幸男［二〇〇五a：六〇頁］。

（7）『高麗史』巻二六、元宗世家八年（一二六七）八月春正月条。佐伯弘次［二〇〇三：五六〜五七頁］。

（8）『大和尊勝院文書』（『鎌倉遺文』九八四五）。

（9）『高麗史』巻二七、元宗世家十三年（一二七二）秋七月甲子条には、「秋七月甲子、倭船到二金州一。慶尚道按撫使曹子一恐三交通事覚獲二譴于元一、密令二還国一。洪茶丘聞レ之、厳鞫二子一一、馳聞二于帝一。」とある。

（10）『高麗史』巻二七、元宗世家十三年（一二七二）冬十月己亥条には「洪茶丘殺二曹子一一」とある。

（11）山内晋次［二〇〇三c・二〇一四］。

あとがき

卒業論文で日本と高麗の関係をテーマとして研究を始めてから十七年という歳月が流れた。これまでの研究成果を一書にまとめる機会を頂き、それが形になろうとしている今、私の胸には様々なことが去来する。

先天性の心臓病を患っていた私は、中学二年生の時に二度目の心臓の手術をしてスポーツができるようになると、高校では走幅跳や三段跳などの陸上競技に打ち込んだ。学校行事にも熱中し、日本史・世界史も得意科目であったため、将来は社会科の教員になりたいと思い、中央大学文学部史学科日本史学専攻（現在は文学部人文社会学科日本史学専攻）に入学した。一九九九年四月のことである。

恩師である石井正敏先生との出会いは、学部二年生の時に履修した「日本古代史」の授業であった。中学・高校の授業をはじめ、漫画やドラマなどを通じて「物語」として学んできた歴史が、「史料」に基づくものであることを納得させてくれた。また、古代であるにもかかわらず、日本と世界とのつながりを鮮やかに見せてくださった先生の講義に、すっかり魅了されてしまったのである。日本から世界、世界から日本の姿を生き生きと描かれていた先生のもとで学びたいと強く思い、三年生からはじまるゼミに入れていただいた。以後十五年間、指導教授として学問だけでなく、人生における大きな指針を授けて下さった石井先生には、感謝してもしきれないほどの大恩がある。

日本高麗関係史に取り組むようになったきっかけは、四年生になる春休みに課された卒論に向けたレポートであった。そこではいわゆる「渡海制」や「年期制」を中心とした日宋関係を取り上げ、卒論も日宋貿易について研究したいと考えていた。しかし卒論指導の際に先生にこのことを告げると、レポートで高麗のことについて分量を費やしていたことに注目され、今後進展する可能性がある日本・高麗関係をやってみてはどうかと勧めてくださった。そして卒業論文「日本・高麗関係について」を作成したが、今から見れば研究史をまとめたに過ぎない内容であった。その後大学院に入ることを許され、研究の道に進んでいった。

大学院の博士前期課程では、石井先生のゼミで『入唐五家伝』を、白根靖大先生のゼミで『明月記』を、加藤謙吉先生のゼミで『新撰姓氏録』を輪読した。実証を重んじる中大日本史の気風でもある、可能な限り原本や写本に当たり、一字一字を確定させていくような授業スタイルが多かった。史料調査も当たり前のように実施していたことは、後に論文を書くようになってから大いに役立ち、今に至っている。

ゼミの先輩の片桐(旧姓宮永)廣美氏(カリタス女子中学高等学校教諭)、同期の河辺隆宏氏、鯉沼(旧姓鈴木)美沙氏、瀧川(旧姓小舟)奈央美氏には、研究が楽しいと思える環境を作っていただき、心から感謝している。特に河辺隆宏氏(帝京第三高等学校教諭)とは、博士後期課程まで一緒に学んできた間柄であるが、石井先生の広大な研究対象地域・時代の中で、河辺氏は宋(中国)、私は高麗(朝鮮半島)と何となく棲み分けができていたのは、先生の下で長く研究が続けられた理由であったと思っている。

また、東洋史の妹尾達彦先生のゼミも履修し、『両京新記』を精読した。さらに高麗の歴史そのものの理解を深めたいと考え、単位互換制度を利用して、東京都立大学(現首都大学東京)大学院人文科学研究科の木村誠先生にお願いし、『高麗史』元宗世家の輪読に加えていただいた。木村ゼミでは『高麗史』とハングル論文の講読を隔週で行ったのだが、予習をして臨んでも追いつくことができず、毎週ご迷惑をおかけした。そのような私を木村先生は温かい眼差しで見守ってくださった。ゼミの雰囲気も、石井ゼミは前期課程の院生が多かったのに対し、木村ゼミでは赤羽目匡由氏（現首都大学東京人文社会学部准教授）をはじめ、後期課程でしかも多国籍の院生で構成されていた「大人のゼミ」だったので、弟のように接していただいたと思っている。ゼミの終了後に研究室で何度か行ったキムチ鍋はおいしく、私にとって東アジアや朝鮮半島を身近に感じることができた。

外部の研究会としては、皆川雅樹氏（現産業能率大学経営学部准教授）に声をかけていただき、隔月で開催される「国書の会」に参加した。金子修一先生が当時山梨大学にいらっしゃったことから（現在は國學院大學文学部）、甲府での研究会は特急あずさやかいじに乗っていくちょっとした旅行気分であった。東京での会場は石見清裕先生が在職されている早稲田大学教育学部や、幹事の浜田久美子氏（現大東文化大学文学部教授）が在籍していた法政大学で、日本や渤海・新羅などの国書や牒状の精読と考察を進めた。その成果は二〇一四年に『訳註 日本古代の外交文書』（八木書店）として刊行されたが、研究会はもちろん、二次会・三次会と続く懇親会での耳学問も大変貴重であった。この研究会で得たことは、時代はやや下るものの、本書執筆の血肉となったことは間違いない。

前期課程の成果は修士論文『日本高麗関係史の基礎的研究』としてまとめることができた。その中には、本書第1部第二章のもとになるような内容も含まれており、口頭試問の際、主査の石井先生からは「ここまで成長するとは正直思わなかった。よく頑張った」とお褒めの言葉を頂戴した。しかし後期課程に合格した挨拶のために研究室に伺うと、「修士論文までは努力の過程も大事にしてきたが、ここから先は内容である。修論からすぐに外部に発表できるようなものは一つもないから、もう一度、全ての史料を読み直し、論文の作成に励むように」とのお言葉を頂いたときには、歴史学の、そして石井先生の学問的な厳しさに背筋が凍ったことを覚えている。その一方で、何としても石井先生に認めてもらえるような論文を書いてみせるという覚悟を持ったことも確かで、その一端が後期課程二年時に実施した大韓民国高麗大学校への交換留学であった。

留学の契機は、前期課程二年時に一年間石井ゼミに留学されていた高麗大学校大学院生の辛槿姈氏（現高麗大学校グローバル日本研究院研究教授）と過ごしたことである。辛氏は高麗大学校師範大学（教育学部）教授の金鉉球先生の教え子で、金先生と石井先生とは、二〇〇二〜二〇〇五年まで行われた「日韓歴史共同研究委員会（第1期）」の第1分科（古代史）の委員として共同研究を行っていたのである。このことが縁となり、辛氏が中央大学で留学することになったのであるが、次は私が二〇〇六年二月から一年間、金鉉球先生にお世話になるかたちで、高麗大学校への留学を実施した。金先生は早稲田大学に留学されたご経験があったこともあり、韓国語もままならず、不安な私の気持ちを和らげてくださった。高麗大学校では、金先生の日本史の授業を受講したほか、文科大学（文学部）韓国史学科の李鎮漢先生の高麗時代史の授業にも加えさせていただいた。午前中は韓国語の授業、午後は大学院の授業という生活であったが、当初は全くついていくことができなかった。しかし、六月に友人らの協力を得て、高麗時代史の授業で韓国語での報告をしてからは、ゼミのみなさんと少しずつ会話ができるようになるなど、多少自信が持てるようになった。夏休みには慶州や金海を一人旅し、また石井先生ご夫妻とともに全羅南道の木浦・珍島・莞島・麗水の調査旅行でガイドができる位までになった。石井先生には私の留学中に三度も訪韓してくださり、その度に日本から差し入れを届けてくださったり、多くの激励をしてくださった。

韓国でお世話になった方々を挙げると際限がないが、お一人だけ挙げるとすれば、高麗大学校大学院韓国史学科を修了された篠原啓方氏（現関西大学文学部教授）は、韓国での過ごし方や、韓国にいる日本人研究者を紹介してくださるなど、非常に有益なご助言・激励をいただいた。記してお礼申し上げる。

十二月には韓日関係史学会で研究発表する機会を得た。本書第2部第四章のもとになる内容であったが、その時に討論者になってくださったのが、『倭寇と日麗関係史』の著者である李領氏（韓国放送通信大学校教授）であった。

本書では李領氏の「進奉船」の理解について批判的に検討しているが、私が初めて購入した研究書は李領氏の著書であり、大きな目標であった。その研究者と直接お目にかかる機会があったことは貴重であった。

帰国してからの数年間は論文の執筆に邁進した。石井先生からは授業はもちろんのこと、研究室や居酒屋、さらにはご自宅にまで押しかけてご指導をいただいた。自らの不勉強から、お叱りを受けることも一度や二度ではなかったが、情熱を傾けてくださった。そしてメールの返信は他の誰よりも早かった。先生からいただくメールの末尾には、いつも「お互いに頑張りましょう」という一文が添えられており、心の支えとなった。なんとか学恩に報いたいとの一心で、先生にぶつかっていった。

二〇一二年三月に、石井正敏先生に主査、白根靖大先生と木村誠先生に副査となっていただき、博士学位論文「日本高麗関係史の研究」を中央大学に提出し、博士学位を取得した。本書はこの博士論文を基にしているが、大幅な加筆・修正を加えている。それにはこの時の口頭試問で指摘されたことが多く含まれている。

学位を授与していただいた際に石井先生からは、「今の学位は車の運転免許証のようなものだから、一人前になったというだけのこと。一層の努力を望みます。」と発破を掛けていただいた。

一方この間は留学した成果を発揮する機会も少なくなかった。二〇〇七年には、留学先の高麗大学校韓国史学科と、石井先生が所長を務められた中央大学人文科学研究所の共催で「十～十三世紀の東アジア国際交流」という国際ワークショップを開催した。ここでは報告者としてだけでなく、事務方として折衝も行った。

石井先生が研究代表者となった日本学術振興会基盤研究（C）「古代日本・朝鮮における中国渡航者の比較研究」（二〇〇六～二〇〇八年）では、研究協力者の一人に加えてもらい、この一環で壱岐や対馬への調査が実施できたことは得難い経験であった。

二〇〇七〜二〇一〇年に行われた日韓歴史共同研究委員会（第2期）では、第二分科会において発表された韓国人研究者の論文を日本語に翻訳するお手伝いをさせていただいた。

さらには、二〇〇九年に放送されたNHKのETV特集「日本と朝鮮半島二千年」では、第6回「蒙古襲来の衝撃 三別抄と鎌倉幕府」、第7回「東シナ海の光と影 倭寇の実像を探る」の番組制作のお手伝いをした。韓国語を生かした仕事ができたことは、これまで進んできた道が無駄ではなかったと前向きにさせてくれた。

また、双子の弟が初等部の教諭として勤務している早稲田大学系属早稲田実業学校の中・高等部に、本書でも多く引用させていただいている奥村周司先生が社会科教諭として在職されていた。そのため、弟を通じて奥村先生と直接お話する機会を何度かもたせてもらい、その度に激励をいただいたことも、研究を継続する大きなモチベーションとなった。

二〇〇八年からは、中央大学附属中学校・高等学校の非常勤講師として、大学院を修了した二〇一二年には中央大学文学部の兼任講師として中学・高校・大学生を相手に教鞭を執る機会をいただいた。これらの経験が、二〇一三年から学校法人開成学園（中学校・高等学校）の社会科教諭に就職できたことにつながったと思っている。実は開成への採用が決まる数日前に、日本学術振興会特別研究員（PD）の内定通知があり、どちらの道に進むべきか非常に迷っていた。高校教員になる目標は兼ねてから持っていたが、大学院での研究生活を経て、研究機関に勤務することにも魅力を感じていたのである。石井先生にご相談すると、PD期間は三年で、その後どうなるかはわからない。まずは就職をして教育も研究も頑張ってやってみるのが良いのではないか、とのご助言をいただき、開成学園に奉職することを決めた。

開成に就職して数年は、授業準備やクラス担任、種々の校務に追われているが、同じ日本史教諭の先輩である石附敏幸氏、松本英治氏には、いつも多くの刺激を受けている。授業や校務もこなしつつ、コツコツと研究を続けているお姿を間近で見ると、仕事を言い訳にして研究ができない、などということは言えなくなる。むしろ研究を続けなければ授業等で生徒を指導することなどできないということを示してもらっている気さえするのである。当たり前のように研究をする姿勢を示してくださっていることに感謝しつつ、お二人の背中に少しでも追いつけるよう、研鑽を積んでいきたい。

また、研究成果の一端を、授業や生徒会主催の出張講義等で披露することがあるが、中には目を輝かせて話を聞いてくれ、鋭い質問をしてくれる生徒もいる。このような環境の中で研究・教育に携われることに感謝して、これからも成果を出していきたいと考えている。

ところで、本書第2部第一章のもととなる論文を脱稿した二〇一五年の春先に、博士論文を一書にまとめたいと思い、その旨を石井先生に相談しようと考えていた。その矢先に先生が体調不良のために大学を休職されたことを聞き、七月に鬼籍に入られた。まさに青天の霹靂であった。悲しみの中で先生の学恩に報いるために何かできることは無いかと考え、『中央史学』や『中央大学文学部紀要』に掲載するための論著目録の作成や、鈴木靖民先生（横浜市立博物館館長）・村井章介先生（東京大学名誉教授）・川越泰博先生（中央大学名誉教授）・荒野泰典先生（立教大学名誉教授）を主幹とする石井正敏著作集刊行のお手伝いをさせていただいた。勉誠出版から全四巻として刊行された『石井正敏著作集』のうち、私は第三巻を川越先生・岡本真氏（東京大学史料編纂所助教）とともに編者の一人として携わった（前述の論著目録は第一巻に収録）。先生ご自身の手が加えられないところでの著作集の刊行は、必ずしも望んでいないことを生前伺っていたため、出版の話が出た時には迷いもしたが、残された者の役割であると考え、お手伝いをすることにした。

以上の仕事が一段落した二〇一八年の二月頃に、国書の会をはじめ様々なところで学恩を受けている河内春人氏（関東学院大学経済学部准教授）から、著書の出版を勧めてくださり、八木書店古書出版部の恋塚嘉氏に連絡をしていただいた。恋塚氏とは『訳註 日本古代の外交文書』を分担執筆した際にもお世話になっていたが、拙著の刊行を快諾くださり、数々のご助言を賜りながら、今本書が形になろうとしている。深謝申し上げたい。

この仕事と並行して、二〇一八年八月には、高麗大学校留学以来の親友である鄭淳一氏（高麗大学校師範大学助教授）に誘ってもらい、ソウルで行われた第四回アジア未来会議において研究発表を行った。李鎮漢先生や、李先生の教え子で留学中にも大変お世話になった先輩の金甫桄氏（嘉泉大学校リベラルアーツカレッジ助教授）との再会も果たし、研究を通じて学術交流を継続したいとの思いを強く持った。

ところで、この「あとがき」を執筆している二〇一九年八月現在、日本と韓国との関係は「史上最悪」と評されるほど悪化していることが連日報道されている。二〇一八年十月、韓国の大法院が、いわゆる徴用工に対して日本企業に損害賠償をするよう求めた判決を出した。これが「日韓請求権協定」に「解決済み」とあることに抵触しているということで政治問題となり、さらには経済や安全保障の問題にまで発展している。加えて朝鮮民主主義人民共和国は、弾道ミサイルとみられる飛翔体を日本海に向けて発射しており、不穏な空気が漂っている。

近現代の問題について軽々に述べることは控えるが、歴史学を学ぶ者として気になることの一つに「歴史認識」という言葉がある。特に「正しい歴史認識を持つ」とはどういうことなのであろうか。本書の成果に即して考えてみれば、それは、「ある出来事について、日本側・高麗側それぞれが異なる認識を有しており、そのことを、現代を生きる私たちが知ること」となるであろう。認識を形成するために必要な出来事の追究には、残された史料を蒐集・校訂した後に、思い込みを排除して一字一句を忽せにせずに精読する真摯な姿勢が求められる。これらも石井先生から教わったことである。言うは易しで行うは本当に難しいが、このことを肝に銘じて今後も研究を進めていきたい。

最後になるが、心臓の手術を行うなど、いつも心配をかけていると感じるが、そのような中でも好きなことを思い切りやらせてくれている父英夫、母惠子にはまず感謝の気持ちを表したい。

そして、ようやく論文を一、二本書いたばかりのしがない大学院生であった私との結婚を決意し、応援してくれていること。いつも毅然とした態度で優柔不断な私を叱咤激励してくれること。愛しい娘を二人も生んでくれた妻麻衣子に心からの感謝を伝え、本書の完成をともに喜びたい。

なお、本書は平成三十一年（令和元・二〇一九）度科学研究費補助金研究成果公開促進費（学術図書）の支援（一九HP五〇八三）を受けて出版したものである。

近藤　剛

初出一覧

既発表論文については、全て本書の主旨に合わせて改稿を施している。

序　章　新稿

第1部

第一章　「『朝野群載』所収高麗国礼賓省牒状について―その署名を中心に―」
（『中央史学』三四、二〇一一年）

第二章　「泰和六年（元久三・一二〇六）対馬島宛高麗牒状にみえる「廉察使」について」
（『中央史学』三二、二〇〇九年）
「『平戸記』所載「泰和六年二月付高麗国金州防禦使牒状」について」
（『古文書研究』七〇、二〇一〇年）

第三章　「高麗前期の官僚李文鐸の墓誌を通じてみた高麗・金関係について」
（『教育・研究』二四、中央大学附属中学校・高等学校、二〇一一年）
※高麗大学校日本史研究会編『동아시아《東アジアの》 속의《なかの》 한일관계사《韓日関係史》 下』（제이앤씨《J&C》、二〇一〇年）に掲載されたものを修正・増補した。

第四章　「高麗における対日本外交案件の処理過程について」
（中央大学人文科学研究所編『情報の歴史学』中央大学出版部、二〇一一年）

〔コラム〕新稿

第2部

第一章　「一二世紀前後における対馬島と日本・高麗―『大槐秘抄』にみえる「制」について―」
（中央大学人文科学研究所編『島と港の歴史学』中央大学出版部、二〇一五年）

第二章　「『平戸記』所載「泰和六年二月付高麗国金州防禦使牒状」について」
（『古文書研究』七〇、二〇一〇年）
「『勘仲記』弘安十年七月十三日条所載「対馬守源光経解」について」
（『日本古代の氏族と政治・宗教』下、雄山閣、二〇一八年）

第三章　「「嘉禄三年高麗国牒状写断簡及按文」について」
（一瀬智氏と分担執筆、『東風西声』一四、二〇一九年）

第四章　「嘉禄・安貞期（高麗高宗代）の日本・高麗交渉について」
（『朝鮮学報』二〇七、二〇〇八年）

〔コラム〕新稿

終　章　新稿

【著　者】
近藤　剛（こんどう　つよし）

1980年東京都生まれ。中央大学大学院文学研究科日本史学専攻博士後期課程修了。博士（史学）。この間に大韓民国高麗大学校への交換留学を行う。中央大学附属中学校・高等学校非常勤講師、中央大学文学部兼任講師、中央大学人文科学研究所客員研究員を経て、現在、開成中学校・高等学校社会科（地歴公民科）教諭。

〔主な著作〕

『古代日本と興亡の東アジア』（共著、竹林舎、2018年）
『高麗・宋元と日本（石井正敏著作集3）』（共編、勉誠出版、2017年）
『前近代の日本と東アジア―石井正敏の歴史学―』（共著、勉誠出版、2017年）
『訳註 日本古代の外交文書』（共著、八木書店、2014年）
『梁職貢図と東部ユーラシア世界』（共著〈翻訳〉、勉誠出版、2014年）
『日本の対外関係3 通交・通商圏の拡大』（共著、吉川弘文館、2010年）
『동아시아《東アジア》 속의《のなかの》 한일관계사《韓日関係史》 下』（共著、제이앤씨《J&C》〈大韓民国〉、2010年）
『対外関係史辞典』（分担執筆、吉川弘文館、2009年）

日本高麗関係史《にほんこうらいかんけいし》

2019年10月25日　初版第一刷発行　　定価（本体9,800円＋税）

著　者　近　藤　　剛
発行所　株式会社　八木書店古書出版部
代表　八　木　乾　二
〒101-0052 東京都千代田区神田小川町3-8
電話 03-3291-2969（編集）-6300（FAX）
発売元　株式会社　八木書店
〒101-0052 東京都千代田区神田小川町3-8
電話 03-3291-2961（営業）-6300（FAX）
https://catalogue.books-yagi.co.jp/
E-mail pub@books-yagi.co.jp

印　刷　上毛印刷
製　本　牧製本印刷
用　紙　中性紙使用

ISBN978-4-8406-2233-2

索　引

・本索引は、事項・人名・地名索引からなる。
・索引語は、五十音順に配列した。

事　項

【あ】

【い】

【う】

【え】

【お】

【か】

【き】

【く】

【け】

【こ】

【さ】

【し】

【す】

【せ】

【そ】

【て】

【と】

【な】

【に】

【ね】

【や－よ】

【ら】

【り】

【れ】

【ろ】

【わ】

人　名

【く】

【け】

【こ】

【さ】

【れ】

【ろ】

【わ】

地　　名

参考文献

・日本語の文献に関しては、著者を五十音順に並べた。
・ハングルの文献に関しては、著者を가나다順に並べた。

【日本語】

相田二郎　1949：『日本の古文書 上』岩波書店
青山公亮　1955：『日麗交渉史の研究』明治大学文学部
青山公亮　1955a：「緒論—帆船時代に於ける日鮮関係の基本的性格—」青山1955／初出：1953『駿台史学』3
青山公亮　1955b：「高麗よりの来牒に対する日本政府の態度」青山1955／初出1934：『台湾教育』昭和9年1月号
青山公亮　1955c：「通商関係の一班—特に所謂進奉船貿易に就いて—」青山1955／初出1925：『白鳥博士還暦記念東洋史論叢』岩波書店
青山公亮　1955d：「高宗朝及び元宗朝に於ける彼我の葛藤」青山1955／初出1927：『史学雑誌』38-4
赤木崇敏　2013：「唐代官文書体系とその変遷—牒・帖・状を中心に—」平田茂樹・遠藤隆俊編『外交史料から十～十四世紀を探る』汲古書院
赤羽目匡由　2003：「封敖作「與渤海王大彝震書」について—その起草・発給年次と渤海後期の権力構成—」『東洋学報』85-3
浅野三平　1983：「壺井義知と江戸—『師古日記』をめぐって」『紀要』〈日本女子大学文学部〉33
浅野三平　1985：「壺井義知再校—源語研究を主に—」『紀要』〈日本女子大学文学部〉35
吾妻潔　1975：「対馬貢銀記とその精錬法」『日本興行会誌』91
網野善彦　2007：「中世民衆生活の様相」『網野善彦著作集』第13巻、岩波書店／初出1985：『千葉史学』7
荒木和憲　2008：「文永七年二月日付大宰府守護所牒の復元—日本・高麗外交文書論の一齣—」『太宰府学』2
荒木和憲　2017：「中世前期の対馬と貿易陶磁」『貿易陶磁研究』37
有井智徳　1985：「高麗朝における民田の所有関係について」『高麗李朝史の研究』国書刊行会／初出1971：『朝鮮史研究会論文集』8
飯田久雄　1955：「大槐秘抄の成立」『日本歴史』83

生田滋　1991：「新羅の海賊」『日本海と出雲世界―海と列島文化 2』小学館
池内宏　1934：「刀伊の入寇及び元寇」『岩波講座日本歴史』4、岩波書店
池内宏　1979a：「刀伊の賊―日本海に於ける海賊の横行」同著『満鮮史研究』中世 1、吉川弘文館（復刻版）／初版 1933：岡書院／初出 1926：『史林』10-4
池内宏　1979b：「金末の満州」同著『満鮮史研究』中世 1、吉川弘文館／初版 1933：岡書院
池田温　2002：「麗宋通交の一面―進奉・下賜品をめぐって―」『東アジアの文化交流史』吉川弘文館／初出 1979：三上次男博士頌寿記念論集編集委員会編『東洋史・考古学論集 三上次男博士頌寿記念』朋友書店
池田善文　1996：「古代産銅地考」坂詰秀一先生還暦記念会編『考古学の諸相』坂詰秀一先生還暦記念会
石井進　2004：「大宰府機構の変質と鎮西奉行の成立」石井進著作集刊行会編『石井進著作集第一巻 日本中世国家史の研究』岩波書店／初出 1959：『史学雑誌』68-1／1970：同著『日本中世国家史の研究』岩波書店
石井正敏　1987：「日本と高麗」土田直鎮・石井正敏編『海外視点 日本の歴史 5 平安文化の開花』ぎょうせい
石井正敏　1999：「国書」加藤友康編『歴史学事典【第 7 巻 戦争と外交】』弘文堂
石井正敏　2001：『日本渤海関係史の研究』吉川弘文館
石井正敏　2001a「古代東アジアの外交と文書―日本と新羅・渤海の例を中心に―」石井 2001／初出 1992：荒野泰典・石井正敏・村井章介編『アジアのなかの日本史〈2〉外交と戦争』東京大学出版会
石井正敏　2003：『東アジア世界と古代の日本』山川出版社
石井正敏　2009：「進奉船」田中健夫・石井正敏編『対外関係史辞典』吉川弘文館／2003：丸山雍成・小風秀雅・中村尚史編『日本交通史辞典』吉川弘文館／初出 1987：『国史大辞典』7、吉川弘文館
石井正敏　2017A：『古代の日本列島と東アジア』（鈴木靖民・赤羽目匡由・浜田久美子編、石井正敏著作集 1）勉誠出版
石井正敏　2017a：「日本・渤海間の名分関係―舅甥問題を中心に」石井正敏 2017A／初出 2003、佐藤信編『日本と渤海の古代史』山川出版社
石井正敏　2017b：「九世紀の日本・唐・新羅三国間貿易について」石井正敏 2017A／初出 1988『歴史と地理』394
石井正敏　2017c：「『日本書紀』金春秋来日記事について」石井正敏 2017A／初出 2007、佐藤信・藤田覚編『前近代の日本列島と朝鮮半島』山川出版社
石井正敏　2017d：「藤原定家書写『長秋記』紙背文書「高麗渤海関係某書状」

について」石井正敏 2017A ／初出 2007、『人文研紀要』〈中央大学〉61
石井正敏　2017B :『高麗・宋元と日本』（川越泰博・岡本真・近藤剛編、石井正敏著作集 3）勉誠出版
石井正敏　2017e :「十世紀の国際変動と日宋貿易」石井正敏 2017B ／初出 1992、田村晃一・鈴木靖民編『新版古代の日本 アジアからみた古代日本』角川書店
石井正敏　2017f :「肥前国神崎荘と日宋貿易―『長秋記』長承二年八月十三日条をめぐって―」石井正敏 2017B ／初出 1998、皆川完一編『古代中世史料学研究』下
石井正敏　2017g :「高麗との交流」石井正敏 2017B ／初出 2010、荒野泰典・石井正敏・村井章介編『日本の対外関係 3 通交・通商圏の拡大』吉川弘文館
石井正敏　2017h :「日本・高麗関係に関する一考察―長徳三年（九九七）の高麗来襲説をめぐって」石井正敏 2017B ／主出 2000、中央大学人文科学研究所編『アジア史における法と国家』中央大学出版部
石井正敏　2017i :「『小右記』所載「内蔵石女等申文」にみえる高麗の兵船について」石井正敏 2017B ／初出 2006、『朝鮮学報』198
石井正敏　2017j :「文永八年来日の高麗使について―三別抄の日本通交史料の紹介―」石井正敏 2017B ／初出 1978『東京大学史料編纂所報』12
石井正敏　2017k「文永八年の三別抄牒状について」石井正敏 2017B ／初出 2011、『紀要』（中央大学文学部）史学 56（고려대학교《高麗大学校》 일본사연구회《日本史研究会》編『동아시아《東アジア》 속《のなか》의《の》 한일관계사《韓日関係史》』下、제이앤씨《J & C》、2010 を増補・修正）
石井正敏　2017l :「『異国牒状記』の基礎的研究」石井正敏 2017B ／初出 2009、『紀要』（中央大学文学部）史学 54
石井正敏　2017m :「貞治六年の高麗使と高麗牒状について」石井正敏 2017B ／初出 2010『紀要』（中央大学文学部）史学 55
石井正敏　2018A :『遣唐使から巡礼僧へ』（村井章介・榎本渉・河内春人編、石井正敏著作集 2）勉誠出版
石井正敏　2018a :「寛平六年の遣唐使計画と新羅の海賊」石井正敏 2018A ／初出 2001『アジア遊学』26
石井正敏　2018b :「成尋――見するための百聞に努めた入宋僧」石井正敏 2018A ／初出 2005、元木泰雄編『古代の人物 6 王朝の変容と武者』清文堂
石井正敏　2018B『通史と史料の間で』（荒野泰典・須田牧子・米谷均編、石井正敏著作集 4）勉誠出版
石井正敏　2018c「武家外交の成立」石井正敏 2018B ／初出 2013、『ＮＨＫさかのぼり日本史外交編［８］鎌倉「武家外交」の誕生』ＮＨＫ出版
石井正敏・川越泰博編　1996 :『増補改訂 日中・日朝関係研究文献目録』国書刊

行会
石上英一　1982：「日本古代10世紀の外交」井上光貞他編『東アジア世界における日本古代史講座7—東アジアの変貌と日本律令国家』学生社
石母田正　1989：「日本古代における国際意識について—古代貴族について」『石母田正著作集』4、岩波書店／初出1962：『思想』454
伊藤幸司　2002：「現存史料からみた日朝外交文書・書契」『九州史学』132
伊藤一馬　2018：「「宋西北辺境軍政文書」に見える宋代文書書式とその伝達—宋代文書体系の復元に向けて—」『大阪大学大学院文学研究科紀要』58
稲川やよい　1991：「「渡海制」と「唐物使」の検討」『史論』44
稲葉岩吉　1934：『日麗関係』（岩波講座日本歴史）岩波書店
井上幸治　2016：「平安時代前中期における文簿保管策」『古代中世の文書官吏と官人』八木書店
井上光貞他編　1976：『日本思想大系3 律令』岩波書店
井上宗雄他編　1999：『日本古典籍書誌学辞典』岩波書店
石見清裕　2005：「書評　山内晋次著『奈良平安期の日本とアジア』」『唐代史研究』8
石見清裕　2009：『唐代の国際関係』山川出版社
植松正　2007：「モンゴル国国書の周辺」『史窓』64
梅山秀幸訳　2011：『櫟翁稗説・筆苑雑記』作品社
榎本淳一　2008 a ：「律令国家の対外方針と「渡海制」」『唐王朝と古代日本』吉川弘文館／初出1991：山中裕編『摂関時代と古記録』吉川弘文館
榎本淳一　2008 b ：「広橋家本「養老衛禁律」の脱落条文の存否」『唐王朝と古代日本』吉川弘文館／初出1998
榎本渉2007：『東アジア海域と日中交流—9～14世紀』吉川弘文館
榎本渉　2007a：「宋代の「日本商人」の再検討」同著『東アジア海域と日中交流—9～14世紀』吉川弘文館／初出2001：『史学雑誌』110-2
榎本渉　2007b：「新羅海商と唐海商」佐藤信・藤田覚編『前近代の日本列島と朝鮮半島』山川出版社
榎本渉　2008：「日宋・日元貿易」大庭康時・菅波正人・田上勇一郎・佐伯弘次編『中世都市・博多を掘る』海鳥社
榎本渉　2009：「日宋貿易」森克己『続々日宋貿易の研究—新編森克己著作集3』勉誠出版
榎本渉　2010：「東シナ海の宋海商」荒野泰典・石井正敏・村井章介編『日本の対外関係3　通交・通商圏の拡大』吉川弘文館
榎本渉　2014：「宋元交替と日本」『岩波講座日本歴史』7、岩波書店

遠藤珠紀　2013：「平清盛家司藤原能盛の出自について」『古文書研究』75
大庭康時　2009：「大宰府鴻臚館・博多」森克己『続々日宋貿易の研究―新編森克己著作集 3』勉誠出版
大庭康時・菅波正人・田上勇一郎・佐伯弘次編 2008：『中世都市・博多を掘る』海鳥社
大屋徳城　1988a：「寧楽仏教と高麗朝の仏教」同著『仏教史の諸問題』（大屋徳城著作選集 6）国書刊行会／初出 1939：『宗教研究』102
大屋徳城　1988b：『高麗続蔵経雕蔵攷』（大屋徳城著作選集 7）国書刊行会（復刻）／初版 1937：便利堂
大山喬平　1984：「中世の日本と東アジア」歴史学研究会・日本史研究会編『講座日本史 3―中世 1』東京大学出版会
奥村周司　1979：「高麗における八関会秩序と国際環境」『朝鮮史研究会論文集』16
奥村周司　1982：「高麗の外交姿勢と国家意識―『仲冬八間会儀』および『迎北朝詔使儀』を中心として」『歴史学研究』別冊特集（民衆の生活・文化と変革主体）
奥村周司　1985：「医師要請事件に見る高麗文宗朝の対日姿勢」『朝鮮学報』117
長節子　1987：「宗氏の出自―惟宗姓から平姓へ―」同著『中世日朝関係と対馬』吉川弘文館／初出 1965：『日本歴史』208
生島修平・染井千佳・森公章　2010：「『朝野群載』巻二十二「国務条々」校訂文（案）と略註」『白山史学』46
尾上陽介　2000：「『明月記』原本の構成と藤原定家の日記筆録意識」『明月記研究』5
加藤繁　1953：「支那古金銀の形制に就いて」『支那経済史考証』下、東洋文庫
門田見啓子　1985：「大宰府の府老について（上）―在庁官人制における」『九州史学』84
金子修一　2019：『古代東アジア世界史論考―改訂増補 隋唐の国際秩序と東アジア―』八木書店
河辺隆宏　2007：「日宋貿易における年紀制管理と貿易形態の変化」佐藤信・藤田覚編『前近代の日本列島と朝鮮半島』山川出版社
河辺隆宏　2009：「綱首」田中健夫・石井正敏編『対外関係史辞典』吉川弘文館
河辺隆宏　2010a：「来日宋海商の廻却と廻却官府」『中央史学』33
河辺隆宏　2010b：「年期制と渡海制」荒野泰典・石井正敏・村井章介編『日本の対外関係 3 通交・通商圏の拡大』吉川弘文館
河辺隆宏　2011：「『朝野群載』所収宋崇寧四年「公憑」について」中央大学人文

科学研究所編『情報の歴史学』中央大学出版部
上川通夫　2007：「中世仏教と「日本国」」同著『日本中世仏教形成史論』校倉書房／初出 2001：『日本史研究』463
亀井明徳　1986：『日本貿易陶磁史の研究』同朋舎出版
亀井明徳　1995：「日宋貿易関係の展開」『岩波講座日本通史 6―古代 5』岩波書店
川口久雄　1968：『大江匡房』人物叢書 148、吉川弘文館
川崎保　2002：「『吾妻鏡』異国船寺泊漂着記事の考古学的考察」『信濃』54-9
川添昭二　1975：「鎌倉時代の対外関係と文物の移入」『岩波講座日本歴史 6―中世 2』岩波書店
川添昭二　1977：『蒙古襲来研究史論』雄山閣出版
川添昭二　1988：「鎌倉初期の対外関係と博多」箭内健次編『鎖国日本と国際交流』上巻、吉川弘文館
川添昭二　1996：「古代・中世の外交文書」同著『対外関係の史的展開』文献出版／初出 1980：『鏡山猛先生古希記念古文化論攷』鏡山猛先生古希記念論文集刊行会／ 1981：『日本古文書学講座』五中世Ⅱ
川西裕也　2014：『朝鮮中近世の公文書と国家―変革期の任命文書をめぐって』九州大学出版会
川西裕也　2015：「高麗の国家体制と公文書」『史苑』75-2
北村秀人　1969：「高麗時代の「所」制度について」『朝鮮学報』50
北村秀人　1982：「朝鮮における「律令制」の変質」井上光貞他編『東アジア世界における日本古代史講座 7―東アジアの変貌と日本律令国家』学生社
北村秀人　1986：「書評：奥村周司「高麗の外交姿勢と国家意識―「仲冬八関会儀」および「迎北朝詔使儀」を中心として」」『法制史研究』35
北村秀人　1996：「高麗時代の地方交易管見」『人文研究』（大阪市立大学文学部紀要）史学 48-12
木村可奈子　2019：「「国書」という語を考える」松方冬子編『国書がむすぶ外交』東京大学出版部
清瀬義三郎則府　1997：「女真文字―ツングース狩猟民族の「擬文字」文字」『しにか』6
金普漢　2010：「韓国内の倭寇研究の学術史的検討」日韓歴史共同研究委員会編『第 2 期日韓歴史共同研究報告書（第 2 分科会篇）』日韓歴史共同研究委員会
久保常晴　1962：「享和本大槐秘抄」『立正史学』26
宮内庁書陵部編　1950：『図書寮典籍解題　歴史篇』養徳社
宮内庁書陵部編　1984：『図書寮叢刊 壬生家文書六』宮内庁書陵部

桑野栄治　1994：「李朝初期における承文院の設立とその機能」『史淵』131
小池一行　1999：「御所本」『日本古典籍書誌学辞典』岩波書店
高銀美　2012：「大宰府守護所と外交」『古文書研究』73
河内春人　2014：「東アジア史上の日本と後百済」吉村武彦編『日本古代の国家と王権・社会』塙書房
河内春人　2015：「唐代東アジアにおける外交文書と学術」『唐代史研究』18
小葉田淳　1968：「対馬の銀」『日本鉱山史の研究』岩波書店
小峯和明　2006：『院政期文学論』笠間書院
小峯和明　2006a：「大江匡房の高麗返牒—述作と自讃」小峯 2006／初出 1981：『中世文学研究』7
小峯和明　2006b：「『対馬貢銀記』の世界—異文化交流と地政学」小峯 2006
五味文彦・井上聡　2001：「吾妻鏡」皆川完一・山本信吉編『国史大系書目解題下』吉川弘文館
五味文彦　2002：「「吾妻鏡」の成立と編纂」鎌倉遺文研究会編『鎌倉期社会と史料論』東京堂出版
五味文彦編　2010：『現代語訳吾妻鏡 9 執権政治』吉川弘文館
五味文彦　2018：『増補 吾妻鏡の方法ー事実と神話にみる中世〈新装版〉』吉川弘文館
近藤一成　2001：「文人官僚蘇軾の対高麗政策」『史滴』23
近藤剛　2008：「嘉禄・安貞期（高麗高宗代）の日本・高麗交渉について」『朝鮮学報』207
近藤剛　2009：「藤原親光」田中健夫・石井正敏編『対外関係史辞典』吉川弘文館
近藤剛　2010：「『平戸記』所載「泰和六年二月付高麗国金州防禦使牒状」について」『古文書研究』70
近藤剛　2018：「日本と高麗の交流」田中史生編『古代日本と興亡の東アジア』〈古代文学と隣接諸学 1〉竹林舎
近藤剛・一瀬智　2019：「「嘉禄三年高麗国牒状写断簡及按文」について」『東風西声』14
酒寄雅志　2001：「渤海国中台省牒の基礎的研究」同著『渤海と古代の日本』校倉書房／初出 1985：林陸朗先生還暦記念会編『日本古代の政治と制度』続群書類従完成会
佐久間重雄　2009：「朝貢」田中健夫・石井正敏編『対外関係史辞典』吉川弘文館／初出 1988：『国史大辞典』9、吉川弘文館
佐伯弘次　1990：「国境の中世交渉史」『海と列島文化 3—玄界灘の島々』小学館

佐伯弘次　1992：「海賊論」荒野泰典・石井正敏・村井章介編『アジアのなかの日本史Ⅲ—海上の道』東京大学出版会
佐伯弘次　1996：「古代・中世の壱岐・対馬」『歴史と地理』490 日本史の研究173
佐伯弘次　2003：『日本の中世 9 モンゴル襲来の衝撃』中央公論新社
佐伯弘次　2009：「日本侵攻以後の麗日関係」한일문화교류기금《韓日文化交流基金》·동북아역사재단《東北亜歴史財団》編『몽골의《モンゴルの》 고려《高麗》・일본《日本》 침공과《侵攻と》 한일관계《韓日関係》』景仁文化社
佐伯弘次　2010：「博多と寧波」荒野泰典・石井正敏・村井章介編『日本の対外関係 3 通交・通商圏の拡大』吉川弘文館
佐伯弘次・須川英徳・桑野栄治編　2010：「中世・近世日韓関係史料解題集」日韓歴史共同研究委員会編『第 2 期日韓歴史共同研究報告書（第 2 分科会篇）』日韓歴史共同研究委員会
佐伯弘次　2016：「蒙古襲来以後の日本の対高麗関係」『史淵』153
佐伯徳哉　2018：「平安末期藤原摂関家の石見知行国支配と対馬海域」『石見の中世領主の盛衰と東アジア海域世界』（島根県古代文化センター研究論集 18）
笹山晴生編　2008：『日本古代史年表（下）』東京堂出版
佐藤進一　1997：『新版 古文書学入門』法政大学出版局
篠崎敦史　2015：「高麗王文宗の「医師要請事件」と日本」『ヒストリア』248
シャルロッテ・フォン・ヴェアシュア　2013：「平清盛と唐船」『日本歴史』779
白鳥庫吉　1970a：「契丹女真西夏文字考」同著『白鳥庫吉全集 5』岩波書店／初出 1898：『史学雑誌』9-11・12
白鳥庫吉　1970b：「オランカイ及び刀伊の名義に就いて」同著『白鳥庫吉全集 5』岩波書店／初出 1908：『歴史地理』11-1
末松保和　1996：「高麗兵馬使考」同著『高麗朝史と朝鮮朝史』吉川弘文館／初出 1956：『東洋学報』39-1
須川英徳　1993：「高麗から李朝初期における諸貨幣—銭・銀・楮貨」『歴史評論』516
杉浦亮治　1964：「アジアの中世—倭寇禁圧使節を通しての日麗関係」『歴史研究』12（愛知学芸大）
朱雀信城　2008：「至元八年九月二十五日付趙良弼書状について」『太宰府学』2
鈴木靖民・金子修一・石見清裕・浜田久美子編　2014：『訳註　日本古代の外交文書』八木書店
周藤吉之　1980：『高麗朝官僚制の研究』法政大学出版局
周藤吉之　1980a：「高麗初期の官吏制度—とくに両府の宰相について—」周藤吉之 1981 ／初出 1974：『東洋大学大学院紀要』11

周藤吉之　1980b：「高麗初期の地方制度―とくに宋の地方制度との関連において―」周藤吉之 1980／初出 1975：『東洋大学大学院紀要』12
周藤吉之　1980c：「高麗初期の翰林院と誥院―宋の翰林学士・知制誥との関連において―」周藤 1980／初出 1980：『東洋学報』58-3・4
関周一　1995：「朝鮮半島との交流 対馬」網野善彦・石井進編『中世の風景を読む　第七巻　東シナ海を囲む中世世界』新人物往来社
関周一　2002：「唐物の流通と消費」『国立歴史民俗博物館研究報告』92
関周一　2004：「中世対馬の物流」『史境』49
関周一　2010：「「中華」の再建と南北朝内乱」荒野泰典・石井正敏・村井章介編『日本の対外関係 4　倭寇と日本国王』吉川弘文館
関周一　2017：「中世東アジア海域と日朝関係」関周一編『日朝関係史』吉川弘文館
関周一　2018：「東シナ海と倭寇」木村茂光・湯浅治久編『旅と移動―人流と物流の諸相―』〈生活と文化の歴史学 10〉竹林舎
曽我良成　2012：「諸国条事定と国解慣行」『王朝国家政務の研究』吉川弘文館／初出 1979
反町茂雄編　1938：『弘文荘待賈古書目』11、弘文荘
孫承喆・金剛一・李相薫編　2010：「中・近世韓日関係史料解題集」日韓歴史共同研究委員会編『第 2 期日韓歴史共同研究報告書（第 2 分科会篇）』日韓歴史共同研究委員会
対外関係史総合年表編集委員会編　1999：『対外関係史総合年表』吉川弘文館
高田義人　2002：「『朝野群載』写本系統についての試論―慶長写本・東山御文庫本・葉室本を中心として―」『書陵部紀要』54
高橋公明　1982：「外交文書、「書」・「咨」について」『年報中世史研究』7
高橋公明　2009：「海域世界の交流と境界人」高良倉吉・高橋公明・大石直正『日本の歴史 14 周縁から見た中世日本』講談社
高橋公明　2005：「外交文書を異国牒状と呼ぶこと」『文学』6-6
髙橋昌明　2007：『平清盛 福原の夢』講談社
髙橋昌明　2016：『東アジア武人政権の比較史的研究』校倉書房
髙橋昌明　2016a：「高麗の文・武臣と日麗の武人政権について」髙橋 2016
髙橋昌明　2016b：「東アジアの武人政権」髙橋 2016／初出 2004：歴史学研究会・日本史研究会編『日本史講座 3　中世の形成』)
髙橋昌明　2016c：「比較武人政権論」髙橋 2016／初出 2010：荒野泰典・石井正敏・村井章介編『日本の対外関係 3　通交・通商圏の拡大』吉川弘文館
竹内理三　1960：「国司一覧」箭内健次編『長崎県の歴史』文画堂

武田幸男　2000：「高麗王朝の滅亡と国際情勢」同編『朝鮮史』山川出版社
武田幸男編訳　2005a：『高麗史日本伝―朝鮮正史日本伝 2』（上）岩波書店
武田幸男編訳　2005b：『高麗史日本伝―朝鮮正史日本伝 2』（下）岩波書店
田島公　1991：「海外との交渉」橋本義彦編『古文書の語る日本史 2―平安』筑摩書房
田島公　1993a：「奈良・平安初期の対外交流」福井県編『福井県史 通史編 1 原始・古代』福井県
田島公　1993b：「平安中・後期の対外交流」福井県編『福井県史 通史編 1 原始・古代』福井県
田島公　1995：「大宰府鴻臚館の終焉―八世紀～十一世紀の対外交易システムの解明―」『日本史研究』389
田島公　1997：「禁裏文庫の変遷と東山御文庫の蔵書」大山喬平教授退官記念会編『日本社会の史的構造 古代・中世』思文閣出版
田島公　2001：「冷泉家旧蔵本『長秋記』紙背文書に見える「高麗」・「渤海」・「東丹国」」上横手雅敬編『中世公武権力の構造と展開』吉川弘文館
田島公　2003：「近世禁裏文庫の変遷と蔵書目録」同編『禁裏・公家文庫研究』第 1 輯、思文閣出版
田島公　2004：「典籍の伝来と文庫―古代・中世の天皇家ゆかりの文庫・宝蔵を中心に」石上英一編『日本の時代史 30　歴史と素材』吉川弘文館
田島公　2006：「天皇家ゆかりの文庫・宝蔵の「目録学的研究」の成果と課題」『説話文学研究』41
田代和生　2005：「朝鮮国書・書契のデータ」日韓文化交流基金編『日韓歴史共同研究委員会報告書（第一期 二〇〇二―二〇〇五年 第二分科（中近世）』日韓歴史共同研究委員会
田中克子・佐藤一郎　2008：「貿易陶磁器の推移」大庭康時・佐伯弘次・菅波正人・田上勇一郎編『中世都市博多を掘る』海鳥社
田中健夫　1959：『中世海外交渉史の研究』東京大学出版会
田中健夫　1961：『倭寇と勘合貿易』至文堂
田中健夫　1975：「十四世紀以前における東アジア諸国との関係」同著『中世対外関係史』東京大学出版会
田中健夫　1982：『倭寇―海の歴史』教育社
田中健夫編　1995：『善隣国宝記 新訂続善隣国宝記』集英社
田中暁龍　2011：「寛文三年近習公家衆の成立と展開」『近世前期朝幕関係の研究』吉川弘文館／初出 1990：『東京学芸大学附属高等学校大泉校舎研究紀要』15

田中暁龍　2013:「中近世の禁裏小番と武家昵近衆」『近世の天皇・朝廷研究』5
田中史生　2012a:「筑前国における銀の流通と国際交易―銀流通の前提を再考する―」『国際交易と古代日本』吉川弘文館
田中史生　2012b:「七～一一世紀の奄美・沖縄諸島と国際交易」『国際交易と古代日本』吉川弘文館
田村実造　1971:「金朝通史」同著『中国征服王朝の研究 中』東洋史研究会
田村洋幸　1967:「倭寇時代以前の倭寇の概況」『中世日朝貿易の研究』三和書房
田村洋幸　1979:「中世日朝貿易史の動向」『経済経営論集』14-1
田村洋幸　1990:「高麗倭寇および初期日朝貿易に関する史的方法論序説」『経済経営論集』25-1
田村洋幸　1993:「高麗における倭寇濫觴期以前の日麗通交」『経済経営論集」28-2
田村洋幸　1997:「倭寇濫觴期の問題点」『経済経営論集』32-2
朝鮮総督府編　1919:『朝鮮金石総覧』朝鮮総督府
朝野群載研究会　2007:「『朝野群載』巻二二、校訂と注釈（一）」『東京大学日本史学研究室紀要』11
張東翼　2005「一二六九年「大蒙古国」中書省の牒と日本側の対応」『史学雑誌』114-8
張東翼　2007:「一三六六年高麗国征東行中書省の咨文についての検討」（安田純也訳）『アジア文化交流研究』2
辻善之助　1930:『増訂 海外交通史話』内外書籍
対馬教育会編　1973:『対馬島誌』名著出版／初出:1928
土田直鎮　1965:「刀伊の襲来」同著『日本の歴史 5 王朝の貴族』中央公論社
手島崇裕　2014:「平安中期の対外交渉と摂関家―入北宋僧の社会的位置把握のための基礎的考察」『平安時代の対外関係と仏教』校倉書房／初出 2004 年
手島崇裕　2016「高麗と北宋の仏教を介した交渉について―入宋僧を中心に―」伊東貴之編『「心身／身心」と環境の哲学―東アジアの伝統思想を媒介に考える―』汲古書院
徳永洋介　1998:「宋代の御筆手詔」『東洋史研究』57（3）
外山軍治・三上次男　1939a:「金正隆大定年間に於ける契丹人の叛乱 上」『東洋学報』26-3
外山軍治・三上次男　1939b:「金正隆大定年間に於ける契丹人の叛乱 下」『東洋学報』26-4
豊島悠果　2017:「一一一六年入宋高麗使節の体験」『高麗王朝の儀礼と中国』汲古書院／初出 2009:『朝鮮学報』210

虎尾俊哉編　2007：『訳注日本史料 延喜式 中』集英社
内藤虎次郎　1969：「日本満州交通略説」同著『内藤湖南全集 8』筑摩書房／初出 1907：『叡山講演集』
長井丈夫　1994：「高麗、庚寅・癸巳乱の実態とその政治的性格」青山学院大学東洋史論集編集委員会編『東アジア世界史の展開』汲古書院
中田稔　2010：「日本における倭寇研究の学説史的検討」日韓歴史共同研究委員会編『第 2 期日韓歴史共同研究報告書（第 2 分科会篇）』日韓歴史共同研究委員会
長友千代治　1999：「官本」井上宗雄編『日本古典籍書誌学辞典』岩波書店
中村翼　2010：「鎌倉中期における日宋貿易の展開と幕府」『史学雑誌』119–10
中村翼　2014：「11 ～ 12 世紀初頭の日麗高麗交流と東方ユーラシア情勢」『高等学校　世界史のしおり』2014 年度 1 学期号、帝国書院
中村翼　2015：「平安中期における貿易管理体制の変容」『待兼山論叢』49
中村栄孝　1965：『日鮮関係史の研究』上、吉川弘文館
中村栄孝　1965a「十三・四世紀の東アジアと日本」中村 1965 ／初出 1963：『岩波講座日本歴史』中世 2
中村栄孝　1965b：「後百済王および高麗太祖の日本通使」中村 1965 ／初出 1927：『史学雑誌」38–8
中村栄孝　1965c：「『太平記』に見える高麗人の来朝」中村 1965 ／初出 1931：『青丘学叢』4
中村栄孝　1966：『日本と朝鮮』至文堂
中村栄孝　1969：「歳遣船定約の成立」同著『日鮮関係史の研究』下、吉川弘文館／初出 1932：『青丘学叢』10
中村裕一　1971：「唐代内蔵庫の変容―進奉を中心に―」『待兼山論叢』4
中村裕一　1991a：「唐代官文書研究の意義と課題」『唐代官文書研究』中文出版社
中村裕一　1991b：「上奏と裁可の語」同著『唐代制勅研究』汲古書院
滑川敦子　2007：「12 ～ 13 世紀における日本・高麗の武人政権」『次世代人文社會研究』3（韓国）
南基鶴　1996：「蒙古襲来以後の日本と東アジア」同著『蒙古襲来と鎌倉幕府』臨川書店
南基鶴　2002：「高麗と日本の相互認識」（村井章介訳）『グローバリゼーションの歴史的前提に関する学際的研究』平成 12 ～ 14 年度科学研究費補助金研究成果報告書〈基盤研究 A2〉荒野泰典／初出 2000：『日本歴史研究』11
仁井田陞　1997：「唐宋の法と高麗法」仁井田陞著・池田温編『唐令拾遺補』東

京大学出版会／初出 1965：『東方学』30
日本史料集成編纂会編　1978：『中国・朝鮮の史籍における日本史料集成（三国高麗之部）』国書刊行会
朴竣鎬　2009：「韓国の古文書形式と礼制体式」（木村拓訳）『古文書研究』67
橋本雄　2002：「書評：『倭寇と日麗関係史』」『歴史学研究』758
旗田巍　1934：「高麗の明宗神宗時代に於ける農民一揆（2）」『歴史学研究』2-5
旗田巍　1979：「高麗の武人と地方勢力—李義旼と慶州—」旗田巍先生古稀記念会編『朝鮮歴史論集 上巻』龍渓書舎
旗田巍　1995：「高麗と日本」『古代の高麗と日本』学生社・韓国文化院監修
羽田正編　2013：『東アジア海域に漕ぎだす 1　海から見た歴史』東京大学出版会
濱田耕策　2001：「朝鮮における墓誌銘の誕生—墓中の墨書・石刻から墓誌銘へ」『唐代史研究』4
濱田耕策　2002：「王権と海上勢力—特に張保皐の清海鎮と海賊に関連して」同著『新羅国史の研究—東アジア史の視点から』吉川弘文館／初出 1999：唐代史研究会編『東アジア史における国家と地域』刀水書房
浜中昇　1987：「高麗時代の姓氏の記録、『古籍』について—『世宗実録』地理志姓氏条の史料的性格—」『朝鮮学報』123
浜中昇　2000：「書評：李領著『倭寇と日麗関係史』」『歴史評論』603
浜中昇　2002：「高麗の国家と社会」朝鮮史研究会編『朝鮮の歴史 新版』三省堂
林森太郎　1916：「壺井鶴翁に就て」『史林』1
林文理　1998：「博多綱首の歴史的位置—博多における権門貿易—」大阪大学文学部日本史研究室編『古代中世の社会と国家』清文堂
原美和子　1992：「成尋の入宋と宋商人—入宋船孫忠説について—」『古代文化』44-1
原美和子　1999：「宋代東アジアにおける海商の仲間関係と情報網」『歴史評論』592
原美和子　2006：「宋代海商の活動に関する一試論—日本・高麗および日本・遼（契丹）通交をめぐって—」小野正敏・五味文彦・萩原三雄編『中世の対外交流—場・ひと・技術』高志書院
原島礼二　1968：『日本古代社会の基礎構造』未来社
原田一良　2006：「東京国立博物館保管の高麗時代の墓誌四例について」同著『高麗史研究論集』新羅史研究会／初出 1995：『Museum』536
日野開三郎　1980：「五代史概説」『日野開三郎東洋史学論集』2、三一書房
平田茂樹　2004：「徽宗朝の文書行政」『徽宗とその時代』（アジア遊学 64、勉誠

出版)
平田茂樹　2012：『宋代政治構造研究』汲古書院
平田茂樹　2012a：「宋代の言路」平田 2012 ／初出 1992、『史学雑誌』101-6
平田茂樹　2012b：「宋代の政策決定システム—対と議—」平田 2012 ／初出 1994、『東洋史研究』52-4
平田茂樹　2012c：「文書を通して見た宋代政治—「箚子」、「帖」、「牒」、「申状」の世界—」平田 2012 ／初出 2007、『東北大学東洋史論集』11
平田茂樹　2012d：「文書を通して見た宋代政治—「関」、「牒」、「諮報」の世界—」平田 2012 ／初出 2009、『漢學研究』27-2
平田茂樹・遠藤隆俊編　2013：『外交史料から十～十四世紀を探る』汲古書院
廣瀬憲雄　2011：『東アジアの国際秩序と古代日本』吉川弘文館
廣瀬憲雄　2017：「外交文書と外交儀礼」鈴木靖民・金子修一・田中史生・李成市編『日本古代交流史入門』勉誠出版
廣瀬憲雄　2018：『古代日本と東部ユーラシアの国際関係』勉誠出版
平林盛得　1982：「後西天皇収書の周辺」同著『近代文書学への展開』柏書房
平林盛得　1994：「冷泉家旧蔵『長秋記』『平兵部記』の史料的価値について」宮内庁三の丸尚蔵館編『古記録にみる王朝儀礼』菊葉文化協会
深沢徹　1994：『中世神話の煉丹術（大江匡房とその時代）』人文書院
藤本孝一　2004：「『明月記』巻子本の姿」『日本の美術』454、至文堂
藤善真澄　2006：「宋朝の賓礼—成尋の朝見をめぐって」『参天台五臺山記の研究』関西大学東西学術研究所／初出 2003：『関西大学東西学術研究所紀要』36
藤善真澄　2007：『参天台五臺山記　上』関西大学出版部
ブルース・バートン　2000：同著『日本の「境界」—前近代の国家・民族・文化』青木書店
古松崇志　1999：「唐代後半の進奉と財政」『古代文化』51-4
保科富士男　1989：「古代日本の対外関係における賜進物の名称—古代日本の対外意識に関連して—」『白山史学』25
保立道久　2004：「院政期の国際関係と東アジア仏教史—上川通夫・横内裕人両氏の仕事にふれて」同著『歴史学をみつめ直す』校倉書房
細谷勘資　1992：「内麿流藤原氏と藤原親経—広業流の形成を中心として—」『中央史学』15
堀池春峰　1980：「高麗版輸入の一様相と観世音寺」同著『南都仏教史の研究』上、法蔵館／初出 1957：『古代学』6-2
本田慧子　1989：「近世の禁裏小番について」『書陵部紀要』41
正木喜三郎　1991：『大宰府領の研究』文献出版

正木喜三郎　1991a：「大宰府領と平氏政権―大宰府目代藤原能盛考―」正木 1991
正木喜三郎　1991b：「怡土荘預所考（一）」正木 1991
増川宏一　1995：『碁打ち・将棋指しの誕生』平凡社
松方冬子　2019「国書がむすぶ外交――五～一九世紀南・東シナ海域の現場から和文脈の世界史をさぐる―」松方冬子編『国書がむすぶ外交』東京大学出版会
松下見林　1901：『異称日本伝』近藤瓶城編『改定史籍集覧』20、近藤出版部
丸亀金作　1961：「高麗と宋との通交問題（二）」『朝鮮学報』18
三上次男　1970：「金朝の官制研究史料について」同著『金史研究二―金代政治制度の研究』中央公論美術出版／初出 1958：『東京大学教養学部人文科学科紀要』14
三浦圭一　1993：「十世紀―十三世紀の東アジア」同著『日本中世の地域と社会』思文閣出版／初出 1970：「一〇世紀―一三世紀の東アジアと日本」『講座日本史』2、東京大学出版会
溝川晃司　2003：「日麗関係の変質過程―関係悪化の経緯とその要因」『国際日本学』1
宮薗和禧　1988：『唐代貢献制の研究』九州共立大学地域経済研究所
宮薗和禧　2000：「唐代における進奉物の発送準備」東洋経済史学会編『中国の歴史と経済』中国書店
村井章介　1988：『アジアのなかの中世日本』校倉書房
村井章介　1988a：「倭寇と朝鮮」村井 1988 ／初出 1986：滕維藻等編『東アジア世界史探求』汲古書院
村井章介　1988 b ：「蒙古襲来と鎮西探題の成立」村井 1988 ／初出 1978：『史学雑誌』87-4
村井章介　1993：『中世倭人伝』岩波書店
村井章介　1995：『東アジア往還―漢詩と外交―』朝日新聞社／初出 1987：朝尾直弘・網野善彦・山口啓二・吉田孝編『日本の社会史・1　列島内外の交通と国家』岩波書店
村井章介　1997：「国境を考える―日本中世成立期を素材として―」同著『国境を超えて―東アジア海域世界の中世』校倉書房
村井章介　2006：『境界をまたぐ人びと』山川出版社
村井章介　2013a：「一〇一九年の女真海賊と高麗・日本」『日本中世の異文化接触』東京大学出版会／初出 1996：『朝鮮文化研究』3
村井章介　2013b：『増補中世日本の内と外』筑摩書房／初出 1999
村井章介　2013c：「倭寇とはだれか――四～一五世紀の朝鮮半島を中心に」『日

本中世境界史論』岩波書店／初出 2010：『東方学』119
村井章介　2017：「中世史家としての石井正敏」鈴木靖民・村井章介・川越泰博・荒野泰典編『前近代の日本と東アジア―石井正敏の歴史学』（アジア遊学、214）勉誠出版
村井章介　2018：「日本における日麗関係史研究：1992 ～ 2016 年」『韓国朝鮮文化研究』17
村上隆　2007：『金・銀・銅の日本史』岩波書店
毛利英介　2009：「十一世紀後半における北宋の国際的地位について―宋麗通交再開と契丹の存在を手がかりに」宋代史研究会編『宋代史研究会研究報告第九集『宋代中国』の相対化』汲古書院
桃裕行　1988：「小右記諸本の研究」同著『桃裕行著作集 4　古記録の研究（上）』思文閣出版／初出 1971：『東京大学史料編纂所報』5
桃木至朗編　2008：『海域アジア史研究入門』岩波書店
森克己　2008：「我が能動的貿易の展開」『新訂日宋貿易の研究―新編森克己著作集 1」勉誠出版／新訂再販 1975：国書刊行会／初版 1948：国立書院
森克己　2009 A：『続日宋貿易の研究―新編森克己著作集 2』勉誠出版／初版 1975：国書刊行会
森克己　2009a：「海路による東方貿易の展開」森 2009 A ／初出 1969：『東洋学術研究』8-3
森克己　2009b：「日宋交通と海洋の自然的制約」森 2009 A ／初出 1937：『歴史教育』12-5
森克己　2009c：「転換期十世紀の対外交渉」森 2009 A ／初出 1969：『延喜天暦時代の研究』古代学協会
森克己　2009d：「日宋交渉の発展過程」森 2009 A ／初出 1963：『歴史教育』11-9
森克己　2009e：「日宋貿易に活躍した人々」森 2009 A ／初出 1964：日本歴史学会編『歴史と人物』吉川弘文館
森克己　2009f：「戒覚の渡宋記について」森 2009 A ／初出 1972：『中央大学文学部紀要』63
森克己　2009g：「日本・高麗来航の宋商人」森 2009 A ／初出 1956：『朝鮮学報』9
森克己　2009h：「日宋交通と耽羅」森 2009 A ／初出 1961：『朝鮮学報』21・22
森克己　2009i：「日宋麗連鎖関係の展開」森 2009 A ／初出 1949：『史淵』41
森克己　2009j：「日麗交渉と刀伊賊の来寇」森 2009 A ／初出 1966：『朝鮮学報』37・38

森克己　2009B：『続々日宋貿易の研究—新編森克己著作集 3』勉誠出版／初版 1975：国書刊行会

森克己　2009k：「日本商船の高麗・宋への進出の端緒」森 2009 B／初出 1963：『中央大学文学部紀要』33

森克己　2009l：「日・宋と高麗の私献貿易」森 2009 B／初出 1959：『朝鮮学報』14

森克己　2009m：「日宋麗交渉と倭寇の発生」森 2009 B／初出 1965：『石田博士頌寿記念東洋史論叢』石田博士古稀記念事業会

森克己　2009n：「鎌倉時代の日麗交渉」森 2009 B／初出 1965：『朝鮮学報』34

森公章　1998：「古代耽羅の歴史と日本—七世紀後半を中心として—」同著『古代日本の対外認識と交通』吉川弘文館／初出 1986：『朝鮮学報』118

森公章　2008：「刀伊の入寇と西国武者の展開」『東洋大学文学部紀要』34

森公章　2013：『成尋と参天台五臺山記の研究』吉川弘文館

森公章　2013a：「宋朝の海外渡航規定と日本僧成尋の入国」森 2013／初出 2006：『海南史学』44

森公章　2013b：「古代日麗関係の形成と展開」森 2013／初出 2008：『海南史学』46

森平雅彦　2007：「朝鮮における王朝の自尊意識と国際関係—高麗の事例を中心に」『九州大学 21 世紀 COE プログラム「東アジアと日本：交流と変容」統括ワークショップ報告書』

森平雅彦　2008a：「日麗貿易」大庭康時・菅波正人・田上勇一郎・佐伯弘次編『中世都市・博多を掘る』海鳥社

森平雅彦　2008b：「高麗」田中俊明編『朝鮮の歴史—先史から現代』昭和堂

森平雅彦　2010：「10 世紀～ 13 世紀前半における日麗関係史の諸問題—日本語による研究成果を中心に—」日韓歴史共同研究委員会編『第 2 期日韓歴史共同研究報告書（第 2 分科会篇）』日韓歴史共同研究委員会

森平雅彦　2011：『モンゴル帝国の覇権と朝鮮半島』山川出版社

森平雅彦　2013A：『モンゴル覇権下の高麗 帝国秩序と王国の対応』名古屋大学出版会

森平雅彦　2013a：「高麗王とモンゴル官府・官人の往復文書」森平 2013A／初出 2009：「13 世紀前半における麗蒙交渉の一断面—モンゴル官人との往復文書をめぐって」한일문화교류기금《韓日文化交流基金》・동북아역사재단《東北亜歴史財団》編『몽골의《モンゴルの》 고려《高麗》・일본《日本》 침공《侵攻》과《と》 한일관계《韓日関係》』景仁文化社

森平雅彦　2013b：「牒と咨のあいだ—高麗王と元中書省の往復文書」森平 2013A／初出 2007：『史淵』144

森平雅彦　2013B：「高麗・朝鮮時代における対日拠点の変遷―事元期の対日警戒態勢を軸として―」『東洋文化研究所紀要』164
森平雅彦　2017a：「高麗前期」李成市・宮嶋博史・糟谷憲一編『世界歴史大系　朝鮮史１―先史～朝鮮王朝―』山川出版社
森平雅彦　2017b：「高麗後期」李成市・宮嶋博史・糟谷憲一編『世界歴史大系　朝鮮史１―先史～朝鮮王朝―』山川出版社
森平雅彦研究代表　2014：「高麗・宋関係朝鮮史料集成稿」平成 22 ～ 25 年度 JSPS 科学研究費補助金（若手研究 A）中世朝鮮の国際関係と陸海交通路、城島印刷株式会社
矢木毅　2008：『高麗官僚制度研究』京都大学学術出版会
矢木毅　2008a：「高麗時代史の概観」矢木 2008
矢木毅　2008b：「高麗睿宗朝における意思決定の構造」矢木 2008 ／初出 1993：『史林』76-2
矢木毅　2008c：「高麗時代の銓選と告身」矢木 2008 ／初出 2000：『東洋史研究』59-2
矢木毅　2008d：「高麗時代の宰相制度」矢木 2008 ／初出 2003：『朝鮮学報』189
矢木毅　2008e：「高麗官僚制度の概観―外官への例調を中心に」矢木 2008 ／初出 1990：『東洋史研究』49-1
矢木毅　2008f：「高麗事元期における官品構造の変革」矢木 2008 ／初出 2006：『東方学報』79
矢木毅　2008g：「高麗王言考―または『高麗史』諸志の文献批判」矢木 2008
矢木毅　2008h：「尚書都官帖の分析」矢木 2008
山内晋次　1988：「古代における渡海禁制の再検討」『待兼山論叢』22
山内晋次　2003：『奈良平安期の日本とアジア』吉川弘文館
山内晋次　2003a：「朝鮮半島漂流民の送還をめぐって」山内 2003 ／初出 1990：『歴史科学』122
山内晋次　2003b：「九世紀東アジアにおける民衆の移動と交流―寇賊・叛乱をおもな素材として」山内 2003 ／初出 1996：『歴史評論』555
山内晋次　2003c：「荘園内密貿易説に関する疑問」山内 2003 ／初出 1989：『歴史科学』117、および 1994：『貿易陶磁研究』14
山内晋次　2003d：「中国海商と王朝国家」山内 2003 ／初出 1993：『ヒストリア』141
山内晋次　2003e：「東アジア・東南アジア海域における海商と国家」山内 2003 ／初出 1996：『歴史学研究』681、および 1998：『新しい歴史学のために』230・231

山内晋次　2003f：「平安期日本の対外交流と中国海商」山内 2003 ／初出 2001：『日本史研究』464
山内晋次　2008：「森克己の研究の意義と問題点」新編森克己著作集編集委員会編『新訂日宋貿易の研究―新編森克己著作集 1』勉誠出版
山内晋次　2014：「東アジア海域論」『岩波講座 日本歴史』20、岩波書店
山内晋次　2015：「10 ～ 13 世紀の日本と高麗―日麗貿易を中心に―」『李秉昌博士記念 韓国陶磁研究報告』8、大阪市立東洋陶磁美術館
山内晋次　2017：「東アジア海域世界と日本」鈴木靖民・金子修一・田中史生・李成市編『日本古代交流史入門』勉誠出版
山口勝弘・李炳魯 2004：「東アジア海域史にみる日本と高麗」『日本語文学』（韓国）27
山崎覚士　2009：「書簡から見た宋代明州対日外交」『東アジア世界史研究センター』3
山崎覚士　2010：『中国五代国家論』佛教大学研究叢書 12、佛教大学・思文閣出版
山崎覚士 2010a：「呉越国王と「真王」概念―五代天下の形成、その一―」山崎 2010 ／初出 2001：『歴史学研究』752
山崎覚士 2010b：「五代における「中国」と諸国の関係―五代天下の形成、其の二」山崎 2010 ／初出 2002：『大阪市立大学東洋史論叢』12
山崎雅稔　2001a：「承和の変と大宰大弐藤原衛四条起請」『歴史学研究』751
山崎雅稔　2001b：「九世紀日本の対外交易」『アジア遊学』26
山崎雅稔　2017：「後百済・高麗と日本をめぐる交流」鈴木靖民・金子修一・田中史生・李成市編『日本古代交流史入門』勉誠出版
山本光朗　2001：「元使趙良弼について」『史流』40
横内裕人　2008a：「高麗続蔵経と中世日本―院政期の東アジア世界観」同著『日本中世の仏教と東アジア』塙書房／初出 2002：『仏教史学研究』45-1
横内裕人　2008b：「遼・高麗と日本仏教―研究史をめぐって」『東アジアの古代文化』136
吉岡眞之　1996：「東山御文庫『続日本紀』の周辺」『続日本紀研究』300
吉岡康暢　2010：「中世須恵器の語る列島海域の物流」荒野泰典・石井正敏・村井章介編『日本の対外関係 3　通交・通商圏の拡大』吉川弘文館
米谷均　2002：「文書様式論から見た一六世紀の日朝往復書契」『九州史学』132
呼子町史編纂委員会編 1978：『呼子町史』呼子町役場
李成市　1997：『東アジアの王権と交易―正倉院の宝物がきたもうひとつの道』青木書店

李領　1999：『倭寇と日麗関係史』東京大学出版会
李領　1999a：「院政期の日本・高麗交流に関する一考察」李領 1999
李領　1999b：「中世前期の日本と高麗―進奉関係を中心として」李領 1999／初出 1995：『地域文化研究』8
李領　1999c：「「元寇」と日本・高麗関係」李領 1999
李領　1999d：「〈庚寅年以降の倭寇〉と内乱期の日本社会」李領 1999
李領　1999e：「高麗末期倭寇の実像と展開」李領 1999
李領　2005：「「庚申年倭寇」の歴史地理学的検討―鎮浦口戦闘を中心として」村井章介編『港町と海域世界』シリーズ港町の世界史①、青木書店
歴史教育研究会・歴史教科書研究会編　2007：『日韓歴史共通教材日韓交流の歴史―先史から現代まで―』明石書店
歴史学研究会編　1998：『日本史史料［2］中世』岩波書店
六反田豊　2013：「朝鮮前近代史研究と「海」―韓国学界の動向と「海洋史」を中心として―」『朝鮮史研究会論文集』51
和田英松　1905：「異国牒状事」史学会編『弘安文禄　征戦偉績』冨山房
渡邉英幸　2010：「春秋時代の国際会盟と華夷秩序」同著『古代〈中華〉観念の形成』岩波書店／初出 2002：入間田宣夫編『日本・東アジアの国家・地域・人間―歴史学と文化人類学の方法から』入間田宣夫先生還暦記念論集編集委員会
渡邊誠　2007：「平安貴族の対外意識と異国牒状問題」『歴史学研究』823
渡邊誠　2009a：「新羅・渤海・高麗」新編森克己著作集編集委員会編『続日宋貿易の研究―新編森克己著作集 2』勉誠出版
渡邊誠　2009b：「日本古代の対外交易および渡海制について」専修大学社会知性開発研究センター『東アジア世界史研究センター年報』3
渡邊誠　2012：『平安時代貿易管理制度史の研究』思文閣出版
渡邊誠　2012a：「承和・貞観期の貿易政策と大宰府」渡邉 2012／初出 2003：『ヒストリア』184
渡邊誠　2012b：「年紀制と中国海商」渡邉 2012／初出 2009：『歴史学研究』856
渡邊誠　2012c：「鴻臚館の盛衰」渡邉 2012／初出 2010：荒野泰典・石井正敏・村井章介編『日本の対外関係 3　通交・通商圏の拡大』吉川弘文館
渡邊誠　2015：「平安・鎌倉期「唐船」考」『九州史学』170

【ハングル】

姜恩景　2007：『고려시대《高麗時代》 기록과《記録と》 국가운영《国家運営》』 혜안《慧眼》

姜恩景　2007a：「기록의《記録の》 생산과《生産と》 관리《管理》」姜恩景 2007 ／初出 2004：『歴史教育』89・2004：『東方学志』123

姜恩景　2007b：「기록의《記録の》 정리와《整理と》 보존《保存》」姜恩景 2007 ／初出 2004：『文明研志』5-1

姜恩景　2007c：「기록의《記録の》 전달과《伝達と》 행정운영《行政運営》」姜恩景 2007 ／初出 2003：『韓国史研究』122・2004：『東方学志』123

韓国国立中央博物館編　2006：『다시《もう一度》 보는《見る》 역사편지《歴史の手紙》 高麗墓誌銘』国立中央博物館

高麗大学校民族文化研究所編　1989：『韓国図書解題』景仁文化社

高銀美　2013：「가마쿠라막부의《鎌倉幕府の》 쓰시마장악과《対馬掌握と》 대고려관계《対高麗関係》」『東洋史学研究』125

高銀美　2014：「12 세기의《世紀の》 여일교류와《麗日交流と》 송상《宋商》」『史林』（韓国）49

権寧国 외　1996：『譯註『高麗史』食貨志 I 』韓国精神文化研究院

金甲童　1994：「高麗時代의《の》 都兵馬使」『歴史学報』141

金琪燮他 2005：『일본《日本》 고중세《古中世》 문헌《文献の》 속의《なかの》 한일관계사료집성《韓日関係史料集成》』 혜안《慧眼》

金南奎　1989：「両界의《の》 兵馬使와《と》 그《その》 機能」同著『高麗両界地方史研究』세문《セムン》社／初出 1966：『史叢』11

金徳原編　2006：『韓国中世日本史料集成』景仁文化社

김보림《キムボリン》 2009：「고려《高麗》 무신《武臣》 정권과《政権と》 가마크라막부《鎌倉幕府》 무사《武士》 정권의《政権の》 비교를《比較を》 통한《通じた》 역사《歴史》 교수《教授》—학습의《学習の》 이론과《理論と》 실제《実際》」『한국일본교육학연구《韓国日本教育研究》』13

金普漢　2004：「東아시아의《アジアの》 経済 圏域에《における》 있어서 약탈의《略奪の》 주역《主役》、海賊과《と》 倭寇—10～13 세기《世紀》 日本의《の》 海賊과《と》 倭寇를《を》 중심으로《中心に》—」『中国史研究』29

金庠基　1985a：「海商의《の》 活動과《と》文物의《の》 交流」同著『新編 高麗時代史』서울대학교출판부《ソウル大学校出版部》／初出 1959：「해상의《海商の》 활동과《活動と》 문물의《文物の》 교류《交流》—禮成港을《を》 중심으로《中心に》—」『국사상의《国史上の》 제문제《諸問題》』4

金庠基　1985b：「高麗末葉의《の》 動態」同著『新編 高麗時代史』서울대학교출판부《ソウル大学校出版部》

金成俊　1989：「10 世紀東北아시아의《アジアの》 國際情勢와《と》 韓・日交渉問題」『大東文化研究』23

金雲泰　2005：「高麗 前期 政治機構의《の》 行政体系」同著『高麗政治制度와《と》 官僚制』博英社

金潤坤　2001：「고려《高麗》 안찰사제도의《按察使制度の》 성립과《成立と》 그배경《その背景》」『민족문화연구총서《民族文化研究叢書》』25

金炯秀　2008：「고려시대의《高麗時代の》 貼과《と》 申省状」『韓国史研究』142

金晧東　1989：「高麗 武臣政権時代 地方統治의《の》 一断面—李奎報의《の》 全州牧司録兼

掌書記의《の》 活動을《を》 中心으로《に》」『嶠南史学』3
金好鐘　1999：「東南海都部署의《の》 設置와《と》 그《その》 機能—金州本営을《を》 中心으로《に》—」『民族文化論叢』20
金龍善　1998：「고려《高麗》 귀족의《貴族の》 결혼《結婚》・출산과《出産と》 수명《寿命》」『韓国史研究』103
金龍善　2004：『고려《高麗》 금석문《金石文》 연구《研究》—돌에《石に》 새겨진《刻まれた》 사회사《社会史》』一潮閣
金龍善　2005：「『高麗史』兵志訳注（1）」朴龍雲・許興植・金龍善『고려시대《高麗時代》 연구《研究》IX』한국학중앙연구원《韓国学中央研究院》
金龍善編　2006a：『高麗墓誌銘集成』第4版、翰林大学校出版部／初版1993
金龍善編　2006b：『(개정판《改訂版》) 역주고려묘지명집성《訳注高麗墓誌銘集成》（상《上》）』翰林大学校出版部／初版2001
金龍善編　2016：『続高麗墓誌銘集成』翰林大学校出版部
金賢祐　2015：「고려《高麗》 문종의《文宗の》 의사파견《医師派遣》 요청과《要請と》 여일관계《麗日関係》」『日本歴史研究』41
金賢祐　2017：「‘刀伊（동여진《東女真》）의《の》 침구《侵寇》’사건의《事件の》 재검토와《再検討と》 여일관계의《麗日関係の》 변화《変化》」『日本学』45
南基鶴　2002：「10～13 세기의《世紀の》 동아시아와《東アジアと》 고려《高麗》・일본《日本》」『人文学研究』9、翰林大学校人文科学研究所
盧明鎬　1997：「東明王篇과《と》 李奎報의《の》 多元的 天下観」『震檀学報』83
盧明鎬　1999：「高麗時代의《の》 多元的天下観과《と》 海東天子」『韓国史研究』105
盧明鎬他編　2000a：『韓国古代中世古文書研究』上、서울대학교출판부《ソウル大学校出版部》
盧明鎬他編　2000b：『韓国古代中世古文書研究』下、서울대학교출판부《ソウル大学校出版部》
東亜大学校石堂学術院編　2006：『国訳『高麗史』22・列伝3』景仁文化社
東亜大学校石堂学術院編　2008：『国訳『高麗史』2・世家2』景仁文化社
羅鐘宇　1996：『韓国中世対日交渉史研究』圓光大学校出版局
羅鐘宇　1996a：「高麗前期의《の》 韓・日関係」羅鐘宇1996／初出1981：『圓光史学』1
羅鐘宇　1996b：「高麗末의《の》 倭寇와《と》 그《その》 対策」羅鐘宇1996／初出1980：『全北史学』4
羅鐘宇　2003a：「일본《日本》 및《および》 아라비아와의《アラビアとの》 관계《関係》」国史編纂委員会編『한국사《韓国史》 15』탐구당《タムグダン》
羅鐘宇　2003b：「홍건적과《紅巾賊と》 왜구《倭寇》」国史編纂委員会編『한국사《韓国史》 20』탐구당《タムグダン》
羅鐘宇　2006：「일본의《日本の》 진봉선은《進奉船は》 공무역선이다《公貿易船である》」韓日関係史学会編『한일관계《韓日関係》 2 천년《千年》 보이는《見える》 역사《歴史》、안보이지《見えない》 않는 역사《歴史》 고중세《古中世》』景仁文化社
羅鐘宇　2018：「일본과의《日本との》 외교와《外交と》 왜구《倭寇》」동북아역사재단《東北亜歴史財団》 한국외교사편찬위원회《韓国外交史編纂委員会》 편《編》『한국의《韓国の》 대외관계와《対外関係と》 외교사《外交史》 고려편《高麗編》』동북아역사재단《東北亜歴史財団》
동북아역사재단《東北亜歴史財団》 한국외교사편찬위원회편《韓国外交史編纂委員会編》　2018：『한국의《韓国の》 대외관계와《対外関係と》 외교사《外交史》 고《高》

려편《麗編》』동북아역사재단《東北亜歴史財団》
文化財庁国立海洋文化財研究所　2009：『高麗青磁宝物船』文化財庁国立海洋文化財研究所
朴龍雲　2000：『高麗時代尚書省研究』景仁文化社／初出 1995：『国史館論叢』61
朴龍雲　2007：「『高麗史』百官志（二）訳注（6-7）」朴龍雲・許興植『고려시대《高麗時代》연구《研究》 XIII』韓国学中央研究院
朴龍雲　2008：『고려시대사《高麗時代史》（수정《修正》・증보판《増補版》)』一志社／初版 1988
朴龍雲　2009：『『高麗史』百官志譯註』新書苑／初出 2002：朴宗基・朴龍雲・鄭求福『고려시대연구《高麗時代研究》Ⅴ』한국정신문화연구원《韓国精神文化研究院》。2004：金基徳・朴宗基・朴龍雲・鄭求福『고려시대연구《高麗時代研究》Ⅶ』한국정신문화연구원《韓国精神文化研究院》。2005：朴龍雲・許興植・金龍善『고려시대연구《高麗時代研究》Ⅸ』한국학중앙연구원《韓国学中央研究院》。2006：朴龍雲・許興植・金龍善『고려《高麗》시대연구《時代研究》Ⅺ』。2007：朴龍雲・許興植『고려시대연구《高麗時代研究》 XIII』한국학중앙연구원《韓国学中央研究院》
朴宰佑　2005：『고려《高麗》 국정운영의《国政運営の》 체계와《体系と》 왕권《王権》』新丘文化社
朴宰佑　2005a：「신료의《臣僚の》 上奏와《と》 국왕의《国王の》 결정《決定》 및《および》 시행《施行》」朴 2005 ／初出 2003：『韓国史研究』121
朴宰佑　2005b：「국정의《国政の》 다양한《多様な》 会議」朴 2005 ／初出 2002：『韓国文化』30
朴宰佑　2008：「고려시대의《高麗時代の》 관문서와《官文書と》 전달체계《伝達体系》」『古文書研究』（韓国）33
朴宗基　2000：「高麗時代 墓誌銘 訳註작업의《作業の》 현황과《現状と》 과제《課題》」朴宗基・鄭炳三・蔡尚植・허성도《ホ・ソンド》・許興植著『고려시대연구《高麗時代研究》Ⅰ』韓国精神文化研究院
朴鐘進　2003：「高麗時期 按察使의《の》 機能과《と》 位相」『東方学志』122
朴竣鎬　2002a：「手決(花押)의《の》 개념에《概念に》 대한《ついての》 연구《研究》 —禮式으로의《としての》 署名과《と》 着押—」『古文書研究』（韓国）20
朴竣鎬　2002b：「고려시대《高麗時代》 簡札의《の》 署名」『문헌과해석《文献と解釈》』20
朴竣鎬　2003：「公文書 行移體制와《と》 着名·署押」『清渓史学』18
朴竣鎬　2009：「『고려사《高麗史》』「공첩상통식《公牒相通式》」의《の》 착명《着名》・초압《草押》」同著『예의《礼の》 패턴《パターン》：조선시대《朝鮮時代》 문서《文書》 행정의《行政の》 역사《歴史》』笑臥堂
朴竣鎬 2016：『고문서의《古文書の》 서명과《署名と》 인장《印章》』博而精
邊太燮　1971：『高麗政治制度史研究』一潮閣
邊太燮　1971a：高麗時代 中央政治機構의《の》 行政体系—尚書省 機構을《を》 중심으로《中心に》」邊太燮 1971 ／初出 1970：『歴史学報』47
邊太燮　1971b：「高麗都堂考」邊太燮 1971 ／初出 1969：『歴史教育』11・12
邊太燮　1971c：「高麗前期의《の》 外官制—地方機構의《の》 行政体系—」邊太燮 1971 ／初出 1968：『韓国史研究』2

邊太燮　1971d：「高麗按察使考」邊太燮 1971／初出 1968：『歴史学報』40
邊太燮　1978：「武臣政権期의《の》 反武臣乱의《の》 性格—金甫當의《の》 난과《乱と》 趙位寵의《の》 난을《乱を》 중심으로《中心に》—」『韓国史研究』19
영남대학교《嶺南大学校》 민족문화연구소《民族文化研究所》編　2009：『고려시대《高麗時代》 율령의《律令の》 복원과《復元と》 정리《整理》』景仁文化社
孫承喆編　2004：『韓日関係史料集成』景仁文化社
山﨑雅稔　2004：「甄萱政権과《と》 日本의《の》 交渉」『韓国古代史研究』35
尹景鎮　2006：「14—15 세기《世紀》 고문서《古文書》 자료에《資料に》 나타난《あらわれる》 지방행정체계《地方行政体系》 —'陳省'의《の》 발급과《発給と》 송부체계를《送付体系を》 중심으로《中心に》—」『古文書研究』（韓国）29
尹景鎮　2007：「『高麗史』刑法志 公牒相通式 外官條의《の》 분석《分析》」『歴史文化研究』27
柳承宙　1979：「朝鮮前期의《の》 金銀鉱業研究」『韓国史研究』27
李景煥　2002：「11 세기후반《世紀後半》 고려와《高麗と》 일본《日本》 西海道지방의《地方の》 관계《関係》」『青藍史学』5
李圭甲編　2000：『高麗大蔵経異體字典』高麗大蔵経研究所出版部
李基白　1968：「高麗軍役考」同著『高麗兵制史研究』一潮閣
李基白　1987：『韓国上代古文書資料集成』一志社
李基白・閔賢九　1984：『韓国文化史—高麗篇』一志社
李蘭暎編　1968：『韓国金石文追補』亜細亜文化社
李炳魯　1999：「일본측《日本側》 사료로《史料に》 본《みる》 10 세기의《世紀の》 한일관계《韓日関係》 —견훤과《甄萱と》 왕건의《王建の》 견일본사《遣日本使》에 대한《に対する》 대응을《対応を》 중심으로《中心に》—」『大丘史学』57
李炳魯　2000：「11 세기《世紀》 한일《韓日》 양국의《両国の》 대외교섭에《対外交渉に》 관한《関する》 일고찰《一考察》」『大丘史学』59
李炳魯（山口勝弘訳）　2004：「東アジア海域史にみる日本と高麗」『日本語文学』27
李炳泰　2002：『김해지리지《金海地理志》 （국역판《国訳版》）』金海文化院
李樹健　1984：「高麗後期 支配勢力과《と》 土姓」同著『韓国中世社会史研究』一潮閣／初出 1981：「高麗後期「土姓」研究」『東洋文化』21・22 合輯号
李領　2007：『잊혀진《忘れられた》 전쟁《戦争》 왜구《倭寇》』韓国放送通信大学校出版部
李貞信　2013：『고려시대의《高麗時代の》 특수행정구역《特殊行政区域》 所 연구《研究》』혜안《慧眼》
李貞信　2013a：「금・은의《金・銀の》 채굴과《採掘と》 금소《金所》・은소《銀所》」李貞信 2013
李貞信　2013b：「구리의《銅の》 생산체제와《生産体制と》 동소《銅所》」李貞信 2013／初出 2006：「고려시대《高麗時代》 銅의《の》 사용현황과《使用現況と》 銅所」『韓国史学報』25
李在範　2009：「13 世紀以前의《の》 麗日関係」한일문화교류기금《韓日文化交流基金》・동북아역사재단《東北亜歴史財団》編『몽골의《モンゴルの》 고려《高麗》・일본《日本》 침공과《侵攻と》 한일관계《韓日関係》』景仁文化社
李在範　2010：「高麗前期韓日関係史研究現況」日韓歴史共同研究委員会編『第 2 期日韓歴史共同研究報告書（第 2 分科会篇）』日韓歴史共同研究委員会

李重孝　1999：「고려《高麗》 墓誌銘에서《から》 보이는《みえる》 国学 관련《関連》 기사《記事の》 검토《検討》」『호남문화연구《湖南文化研究》』27
李宗峯　2004：「高麗時代釜山地域의《の》 対外交流」『港都釜山』20
李鎮漢　2008：「高麗文宗代対宋通交과《と》 貿易」『歴史学報』200
李鎮漢　2011：『高麗時代 宋商往来 研究』景仁文化社
李鎮漢　2011a：「高麗前期 対外貿易과《と》 그《その》 政策」李2011／初出2005：『韓国研究センター年報』5（九州大）
李鎮漢　2011b：「宋商貿易의《の》 再照明」李2011／初出2007：『歴史教育』104
李鎮漢　2014：『고려시대《高麗時代》 무역과《貿易と》 바다《海》』景仁文化社
李鉉淙　1977：「高麗와《と》 日本과의《との》 関係」『東洋学』7
任世権・李宇泰編　2003：『韓国金石文集成』韓国国学振興院
張東翼　1981：「高麗墓誌 4例 検討」『大丘史学』19
張東翼　1997：『元代麗史資料集録』서울대학교출판부《ソウル大学校出版部》
張東翼　2000：『宋代麗史資料集録』서울대학교출판부《ソウル大学校出版部》
張東翼　2001：「『宋会要輯稿』에《に》 수록된《収録された》 고려《高麗》 관계《関係》 기사의《記事の》 연구《研究》」韓国中世史学会編『韓国中世社会의《の》 諸問題』韓国中世史学会
張東翼　2004：『日本古中世高麗史料研究』SNU PRESS
張東翼編　2009：『高麗時代対外関係史綜合年表』東北亜歴史財団
全基雄　1997：「羅末麗初의《の》 對日關係史 研究」『韓国民族文化』9
田炳武　1992：「高麗時代 銀流通과《と》 銀所」『韓国史研究』78
鄭淳一ほか　2018：『바다에서《海から》 본《見た》 역사《歴史》』민음사《民音社》
蔡雄錫　2009：『『高麗史』刑法志譯註』新書苑／初出2002：許興植・蔡雄錫・金基徳『고려시대연구《高麗時代研究》Ⅳ』한국정신문화연구원《韓国精神文化研究院》。2004：蔡雄錫・許興植・金龍善『고려시대연구《高麗時代研究》Ⅳ』한국정신문화연구원《韓国精神文化研究院》。2005：金一権・朴宗基・鄭求福・蔡雄錫『고려시대연구《高麗時代研究》Ⅷ』한국학중앙연구원《韓国学中央研究院》。2006：金一権・朴宗基・鄭求福・蔡雄錫『고려시대연구《高麗時代研究》Ⅹ』한국학중앙연구원《韓国学中央研究院》
崔承熙　1989：『増補版韓国古文書研究』知識産業社／初版1981
崔貞煥　2006：『『高麗史』百官志의《の》 研究　訳注『高麗史』百官志』景仁文化社
河炫綱　1977「後期道制에의《への》 転成過程」同著『高麗地方制度의《の》 研究』韓国研究院／初出1962
韓国精神文化研究院編　1996：『訳注『高麗史』食貨志』韓国精神文化研究院
許興植編　1984 a：『韓国金石全文 中世上』亜細亜文化社
許興植編　1984 b：『韓国金石全文 中世下』亜細亜文化社
許興植　2004：「『高麗史』選挙志訳注（1）」朴龍雲・許興植・金龍善『고려시대《高麗時代》 연구《研究》Ⅵ』한국정신문화연구원《韓国精神文化研究院》

黄鐘東　1967：「蒲鮮万奴国号에 대하여《について》」『啓明史学』1

【中国語】
姜吉仲　2004：『高麗与宋金外交経貿関係史論』文津出版社

参考史料

・日本語の読み方で五十音順に並べた。
・活字本・影印本として出版されているもののみを掲げた。中には写本等を利用した史料もあるが、それらに関しては本文を参照されたい。

『青方文書』(瀬野精一郎校訂『史料纂集』、続群書類従完成会、1975年)
『吾妻鏡』(黒板勝美編『新訂増補国史大系』吉川弘文館、1932-1933年)
『阿弥陀経通賛疏』(東京大学史料編纂所編『大日本史料』第三編之六、東京大学出版会、1934年。竹内理三編『平安遺文』題跋編、東京堂出版、1968年)
『異国出契』(張東翼［2005］)
『異国牒状記』(石井正敏［2017I］)
『宇治拾遺物語』(渡邊綱也ほか編『日本古典文学大系』27、岩波書店、1960年)
『延喜式』(藤原時平・忠平編。虎尾俊哉編『延喜式』上中下、集英社、2000-2017年)
『岡屋関白記』(藤原兼経著。東京大学史料編纂所編『大日本古記録』岩波書店、1988年)
『開慶四明続志』(『宋元地方志叢書』8、中国地志研究会、1978年)
『海東雑録』(権鼈編著。『海東雑録』上・中・下、太学社、1986年)
『勘仲記』(藤原兼仲著。髙橋秀樹ほか校訂『史料纂集』八木書店、2008年-)
『関東評定衆伝』(『群書類従』4、補任部、続群書類従完成会、1960年)
『吉続記』(吉田経長著。増補史料大成刊行会編『増補史料大成』30、臨川書店、1965年)
『玉葉』(藤原兼実著。国書刊行会編、1906-1907年)
『金史』(脱脱ほか編著。中華書局、1975年)
『公卿補任』(黒板勝美編『新訂増補国史大系』吉川弘文館、1934-1939年)
『慶元條法事類』(謝深甫ほか編著。静嘉堂文庫蔵影印本、古典研究会、1968年)
『経国大典』(崔恒ほか編著。学習院大学東洋文化研究所、1971年)
『慶尚道営主題名記(〈慶尚〉道先生案)』(韓国学文献研究所編、中世社会史資料集Ⅰ『慶州先生案 五種』亜細亜文化社、1982年)
『慶尚道地理志』(朝鮮総督府中枢院調査課編『校訂慶尚道地理志，慶道続撰地理誌索引』、朝鮮総督府中枢院調査課、1938年)
『建炎以来繫年要録』(李心伝編著。中華書局、1956年)

『元史』(宋濂ほか編著。中華書局、1976 年)
『弘賛法華伝』(竹内理三編『平安遺文』題跋編、東京堂出版、1968 年)
「高麗国牒状案」(大和尊勝院文書。竹内理三編『鎌倉遺文』古文書編 13、東京堂出版、1977 年)
『高麗史』(鄭麟趾ほか編著。韓国学古典叢書『高麗史』三冊、亜細亜文化社、1972 年)
『高麗史節要』(金宗瑞ほか編著。蓬左文庫本『高麗史節要』学習院大学東洋文化研究所、1960 年)
『五代帝王物語』(弓削繁編『六代勝事記・五代帝王物語』三弥井書店、2000 年)
『権記』(藤原行成著。増補史料大成刊行会編『増補史料大成』4・5、臨川書店、1965 年)
『左経記』(源経頼著。増補史料大成刊行会編『増補史料大成』6、臨川書店、1965 年)
『山槐記』(中山忠親著。増補史料大成刊行会編『増補史料大成』26-28、臨川書店、1965 年)
『三国志』(陳寿編著。石原道博編訳『新訂魏志倭人伝他三篇—中国正史日本(1)』岩波書店、1951 年)
『三朝北盟会編』(徐夢莘編著。文海出版社、1962 年)
『参天台五臺山記』(成尋著。仏書刊行会編『大日本仏教全書』遊方伝叢書 3、仏書刊行会、1917 年)
『司馬氏書儀』(司馬光編著。『叢書集成初編』商務印書館、1936 年)
『釈摩訶衍論通玄鈔』(東京大学史料編纂所編『大日本史料』第三編之八、東京大学出版会、1937 年)
『順菴集』(安鼎福著。民族文化推進会編『韓国文集叢刊』229・230、民族文化推進会、1999 年)
『小右記』(『小記目録』含む)(藤原実資著。東京大学史料編纂所編『大日本古記録』岩波書店、1959-1986 年)
『続日本後紀』(藤原良房ほか編著。黒板勝美編『新訂増補国史大系』吉川弘文館、1978 年)
『新増東国輿地勝覧』(李荇ほか編著。景仁文化社、2005 年〈1930 年に朝鮮史学会が刊行したものを影印(複製)している〉)
『水左記』(源俊房著。増補史料大成刊行会編『増補史料大成』8、臨川書店、1965 年)
『世宗実録地理志』(学習院大学東洋文化研究所、1957 年)
『善隣国宝記』(瑞渓周鳳編著。田中健夫編『善隣国宝記 新訂続善隣国宝記』集

英社、1995 年）
『宣和奉使高麗図経』（徐兢著。今西龍校訂、近沢書店、1932 年）
『宋史』（脱脱編著。中華書局、1977 年）
『続資治通鑑長編』（李燾編著。中華書局、2004 年）
『帥記』（源経信著。増補史料大成刊行会編『増補史料大成』5、臨川書店、1965 年）
『尊卑分脈』（黒板勝美編『新訂増補国史大系』吉川弘文館、1957-58 年）
『大槐秘抄』（藤原伊通著。『群書類従』28、続群書類従完成会、1933 年）
『大金国志』（宇文懋昭編著。広文書局、1968 年）
『大東韻府群玉』（権文海著。南冥学研究所・慶尚漢文学研究会編『大東韻府群玉』1 ～ 20、1 ～ 10 巻は소명출판（ソミョン出版）、11 ～ 20 巻は民俗院、2007 年）
『親信卿記』（平親信著。黒川春村編『歴代残闕日記』1、臨川書店、1968 年）
『中右記』（藤原宗忠著。東京大学史料編纂所編『大日本古記録』岩波書店、1993 年）
『朝野群載』（三善為康撰。黒板勝美編『新訂増補国史大系』吉川弘文館、1964 年）
「対馬厳原八幡宮文書」（竹内理三編『鎌倉遺文』古文書編 1、東京堂出版、1971 年）
「対馬下津八幡宮文書」（竹内理三編『鎌倉遺文』古文書編補遺 1、東京堂出版、1994 年）
『帝王編年記』（黒板勝美編『新訂増補国史大系』吉川弘文館、1932 年）
『貞信公記抄』（藤原忠平著。東京大学史料編纂所編『大日本古記録』岩波書店、1956 年）
『唐会要』（王傅編著、上海古籍出版社、1991 年）
『東国李相国集』（李奎報著。民族文化推進会編『韓国文集叢刊』1・2、民族文化推進会、1990 年）
『東文選』（徐居正ほか撰。『東文選』1 ～ 4、学習院大学東洋文化研究所、1970 年）
『都氏文集』（都良香撰。『群書類従』9、続群書類従完成会、1960 年）
『渡宋記』（戒覚著。宮内庁書陵部〈影印本〉、1991 年）
『日本三代実録』（藤原時平ほか編著。黒板勝美編『新訂増補国史大系』吉川弘文館、1934 年）
『日本紀略』（黒板勝美編『新訂増補国史大系』吉川弘文館、1929 年）
『佩文韻府』（張玉書ほか編著。上海書店、1983 年）

『百練抄』（黒板勝美編『新訂増補国史大系』吉川弘文館、1965年）
『扶桑略記』（皇円編著。黒板勝美編『新訂増補国史大系』吉川弘文館、1932年）
『平戸記』（平経高著。増補史料大成刊行会編『増補史料大成』32・33、臨川書店、1975年）
『宝慶四明志』（『宋元地方志叢書』8、中国地志研究会、1978年）
『牧隠詩藁』（李穡著。民族文化推進会編『韓国文集叢刊』3-5、民族文化推進会、1990年）
『本朝続文粋』（藤原季綱撰。黒板勝美編『新訂増補国史大系』吉川弘文館、1965年）
『本朝通鑑』（林恕編著。国書刊行会、1918-1920年）
『本朝文集』（黒板勝美編『新訂増補国史大系』吉川弘文館、1966年）
『本朝文粋』（藤原明衡撰。黒板勝美編『新訂増補国史大系』吉川弘文館、1965年）
『民経記』（藤原経光著。東京大学史料編纂所編『大日本古記録』岩波書店、1975年）
『明月記』（藤原定家著。国書刊行会、1911-1912年）
『師守記』（中原師守著。『史料纂集』古記録編全11冊、続群書類従完成会、1968-1982年）
『惕若齋学吟集』（金九容著。民族文化推進会編『韓国文集叢刊』6、民族文化推進会、1990年）
「李文鐸墓誌」他高麗墓誌（金龍善編『高麗墓誌銘集成』（第4版）翰林大学校出版部、2006年）
『櫟翁稗説』（李斉賢著。『高麗名賢集』2、成均館大学校大東文化研究院、1973年）
『礼記』（『新釈漢文大系』27～29、明治書院、1979年）
『律令』（井上光貞ほか編『日本思想大系３　律令』岩波書店、1976年）